민족어학의 건설과 발전

고영근

제이앤씨
Publishing Company

머리말
민족어학의 건설과 발전

　역사를 배우는 목적은 지난날을 냉철하게 되돌아봄으로써 좋은 점은 이어받고 그렇지 않은 점은 광정(匡正)하여 건전한 미래를 설계하는 자양분(滋養分)을 섭취하는 데 있다. 저자는 지난 세기 70년대 후반부터 10년 동안 선배들과 함께 우리 민족의 슬기로 이루어진 역대의 문법서를 한 자리에 모아 대계(大系)를 편찬하는 작업에 참여한 일이 있고 지금도 그 후속 작업에 관여하고 있다. 역대에 걸쳐 우리 민족이 남긴 문법적 업적을 정리・집성하다가 보니 문법 연구와 민족어 연구의 역사를 여러 가지 형태로 탐색하는 일에 손을 대어 보기도 하였고 그 긍정적인 유산을 현대의 문법 연구와 문법 교육에 접목하여 보기도 하였다.

　오늘 상재(上梓)하는 이 책은 저자가 지난 세기 70년대 후반부터 지난 수년 전에 이르기까지 쓴 글 가운데서 이 책의 주제와 어울리는 글들을 네 묶음으로 나누어 배열한 것이다. 이 곳의 "민족어"는 남한과 미주, 일본을 비롯한 재외 교민의 "한국어", 북한과 중국 조선족, 그리고 일본의 조총련 사회의 "조선어", 옛 소련 연방의 고려인들의 "고려어"를 중립적 관점에서 아우른다는 뜻에서 붙여진 것이지 특별한 뜻이 있는 것은 아니다. 통일시대를 지향하는 우리들로서는 "민족어"라는 중립적인 용어를 사용하는 것이 민족의 단합과 화해를 위해서도 필요하다고 생각한다.

　저자는 2년 전에 『민족어의 수호와 발전』이라는 책을 상재한 일이 있다. 이 책을 통하여 저자는 개화기의 주시경 등과 일제 강점기의 어문학자들(흔히 한글학자)이 갑오경장 이후부터 일제 강점기에 이르기까지 50년에 걸쳐 우리 민족어를 어떻게 수호하고 발전시켰는가에 초점을 맞추어 그 활동의 양상을 추적하고 역사적 의의를 부여하였다. 오늘 상재하는 『민족 어학의 건설과 발전』은 위의 책의 자매편(姉妹篇)에 해당하는 것으로서 민족 어학자들의 민족어 연구에 바친 피땀 어린 면면을 추적한 것이다. 개화기와 일제 강점기의 민족 어학자들은 민족어를 독립 자존과 민족 문화 창조의 기반으로 연구하였다. 이들은 민족 어학을 건설하고 발전시키는 것이 곧 민족을 구하고 광복을 도모하는 길이라고 믿고 있었다. 발표 당시의 모습을 그대로 보여 준다는 뜻에서 원문대로 제시하되 그 사이 견해가 달라졌거나 관련된 연구가 있으면 [보충주]라는 이름으로 내용을 보강하여 시대적 요청에 부응(副應)할 수 있도록 하였다.

제1부에서는 관념론과 실증론의 관점에서 민족 어학의 연구 방향을 제시하고 민족 어학 연구를 창의적으로 이끌 수 있는 길을 탐색하였으며 민족 어학 연구가 민족 문학 연구와 맺는 관계를 탐색하였다. 제2부에서는 개화기를 민족 어학의 건설기로 보고 이전의 서양인의 업적과 민족 어학자들의 업적을 통합·서술하고 주시경의 민족어 문법 연구의 성과를 중점적으로 조명하였다. 제3부에서는 일제 강점기에 활동한 이극로, 최현배, 이희승, 양주동의 네 어학자들의 업적을 조명하였다. 특히 이극로, 최현배, 이희승은 민족어의 수호를 위하여 신명(身命)을 바친 어학자들이다. 양주동은 우리 민족의 중요한 문화 유산인 향가가 일본인들의 손으로 연구되고 있는 것에 의분(義憤)을 느껴 향가 해독에 투신하였다. 제4부에서는 19세기 전반부터 20세기 전반에 이르기까지 서양인들이 수행해 온 우리 민족어 연구의 면면을 밝히고 그들이 우리의 민족어 연구에 끼친 영향 문제를 탐색하였다. 개화기 이후에 우리 어학자들이 민족 어문과 민족 어학 연구의 동기를 마련하게 된 것은 이전의 서양인들의 연구가 큰 자극제가 되었다. 다른 글들은 이미 발표한 것을 본서의 취향에

맞게 다듬은 것이지만 이희승에 대한 평가는 이 책에서 처음으로 선을 보인다는 사실을 언급해 둔다. 각 부에 대한 자세한 내용 해설은 본서의 끝에 붙인 [붙임말]을 통하여 알 수 있다.

제3부의 주시경의 문법 이론과 제4부의 서양인들의 문법 연구는 지난 세기 80년대 초에 활판으로 선을 보인 글들이다. 이들은 지난 세기 90년대 후반에 '형태론 연구회'(어학전문 국제학술지 『형태론』의 산하 단체)의 회원들의 노력으로 컴퓨터에 입력되었다. 이들은 저자와 함께 매주 또는 격주로 만나 우리의 역대 문법서와 일반 형태론에 대한 강독회에 참석함으로써 우리의 것을 바탕으로 하여 외래 이론을 수용해야 한다는 좋은 사례를 남기었다. 서울대학교의 대학원의 오규환, 최병렬, 최윤지, 백채원은 원 게재지와의 대조를 비롯하여 원고의 교정 과정에서 많은 힘을 덜어 주었다. 이들 회원들에게 충심으로 고마운 인사를 표하는 바이다.

본서는 은사 이희승 선생의 21주기를 기념하는 뜻에서 마련되었다는 점을 밝혀 둔다. 선생은 서울대학교 문리과대학 학부 과정에서부터 대학원 과정에 이르기까지 저자에게 민족어 문법 연구와 근대 민족 어학사 연구의 당위성을 일깨워 주셨다. 이 책에 「이희승의 사회 사상과 민족 어문학 연구」를 처음으로 선을 보이게 된 것이 바로 사은(師恩)에 보답한다는 뜻과 깊은 관련이 있음을 밝혀 둔다.

끝으로 본서의 출판을 기꺼이 맡아 주신 제이앤씨 사장 윤석현 님과 편집과 교정에 이르기까지 온갖 정성을 기울인 편집부의 조성희 님께 고마운 인사를 드리는 바이다.

2010년 11월 27일
일석 이희승 선생 서거(逝去) 21주기를 맞아
서울대학교 명예교수 연구동에서
저자 적음

목 차

민족어학의 건설과 발전

제1부

민족 어학의 연구 방향과
민족 문학 연구와의 관계

민족어학의

건설과 발전

|1| 관념론과 실증론
― 민족어 연구의 두 방향―

1 들어가기

일찍이 일본학자에 의하여 독일을 대표하는 언어학자로 평가된 바 있는 라이프치히 대학의 헬비히(G. Helbig) 교수는 그의 *Geschichte der neueren Sprachwissenschaft* (1970)[1]에서 언어연구의 흐름을 "형식" (Form)과 "내용"(Inhalt)으로 구분하고 전자를 대표하는 흐름으로는 그림 (J. Grimm) 등의 역사 언어학과, 뒤에 자연 과학의 영향으로 언어 연구의 새로운 틀(paradigm)을 형성한 파울(H. Paul) 등의 소장문법 학파[2]를 들었으며 20세기 이후에 와서는 소쉬르(F. de Saussure)를 정점으로 하는 구조 언어학으로 연결된다고 하였다. 한편, 후자, 곧 '내용'을 대표하는 흐름

---

1) 헬비히(G. Helbig)/ 임환재(역) (1984)를 보라.
2) 우리 학계의 일각에서는 일본 학자들이 써 온 "少壯文法學派"를 "젊은이 문법 학파"라 부르고 있다. 어쩌면 이 말이 "Junggrammatiker Schuler"의 함의에 맞는지도 모른다.

으로는 낭만파 언어철학의 단초(端初)를 열었다고 평가받는 훔볼트(W. von Humboldt)와, 뒤에 심리학, 문학사, 지리학, 역사학 등의 영향으로 언어를 사용 주체와 긴밀하게 관련시키는 내용 중심 문법을 들었다[3].

형식을 중시하는 언어연구는 실증(Positivismus)론을 배경으로 하고 있고 내용에 역점을 두는 언어 연구는 관념(Idealismus)론이 바닥에 깔려 있다. 포슬러(K. Voβler)는 19세기 후반의 라이프치히 대학의 소장문법 학파가 언어를 지나치게 사용 주체와 절연(絶緣)시키는 태도를 매섭게 비판하고 언어 연구를 사용 주체인 인간과 긴밀하게 관련시키는 연구를 지향하였다. 그는 이탈리아의 미학자 크로체(B. Croce)의 영향을 받아 언어학이란 바로 문체론이며 예술사가 되어야 한다고 주장하면서 스스로 이 분야에 헌신하여 작고하기까지 관련 업적을 많이 남겼다[4]. 포슬러는 인과 관계를 중시하는 관념론을 언어 연구에 끌어 들였던 것이다. 관념론은 퍼스류(C. S. Peirce)의 행위 이론적 기호학과 밀접한 유추의 기반을 이루고 있고 실증론은 기표와 기의의 상관 관계에 주목하는 소쉬르의 기호학과 밀접한 유추의 기반을 이루고 있다[5].

우리 민족어[6] 연구의 역사를 돌이켜보면 유럽의 언어연구와 마찬가

---

3) 내용 중심 문법에 대한 최근의 정보는 안정오 (2005)에서 얻을 수 있다.
4) 크로체의 미학에 대하여는 크로체(B. Croce) (1909)/ 이해완 역 (1994)을 보고 포슬러의 언어미학에 대한 전반적인 고찰은 포슬러 (1904, 1905), 고바야시 (1934, 1944), 포슬러 (1904, 1905)/고바야시 (1986)을 보라. 후자에는 언어사와 문학사와의 관계에 관련된 독일어 논문이 일본어로 번역되어 있다.
5) 현대 기호학의 흐름에 대하여는 고영근 (1999가: 78-86)을 보라.
6) '민족어'는 '국어'보다 그 내포가 넓다. '한국어, 조선어, 고려어'를 포괄하는 의미로 사용한다. '우리말'이나 '겨레말'이라는 뜻과 차이가 없다. 관련 논의는 고영근 (2008: xii)을 보라.

지로 관념론과 실증론의 대결이었다고 규정할 수 있다. 전통시대는 물론, 근대 민족 어학의 초기에는 관념론이 절대적이었으며 1930년대 중반부터 실증론이 고개를 들면서 관념론에 근거한 민족어 연구는 발붙일 곳을 잃기 시작하였다. 그러나 20세기 후반에 접어들면서 민족어를 사용 주체와 긴밀하게 연관시키는 방향의 연구가 고개를 들어 실증론에 근거한 연구를 뒤좇기 시작하였다. 오늘 이 자리에서는 민족어 연구의 두 갈래가 형성된 소종래(所從來)를 밝히면서 우리 민족어 연구가 나아가야 할 방향을 탐색해 보고자 한다.

2 관념론과 민족어학의 건설

우리의 언어 연구의 전통은 다른 나라와 비교할 때 그 연원(淵源)이 결코 짧다고 할 수 없다. 우리 민족이 중국의 한자·한문과 접촉하였을 때 어떻게 하면 우리말 어휘를 무리 없이 한자로 적고 우리말 문장을 한문으로 표현할 것인가 하는 문제를 심각하게 생각하였다. 그 결과 고안된 것이 고유명사 표기법의 창안이고7) 이를 바탕으로 설총(薛聰)에 의하여 한문을 번역하여 읽는 법이 다각도로 탐색되는가 하면8), 마침

---

7) 고유명사 표기를 중심으로 한 고대국어 자료의 표기법적 특수성에 대한 최근의 연구로 주목할 만한 것에는 남풍현 (2009), 도수희 (2009)가 있다. 특히 후자에서는 향찰식 표기가 백제 지명에서 발견된다는 흥미 있는 견해를 피력(披瀝)하고 있다.
8) 설총의 훈독법이 바로 지난 30여년에 걸쳐 발견되어 고대국어 연구를 진작시킨 "석독구결"이란 견해가 지배적이다.

내 우리말을 전면적으로 표기하는 향찰이 얼굴을 내밀었다. 이상과 같은 문자 고안이 이루어지기까지는 우리말의 구조에 대한 철저한 인식이 뒷받침되어 있었다. 이들 연구는 명문화된 명제는 발견할 수 없으나 그 과정을 주목해 볼 때, 관념론적 언어연구의 실마리를 제공하였다고 규정할 수 있다.

　관념론적 우리말 연구가 제 모습을 드러낸 것은 15세기의 훈민정음 창제가 결정적인 계기가 되었다. 세종의 「훈민정음 서문」과 정인지의 『訓民正音解例』 「서문」을 보면 우리말이 중국어(고전한문 포함)와 접촉할 때 의사 소통이 얼마나 어려웠는가 하는 것을 짐작할 수 있다. 훈민정음 창제가 우리말의 사용 주체인 우리 민족과 밀접하게 관련되어 있다는 점에서 관념론적 언어 연구의 서막(序幕)을 열었다고 할 수 있다[9]. 그 결과 중세의 민족어 연구는 문자 창제를 뒷받침하는 음운론적 측면의 연구에서 커다란 봉우리를 이루었다. 훈민정음 창제라는 목적을 수행하기 위한 방편으로 민족어가 연구되기는 하였으나 세종 때의 집현전 학자들은 중국의 성리학을 메타 이론으로 삼고 성운학을 도입하여 그 나름의 독창적인 음운 문자 이론을 정립하였다. 중세의 음운 문자 이론은 그것이 비록 관념론의 소산이기는 하나 결과적으로는 현대의 실증론과 맥을 이을 수 있다는 점에서 주목할 필요가 있다. 그러나 당시의 민족어 연구는 음운 일변도(一邊倒)에 머물러 있었기 때문에 현재의 관점에 서면 본연의 민족 어학과는 거리가 멀다고 볼 수 밖에 없다.

　조선시대 후기로 내려오면서 우리 민족어가 호사가(好事家)들의 관찰

---

9) 최근에 이기문 (2008)에서 훈민정음이 왕실 문자의 성격을 띠었다는 학설이 제기되어 주목을 끌고 있다.

의 대상이 되지 않은 바 아니었으나 한자·한문 학습의 도구 이상의 경지를 넘어서지 못하였고 어휘 수집과 어원 탐색에 관련된 사색을 접할 수 없는 바 아니나 심심파적(心心破寂)의 수준을 넘어서지 못하였기 때문에 민족어의 전반적인 실상을 파악하는 길목에는 이르지 못하였다. 그 가운데서도 유희(柳僖)의 『諺文志』에 나오는 구개음화의 절대적 연대에 대한 증언은 현대의 실증론적 연구와 맥을 이을 수 있다.

우리말의 제반 현상이 서양 문법의 조명을 받기 시작한 것은 19세기 전반에 일본에 와서 서양 의술을 보급하던 독일 출신 의사 지볼트(Fr. von Siebold)로부터 시작된다. 네덜란드 동인도회사의 일본 주재원이었던 지볼트는 일본의 나가사키에 난파해 있던 전라도 출신 상인과 어부들을 대상으로 살아 있는 우리말 자료를 수집하여 문법을 구성하였으며 『千字文』, 『類合』 등의 어휘집을 독일어로 번역하여 이후 서양인들의 우리 민족어 연구의 기반을 조성하는가 하면 서양인들의 조선 접근의 발판 노릇을 제공하였다[10].

지볼트의 우리말에 대한 인식이 계기가 되어 프랑스, 영국(캐나다 포함)과 미국, 러시아, 일본의 선교사, 외교관, 학자들은 우리 민족어의 음성/문자, 문법, 어휘, 역사/계통의 제 문제를 거칠게나마 그려내기[素描]에 이르렀다[11]. 이들도 그 연구의 동기가 실용적인 데에 있었던 만큼 크게

---

10) 지볼트와 지볼트를 중심으로 한 우리말 연구에 대한 사정은 고영근 (1980/ 1983: 254-259), 고영근 (1989/ 1998: 278-334)를 보라.
   [보충주] 최근 지볼트의 한국어 자료에 대한 새로운 연구가 나와 이 방면 연구가 활성화되고 있다.(오스터캄프 2009)
11) 19세기로부터 20세기 초에 이르는 서양인과 일본인들의 우리말 연구의 총체적 평가에 대하여는 고영근 (2001가)를 보라.

보면 관념론의 테두리에 넣을 수 있다. 19세기 후반과 20세기 초에 걸쳐 서양인들과 일본인들은 많은 문법서와 사전을 저술·편찬하였다. 이 가운데서 몇 가지 중요한 문법서의 특징을 굽어보기로 한다.

우선 첫 번째로 들 수 있는 것이 프랑스 외방 전도회 조선 교구장 리델(F. Ridel) 등이 저술한 『한불ᄌ뎐』(1880)과 Grammaire Coréenne (1881)이다. 이 두 책은 30여년에 걸친 프랑스 선교사들의 우리 민족어 연구의 총(總) 결산이라는 점에서 그 역사적 의의를 다시금 되새길 필요가 있다[12]. 특히 후자는 당시 프랑스에서 출간된 쁘와트뱅(P. Poitevin)의 『프랑스어의 일반문법과 역사문법』과 체재가 일치한다는 견해가 있는데 그것이 사실이라면 당시의 서양 선교사들이 미지(未知)의 언어의 문법을 기술할 때 모본(母本)으로 삼은 문법서가 있었음을 짐작할 수 있다[13]. 위의 두 책이 완성되었을 때, 영국과 독일측으로부터 번역 교섭을 받았으나 리델 신부는 이에 응하지 않고 프랑스어로 출판하였다[14]. 이 책에는 우리나라의 전래 민담이 원문대로 수록되어 있어 구비문학 연구의 자료로도 활용될 수 있다. 이 책은 뒤에 러시아어로 번역되어 러시아의 우리말 보급의 디딤돌 역할을 하였으며 후세의 서양인의 우리말 연구의 실질적인 기반이 되었다[15].

---

12) 지난 세기 70년대부터 프랑스 선교사들의 우리말 연구에 대한 평가가 줄지어 나오고 있다. 더욱이 달레 (Ch. Dallet)의 『조선교회사』 (1980)의 번역(역자, 안응열 최석우)은 이 방면 연구를 진작시키는 기폭제(起爆劑) 역할을 하였다. 대표적으로 고영근 (1983)에 실린 몇 편의 논고를 비롯하여 김완진 (1984), 심재기 (1985), 송민 (1987), 장소원 (2005 가, 나), 서민정·정진영·김인택 (2009) 등을 들 수 있다.

13) 이 문제는 장소원 (2005나)에서 지적되었다.

14) 관련 논의는 리델 (1901)/ 유소연 역(2009)을 보라.

다음으로 언더우드(H. G. Underood)의 『한영문법』(1890)/*An Introduction to Spoken Korean Language* (1890)은 프랑스 선교사들의 문법의 부족한 점을 시정하여 우리말의 구조에 상응하는 문법 체계를 세움으로써 후세의 서양인들과 우리들의 문법 연구에 많은 영향을 미쳤다. 이 책은 저자인 언더우드 목사가 조선에 올 때, 일본에서 구득한 *English-Japanese Etymology*(『영일품사론』)을 모본으로 삼았다[16]. 여기에는 게일(J. S. Gale)의 『辭課指南』/ *Korean Grammatical Forms*, 『한영사전』 및 스코트(J. Scott)의 *A Korean Manual or Phrase Book* /『언문말책』도 포함될 수 있다. 특히 게일이 위의 책을 편찬하기까지는 우리나라 개신교 신자들의 협력을 크게 받았으며 게일의 두 책은 뒤의 우리말 사전편찬에 크게 참고 되었다[17].

세 번째는 독일 신부들의 우리말 문법 연구이다. 대표적인 사람이 에카르트(A. Eckardt)이다. 그는 1909년에 우리 나라에 와서 원산에서 선교 활동을 하면서 우리말을 연구하였다. 우리말뿐만 아니라 우리나라 미술사에 대한 저술도 남겼으며 작고하기까지(1974), 우리말과 우리말 문법을 꾸준히 연구하여 문법서와 사전 등 많은 업적을 남겼다. 그의 첫 저서 *Koreanische Konversationsgrammatik*/『朝鮮語交際文典』 (1923) 중 '註解'는 친필 한글본인데 1차 대전의 전화(戰禍)를 피하느라고 형언할 수 없는 고초를 겪으면서 완성되었다는 일화가 있다[18]. 이 책에도

---

15) 프랑스 한국 선교단(Frantsuskie missionery) (1881)/ 포드타빈(역) (1908)을 보라.
16) 언더우드의 문법에 대하여는 고영근 (1976/ 1983: 214-220)와 본서 441-449쪽, 고성환 (2002)를 보라.
17) 게일의 우리말 연구에 대하여는 고영근 (1990/ 1998가: 258-275)를 보라.
18) 정희준(1938)을 보라.

우리나라의 전래 민담이 많이 실려 있다. 에카르트의 문법은 책 이름 그대로 회화를 겸한 문법서이다. 이 책은 뒤의 최현배의 『우리말본』 (1937)의 형성에 크게 기여하였다[19]. 이 책 역시 앞의 리델의 문법과 같이 모본으로 삼은 문법서가 있음직하나 이 방면의 탐색이 이루어져 있지 않다. 에카르트의 문법에 이어 나온 독일인의 문법서로 함경남도 덕원에서 나온 로트(P. L. Roth) 신부의 *Grammatik der koreansichen Grammatik* (1936)이 있다. 내용은 에카르트의 것과 큰 차이가 없는데 선후 관계가 전혀 언급되어 있지 않다[20]. 에카르트 신부의 환속과 관련 된다고 하나 자세한 사정은 알 수 없다.

　네 번째로 일본인의 문법서를 들 수 있다. 일본인의 우리 민족어 문 법 연구의 개척적인 업적은 호세코(寶迫繁勝)의 『韓語入門』 (1880) 이 다[21]. 저자는 한일간의 원만한 의사 소통을 위하여 일본에 수용된 유럽 문법의 체계에 준하여 우리말의 문법을 소묘하였다. 다음으로는 마에 마(前間恭作)의 『韓語通』 (1909)와 다카하시(高橋亨)의 『韓語文典』 (1909) 이다. 마에마는 통역관으로 일하면서 오오스키(大槻文彦)의 문법체계를 우리말 문법에 적용한 것이다. 그는 나중에 『鷄林類事』를 해독하고 『龍飛御天歌』 주석을 시도하기도 하였는데 언어학적 안목이 뛰어났던 것으로 평가받고 있다. 다카하시의 문법은 일본문법의 관점에서 일본 인의 우리말 습득을 도울 목적으로 일본어 문법체계에 근거하여 저술 하였지만 개중에는 우리말의 구조를 올바르게 관찰한 면이 더러 보인

---

19) 이 문제에 대하여는 고영근 (1976/ 1983: 224-29)과 본서 462쪽을 보라.
20) 에카르트와 로트의 문법에 대하여는 고영근 (1976가/ 1983: 220-233)와 본서 451-468쪽을 보라.
21) 호세코의 문법 연구에 대하여는 이카라시 (1999)를 보라.

다. 일본인들의 우리말 문법연구는 그들의 정한(征韓) 정책을 뒷받침할 목적으로 수행되었다. 19세기의 유럽인의 문법연구도 그 밑바닥에는 식민화의 기반 사업으로 수행되었다고 보는 것이 옳지 않은가 한다.

관념론에 근거한 민족어 연구의 철학적 기반을 마련한 사람은 유길준, 서재필, 지석영, 박태서, 주시경을 들 수 있으며 이 가운데서 주시경은 언어를 독립의 "性"이라고 하여 '언어'를 '국토'와 '인종'에 우선한다는 이른바 "語文民族主義" 가시화하였다22). 주시경의 어문민족주의는 우여곡절 끝에 형성된 것으로 보인다. 처음에는 언어를 사회형성의 '機關'이라고 표현하였으나 그의 주저(主著)인 『國語文法』(1910)에 와서는 이를 "性"으로 바꾸었다. 주시경은 "性"을 "天 , 上帝, 理"와 동일시하여 이전의 서양의 자연 과학적 개념인 "機關"을 동양 철학적인 "性"으로 환골탈태(換骨奪胎)하였다고 평가할 수 있다. 주시경의 문법 연구가 독창성을 띤 것이 모두 그의 형이상학적 언어관과 관련되는 것으로 보고자 한다.(뒤에 나옴)

주시경의 어문 민족주의는 일본 국어학의 창시자인 우에다(上田萬年)(1867~1937)와 비슷한 면이 많다. 우에다는 우에다 (1894/1903)에서 국가·민족·언어의 삼위(三位) 일체관(一體觀)에 서서 나라의 융성은 국어·국자를 개선하고 그 기반을 닦아 국어를 애호·존중하는 데서 달성된다고 역설하였다. 그는 독일에 유학하여 일반 언어학과 역사 언어학을 공부하였으며 귀국해서는 동경대학 교수로서 파울(H. Paul)의 『언어사 원리』를 강의하면서 후진을 양성하였다23). 우에다는 국가형성의

---

22) 개화기의 어문 민족주의에 대한 해석은 신용하 (1976), 고영근 (2008: 4-18)을 보라.

요소로 "土地, 人種, 結合 一致"를 들고 특히 "結合 一致"에는 "歷史 및 慣習, 政治上의 主義, 宗敎, 言語, 敎育, 法律"을 들었으며 한 인민이 말하는 언어와 그 인민의 성격 사이에는 밀접한 관련이 있다고 하였다. 그는 한 인민이 한 사물에 대하여 느끼거나 생각하는 모든 것이 그 언어에 반사된다고 보았다. 그러니까 우에다는 관념론에 입각하여 메이지 연간의 일본의 어문정책을 입안하고 추진하였던 것이다. 주시경이 자신의 어문 민족주의를 체계화함에 있어서 우에다의 견해를 어느 정도 참조하였는지 알 수 없으나 현재로는 직접적인 영향은 받지 않았다고 보는 것이 옳아 보인다[24]. 박승빈의 언어 철학과 최현배의 언어 철학에 나타나는 훔볼트의 세계관 이론은 바로 우에다의 견해를 가공하여 정립된 것으로 보인다[25].

주시경은 자신이 정립한 어문 민족주의에 기대어 그의 주저인 『國語文法』을 완성하였다. 주시경은 23세 되던 1898년 12월에 31일에 『國語文法』을 개성(槪成)하였다고 그의 이력서에 적었다, 주시경이 국어문법을 저술하였다는 것은 초대 대통령 이승만도 증언할 정도로 개화기 당시의 조고계(操觚界)의 화제가 되었었다[26]. 주시경의 문법연구는 3기

---

23) 우에다의 역사적 위상에 대하여는 고쿠고 가쿠가이 (1975), 나카무라(中村哲也) (1988)을 보라.
24) 필자는 고영근 (2008: 13 각주 20)에서 주시경과 우에다 사이의 견해의 상사점을 지적하는 정도에 머물렀다. 박태서의 글을 보면 우에다로부터 영향 받은 흔적이 보인다.(고영근 2008: 7)
25) 필자는 고영근 (2008: 21)에서 우리나라에 훔볼트의 세계관 이론을 수용한 사람은 '박승빈-최현배'의 순서라는 점을 지적하기만 하고 그 영향 관계는 보류한 바 있다. 이카라시 교수의 제보에 의하면 일본에서는 1941년에 와서야 훔볼트의 저서가 완역되었다고 하였다. 따라서 그 이전의 훔볼트 언어 철학은 우에다의 글을 가공한 것이 아닌가 한다. 후고를 요한다.

로 나눌 수 있는데 앞의 『國語文法』은 초기에 저술된 저술이다. 1898
년의 저술은 현재 전하지 않고 있어 그 내용을 짐작할 수 없으나 초기를
대표하는 『국문문법』(1905)을 보면 특히 총론에 해당하는 내용은 문답
식으로 되어 있고 체계는 음학과 품사론 정도로 끝맺고 있다. 『국문문
법』과 이듬해 나온 『대한국어문법』(1906) 등의 문답식 체재는 무레이
(Murray)의 *English Grammar* (1795~1850)의 영향이 컸으며27), 기타 말소리
의 생성과정과 "미" 등의 문법 단위는 위의 책에서 영향을 받은 흔적이
있다고 하였다. 물론, 문자와 음학에 대하여는 훈민정음을 비롯하여
조선 시대의 업적과 개화기 당시의 권정선의 영향을 크게 받았다.

　1898년에서 얼개가 잡힌 『國語文法』은 어떠한 과정을 밟아 활판본
『國語文法』으로 발전되어 형성되었을까. 이 책은 현재 전하지 않아
전체 체계를 알 수 없다, 단 중기의 졸업 증서에 나오는 체계를 보면
1907, 8년경에 '音學(소리갈) — 字分學(기난갈) — 格(分)學(짬듬갈) — 變體學
(기몸바꿈, 기몸헴, 기듯바꿈)'로 구성된 체계가 완성된 것으로 보인다. '변체
학'은 제2회 하기국어강습소 (1908) 과정부터 나오는데 『말』(1906~1907)
28)의 "言體의 變法"을 달리 표현한 것이며 단어 형성법을 가리킴이
틀림없다. 현대의 문법 체계로 말하면 '소리 — 품사 — 문장 — 단어 형성'
의 네 부문으로 정리할 수 있다. "기난갈"은 "名號, 動作" 등의 품사
용어가 당시의 일본어 문법이나 중국어 문법에서도 나오지 않은 것으

---

26) 이 문제는 김인선 (1999)에서 처음으로 지적되었다.
27) 관련 논의는 최호철 (1989)를 보라.
28) 정승철 (2003가)에서는 『말』의 소성연대를 이전의 김민수 (1978/1986; 258-
　　275)의 1905~1908년을 좁혀 1906. 6~1907. 11월로 보았다. 올바른 연대 추정
　　으로 보인다.

로 보아 주시경이 가장 많이 참조하였다는 영문법을 수용하는 과정에
서 지어진 것으로 보인다. 주시경의『대한국어문법』(1906),『國文硏究
案』(1908),『國文硏究』(1909)에 중국 문법학자 馬建忠의 문법용어 "名
字, 動字"가 나타난다고 하여 중국어 문법의 영향을 운위하는 일도 없
지 않으나29) 주시경의 문법저술에서는 그런 용어가 보이지 않는다. 馬
建忠의『馬氏文通』(1898)은 17세기의 프랑스의 이성 문법을 모형으로
삼아 저술된 중국 최초의 현대식 문법이다30).『馬氏文通』이후에 나온
문법서는 주시경의 문법보다 연대가 훨씬 뒤진 1919년부터 나옴을 보
아서 주시경 시대에는『馬氏文通』밖에는 참고할 수 있는 중국어 문법
이 없었다31). 단어 형성편은『말』(1906~1907)에 이미 나오는 것으로
보아 일찍부터 완성되어 있었으며 어쩌면 주시경이 1898년에 개성하였
다는『國語文法』에 틀이 잡혀 있었던 것이 아닌가 한다.

앞에서 우리는 주시경의『國語文法』에 영문법의 영향이 스며 있다
고 하였는데 이 문제를 구체적으로 추적해 보기로 한다.『國語文法』은
1910년 4월 15일에 간행되었지만 탈고된 것은 1909년 10월이었다. 주
시경은 먼저 통감부 검열용 원고본을 만들어 검열을 받아 인쇄에 넘겼
다. 당시는 일제에 강점되기 전이었으나 을사보호조약 이후부터는 실

---

29) 김민수 (1977/ 1986: 59 각주)에 그런 견해를 볼 수 있다.
30)『馬氏文通』은 지난 세기 동안 중국과 대만에서 여러 차례 간행되었고 주석본
   까지 나와 있다. 이 책은 일제 강점기의 우리들 자신이 저술한 중국어 문법에
   큰 영향을 마쳤다. 강매의『漢文法提要』(1917), 이춘일의『滿洲語速成會話
   講義錄』(1934)(『역대한국문법대계』②71, 74)을 보라.『馬氏文通』에 대한
   자세한 정보는 이를 유길준의『大韓文典』과 비교한 첸류 (2001)에서 얻을
   수 있다.
31) 이 문제에 대하여는 서울대 중문과 허성도 교수의 교시를 입었다.

질적 통치권이 통감부에 있었기 때문에 내용 검열을 받지 않을 수 없었다. 주시경은 검열받은 원고를 가지고 내용은 물론, 수많은 한자 용어를 자신이 만들어 낸 고유어 용어로 대치하였다. 이 원고본은 주시경의 막내아들 주왕산가(家)에 전래되다가 작고 후 한글학회에 기증한 것이다[32]. 우리는 이 원고본을 통하여 그 의미를 잘 알 수 없었던 많은 문법 용어의 개념을 파악할 수 있다.

주시경의 학문이 매우 독창적이고 더욱이 그의 『國語文法』의 체계가 너무 독특하여 누구로부터 어떤 영향을 받았는가 하는 문제가 수수께끼를 푸는 것 이상으로 어려운 것이 사실이었다. 독창성이 강한 학자였던 만큼 그 체계 역시 전대나 당대의 누구로부터 영향 받은 바 없을 것이라고 믿어 왔다. 그런데 수년 전에 *English Lessons*이 발견되어 주시경의 문법이 이 책을 모본으로 하여 저술되었음이 밝혀져 주시경 연구에 있어서 새로운 지평이 열리고 있다[33]. 이 책은 문법부(grammar)와 작문부(composition)로 구성되어 있는데 문법부의 체재와 내용이 『國語文法』과 일치하는 점이 많다고 보고되어 있다. 이 책은 1903년에 초판이 나오고 1906년에 재판이 나온 것으로 되어 있는데 주시경이 참고한 것이 어느것인지 분명치 않으나 초판이 아닌가 한다. 재판이라면 『國文文法』(1905)와 관련성을 짓기가 어렵기 때문이다. 자세한 내용은 이미 밝혀졌기 때문에 특징적인 사실만 지적한다.

*English Lessons*는 문장론이 품사론에 선행되어 있다. 이미 알려져

---

32) 『國語文法』 검열본에 대한 종합적 검토는 고영근 (1995나)를 보라.
　　[보충주] 주시경 국어문법류의 4종의 이본과의 대교 및 그 현대화는 고영근·이용·최형용 (2010)을 보라.
33) 관련 정보는 정승철 (2003나)에서 얻을 수 있다.

있는 바와 같이 주시경의 『國語文法』(1910)도 문장론이 품사론에 선행되어 있다. 다음으로 정의를 중시하고 '잡이', '알이'와 같은 부가적 설명을 베푸는 서술 태도도 두 책이 공통되어 있다. 문체법 체계, 문장의 성분, 도해법 등 일치하는 부분이 적지 않다. 문장의 잠재 성분을 괄호로 표시하는 등 비슷한 면이 많다. 그러나 세부로 들어가면 우리말 중심의 문법 이론이 전체를 관통하고 있어 유길준, 최현배, 정렬모 등이 일본 문법 체계를 맹종하는 태도와는 성격이 완전히 다르다. 도해의 목적을 문장의 의미를 파악하는 데 두었다든지 한 문장의 의미를 파악할 때는 궁극적으로 화자의 태도와 관련시킨 것은 독창성의 극치라고 할 수 있다. 더욱이 단어 형성에 관한 내용을 '변체법'과 같은 부문에 배치한 것은 *English Lessons*과 아무런 관계가 없다. 주시경이 행위 이론적 기호학을 창도하여 의미 해석에 응용한 것은 그의 문법 이론이 관념론을 바닥에 깔고 있는 것과 밀접한 관계를 맺고 있다고 말할 수 있다. 그러나 주시경의 문법에서도 실증론적 인식을 발견할 수 있다. 『말의 소리』(1914)에서 현대의 'morpheme'에 해당하는 언어 단위에 대하여 "늣씨"란 이름을 준 것은 주시경도 말기에 와서는 실증론에 상당히 기울어져 있었음을 알 수 있다.

어문 민족주의를 머리에 이고 민족어 연구에 헌신하였던 주시경은 대한제국 학부에 설치되어 있었던 국문 연구소의 주임 위원으로서 난마(亂麻)와 같이 흐트러져 있던 민족 어문 정리에 혼신의 힘을 기울였다. 1909년에 제출한 친필 『國文研究』는 민족 어문에 대한 그의 태도가 거의 신앙의 경지에 이르러 있음을 알 수 있다. 한 획 한 자도 흐트러짐이 없어 예술품을 대한다는 착각을 느낄 정도이다. 또 주시경은 자신이 연구한 결과를 교육 기관을 통하여 꾸준히 보급하였으며 특히 1907년 부터 여름 방학에 실시한 하기국어강습소의 운영은 민족 어학을 건설 하는 모태가 되었다. 주시경은 1908년 8월 31일에 서대문 봉원사에서 졸업생들과 협력하여 '國語를 研究할 目的'으로 "國語研究學會"를 창 립하여 전면적인 민족어 연구의 기틀을 쌓았다[34]. 이 학회는 우리나라 가 일제의 손아귀로 넘어간 1913년 3월에는 "朝鮮言文會"(속칭 한글모) 로 바뀌고 1921년 12월에는 "朝鮮語研究會"로, 1931년 6월에는 "朝鮮 語學會"로 바뀌는 등 곡절을 겪기는 하였으나 민족 어학 연구의 기틀 은 "國語研究學會"의 창립에서 잡혀져 있었다.

관념론을 머리에 이고 민족어 연구에 헌신한 문법가로 대표적인 학 자는 박승빈, 최현배, 정렬모, 이희승, 조윤제이다. 박승빈은 앞에서 지 적한 바와 같이 훔볼트의 세계관 이론을 머리에 이고 문법 연구에 임하 였으며[35], 최현배는 종(縱)으로는 그의 스승 주시경의 어문민족주의를 바닥에 깔고 횡(橫)으로는 일본 유학을 통하여 터득한 훔볼트의 언어 철학을 등에 지고 민족어 문법 체계를 세우고 "한글갈"이라는 특이한 학문 분야를 수립하였다[36]. 정렬모 역시 그의 스승 주시경으로부터 물 려받은 정신적 유산을 바탕으로 하여 새로운 문법 체계를 세웠다[37]. 이희승은 언어와 문화와의 관계에 대하여 누구보다도 설득력 있는 견

---

34) 1987년부터 한글학회의 창립 행사를 8월 31일에 기념하고 있는데 이는 바로 필자가 1983년에 이규영의 『한글모 죽보기』를 분석한 결과에 기대어서 제안 한 것을 실천에 옮긴 것이다. 고영근 (1983/ 2008: 125)를 보라.
35) 박승빈의 언어철학에 대하여는 고영근 (2008: 18-19)를 보라.
36) 최현배의 언어철학에 대하여는 고영근 (2008: 19-21)을, 그의 학문적 업적에 대하여는 고영근 (1995가)를 보라.
37) 정렬모의 대표적 문법서 『신편고등국어문법』의 「머리에 두는 말」을 보라.

해를 피력하였고 해방 후에는 칸트 등의 미학을 수용하여 시조 감상
이론을 전개함으로써 관념론을 문학 작품의 해석에 끌어들이는 성과를
거두었다[38]. 국문학자 조윤제는 훔볼트와 피히테(Fichte)의 언어 철학을
바탕으로 하여 해방 공간에 새나라 국어 교육과 국어 존중의 당위성을
설파하였으며[39], 국어학과 국문학을 물과 물고기에 비유하고 딜타이
(Dilthey)의 "삶의 철학"(Lebensphilosophie)에 기대어 민족 문학사를 확립한
데서 구체적인 결실을 보았다. 특히 조윤제 (1955/ 1984)에는 문자(한글),
형태, 계통에 관한 장을 베풀고 '國語'와 '國文學'란 장을 두어 '國語國
文學'이란 독자적인 분야를 세우기도 하였는데 이는 앞에서 언급한 포
슬러의 언어 미학에서 영향을 받지 않았나 한다[40]. 조윤제의 행보는
주시경 학파가 관념론을 등에 지고 일제 강점기에 맞춤법과 표준어 등
민족 어문의 표준화를 성취한 것과 함께 민족 문화 창조의 쾌거(快擧)라
말할 수 있다.

이밖에 관념론에 근거한 민족어 연구 분야는 문체론, 사회·심리 언
어학, 화용론, 텍스트 과학 등을 들 수 있으며 북한의 주체적 언어이론
도 이 범주에 넣을 수 있다. "주체적 언어이론"은 우리 민족어에 신통력
을 부여한다는 점에서 고대인들의 언어관을 다시 보는 듯한 느낌을 받
는다. 특히 김정일 시대에 와서는 언어가 인간과 사회는 물론, 자연을

---

38) 이희승의 언어철학에 대하여는 고영근 (2008: 23-24)를 보고 미학에 근거한
   시조 감상에 대하여는 고영근 (1999가: 118-124)를 보라. 이희승의 위의 글은
   고영근 밖에 (2009: 151-163)에 주석과 함께 실려 있다.
39) 관련 논의는 고영근 (2008가: 25-29)을 보라.
40) 고바야시는 1934년과 1944년에 포슬러를 중심으로 한 언어미학 관련의 저술
   을 내었다. 고바야시 (1934)과 고바야시 (1944)을 보라.

변화시킨다고 보고 있다[41].

3 실증론과 민족 어학의 발전

앞에서 우리는 1908년에 관념론을 바탕으로 한 민족 어학 연구 단체
가 창립되었다고 하였다. 그러면 실증론에 근거한 민족어 연구는 언제
부터 시작된다고 할 수 있을까. 앞에서 더러 본 바와 같이 비록 관념론
의 테두리에서 거둔 성과이기는 하였으나 『訓民正音 解例』와 유희(柳
僖)의 『諺文志』에는 실증론의 테두리에 들어올 수 있는 인식 세계를
발견할 수 있고 19세기 이래의 서양인의 우리말 연구에서도 그러한
점을 발견할 수 있다.

우리 민족어에 실증주의 언어학이 도입된 것은 1930년대 중반이었
다. 물론, 그 이전에 오구라(小倉進平)의 방언과 국어사에 관련된 업적이
없는 바 아니나 이전의 역사 언어학이나 문헌학의 영향 아래 이루어진
것으로 보고 이 자리에서는 언급을 피하기로 한다[42]. 도쿄 제국대학
언어학과를 졸업한 유응호는 귀국과 동시에 박승빈 주재(主宰)의 조선
어학 연구회의 기관지 『正音』에 19세기에 독일에서 발달된 역사 언어
학을 소개한 바 있으며 특히 소장문법학파의 대부격인 파울(H. Paul)의
『언어사 원리』(1885)(Prinzipien der Sprachgeschichte) (1880)의 제1장을 번역

---

41) 관련 논의는 고영근·구본관·시정곤·연재훈 (2004)를 보라.
42) 최근 이진호 (2009)에서 오구라의 우리말 연구 중 음운론을 중심으로 평가를
    가하고 관련 업적을 우리말로 옮기는 작업을 수행하여 오구라의 업적에 다가
    설 수 있는 길이 열렸다.

하였다. 유응호의 번역은 부분 번역이기는 하여도 이듬해(1937) 나온 고바야시 교수의 번역보다 앞섬을 지적해 둔다. 유응호는 우리말 연구에 참고가 되도록 한다는 면에 초점을 맞추고 번역에 임하였다. 파울은 "언어학은 역사과학이다"라는 명제를 등에 지고 언어사 원리를 체계화하였다. 당시의 우리 학계의 풍토가 어문 정리에 있었던 만큼 파울의 명제를 우리말 연구에 전면적으로 적용하는 데는 한계가 있었던 것으로 보인다. 그 가운데서도 이숭녕은 파울의 언어사 원리를 우리말에 적용한 최초의 학자였다. 이숭녕은 게이조(京城) 제국대학 졸업 논문으로 1933년에 「朝鮮語의 Hiatus와 子音發達에 대하여」를 제출하였고 1935년에 「Umlaut 現象을 통하여 본 母音 'ㆍ'의 音價故」를 게이조 제국대학 졸업생들의 학술지 『新興』에 발표하였다. 그는 이 논문의 머리에서 파울의 위의 책을 "言語學의 聖書"라 규정하고 "역사기술자의 과제" (Aufgabe des Geschichtschreibers)의 부분을 번역하여 보이면서 우리 선학들의 무책임한 국어사 기술 태도를 비판하였다. 이숭녕은 포슬러가 소장문법학파를 비판하고 관념론에 근거한 언어 연구를 지향한 것과는 반대의 입장에 서 있었지만 이숭녕의 업적을 통하여 1930년대 중반에 소장문법학파의 언어 이론을 민족어 역사 연구에 적용하였다는 사실을 확인할 수 있다. 실제로 이숭녕은 독일어, 프랑스어, 그리스어를 공부함과 함께 게이조 제국대학에서 고바야시의 강의를 열심히 수강하면서 일반 언어학에 대한 지식체계를 몸에 익혔던 것이다[43].

이숭녕이 관념론에 근거한 선학들의 우리말 연구 태도를 어느 정도

---

43) 이숭녕의 게이조 제국대학 재학 중 언어학 수강에 대하여는 이병근 (2008)을 보라.

기피(忌避)하였는가는 다음 글에 분명히 표백되어 있다.

> 흔히 國語는 우리 民族의 固有한 言語이며 우리 文化의 所産인 듯이
> 막연하게 생각하고 규정하는 경향을 본다. 물론 이것은 틀림없는 사실이
> 겠지만 國語라 하면 해방 후 소중히 여기는 나머지 비과학적인 쇼비니즘
> (chauvinisme: 狂信的 愛國主義)的 態度가 엿보여 정당한 이론을 펼 수 없
> 는 면도 있는 터이다. 더구나 民族하면 때로는 흥분을 느끼고 神經過敏
> 히 서두르는 學問하는 태도를 보며 本項의 論旨에도 그러할 염려도 있지
> 만 우리는 科學的 精神(L'ésprit scientifique)을 끝까지 견지하여야 하며 學
> 問에 있어서는 극도로 냉정하여야 함은 더 말할 필요도 없을 것이다[44].

이숭녕은 주시경을 비롯한 어문 민족자들과, 언어를 지나치게 문화 창
조와 연결시키는 해방 후의 어문학자들의 애국적 광신주의에 불만을
품고 과학으로서의 국어학을 세우고자 하는 충정에서 위의 글을 썼던
것이다. 그러나 언어 연구에 있어 실증론만 옹호하고 관념론은 배제하
는 것이 옳겠는가 하는 반론도 제기할 수 있어 보인다.(뒤에 나옴)

　이숭녕 다음으로 우리말에 실증주의를 적용한 사람은 핀랜드의 알타
이어학자 람스테트(G. J. Ramstedt)이다. 람스테트는 우리말이 알타이 어
족에 속한다는 가설을 내세우고 이를 증명하기 위하여 1928년에는
"Remarks on the Korean Language"(한국어에 관한 소견)이란 논문에서
우리말이 알타이 어족에 속한다고 단정하였으며 1939년에는 저 유명한
*A Korean Grammar*를 상재(上梓)하였다. 이미 알려진 바와 같이 람스테

---

44) 이 부분은 원래 서울대학교 『大學國語』(1954)에 실린 「民族 및 文化와 文化
社會」을 金敏洙 밖에 공편 (1984)에 전재한 바 있다. 이곳에서는 전재분을
이용하기로 한다.

트는 19세기 후반의 독일의 소장문법학파의 영향을 받았으며 그의 알
타이어학 관계 업적이 모두 당시의 학풍을 반영하고 있음은 물론이다.
*A Korean Grammar*의 목차를 보면 다음과 같다.

> introduction/ phonetics/ morphology/ postpositions and adverbs/
> uninflected word/ word formation/ structure of sentence

한편 소장문법학파를 대표하는 파울의 *Deutsche Grammatik*(1916~
1920)(전 5권)의 목차는 다음과 같다.

> Geschichtliche Einleitung(역사적 도입), Lautlehre(음학)(권 1)/
> Flexionslehre(굴절론)(권 2)/ Syntax(권 3, 권 4)/ Wortbildungslehre(단어형
> 성론)

우선 언어학이 역사 과학이란 명제가 공통되고 'introduction'과
'Geschichtliche Einleitung'를 통하여 기술의 출발점을 역사적 관점에
두었으며 소리에 관한 장이 "phonetics"와 "Lautlehre"로, 형태론에 관
한 장이 "morphologie"과 "Flexionslehre"로, 통사론에 관한 장이
"structure of sentence"과 "Syntax" 각각 공통되어 있다. 람스테드 문법
에서 와서 "postposition"이 설정된 것은 언어 구조가 인도-유럽어와 다
른 데 말미암은 필연적 소치이다. 가장 큰 공통성은 두 문법이 단어
형성에 관한 장을 "word formation"과 "Wortbildungslehre"와 같이 세
우고 있는 점이다[45].

---

45) 실물은 보지 못하고 인터넷을 통하여 얻은 정보이기 때문에 내용이 보강되어

우리나라에 구조주의가 도입된 것은 언제부터일까. 1930년대『正音』
36 (1940)에는 소쉬르(F. de Saussure)의『일반 언어학 강의』의 고바야시의
일역본『言語學原論』(1928)에서 「음운변화의 원인」을 뽑아 번역하여
실린 것이 있다. 일역본이 나와 있었던 당시에 이 중역본이 얼마만큼
읽혔는가 하는 것은 섣불리 단정할 수 없다. 소쉬르의 언어 이론이 본
격으로 소개된 것은 해방 후 나온『學風』4 (1949)에 발표한 유응호의
「現代言語學의 發達」에서였다. 이곳에서는 참된 언어 과학은 파울의
『언어사 원리』에서 시작된다고 보고 독일과 프랑스의 언어학자들의 이
론과 소쉬르의 '랑가쥬, 랑그, 빠롤'을 소개하였다. 언어 연구의 본질적
대상은 사회적 사실인 "랑그"라는 점을 부각시켰으며 소쉬르가 공시태
와 통시태를 구분하고 공시 언어학을 창시한 점을 부각시켰다. 소쉬르
의 언어이론은 그 뒤 이숭녕(1954)에서 더 자세히 소개된 바 있고[46],
1970년대에는 오원교에 의하여, 1990년대에는 최승언에 의하여 번역본
이 나오기도 하였다[47]. 1950년대는 주로 앞의 이숭녕의 저서에 의하여
소쉬르 언어 이론에 접할 수 있었고 1960년대 이후로는 허웅의『言語
學槪論』(1963)과 김방한의『言語學論考』(1970)가 소쉬르 언어 이론
보급에 큰 역할을 하였다[48].

프라그 학파의 구조주의는 해방 전에는 특별히 수용된 흔적이 없다.

야 한다.
46) 이숭녕 (1954)를 보라.
47) 뒤의 트루베츠코이의『음운론 요강』과 함께 같은 원전에 대하여 두 가지 번역
    본을 내는 것이 옳은가 하는 문제도 논의해 볼 필요가 있다.
48) 1959~1961년에 걸쳐 최석규 교수(뒤에 나옴)가 서울대학교 문리과대학 언어
    학과에서 소쉬르의 프랑스어 강독을 하였다는 사실을 지적해 둔다.

일본에서는 아리사카(有阪秀世)가 『音韻論』 (1940)을 통하여 트루베츠코
이를 비롯한 프라그 학파의 언어 이론을 소상히 소개하고 이를 바탕으
로 삼아 일본어의 음운사의 중요 문제를 논의하였으나 우리말에는 응
용된 자취를 찾기 어렵다. '가위'의 방언형을 중심으로 민족어 음운사의
제 문제에 접근한 고노(河野六郎)의 『朝鮮方言學試攷』(1945)를 보아도
유럽의 방언학 관계 업적은 널리 보았어도 프라그 학파의 이론을 적용
한 흔적은 보이지 않는다. 단편적이기는 해도 야콥슨(R. Jacobson)의 「역
사 음운론 원리」의 세 원리와 판 위크(van Wijk)의 통시 음운론에 대한
개념으로 국어 음운사를 재조명한 김완진 (1957)의 기여를 놓칠 수 없다.
김완진은 우리말의 음운사 연구에서도 체계의 개념을 적용할 수 있음을
증명하여 보이었다. 트루베츠코이의 독일어 원전은 트루베츠코이(N. S.
Trubezkoy) (1939)/ 이덕호 (1977)에서 번역되었고 트루베츠코이 (1939)/ 한
문희(역) (1991)는 프랑스어 번역본을 대본으로 하였다[49]. 1950년대 후
반부터는 미국의 기술 언어학이 상륙하였고 1960년대 중반부터는 변형
생성 문법이 수용되어 특히 현대어의 통사론 분야의 연구가 활성화하
였다[50]. 특히 이숭녕의 실증론 위주의 언어 연구의 영향으로 관념론에
의한 연구는 언어 연구의 본연의 분야가 아니라는 인식이 확산하여 일
부 학자를 제외하고는 이 방면에 관심을 기울이는 일을 거의 볼 수
없다. 그러다가 1980년대에 접어 들면서 화용론, 사회 언어학, 심리
언어학, 담화 · 인지 언어학, 텍스트 과학에 관련된 외래 이론이 수용되

---

49) 여기서 하나 덧붙일 것은 1958년 2학기에 서울대학교 문리과대학 언어학과에
　　당시 파리에서 귀국한 최석규 교수가 출강하여 트루베츠코이의 프랑스 번역본
　　*Principe de phonologie*를 강독한 바 있다.
50) 이 문제에 대하여는 고영근 (1983: 187-201, 2001마: 31-36-47)을 보라.

면서 관념론에 근거한 언어 연구도 제 자리를 잡기 시작하였다. 텍스트 과학과 같은 분야는 어학과 문학을 접면시킬 수 있고 화법과 작문의 메타 이론을 제공할 수 있으며 이론과 실천의 경계를 허물어 통합 과학을 성립시키는 데도 기여할 수 있으리라 믿는다.

4 마무리

지금까지 필자는 우리 민족어 연구를 철학적으로 뒷받침하는 메타 이론으로서 관념론과 실증론을 들고 고대로부터 현대에 이르는 민족어 연구의 흐름을 검토하여 보았다. 전통 시대로부터 일제 강점기까지는 대체로 관념론에 의한 민족어 연구가 주류를 이루었다. 해방 후에는 특히 민족어 교육의 목표를 세우고 국어·국자 문제를 다루는 현장에서는 아직도 관념론에 근거한 민족어 연구가 자리를 잡고 있다. 북한은 사정이 달라서 이른바 주체적 언어이론이 언어 생활뿐만 아니라 민족어 연구에까지 깊숙이 스며들어 있다. 남한은 민족어의 구조를 밝히는 면에 있어서는 실증론이 확고한 자리를 차지하여 왔다. 그러나 20세기 후반으로 접어들면서는 언어 사용자와 관련시키는 민족어 연구가 고개를 들기 시작하여 현재는 거의 균형을 취해가는 상황에 놓여 있다.

우리나라에는 민족어 연구 단체가 많다. 그 중에서도 대표적인 것은 '한글학회'와 '국어학회'이다. 전자는 주시경이 창립한 '국어 연구학회'로 거슬러 올라가는 우리나라에서 가장 오래된 연구 단체이고 후자는 1959년에 창립된, 한글학회 다음으로 역사가 오래다. 지금은 두 학회가

인적 구성만 다르지 성격에 있어 아무런 차이가 없다. 앞으로 한글학회
는 관념론에 근거한 방면으로 학회의 성격을 분명히 할 필요가 있고
후자는 실증론적 성격을 더 분명히 할 필요가 있다. 그리고 한글학회는
"겨레말 연구학회"라든지 "민족어 연구학회"로 그 이름을 버꾸어야 한
다. "한글학회"는 그 뜻을 풀면 "한국문자학회"이다.

우리는 관념론과 실증론이 배타적이라고 생각하지 않는다. 관념론을
취하여도 구조를 밝히는 문제에 부딪히면 자연히 실증론으로 기울어지
지 않을 수 없고 실증론을 중시하여도 정치·사회적 요인의 영향을
받게 되면 관념적인 태도를 취하지 않을 수 없기 때문이다. 지금까지의
이루어진 민족어 연구 결과를 종합하여 보면 관념론은 기능적 측면을
강조하여 왔고 실증론은 구조적 측면을 밝히는 면에 많은 성과를 거두
어 왔다. 다시 말하면 전자는 응용적 측면을 부각시킬 수 있고 후자는
이론적 측면을 심화시킬 수 있다. 필자가 보기에는 관념론에 근거한
언어 이론으로 우리가 역점을 두어야 하는 분야는 최근에 각광을 받고
있는 텍스트 과학51)과, 그 사이 거의 사각지대에 방치하다시피 한 문체
론에 대한 관심을 불러일으키는 것이다. 그렇게 되면 그 사이 벌어질
대로 벌어진 어학과 문학을 접면시켜 "언어 문학"이란 독립된 분야의
창출을 가능하게 할 것이다. 필자의 좁은 생각으로는 국어국문학과의
어학 전공자들은 구조 중심의 연구보다는 관념론에 근거한 기능 중심
의 방향으로 관심을 돌릴 필요가 있고 언어학도는 실증론에 근거한 구
조 중심의 방향으로 돌릴 필요가 있지 않겠는가 하는 것이다. 이미 1세

---

51) 고영근 밖에 (2009)는 지난 세기 90년대 이후부터 쌓아온 텍스트 과학에 관련
된 논문을 해설을 붙여 편집한 것이다.

기가 흘렀지만 실증론자를 비판하고 언어 연구를 문체론과 관련시키고 언어사와 문학사를 통합시킨 포슬러를 다시금 찾을 필요가 있지 않을까 하는 생각이 드는 것은 필자 혼자만의 생각은 아닐 것이다; 우리나라의 어문학과는 어학과 문학이 너무 절연되어 있다는 해외 유학생들의 우려의 목소리가 아직도 귀에 쟁쟁하다.

민
족
어
학
의

건설과 발전

|2| 민족 어학 연구의 창의적 연구 방향
─어제를 두 번 되돌아보고 내일을 한번 내다보자─

1 들어가기

필자는 2,000년 3월 17~20일 사이에 베를린을 비롯한 옛 동독 지역
에서 개최된 바 있는 제3차 동서 언어학 집담회(3. Ost-West Kolloquium
für Sprachwissenschaft)에서 *Die Strö munge n der Spra chforschung*(한국
언어 연구의 흐름)[1]이란 글을 발표한 바 있다. 이 자리에서 필자는 폴랜드
출신의 사회학자인 암스테르담스카(O. Amsterdamska)의 『언어학파의 형
성과 발전』 (1987)[2]에서 논의된 인지 체계의 단속성 개념을 중심으로
우리나라의 언어 연구의 발자취를 추적하고 앞으로 우리나라를 비롯한
동양의 언어 연구가 걸어 나가야 할 방향을 탐색한 바 있다. 필자는
동양 사회의 언어 연구는 앞으로 서구 중심의 언어 연구는 물론, 제

---

1) 이 논문은 고영근 (2001나)에 국문 원고와 독문 원고가 같이 실려 있다.
2) 암스테르담스카(O. Amsterdamska) (1987)/ 임혜순 (1999)를 가리킨다.

3세계의 언어 연구까지 포괄하는 "거대 언어 이론"을 창출해야 한다는 점을 강조한 일이 있다.

현대적 의미의 민족 어학의 창건을 주시경이 1908년에 창립한 "국어 연구학회"로부터 잡는다고 할 때, 우리의 민족어 연구의 역사는 벌써 100년에 육박한다. 그러나 민족 어학이 하나의 과학으로서 올바른 위상을 차지한 것은 1945년의 해방이 큰 계기가 되었다. 이때부터 "국어 국문학과"라는 제도적인 뒷받침을 받으며 학문 후속 세대를 양성하고 민족어 전공자들끼리 학회를 만들어 연구 결과를 발표할 수 있었다. "국어국문학회"와 "국어학회" 등 민족어 관련의 단체들은 그 사이 여러 차례에 걸쳐 분야 별로 어제를 되돌아보고 내일을 설계하는 행사를 가짐으로써 민족어 연구의 방향을 탐색해 왔다3). 그리고 1991년부터 시작된 10월의 문화 인물에 대한 재평가4)와 작고 민족 어학자에 대한 학설사적 자리 매김5)은 민족어 연구가 우리 사회의 어느 학문 분야보다도 튼튼한 기반 위에 놓여 있음을 실증한다고 하겠다.

오늘 이 자리에서 필자는 철저한 역사 인식이 바로 창의적인 민족어 연구를 이끄는 지름길이라는 전제를 내세우고자 한다. 지난 날을 되돌

---

3) 대표적으로는 이기문 (1999)과 홍윤표 (1999)가 있다. 후자는 정보화 시대를 맞이하여 민족 어학의 당면 과제를 부각시키고 있다.
4) 문화 인물에 대하여 문화 관광부는 그 나름대로 작은 책자를 만들어 어문학자 들의 업적과 활동을 홍보하였으며 주시경 연구소, 한글 학회, 한국 어문회 등에서는 해당 문화 인물의 업적과 활동을 집중적으로 평가하는 특집호를 꾸미기도 하였다.
5) 가까운 예로 서거 5주기와 10주기를 맞아 펴낸 이숭녕에 대한 집중적인 평가 (『國語學』34, 1999, 『語文硏究』32.1, 2004)와 1주기를 계기로 하여 펴낸 허웅에 대한 집중적인 평가 『허웅 선생의 우리말 연구』 (2005, 태학사)가 그러한 예에 속한다.

아 보면 역사는 모든 것을 수용하여 하나로 녹여 내는 거대한 용광로와 같다. 그 가운데는 "진실"과 "거짓"이 하나가 되어 불타고 있는 것이다. 냉철한 태도로 역사의 용광로를 들여다보면 무엇이 진실이고 무엇이 거짓인가를 가려 낼 수 있다. "거짓"은 버리고 "진실"을 받아들이면 이는 바로 건전한 미래를 설계하는 바탕이 된다는 전제 아래 민족어 연구에 있어서 창의성의 문제에 접근하고자 한다. 이에 앞서 과거 1세기에 걸쳐 명멸(明滅)하였던 비판과 토론과 논쟁의 역사를 더듬어 보기로 한다.

2 비판과 토론 및 논쟁의 역사 회고와 건전한 토론 문화의 방향 탐색

민족어 연구 100년사를 돌이켜볼 때, 민족 어학계에는 실천적인 문제로부터 이론적 문제에 이르기까지 비판과 토론, 그리고 논쟁이 전방위적(全方位的, holistic)으로 전개되어 왔다. 민족 어학의 성립을 앞뒤로 하여 우리에게 부과되었던 과제는 한자에 눌려 사명을 다하지 못하였던 "한글"에 공용 문자의 자격을 부여하고 이와 동시에 철자법을 제정하는 것이 급선무였으며 언어 생활과 민족어 교육을 통제하는 규범 문법의 통일 또한 놓칠 수 없었다.

갑오경장이 계기가 되어 한글이 나라글(國文, 곧 '한나라글' → 한글)로 지위가 격상되자 전통적으로 공용문과 공용문자의 역할을 해 오던 한자와 한문을 어떻게 할 것인가 하는 문제가 첨예하게 대립되었다. 한문

폐지론을 반대하는 세력이 고개를 숙일 줄 모르는 가운데서도 국한문
혼용론과 한글 전용론이 맞섰으며 이러한 기운은 현재까지도 이어지고
있다. 현재는 한글이 주체적인 자리에 놓이고 한자 등의 다른 문자는
종속적인 자리에 놓여 있지만 동북아 시대를 맞아 국한문 혼용론을 주
창(主唱)하는 흐름도 만만치 않은 세력을 이루어 나가고 있다. 이 문제
는 우리 민족이 반도에서 삶을 영위하는 동안에는 언제든지 활화산처
럼 불을 뿜게 될 것이다. 한글의 공용화와 함께 대두된 문제는 음소
문자인 한글을 어떤 방식으로 묶어서(또는 모아서) 적을 것인가 하는 것이
었다. 받침에 모든 초성을 다 쓰기를 주장하는 사람도 있었고 전통적인
표기법과 같이 일부만을 받침으로 사용하자는 주장이 맞섰다. 전자는
주시경 학파에 의하여 입안되었으며 후자는 반주시경 학파가 내세운
모토였다.

먼저 안확은 주시경학파의 문법과 철자법이 지나치게 국수주의적이
고 어원 주의적이라고 비판을 가하였다. 주시경 학파의 철자법에 대하
여는 일찍이 계명 구락부를 창설하여 계몽 운동을 전개한 바 있던 조선
어학 연구회의 박승빈 학파에서 더 강도 높은 비판을 목격할 수 있고
홍기문과 권영달도 비판의 화살을 놓치지 않았다[6]. 조선어학회의 "한
글마춤법"이 극단적인 표의 주의를 완화한 것도 알고 보면 반주시경학
파의 비판이 적지 않게 작용한 것으로 보인다[7]. 이를테면 '집웅'을 '지

---

6) 일제 강점기의 철자법 논쟁에 대한 자세한 사정은 고영근 (1998가, 5-104;
   2008가: 307-427)를 보라.
7) 그 사이 오래 동안 묻혀 있었던 박승빈의 주시경 철자법 이론 비판이 오히려
   옳았다는 연구가 나와 주목을 끌고 있다. 자세한 사정은 신창순 (2003: 135-
   189)을 보라.

봉'으로 표기하게 된 것이 대표전인 예이다. 철자법 논쟁은 같은 시기에
소련의 한인 사회에서도 반도의 그것에 뒤지지 않았다. 『高麗文典』
(1930)의 발간을 전후하여 오창환과 게(계)봉우 사이에 20여 차례에 걸쳐
벌어진 논쟁은 소련 한인 사회의 철자법 역시 많은 곡절을 겪어 형성되
었다는 것을 알 수 있다[8]. 1950년대 전반에 있었던 "한글 簡素化案"도
같은 선상에 놓여 있었던 것이다.

민족어 교육을 통제하고 맞춤법 제정과 사전 편찬의 기반이 되는
규범 문법은 1930년대의 우리말 사전 편찬을 진행하는 과정에서 중요
연구 의제에 올라 있었으나 결실을 보지 못하였으며 해방을 맞은 지
18년이 되는 1963년에야 9품사 체계와 한자 용어 중심의 통일안을 제
정할 수 있었다. 그러나 문법 통일안이 정착되기까지는 수많은 아픔을
겪어야 하였다. 이른바 말본파와 문법파 사이에서 지정사 '이다'와 문법
용어를 두고 벌어진 비판은 우리 학문의 어떤 분야보다도 격렬한 논쟁
의 도가니 속에 휘말려 있었다. 문자 그대로 '泥田鬪狗'의 격전장을 방
불케 하였다. 통일안에는 '이다'를 단어로 인정하지 않는다고 하였으나
여러 가지로 불합리한 점이 노정(露呈)되어 1985년의 단일 문법에 와서
는 단어로 인정하되 "서술격조사"로 처리하는 타협안을 마련하여 지금
까지 남한의 민족어 교육과 언어 생활을 통제하고 있다.

민족어가 독자적인 인문 학문으로서 자리를 잡아 가자 고전 시가의
해독에서부터 현대 민족어의 음운과 문법에 걸쳐 크고 작은 이론적 문
제들이 비판과 논쟁을 통하여 정체가 밝혀진 것이 적지 않다. 이러한

---

8) [보충주] 관련 논의는 고영근 (1998가: 125-131 ; 2008나: 451-459)을 보라.

기운은 향가의 해독과 고려 가요의 해석에서 실마리를 찾을 수 있으며 후대로 내려올수록 중세 민족어, 현대 민족어의 제문제들이 논쟁의 대상에 올랐다.

향가 해독에 대하여는 일본의 민족 어학자 오구라의 향가 해독[9]에 대한 양주동의 반론에서 논쟁의 실마리를 찾을 수 있다. 양주동의 향가 연구는 1934년 9월, 그의 나이 32세 되던 해 가을에 시작되었다. 그는 "體系的 方法"과 "凝視法"으로 향가 연구에 착수하여 이듬해 (1935) 2월, 『靑丘學叢』에 원왕생가를 중심으로 오구라의 향가 해독을 전면적으로 수정하였으며 이것이 기반이 되어 1942년에는 저 유명한 『朝鮮古歌硏究』를 상재(上梓)할 수 있었다[10]. 양주동의 비판에 대한 오구라의 반론은 끝내 나오지 않았다. 양주동은 향가 연구가 일단락(一段落)되자 고려 가요의 해독에 착수하여 자신에게 비판을 가한 김태준과 전몽수에 대하여도 반론의 화살을 늦추지 않았다. 1930년대 후반에는 향가의 해독과 고려가요의 해석에 관한 한, 양주동을 능가할 사람이 없었다[11]. 양주동의 고전 주석을 보면 이미 이중 모음에 대한 인식과 7 모음체계 중심의 모음조화도 가시화되어 있었다[12].

양주동의 향가 해독은 해방 전은 물론이고 해방 후에도 끊임없이 도전의 대상이 되었다. 이 곳에서 특기의 대상이 되는 것은 1960년대에

---

9) 오구라(小倉進平) (1929가)를 가리킨다.
10) 양주동의 향가 해독의 자세한 경위는 고영근 (2003/ 본서 313)을 보라.
11) 1930년대 후반에는 향가와 고려가요, 어원론 등을 중심으로 논쟁과 지상 토론이 전개된 바 있다. 우선 전몽수 (1947)을 보라. 이런 문제도 전면에 부각하여 민족 어문학 연구사의 줄기를 세울 필요가 있다.
12) 이 문제에 대하여는 고영근 (2003/ 본서 331)을 보라.

들어서면서 양주동과 이숭녕 사이에 벌어진 비판과 논쟁이다. 논쟁의
불씨는 〈韓國古典文學大系〉를 기획한 민중서관에서 향가의 해독은
이숭녕에게 맡기고 양주동에게는 한시문(漢詩文)의 번역을 부탁한 데서
비롯되었다. 이 무렵 양주동은 당시 독일에서 박사 학위를 받은 이학수
가 양주동의 향가 해독과 한국 고전 시가에 대한 책을 독일어와 영어로
번역하여 한국 문학을 국제 무대에 알린 것을 보고 흥분을 감추지 못하
고 있었다. 양주동은 자신의 전매 특허품이라고 생각하였던 향가를 음
운론 전공자인 이숭녕에게 의뢰한 것을 보고 조선일보 (1960. 2. 1~5)에
「古典文學의 世界的 進出」이라는 장문의 논설을 기고하면서 불평불
만을 토로하였던 것이다. 출판사나 편집 위원으로서는 양주동은 이미
관련 저술을 가지고 있느니만큼 다른 적격자에게 집필을 의뢰하는 것
이 올바른 편집방향이라고 생각하고 있었다.

　이숭녕은 곧 이어 같은 조선일보 (1960. 2. 8~12)에 「古典註釋의 科學
的 態度」를 기고하여 양주동에게 응수하였다. 양주동도 같은 지상
(1960. 2. 17~22)에 '中傷·虛構·僞學'이라는 부제를 붙여 「嘻噫記」(희
희기)라는 장문의 글을 기고하였다. 양주동의 논조는 학술 논쟁의 범위
를 넘어서서 인신공격의 수위에까지 이르러 있었다. '희희기'란 탄식하
는 글이란 뜻이다. 이숭녕은 이에 뒤질세라 〈아카데미즘의 質疑와 解
明〉이라는 부제를 붙인 「梁柱東氏에게 答한다」를 당시의 대표적 지성
월간지인 장준하 운영의 『思想界』 (1960. 5·8·9)에 3개월 동안 연재하
였다. 이곳에서는 양주동의 향가 해독의 문제점을 음운과 문법에 걸쳐
소상하게 파헤침으로써 학술 논쟁의 경지에 이르고 있었다. 두 석학
사이의 논쟁은 처음은 신문 지상에서 시작하여 다음은 월간지로 옮겨

가면서 논쟁의 수위를 높여 갔다. 지금은 전문 학술지가 많아 논쟁과 토론이 학술지를 통하여 전개되고 있지만 일제 강점기나 1960년대까지는 신문 지상이나 월간 지성지를 이용하는 일이 많았다[13]. 이숭녕의 향가 해독은 가시적인 모습으로 얼굴을 내밀지 못하였지만 두 석학 사이에 제기된 문제점은 다음 세대인 김완진과 유창균의 해독에서 수렴되지 않았나 한다[14].

향가 해독과 고려 가요의 해석에 이어 논쟁과 토론의 중심으로 떠오른 과제는 중세어의 음운과 문법에 관련된 제문제였다. 'ᄋᆞ'의 음가에 대하여는 이숭녕이 대학 졸업 직후에 발표한 「Umlaut 현상을 통하여 본 모음 ᄋᆞ의 음가고(音價攷)」 (1935)에서 '아 오'의 간음설이 주장되었고 이는 확대되어 「ᄋᆞ(音價攷)」 (1940)로 이어졌다. 그런데 이숭녕의 ᄋᆞ 음가론은 최현배의 『한글갈』 (1942)에서 일차적인 도전을 받았고 이숭녕은 『朝鮮語音韻論硏究』 (1949)에서 최현배의 '아 으' 간음설을 비판하고 자신의 지론인 '아 오'의 간음설을 재차 주장하였다. 이숭녕의 음가론은 1940년에 발견된 『훈민정음 해례』를 통하여 정설로 공인되다시피 하였다. 최현배는 「ᄋᆞ자의 소리값 상고」 (동방학지 4, 1959)[15]에서 자신의 지론인 '아 으' 간음설을 다시금 주장하였으며 이어 이숭녕은 「ᄋᆞ 음가 재론」 (1959)를 통하여 30년대 중반 이래의 자신의 지론을 다시금 확인함으로써 학술 논쟁의 모범을 보이었다[16]. ᄋᆞ음에 대하여는 이렇

---

13) 양주동과 이숭녕 사이의 논전 자료는 손세일 (1976)에 실려 있다.
14) 김완진 (1980)과 유창균 (1994)를 보라.
15) 최현배 (1961)에 다시 실렸다.
16) ᄋᆞ 음가에 대한 최현배와 이숭녕의 논쟁에 대하여는 고영근 (1995가: 521, 679)을 보라.

게 여러 번 논쟁을 거치는 사이에 그 정체가 더욱 분명하게 드러났으며 비판과 논쟁이 결코 도로(徒勞)가 아님을 각성케 하였다. 이숭녕의 중세 민족어의 모음론은 1970년대 후반에 김완진과 이기문 사이에 전개된 중세어의 모음 체계와 모음 조화의 관련성에 대한 논전으로 이어졌다 는 점에서 민족어 연구사의 한 봉우리를 마련하였다[17].

1950년대 중반부터 일기 시작한 겸손법(흔히 객체 높임법) '습'의 기능, '오'계 어미의 교체와 기능, 존경법(이른바 주체 높임법)의 '시' 교체에 관한 논쟁은 중세어의 형태론과 통사론의 수준을 한 단계 끌어 올리는 성과 를 거두었다. 허웅의 「尊待法史」(1954)에서 오구라 이래 존비법(흔히 상대높임법)의 표지로 알려져 온 '습'에 대하여 문장 중의 성분인 객체를 높이는 기능을 띠었다고 함으로써 학계에 큰 충격을 주었다. 그러나 뒤이어 '습'은 비자(卑者)의 동작에 나타난다는 안병희의 「主體謙讓法 의 '-습-'에 대하여」(1961)와 이숭녕의 「謙讓法硏究」(1961)의 반론이 제기됨으로써 허웅의 객체 존대설은 여러 가지로 수정·보완이 불가피 하였으며 지금도 이 문제는 심심찮게 논의되고 있다.

종전에 아어형으로 처리되어 온 '오' 계열의 어미 또한 격렬한 논쟁의 소용돌이 속에 휘말렸다. 허웅의 「挿入母音攷」(1958)에서 형태·음 운론적 교체를 기술하고 그 기능을 이원론적·통사론적으로 보는 견해 가 나온 이후, 오오에(大江孝男)와 이숭녕이 일원론적·의미론적 해석을 제안함으로써 두 견해가 팽팽히 맞서, 이후 허웅과 이숭녕 사이에 서너 차례 열띤 논쟁을 불러일으켰다. 이 문제 역시 현재까지도 관점을 달리

---

17) 관련 논의는 한영균 (1997: 457-489), 정광 (2002; 31-46)을 보라.

하여 심심찮게 논의되고 있다[18]. 앞의 '습'과 함께 '오' 계열 어미의 기능에 관한 문제는 민족어 문법 연구에서 통사론, 의미론, 화용론에 얽힌 제문제를 풀어 내는 좋은 경험을 쌓았다고 말할 수 있다[19]. 존경법(주체높임)의 '시'와 '오'계 어미의 이형태로 '샤'와 '아'를 설정하는 문제를 둘러싸고 전개된 일련의 논쟁은 민족어 형태론 연구의 귀중한 유산으로 기억될 수 있을 것이다[20]. 중세어에 'ㅸ, △' 불규칙 동사의 성립 가부와 'ㄹ'과 반모음 'j' 및 지정사, 추측법 '리' 뒤의 'ㄱ' 탈락 내지 약화를 둘러싼 비판과 논쟁은 "형태음운론적 교체"라는 새로운 유형의 교체 유형을 세우는 계기를 마련하였다[21]. 민족 어학계의 논쟁은 그 뒤에도 계속되었다. 유창돈이 이숭녕의 『中世國語文法』 (1961)에 가한 비평적 서평[22]을 계기로 하여 중세어의 음운과 문법의 제문제가 네 차례에 걸쳐 토론의 대상이 되기도 하였다.

현대어는 생성 문법이 수용되면서 쟁점이 된 것이 많다. 대표적으로 부정법, 피·사동법, '-겠-'과 '-을 것이-'의 기저 구조와 의미의 동의성 여부를 둘러싼 생성론자와 해석론자의 대결은 7, 80년대의 한국 문법 연구의 현주소를 대변하는 사건이었다. 특히 부정법을 중심으로 송석중, 이홍배, 임홍빈 사이에 벌어진 논쟁은 60년대의 향가 해독과 학교 문법의 통일화 과정에서 빚어졌던 논쟁이 재연되는 듯하였다. 그러나

---

18) 대표적으로 양정호 (2003)을 보라.
19) 195, 60년대의 '습'과 '오'계열어미의 연구에 대한 자세한 논의는 고영근 (1983: 406-444)을 보라.
20) 관련 논의는 고영근 (1997/ 1999나: 657-686)를 보라.
21) 관련 논의는 고영근 (1997/ 1999나: 687-715; 2005: 19-51)을 보라.
22) 유창돈 (1962)을 보라.

이런 논쟁을 거치는 사이에 당시까지 예사로 보아 오던 민족어 문법의 제반 현상이 전면에 부각된 것은 긍정적인 소득이었다[23]. 한 동안 이른 바 유정 명사에 연결되는 부사격조사 '에게'를 처소의 부사격조사 '에'의 이형태로 보는 일이 없지 않았으나 결코 그렇지 않은 별개의 조사라는 점이 밝혀진 것은 비판과 논쟁의 과정에서 밝혀진 중요한 소득이었 다[24]. 음운론에서도 쟁점이 된 것이 많다. 기저모음의 설정, 경음화 현상, 음장, 불규칙 활용의 규칙 활용화에 대한 시도를 들 수 있다[25].

당시에는 민족 문화의 특징을 둘러싸고 민족 어학자 이희승과 민족 문학자 조윤제 사이에 토론이 전개되었으며[26], 민족 문학자 정병욱과 김사엽, 장덕순과 구자균·손낙범, 그리고 정한숙과 장덕순 사이에 비 판과 답변이 오고갔다. 그리고 김사엽과 조윤제, 조윤제와 장덕순 사이 에는 비판의 윤리 문제가 제기되어 설왕설래(說往說來)하기도 하였다. 이곳에서는 그 사정을 자세히 다룰 수 없지만 오늘날에 와서 우리의 국어국문학계, 특히 민족 어문학계가 건전한 토론 문화를 형성한 이면 에는 1930년부터 꾸준히 집적해 온 비판과 논쟁의 전통이 피와 살이 된 것으로 보인다. 그것이 선의의 비판이든 감정이 개입된 논쟁이든 결과적으로 보면 우리나라 민족 어문학의 발전에 긍정적으로 기여하였 다고 평가할 수 있다. 1987년부터 1994년 사이에 간행된『주시경학보』 (주시경 연구소 편, 탑출판사 발행)의〈문제제기와 토론〉과, 20세기 마지막 해에 창간된 필자 주관의 어학전문 국제학술지『형태론』의〈지상 토

---

23) 관련 논의는 고영근 (1983, 173-180)을 보라.
24) 유현경 (2003)와 고영근 (2005)를 비교하여 보라.
25) 관련 정보는 김완진·이병근 (1979)를 보라.
26) [보충주] 이희승과 조윤제 사이의 논전에 대하여는 본서 304-305쪽을 보라.

론〉, 〈논평에 대한 해명〉, 〈질의응답〉은 우리의 학문을 정상적인 궤도에 올려 세운 기획물이라고 평가하고 싶다. 자찬(自讚)이라고 할지 모르나 전자(주시경학보)는 건전한 토론 문화를 여는 서막이었고 후자는 토론 문화가 정착되어 가는 구체적인 결실로 볼 수 있기 때문이다. 〈지상 토론〉란은 대체로 서평 논문 필자와 원 저자와의 질의 응답의 마당이고 〈논평〉란은 이미 2호 정도 앞서 나온 논문에 대한 기성 학자들의 비판적 평가와 그에 대한 필자의 해명의 마당이다. 그리고 〈질의응답〉란에는 개별 논문에 대한 일반 독자의 필자에 대한 질의와 응답을 싣는다. 『형태론』에 투고를 하게 되면 먼저 심사를 받고 게재가 확정되어 출판되면 〈편집을 마치고서〉(편집후기)에서 편집 위원으로부터 다시 한번 평가를 받으며 1년 후에는 〈논평〉란을 통하여 기성 학자로부터 논평을 받는다. 그러니까 세 번에 걸쳐 남의 눈을 거치는 것이다. 요즘같이 정보가 양산되는 시대에는 심사를 받을 때를 제외하고는 남의 눈을 한 번 거치기도 쉽지 않다.

③ 선인들의 유산을 어떻게 이해하고 수용할 것인가

우리나라는 고대로부터 현대에 이르기까지 언어 연구의 넓고 깊은 경험을 쌓아 왔다. 현재 전해지고 있는 석독구결, 부호 구결, 음독 구결을 자세히 들여다보면 우리말과 한문의 문법 구조에 대한 깊은 이해가 없이는 이런 문자를 창안할 수 없었다고 단언할 수 있다[27]. 수년전 어느 외국의 민족 어학자는 전통 시대의 민족어 연구는 세계 어디 내놓아도 손색이 없다고 필자에게 술회(述懷)한 일이 있다. 오늘날 "한글"이라 불리고 있는 문자 체계 "훈민정음"의 제자 원리를 설명한 『훈민정음 해례』는 중세까지의 우리의 언어학적 인식 체계가 종합된 업적이었다. 해례본의 발견 이후 현대 언어학의 관점에서 그 가치가 부단히 평가되고 있는 것이 결코 우연이 아니다28). 이 책은 그 사이 영어, 독일어 등의 외국어로 번역되기도 하였고 그에 대한 연구 결과가 영어로 출판되어 있어29), 이제는 누구든지 한글의 창제 원리와 중세의 우리 음운론 연구의 수준을 이해할 수 있다. 훈민정음 창제 이후 50년 동안 쏟아져 나온 언해류는 이전의 석독구결과 음독 구결에 의한 경전 이해의 연속선상에 있다는 점에서 그 가치를 다시금 평가할 필요가 있다. 언해류는 음독 구결과 석독구결의 조합에 의한 산물인 것이다. 먼저 한문 경전을 구두점에 따라 토를 붙여 읽고 이를 다시 우리말의 문장 구조에 맞게 번역을 하였기 때문이다. 연대 상으로는 후자가 전자보다 늦게 나왔지만 언해 과정에서는 후자가 먼저 적용되었다.

민족어의 형성과 발전에 커다란 발자취를 남긴 사람은 앞에서 언급한 주시경이다. 주시경은 문자/음운, 형태, 통사에 걸쳐 탁월한 업적을 남기었다. 자모 분합법에 의한 아래 아(ᆞ)의 음가 구명은 그 해답은 문제가 있다고 하더라도 분석해 나가는 과정은 현대 구조 언어학의 '빈

---

27) 구결 문자에 대한 연구사적 검토는 송기중 밖에 편 (2003)에 실린 정재영의 기고를 보라.
28) 이 방면의 대표적인 최근의 업적은 앞의 송기중 밖에 편(593-695쪽)에 있는 이현희, 임용기, 박창원, 강창석의 기고를 보라.
29) 대표적으로 김영기(ed) (1997)을 보라.

간' 메우기와 다름이 없다는 점에서 20세기 중엽 이후의 민족어 음운사 연구에 적지 않은 시사점을 던져 주었다[30]. 주시경의 통사 이론이 반영되어 있는 "짬듬갈"은 퍼스(C.S.Peirce)류의 행위 이론적 기호학을 머리에 이고 있다는 점에서 현대의 텍스트 과학의 메타 이론과 직접 연결된다[31]. 그리고 『말의 소리』(1914)의 「씨난의 틀」에 나오는 예를 단어 이하로 분석하고 끝으로 "늣씨"라는 개념을 부여한 것은 우리 나름의 형태론 연구의 초석이 된다는 점에서 끊임없이 재평가와 수용의 대상이 되고 있다[32].

주시경의 저술을 읽으면 항상 다시 생각하고 새로운 것을 꾸준히 탐구하는 학문적 자세를 배운다. 주시경의 『國文文法』(1905)으로부터 시작하여 『대한국어문법』(1906), 산제본(刪除本)『말』, 『國語文典音學』(1908), 『國語文法』(1910), 『朝鮮語文法』(1911, 1913), 『소리갈』(1912~3?), 『말의 소리』(1914)를 비교하여 보면 문법 체계와 문법 용어에 걸쳐 항상 새로움을 추구하였다. 최근에 나타난 『國語文法』검열본을 검토해 보면 검열을 받은 뒤에도 부단히 보충과 수정을 가하였고 검열본과 활판본을 비교하면 문법 용어의 고유어화 과정은 물론, 고유어에 대당되는 한자어 용어도 확인할 수 있다[33]. 같은 내용을 다룬 『대한국어문

---

30) 이기문 (1981)을 보라.
31) 필자는 『텍스트이론』(1999)을 집필하면서 주시경의 기호학과 퍼스의 기호학을 종합하여 메타 이론을 세운 일이 있다.
32) 현대적 의미의 '형태소'(또는 어소)를 처음 고안한 사람은 블룸필드(L. Bloomfield)가 아니고 1880년 러시아의 언어학자 커트니(J.B.Courtnay)라고 한다. 관련 논의는 고영근 (2005)를 보라.
33) 고영근 (1995나)를 보라.
   [보충쥐 주시경 『국어문법』의 교감과 현대화가 올해에 이루어졌다.(고영근 밖

법』 발문(跋文)과 『西友』 (1907)에 기고한 「국어 국문의 필요」 (1907),
「한나라말」 (1910), 『國語文法』 (1910)의 「序」를 비교하여 보면 논설류
도 내용과 표현을 그때그때의 상황에 따라 고쳐쓰곤 하였다. 최현배도
현재 전하는 『우리말본』 (1937)의 선행 유인본(油印本)을 비교하여 보면
내용과 용어가 갖은 곡절을 겪어 가면서 새로운 모습으로 탈바꿈되어
있다[34].

　이숭녕은 4반 세기에 걸쳐 'ㆍ'의 음가가 'ㅏ'와 'ㅗ'의 간음(間音)이라
는 견해를 고수하면서 개별 논문을 통하여 계속 수정・보완하였다[35].
연구에 골몰하다 보면 자기가 새롭게 발견하였다고 광희작약(狂喜雀躍)
하는 일이 많다. 그러나 다시 눈을 돌려 과거의 업적을 차분히 들여다
보면 자기보다 훨씬 전에 같은 생각을 한 선학이 있다는 것을 발견할
때가 한 두 번이 아니다. 1920년대 중반의 『東光』지상을 보면 지금은
누구도 알지 못하는 백정목(白定木)과 최예항(崔叡恒)이라는 두 어학자를
찾을 수 있다. 백정목은 중세어의 '일훔'(이름)을 '잃'과 '훔'으로 분석하고
'일큰-'을 '잃'과 '귿'으로 분석하여 양자에 공통되는 '잃'이 동원어임을
실증하였다. 그리고 최예항은 『本文의 新研究』를 통하여 'ㆍ, ㅢ, ㅚ,
ㅐ, ㅟ, ㅔ'를 단모음으로 보았으며 백정목은 이를 긍정적으로 평가하
였다. 전자는 후세의 학자 가운데서도 같은 어원론을 전개한 일이 있어
그 신빙도가 더욱 높으며 후자는 평가의 눈을 더 거칠 필요가 있어
보인다[36].

에 2010)를 보라. 이 책에는 앞의 논문이 다시 실려 있다.
34) 관련 내용은 고영근 (1995가: 112-197, 276-387)을 보라.
35) 이숭녕의 음운론 연구에 대하여는 이진호 (2004: 495-519)를 보라.
36) 백정목과 최예항의 연구에 대하여는 이진호 (2000)을 보라.

우리의 문법 학계에서는 이른바 지정사, 피동·사동, 보어에 관한
문제가 끊임없이 논의의 대상이 되고 있다. 이를테면 최현배의 보어론,
지정사론, 변동사론은 전통 문법의 테두리에서 세워진 인식 체계이지
만 현대의 생성 문법과 호흡을 같이할 수 있는 측면이 적지 않다. 필자
는 지정사 '이다, 아니다'에 선행하는 논항을 보어로 보는 최현배의 선
택이 우리말 문법을 가장 경제적·합리적으로 설명할 수 있다고 생각
한다. 요즈음 종속적 연결어미를 부사형으로 다루고자 하는 흐름이 더
러 눈에 띄기도 하는데 『우리 말본』의 「월갈」 부분만 잘 읽어 보면
그렇게 쉽게 처리할 수 없다고 생각한다[37]. 그리고 김두봉의 『깁더 조
선말본』 (1922)의 〈붙임〉에 나오는 「월」 부분은 『조선말본』 (1916)의
「월갈」 부분을 환골탈태(換骨奪胎)하였다는 점에서 주목할 필요가 있다.
이극로의 「임자씨의 토」 (1935)와 「조선어의 시간 표시법」 (1935)은 여러
가지로 주목되는 바 많다[38]. 전자에서 이극로는 3게 유형의 문법 체계
를 확인한 바탕 위에서 어미와 조사를 모두 "토"의 범주에 넣는 것이
교착어인 우랄-알타이어의 유형적 특정에 맞다고 하였다. 후자에 나오
는 시제 체계는 요즘 논의되는 "절대적 시제"와 "상대적 시제"의 틀 위
에서 구성되었다는 점에서 주목의 대상이 되나 이극로의 북행의 이력
에 가려 아무도 주목하지 않았다[39]. 이극로의 인식이 비록 파울(H. Paul)
의 『언어사 원리』 (Prinzipien der sprachlichen Geschichte, 1880)에 기대기는

---

37) 필자는 고영근 (1995가: 430)에서 보어론, 변동사론, 지정사론, 문장 구성론을
   최현배 문법의 가장 돋보이는 부분이라고 평가한 바 있다.
38) 관련 논의는 고영근 (2001다: 112-114)를 보라.
39) 필자는 최근 고영근 (2006/ 2008가: 239-293)에서 이극로의 활동과 업적을
   전면적으로 조명한 일이 있다.

하였지만 우리말의 시제를 입체적으로 해석할 수 있는 바탕을 마련한 것은 다시금 평가할 필요가 있다. 한글 맞춤법 통일안의 제정을 앞두고 수행된 우리말의 형태 구조에 대한 연구는 현대적인 안목에 서더라도 조금도 나무랄 데 없는 내용을 담고 있다는 점에서 앞으로 두고두고 읽혀야 할 우리말 연구의 중요한 고전의 하나이다[40].

『역대한국문법대계』(1977~1986, 101책)[41]에 실려 있는 문법 책을 뒤적이면 우리말을 국권 회복과 민족 문화 창조의 한 고리로 연구한 선인들의 숨결을 느낄 수 있으며 우리와 같이 숨을 쉴 수 있는 인식의 세계를 적지 않게 발견할 수 있다[42].

정렬모의 『신편고등국어문법』(1946)은 해방 후 짧은 기간 안에 집필된 책치고는 오늘의 우리에게 많은 시사점을 던져 준다. 주시경의 『국어문법』, 김두봉의 『깁더 조선말본』, 박승빈의 『朝鮮語學』, 최현배의 『우리말본』다음으로 고전적 가치를 띠었다고 평가할 수 있다[43]. '두루빛'은 우리말의 격 체계 수립에서 반드시 참고해야 할 중요한 인식 체계임은 일찍부터 지적되어 왔다. 현대의 동작상을 "그런꼴"이라고 부르고 "온그런"과 "반그런"을 세운 것은 완료상과 진행상 중심의 동작상 체계

---

40) 관련 내용은 고영근 (1998가: 81-93, 2008가: 391-418)을 보라.

41) 이 책은 제2판(김민수・고영근 공편 2008)이 나왔으며 그 속편도 나왔다.(김민수・고영근・최호철・최형용 공편 2009)

42) 필자는 오래전에 「國語文法 1世紀」를 『韓國學報』12, 13, 14 (1978~1979)에 연재하여 고영근 (1983)에 보정・수록한 바 있으며 최근에는 고영근 (2001다)에 「국어문법연구 1세기」란 제목으로 다시 싣되 그 사이 발견된 문법서를 보충하여 새롭게 집필하였다.

43) 정렬모의 『신편고등국어문법』(1946)에 대한 최근의 평가로는 김진형 (1999)를 보라.

의 수립에 기여한 것으로 보이며 "동작"에 "순간적 동작"과 "계속적 동작" 둔 것은 현대의 "동작류" 내지 "상적 특성" 또는 "상황유형"에 일치한다는 점에서 당시의 이 방면의 국제적 수준과 비교할 때 오히려 선구적 측면이 돋보인다[44]. 정렬모의 "높임법"은 공도 있지만 허물도 적지 않다. 우리말의 높임법, 곧 '공대법'을 '주체, 객체, 가짐, 상대'로 나누어 그 질서를 파악한 것은 그런대로 소득이 없지 않으나 과연 '주어, 객어' 대신 '주체, 객체'를 사용하여 무슨 이득이 있는지 분명치 않다. 그리고 현행 학교문법과 학계에서 선호되고 있는 "객체"는 "객어"와 함께 현행 문법서의 어디에도 그에 상응하는 용어를 찾을 수 없다. 붙일 데가 없는 떠돌이 용어인 것이다. "상대높임"에는 허웅의 「존대법사」 (1954) 이후로 학계에서 암묵적으로 하대의 '하게, 해라'와 반말을 넣고 있는데 이는 근본적으로 잘못되었다. 최현배, 정렬모, 이희승의 문법에는 모두 '하오, 합쇼'만 상대 높임의 범주에 넣고 있다. 그 사이 '하게, 해라'를 상대높임의 범주에 넣어 왔던 허웅조차도 『20세기 우리말 형태론』 (1995)에 와서는 최현배, 이희승과 같이 이른바 "상대높임법"을 "문체법"(허웅의 "의향법")과 함께 종결어미에서 통합하여 다루고 있다. 앞으로는 '공대법'(높임법)의 체계에서 하오와 합쇼를 "존경법"과 "겸손법"에서 흡수하고 "존비법"(흔히 상대높임법)은 "문체법"과 함께 결어법 아래에서 통합하는 모형을 지향해야 한다[45].

---

44) 이 점에 대하여는 고영근 (2004다: 50-52; 2006나)에서 언급한 바 있다.

45) 이 문제는 필자가 현대 국어의 결어법 체계를 마무리하는 자리에서 이의(異議)를 제기하였고(고영근 1999나: 396), 허웅의 『우리 옛말본』 (1975)에 서평(고영근 1989/ 2004다: 414)에서 전면에 부각시켰으며 고영근 (2004가)에서 강도 높게 주장하였다.

홍기문의『조선문법연구』(1947)도 읽어 보면 유익한 정보를 많이 얻을 수 있다. '어식, 어법, 어계'는 종결어미에 표시되는 문법 범주를 한눈으로 볼 수 있도록 체계화한 것이다. "어식"은 필자의 "무의지적 서법"과 거리가 멀지 않다. 사실 필자는 1960년대 전반 석사논문을 작성할 때 홍기문의 "어식"에서 많은 시사를 받았다. "어법"은 문체법이고 "어계"는 "존비법"(흔히 상대높임법)이다. 김윤경의『나라말본』(1948)도 시사에 넘치는 내용을 담고 있다. 현행 학교 문법에서 'ㅎ' 불규칙 활용을 세울 때에 어미 '아/어' 앞에서 받침의 'ㅎ'이 탈락되고 어미와 화합을 일으키는 현상에 대한 설명은 바로 김윤경의 문법에서 가져온 인식 내용이다[46]. 이희승의『초급국어문법』(1949/『새고등문법』1957)는, 앞에서 언급한 바와 같이, 결어법과 공대법 체계를 거의 완벽하게 세워 놓았다는 점에서 공대법의 서술에서 반드시 참조해야 할 인식 체계인 것이다. 정인승의『표준중등말본』(1949)/『표준고등말본』(1956)은 현행 학교 문법의 서술격 조사의 처리를 뒷받침한다는 점에서 놓칠 수 없는 문법서이며 선어말어미에 대한 처리는 최현배와 비교해 볼 때 한 걸음 앞선 면을 보여 준다[47].

북한의 우리말 연구는 규범적인 틀 안에 매여 있기는 하여도 지난 50여년에 걸쳐 각 분야에 걸쳐 양적으로 상당한 업적을 쌓아 왔다. 더욱이 1950년대 후반부터 1960년대 중반 사이에『조선어문』,『조선어

[보충주] 필자는 이희승의 민족 어학 체계를 논하는 자리에서 이희승 (1949)의 공대법 체계의 우월성을 논증하였다.(본서 277쪽)
46) 김윤경의 문법 연구의 특수성에 대하여는 고영근 (1995/ 1998가: 250-55)을 보라.
47) 관련 내용은 고영근 (2004가: 162)를 보라.

학』, 『어문연구』에 발표된 업적은 질적으로 볼 때, 남한보다 앞서 있다[48]. 특히 시제, 서법, 동작상에 관련된 업적은 눈 여겨 볼만한 것이 많다[49]. 1960년대 후반부터 나오기 시작한 『문화어학습』과 실용 문법류에는 우리말의 실용적인 문법 지식을 다룬 업적이 적지 않다. 이론과 실천에 관련되는 이런 업적들을 가려 읽으면 남한의 민족어의 수준을 높일 수 있고 언어 생활과 우리말 교육을 개선하는 데도 기여할 것이 틀림없어 보인다[50].

4 마무리

지금까지 필자는 창의적인 우리말 연구를 이끌 수 있는 방법론으로 토론 문화의 활성화와 선학의 업적이나 기존 연구에 대한 착실한 이해를 들었다. 민족어 연구를 창의적으로 이끌 수 있는 방법에는 여러 가지를 들 수 있겠으나 현재의 민족 어학계의 실정을 감안할 때 위의 두 가지를 개선하는 것이 급선무가 아닌가 한다. 필자는 지난 수개월 동안 민족어와 직접 간접으로 관련을 맺고 있는 50여 종의 학술지를 검토한 바 있다. 대부분의 학술지가 서평을 싣지 않고 있으며 그리고 쟁점을 공론화할 수 있는 포럼(forum)을 두고 있는 학술지가 필자 주재의 『형태론』을 제외하고는 전무하다시피한 것을 발견하였다. 연구사적

---

48) 북한의 민족어 연구 업적에 대하여는 남북한과 중국에서 논저 목록집이 출판된 바 있다. 이들에 대한 평가는 고영근 (2003나)를 보라.
49) 이들 업적에 대한 평가는 고영근 (2004나: 55-65)를 보라.
50) [보충주] 북한의 문법 지식의 응용화에 관련된 문제는 고영근 (2008나)를 보라.

탐색이나 인식이 부족하면 같은 테마를 반복하게 되어 더 이상의 발전을 기대하기 어렵다. 이 글의 부제에 '어제를 두 번 되돌아보고 내일을 한번 내다보자'를 붙인 것도 학문 연구에 있어 연구사적 탐색의 중요성을 강조하기 위한 것이다.

21세기에 접어들면서 우리의 학계는 이른바 학술진흥재단의 학술지 평가에 구속되어 질보다는 양을 우선하는 풍조가 만연해 있다. 동인지 성격의 학과 단위나 대학 단위의 학술지가 모두 전국지로 둔갑을 하고 등재지가 되기 위하여 유령 심사가 횡행하고 업적을 불리기 위하여 한마디 말도 없이 제목과 내용을 조금씩 바꾸어 두 학술지에 투고를 하는 일도 있다51). 이는 일차적으로는 당사자의 책임이겠지만 학술진흥재단도 응분의 책임을 져야 한다. 이제는 영문(외국문) 초록과 참고 논저, 핵심어 등의 형식면은 어느 학술지든지 갖출 만큼 갖추었으니 이 제도를 하루 빨리 폐지하기 바란다. 그리고 논문의 부피도 분야에 따라 조절해야 한다. 이를테면 음성/음운론, 형태론, 통사론, 텍스트 과학의 순으로 지면을 제약한다는 것이다. 등재지되는 조건에는 일년에 네 번을 내어야 높은 점수를 받게 해 놓았으니 이런 일이 어디 있는가. 네 번 나오는 학술지치고 제대로 된 논문집이 있는가 검토해 볼 필요가 있다. 두 번 나오는 『國語學』과, 네 번 나오는 『한글』, 『한국어학』을 비교해 보면 질적 차이를 쉬이 분간할 수 있다. 『國語學』은 아직도 등재 후보다. 분야에 따라서는 일년에 한번 내기도 어렵다. 대체로

---

51) 『국어국문학』 135호 (2004)와 『한글』 263 (2004), 『한글』 266 (2004)와 『한국어학』 28 (2005)에 기고된 논문의 비슷한 제목을 비교해 보면 손쉽게 찾을 수 있다.

『국어국문학』이나『어문학』같은 통합 학술지는 횟수를 늘이는 것이 그르다고 할 수 없으나『口訣硏究』같은 학술지는 1년에 한번만 내면 족하다. 그래도 논문 얻기가 어려우니 양을 위주로 평가하는 학술진흥재단의 척도가 얼마나 불합리한가 하는 것을 알 수 있다. 그리고 책의 부피도 너무 두껍다. 지난 여름에 나온『國語學』47호는 560쪽이 넘는다. 문서 작성기가 도입된 이후 논문의 분량이 많아진 것은 전 세계적인 현상이기는 하지마는 이제는 우리 스스로 부피를 통제하는 방안을 모색해야 한다. 학술 정보 기관이 생겨 논문을 PDF 파일로 제공하는 마당에 책을 크게 만들면 보관하기가 어려우니 모두 책을 귀찮아 한다.

오늘날 우리말은 대내적으로는 국어국문학과 출신의 정통 민족 어학자 밖에 국어 교육학자, 언어학자, 영어학자, 외국 어학자, 심리학자, 정보학자, 전산학자, 어문 운동가, 병리학자, 인류학자 등 다 방면에 걸친 연구자들의 손으로 연구되고 있다. 학술지는 정통 민족어를 표방하는『國語學』,『한국어 의미학』,『한말연구』, 우리말 중심의 언어학 내지 문법연구를 표방하는『언어』,『언어학』,『형태론』,『생성문법연구』,『말소리』, 민족어 및 언어학과 그 응용을 표방하는『한글』,『어학연구』, 민족어학과 응용 관계의 논문을 게재하는『한국어학』, 문예학과 글쓰기와의 중재를 표방하는『텍스트 언어학』,『언어학과 시학』, ㈜국어교육과의 관련을 목표로 하는『국어교육』,『한국말교육』, 심리학과의 관련성을 탐색하는『담화와 인지』,『인지과학』, 사전편찬에 기여하는『사전 편찬학』, 사회학을 배경으로 하는『언어 사회학』, 우리말의 정보 처리를 탐구하는『언어와 정보』,『언어 정보의 탐구』 등이 나오고 있다. 그리고 대외적으로는 해외 민족 어학자들의 발표 무대인

Korean Linguistics, Harvard studies in Korean linguistics, 구조적 공통성을 공유하는 일본어와의 관련성을 모색하는 *Japanese/Korean Linguistics*, 한자를 공유하는 중국어, 일본어 등과의 관련성을 탐색하는 *Journal of East Asian Linguistics* 등이 있다.

우리말을 소재로 하여 연구하는 학문의 분야가 위와 같이 다양하고 거기에 종사하는 연구자가 매우 이질적이어서 정통 민족 어학자의 정체성이 위태로울 수 있다. 어떤 인접 분야의 연구자이건 우리말과 관련되는 주제를 연구하려면 우리말의 구조와 역사, 변종 및 사용에 관한 올바른 지식이 없이는 사상누각(砂上樓閣)에서 벗어나기 어렵다. 일반 언어학에 관한 지식만 쌓았다고 하여 우리말을 연구할 수 있는 아니다. 외국 어문학과 출신이 외국에 가서 우리말을 소재로 하여 논문을 쓸 때, 그 사이 얼마나 많은 시행착오를 반복하였는가 하는 것은 민족어 생성 문법 연구사가 웅변한다. 그런 시행착오 속에서도 민족어 생성 문법의 탑을 쌓기까지는 주시경, 박승빈, 최현배, 이희승, 정렬모, 홍기문 등 전통 문법가나 이숭녕, 허웅 등의 역사 문법가들의 업적이 큰 디딤돌이 되었다. 정통 민족 어학자들이 외래 이론을 바닥에 깔고 우리말 중심의 언어 및 문법 이론의 개발에 노력을 기울인다면[52], 머지 않아 앞에서 든 '거대언어 이론'을 창출할 수 있다.

거대 언어 이론이란 지금 부분적으로 시도되고 있는 이를테면 우리말의 유형적 특징을 범언어적인 관점에서 이론화할 수도 있고 최소 주의 이론과 같은 형식 문법을 정밀화하여 창조주의 언어 설계 지침을

---

52) 이숭녕의 모음에 관한 일련의 업적이 대체로 그런 기반 위에 놓여 있다. 관련 논의는 앞에서 든 이진호 (2004)를 보라.

밝히는 데 기여하는 방향으로 머리를 돌릴 수도 있다. 독일 라이프치히 소재 막스 플랑크 진화 인류학 연구소는 인간과 유인원의 유전자, 문화, 인지 능력, 언어 및 사회 조직을 비교하여 인류의 역사를 구명할 목적으로 1997년에 창설되었으며 지난 해에는 언어 구조 중심의 세계 언어 지도가 나와 벌써부터 가시적인 성과를 내고 있다[53]. 각자 나름의 우리말 연구의 목표를 세우고 청사진을 만들어 정진하면 우리말에 바탕을 둔 거대 이론의 수립이 어렵지 않을 것으로 내다본다. 어떤 분야의 우리말 연구자이건 간에 연구자 사이는 물론, 영역 간의 의사 소통과 정보 교환은 필수적이다[54]. 사람에 따라서는 고의로 인용을 기피하거나 표절에 가까운 비양심적인 행동을 보이는 일도 있고 같은 내용을 제목만 바꾸어 발표지를 달리하여 발표하는 일이 없지 않으나 이는 민족 어학의 창의적인 발전을 가로막는 암적인 요소이다. 이런 일이 있으면 철저히 가려 내어 당사자의 학문 활동에 제동을 가할 필요가 있다.

민족 어학자는 항상 우리말 연구의 중심에 서서 연구자와 영역 별로 다변화되어 있는 우리말 연구의 성과를 종합화하고 연구 방향을 제시하는 일에 인색해서는 안된다. 이제 민족 어학자들도 국제어인 영어를 능숙하게 구사하여 국제 무대에서 우리의 연구 결과를 발표하고 외국 학자들과 어깨를 나란히 하여 자유롭게 토론할 때가 되었다고 믿는다. 일본 학자들이 일본어를 가지고 국제 무대에서 자신들의 연구 결과를 자유롭게 발표하고 토론하기까지는 피눈물 나는 노력이 뒷받침되어 있

---

53) 막스 플랑크 진화 인류학 연구소에 대하여는 『형태론』6.2 (2004), 8-2 (2006)
   에 실린 필자의 보고를 보라.
54) 이 문제는 최근 이진호 (2006)에서 그 문제점이 지적된 일이 있다.

었다는 것을 거울로 삼을 필요가 있다. 지금까지는 영문과 출신의 민족 어학자들이 주로 이 일을 맡아 왔다. 이들의 능력에는 한계가 있다. 젊은 민족 어학도들의 분발을 바라마지 않는다.

민족어학의

건설과 발전

|3|
민족 어학과 민족 문예학의 통합과 확산
─민족 어문학: 하나인가, 둘인가─

1 들어가기

"국어국문학", 곧 민족 어문학은 하나인가, 둘인가. 이 표현이 민족 어학과 민족 문학의 병치(竝置)라면 둘일 수 있으나 중간점을 치지 않았으니 하나로도 볼 수 있다. 그러나 현실적으로 민족 어문학이라고 하면 민족 어학과 민족 문학을 아우르는 뜻으로 사용하는 일이 대부분이다. 이 점 중어 중문학이나 영어영문학 등의 외국어문학도 마찬가지다. 많은 사람들은 국어국문학 등의 어문학과를 중간점을 치지 않고 민족 어학과 민족 문학의 병치 개념으로 이해하고 있으며 대부분 "민족 어문학, 영문학, 중국문학"만으로 두 개념을 아우르는 뜻으로 사용하고 있다. 사실 전문가가 아니면 어문학과를 문학하는 학과로만 알고 있다. 그런데 우리의 민족 문학자 가운데는 "국어국문학", 곧 "민족 어문학"을 그 자체로서 자족성을 갖춘 현상(現象) 내지 독자적인 학문 영역으로 간주

하는 사람이 있다. 그 대표적인 사람이 민족 문학 연구의 개척자인 조
윤제이다.

조윤제는 그의 『국문학개설』[1])에서 국어와 국문학이 서로 떨어질 수
없는 관계를 맺고 있기 때문에 "국어국문학"이라 불릴 수 있다고 하면
서 두 영역의 관계에 대하여 다음과 같은 견해를 베풀었다.

> "국어국문학"이라고 하였다고 하여 국어가 곧 국문학이요 국문학이 곧
> 국어라는 말은 아니다. 언제든지 국어는 국어로 존재할 수 있고 국문학은
> 국문학으로서 존재할 수 있는 것이다. 그렇지마는 그 두 관계는 마치 물에
> 노는 고기와 같아서 고기가 자유자재로 물속에서 논다는 것은 고기와 물
> 이 서로 상대적 관계에 있는 것이 아니고 고기와 물이 온통 한 몸이 되어
> 서로 나눌래야 나눌 수 없는 관계에 있기 때문이다. 즉 국어를 물에 비한
> 다면 국문학은 물에 노는 고기와 같아서 고기가 물은 아니지마는 물을
> 떠나서 고기의 생명이 있을 수 없는 바와 같이 국문학도 국어는 아니되
> 국어를 떠나서 그 생명적 존재가 있을 수 없으니 "국어국문학"이지 "국어
> 와 국문학"은 아니다.(현대어로 풀어옮김)

조윤제는 개별 언어인 "현상"으로서의 "국어"와 민족 문학 작품인 "현
상"으로서의 "국문학"이 물과 물고기의 관계를 유지하면서 "국어국문
학"이라는 자족적인 현상을 형성하고 있다고 보았다. 그러나 조윤제
의 "국어"는 "現象"을 가리키지만 "국문학"은 "現象"으로보다는 "學"
(Wissenschaft)으로서의 "민족 문예학"[2])으로 해석하는 것이 보통이다. 현

---

1) 조윤제 (1955/ 1984: 32)를 보라.
2) [보충주] "국문학"을 단순히 "민족 문학"으로 대치하면 인문 학문의 하나인 "學"
   보다는 역대에 걸쳐 창작된 민족 문학 작품을 가리키기 때문에 "민족 문예학"
   이란 말로 대신하기로 한다.

상에 분석적인 도구를 들이대면 바로 "學"으로 이어지기 때문이다. 사실 조윤제는 앞의 책 제1편 서론(緒論)에서 이미 민족 어학에 관한 지식을 끌어들이고 있고[3], 제3장에서 국문학의 체계를 세우고 있다는 점에서 그렇게 볼 수 있다. 좁은 소견이지마는 국문학 개설류의 책에서 민족 어학의 지식을 첫 머리에 얹은 사람은 조윤제 밖에는 없지 않은가 한다[4]. 조윤제가 세운 "국어국문학"은 민족과 민족 감정을 발판으로 삼아 형성된 메타 이론이라는 점에서 지극히 관념적이고 추상적이다. 기본 명제는 나무랄 데가 없지마는 실증성이 결여되어 있다는 것이 큰 문제점으로 지적될 수 있다. 그의 책에서 민족 어학적 지식이 활용된 것은 시가의 운율 체계를 세울 때에 음운론적 지식을 활용한 것밖에는 찾기가 쉽지 않다.

조윤제가 일찍이 "국어국문학"이 독자적인 현상을 이룬다고 언급하

---

3) 제1장 『國語學의 大要』가 그러한 배치이다.

4) 주시경과 김두봉에 이어 민족어 문법을 연구하여 『朝鮮文法』(1917)을 저술하고 뒤이어 최초의 국문학사인 『朝鮮文學史』(1922)를 저술한 안확은 민족 어학과 민족 문예학을 동시에 연구하였음에도 불구하고 그의 언어·문학 저술에는 두 분과의 상호 관계에 대한 언급을 찾을 수 없다. 이를테면 그의 『朝鮮文學史』의 부편(附篇)에 "朝鮮語語原論"이 마련되어 있으나 본문인 문학사와의 관련성에 대한 구절은 찾을 수 없다. 이 곳에는 최초의 민족 어학사의 얼개도 제시되어 있다. (고영근 1991/ 2001다: 201-204). 최초의 국문학 개설인 구자균·손낙범·김형규 (1949/ 1955: 45-74)에는 "국어학과 국문학"이라는 장은 설정되어 있어도 민족 어학에 대한 구체적인 지식은 베풀지 않았으며 젊었을 적에는 민족어 문법 연구에도 잠심(潛心)한 바 있는 이병기는 그의 저서 『國文學槪論』(1965/ 1971: 1-6)의 「序言」에서 「국어와 국문」이라는 절을 마련하여 국문학 작품이 한글, 이두, 한문의 표기 체계로 형성되어 있다고 하였을 뿐, 조윤제와 같이 형이상학적 관점에 서서 양자의 상호 관계를 언급하지는 않았다. 김흥규 (1986: 135-160)에서는 민족 어학과 접면 영역인 문체와 율격만을 다루고 있을 뿐이다.

였고 한 걸음 더 나아가 민족 어학 연구와 민족 문학 연구가 "국어국문학"이라는 융합된 영역을 형성할 수 있다고 비치었음에도 불구하고 반세기가 넘는 국어국문학 연구의 역사를 돌이켜볼 때 두 학문이 같은 집에서 어느 정도 원만하게 합방 거처를 하고 있는지 묻지 않을 수 없다. 현재 대학의 국어국문학과에는 론(論)류(국어학개론과 국문학개론)와 사(史)류(국어사와 국문학사)를 빼고는 공통 필수가 없는 형편이다. 그리고 국어국문학회 같은 데서도 전 회원의 참석을 유도하는 몇 개의 기획 주제만이 두 분과의 공동 광장이 되어 오고 있으나 그 내용도 손에 잡히지 않는 범상한 주제를 중심으로 발표를 하는 정도에서 그치고 있어 정말 국어국문학이 이름 그대로 단일한 학문 영역을 이룰 수 있는지 심히 우려되는 바 많다. 논류와 사류에서도 두 학문의 접면과 교섭을 다루는 항목을 대하기가 쉽지 않다. 이런 형편에서 "국어국문학"이라는 제3의 영역을 운위한다는 것 자체가 語不成說일지 모르겠다.

필자는 조윤제가 세운 "국어국문학"의 명제를 수용하기는 하되 실증적인 관점에서 "민족 어문학"이라는 독자적인 영역을 세워 볼까 한다. 먼저 이론적 측면에서 민족 어학과 민족 문예학의 고유 영역과 접면 영역을 확인하고 이를 바탕으로 실천적인 측면에서 두 학문이 공생(共生)하여 명실상부한 민족 어문학이 될 수 있는 길이 무엇인가 탐색해 보고자 한다.

2 이론적 측면의 민족 어문학의 내포와 위상

민족 어학은 개별 언어학으로서 일반 언어학적 지식을 근간으로 하여 성립하며 이에는 음운, 문법, 어휘 등의 민족어의 구조를 다루는 공시 민족 어학(민족 어학 개설)과 민족어의 역사를 다루는 통시 민족 어학(민족어 역사)을 둘 수 있다. 한편 민족 어학 연구의 역사를 다루는 "민족 어학사"(더러 "민족 어학 연구사")도 중요한 위치를 차지한다. 민족 문예학은 개별 문예학으로서 일반 문예학적 지식을 근간으로 하여 성립하며 이에는 시, 소설, 희곡, 수필 등의 민족 문학 작품의 구조를 다루는 "공시 민족 문예학"(민족 문학 개설)과 민족 문학 작품의 역사를 다루는 "통시 민족 문학"(민족 문학사)이 성립한다. 한편 민족 문학 연구의 역사를 다루는 "민족 문학 연구사"도 민족 어학사와 대등한 관점에서 그 위상이 정립되어야 한다5). 제도적으로는 국어국문학과 등의 개별 어문학과 밖에 이와 직접 간접으로 관련을 맺고 있는 언어학과와 대학원 과정의 비교 문학 협동 과정이 있고 응용 학과인 민족어 교육과(흔히 국어교육학과)를 두기도 하며6), 대학의 특수성에 따라 문예 창작과를 두기도 하나 그 교과 과정이 어느 정도 독자성을 유지하고 있는지 알지 못하고 있다. 국어 교육학과와 언어학과의 교과 과정은 교과목의 명칭은 다르나 교육 내용에 있어서 국어국문학과 내지 국어국문학과의 국

---

5) 유준필 (1994, 1998)에서 시도한, 초기의 민족 문학자였던 안확, 조윤제, 김태준, 이병기에 대한 일련의 연구는 이 방면의 선구적인 업적으로 간주된다.
6) 국어국문학과를 중심으로 한 유사 내지 인접 학과는 우리 나라에서 비교적 학문 분야가 골고루 망라되어 있는 서울대학교의 체제를 참고하였다.(『서울대학교 요람 (2000)』을 보라)

어학 영역과 어느 정도 차별성이 있는지 의문이 간다.

위와 같이 민족 어학과 민족 문예학이 고유의 영역을 확보하고는 있으나 그 경계를 구분하기 어려운 영역이 적지 않다. 이를 "공유 영역" 또는 "접면 영역"이라 부르기로 한다[7]. 지금까지는 대체로 문체론과 운율론이 민족 어문학의 접면 영역으로 간주되어 왔으나 시야를 넓히면 그 영역을 많이 확대할 수 있다. 지금까지 민족 어학과 민족 문예학이 한 집안에서 살림을 차리는 중요한 명분은 개별 언어로서의 "민족어"가 두 학문에 공통되어 있다는 것이었다. 그러나 두 분야의 민족어가 반드시 일치하지는 않는다. 민족 어학에서 다루는 민족어는 자연 언어 모두를 대상으로 하지만 민족 문예학에서 다루는 민족 문학 작품은 작가의 영감으로 직조(織造)된 다듬어진 민족어를 대상으로 한다. 두 영역의 민족어를 대상으로 한 분야를 고른다면 공시적 차원에서는 텍스트 과학과 실용론(pragmatics, 흔히 화용론), 통시적 차원에서는 문헌사와 민족어 생활사를 들 수 있다.

텍스트 과학이란 흔히 "텍스트이론", "텍스트 언어학"이라고도 불려지는데 언어학의 하위분야라기보다는 위로는 기호학을 머리에 이고 있고 아래로는 언어학을 바닥에 깔고 있으면서 인지 과학이나 실용론과 어깨를 나란히 할 수 있는 신종 학문이다. 텍스트 과학이 처음 닻을 올렸을 때에는 고대 수사학, 문체론, 민담 분석론을 바닥에 깔았으며 나중에는 실용론, 인지 과학, 컴퓨터 과학을 끌어들였다. 필자는 "텍스

---

7) 필자는 고영근 (1982/ 1985편: 216)에서 "문체론"은 민족 어학과 민족 문예학의 공유 영역으로 인정하였으며 "문헌학"은 두 학문의 인접 과학으로 공유되어 있다는 견해를 피력한 바 있다.

트 과학"이라는 이름 아래 텍스트 언어학과 대화 언어학을 끌어안되 궁극적으로는 지식과 사회에 접근하는 자유를 지원하는 것을 목표로 삼는 방향을 취하기로 한다[8]. 텍스트는 언어로 표현되어 있거나 언어로 번역할 수 있는 짜임새 있는 문화 기호로 정의된다. 텍스트 과학의 가장 중요한 개념은 텍스트성(textuality)[9]이다. 텍스트성이란 문장 언어학의 문법성에 비유될 수 있는 개념이다. 단어의 연쇄체가 바른 문장(sentence)이 되기 위하여는 최소한의 문법 규칙을 지켜야 하듯이 문장의 연쇄체가 바른 텍스트(Text)가 되기 위하여는 최소한의 텍스트 형성 규칙을 지켜야 한다. 텍스트 형성의 가장 중요한 규칙은 표층 결속성(흔히 응결성, 결속구조)과 심층 결속성(흔히 응집성, 결속성)이다[10]. 전자는 눈에 보이는 표면상의 결속 장치이고 후자는 눈으로는 볼 수 없고 마음으로만 감지되는 의의(Sinn, 意義)의 그물을 가리킨다. 그물을 던져서 고기를 잡을 때 그물에 구멍이 나 있으면 어딘지 모르게 고기가 빠져나간다는 느낌을 받기도 하고 한 편의 글을 쓸 때는 흐름이 막혀서 마음에 걸리기

---

8) '텍스트 과학'의 내포에 대하여는 고영근 (1999가: 제1장)을 보라. 필자는 고영근 (2002가)에서는 보그랑드의 '텍스트·담화 과학' (1997)을 모형으로 삼아 텍스트 과학의 성격을 규정하였고 고영근 (2002나)에서는 브링커 등(2000)의 "Text-und Gesprächlinguistik"를 참고하여 텍스트와 대화를 포괄하는 의미의 텍스트 과학을 세운 바 있다.

9) 텍스트성은 "텍스트다움"이라고도 한다. 이에 대한 자세한 논의는 고영근 (1999가: 137-188)을 보라.

10) 텍스트 과학의 가장 중요한 개념인 "coherence"과 "cohesion"은 우리 나라에서 그 번역어가 통일되어 있지 않다. 박여성 (2002)에서 전자를 "심층 결속성", 후자를 "표층 결속성"으로 번역한 것이 있어서 한번 택하여 보았다. 표층 결속성은 경우에 따라 "표층 결속 장치"라는 말로도 바꾸어야 하지 않겠느냐는 이희자 박사의 견해도 있다.

도 한다. 그물의 구멍이나 말의 막힘이 없는 성격을 심층 결속성이라고
생각하면 그런 대로 이해가 쉬워진다. 이 밖에도 정보성, 상황성, 의도
성, 간텍스트성11)을 들기도 한다.

텍스트 과학의 텍스트성이 문학 작품의 분석에 어떤 역할을 할 수
있는가 하는 문제를 풀어 본다는 뜻에서 윤선도의 〈五友歌〉의 마지막
텍스트를 끌어 오기로 한다12). 윤선도는 자연의 벗을 '水, 石, 松, 竹,
달'의 다섯으로 설정하고 이를 첫 부분에 배치하고 차례로 벗을 삼은
까닭을 자신의 처지에서 읊었다.

가.[T_1(S_1 쟈근 것이 노피 떠셔)S_1 (S_2 e 만므를 다 비최니)S_2
나.(S_3 밤듕의 광명이 너만 ᄒ니 ᄯ 인ᄂ냐)S_3]T_1
다.[T_2 (e_1 e_2 보고도 말 아니ᄒ니)S_1 (S_2 e 내 벗인가 ᄒ노라)S_2]T_2

우선 통사적인 표층 결속성을 보면 초장 (가)는 두 마디로 나뉜다.
앞 마디는 주술 구조를 갖추었으나 뒷 마디는 주어 명사구가 생략되어
있다. 앞 마디에 이미 '작은 것'이라는 주어 명사구가 나와 있기 때문이
다. e가 바로 생략된 주어 명사구를 가리키며 이를 "공범주"라고 한다.
중장 (나)는 관형구성 '밤듕의 … 너만한(이)'이 들어 있기는 하여도
홑문장으로 처리하는 것이 좋아 보인다. (가)와 (나)는 독립성이 강한
순설적 용법의 연결어미 '-(으)니'를 매개로 하여 이어져 있다. (가)와
(나)는 시조 통사론으로는 초장과 중장으로 나뉘지만 텍스트 형성 규칙

11) 간텍스트성에 대한 자세한 내용은 박금자 (2002)를 보라.
12) 〈오우가〉에 대한 문학적 분석은 원용문 (1992)를 보고 텍스트 분석은 고영근
    (1996), 어학적 분석은 고성환 (1996)을 보라.

을 적용하면 하나의 텍스트로 처리해야 한다. 세 마디(문장)로 성립된 자족적인 텍스트인 것이다. 종장 (다)는 독립성이 강한 연결어미 '-(으)니'를 끈으로 삼아 두 마디가 이어져 있다. 앞 마디는 주어 명사구와 목적어 명사구가 공범주로 실현되어 있다. 주어 명사구는 중장에서 도입된 '너'임이 틀림없고 목적어 명사구는 초장의 '만믈'로도 볼 수 있고 종장 뒷 마디 '나'로도 해석할 수 있다. 작자 자신이 택한 벗인 만큼 후자가 더 설득력이 있어 보인다. 두개의 텍스트로 구성된 연이다.

위의 작품에는 의미·기능상의 등가성에 기댄 명사적 사슬을 발견할 수 있다. 초장 (가)의 '작은 것'은 중장 (나)의 '너'와 명사적 사슬을 이루고 있다. 이는 물론 기능적 등가성에 의해 한 사슬을 이루는 것이다. 기능적 등가성이란 어휘적 의미의 공통성은 없지만 상황의 특수성으로 볼 때 기능상으로 같은 값을 가진다는 것을 뜻한다. '밤듕의 광명'은 기능적으로 볼 때 '달'을 포괄하고 있으므로 양자는 기능적으로 상·하의어의 관계를 형성하고 있다고 말할 수 있다. (나)의 '너'는 종장 (다)의 '내 벗'과 명사적 사슬을 이루고 있다. 초장, 중장, 종장에 걸쳐 기능적 등가성을 지닌 어휘가 하나의 명사적 사슬을 이루고 있어 그 앞의 대부분의 연과 마찬가지로 표층 결속성 강화에 크게 이바지하고 있다.

위의 텍스트는 심층 결속성도 그런 대로 만족시키고 있다. 우선 초장은 작은 것이라는 사물을 도입하여 독자에게 호기심을 불러일으켰다는 점에서 정보성을 높게 지니고 있다. 그러한 정보성은 중장에서 해결되어 작은 것이 무엇을 가리키는지 알 수 있도록 하였다. 그 앞의 다른 텍스트와 마찬가지로 지은이의 의도성은 종장에 표백되어 있다. 자신을 보고도 말 한 마디 하지 않는 달을 벗으로 삼겠다는 의도의 표백이

그것이다. 같은 달을 대상으로 하여도 작자의 처지 여하에 따라 고독이
나 비애 등을 표상할 수도 있겠으나 고산은 '돌'을 '침묵의 덕을 지닌
존재'로 보고 다섯 벗의 하나로 선택하였던 것이다. 고산이 달을 자연의
벗으로 삼은 동기는 속세에서 시련을 겪다가 보길도로 거처를 정한 당
시의 상황성과 밀접한 관련을 맺고 있다. 이곳에서도, 넷째 텍스트 '나
모도 아닌 거시 플도 아닌 거시 … '에서 '竹'이 표면에 드러나지 않은
것과 마찬가지로, '돌'이 문면에 나와 있지 않다. 나머지 텍스트와 같이
대상을 너무 직접 밝히는 것이 시의 표층 결속성을 해칠 우려가 있다고
생각하였을 가능성이 많다. 일종의 함축적 재수용에 기댄 표층 결속성
이라고 하겠다. '작은 것'으로 대표되는 이곳의 '달'은 머리부인 첫째
텍스트의 '달'과 표층 결속성에 기댄 간텍스트성을 이루고 있다. 사실
주시경의 『국어문법』(1910)에 나오는 의미 해석 이론이나 이희승의 「時
調鑑賞의 一首」(1949)에 표백되어 있는 시조 감상 이론은 심층 결속성
(응집성)의 선행이론으로서 현대의 텍스트 과학과 같이 숨을 쉴 수 있다
고 믿는다.

　　텍스트 과학에 기댄 문학작품, 그 가운데서도 시 텍스트의 분석은
위와 같이 시의 문법적 짜임새(구조)에 대한 자세한 정보를 얻을 수 있고
개별 어휘가 어떻게 어휘적·기능적 사슬을 이루어 가며 작품을 형상
화하고 의미망을 이루어 나가는가 하는 작자의 텍스트 생산 책략을 읽
을 수 있다[13]. 텍스트 과학은 실용론과 마찬가지로 의미의 지시적 측면
보다는 함의적 측면을 가려내는 방향을 취하고 있다. 텍스트 과학이

---

13) 소설에 대하여도 이런 접근법을 사용할 수 있다. 필자는 최명희의 『혼불』의
　　텍스트 구조를 분석한 바 있다.(고영근 2001라)

제공하는 문학 작품에 대한 분석틀은 이미 우리 나라에 많이 소개·번역되어 있고 성과도 볼 만한 것이 있다[14]. 러시아 형식주의에 기댄 민담·설화 분석은 몇 종류가 번역되었으며 그 가시적인 성과가 벌써 나타났다[15]. 반 데이크의 서사 문법 모형[16]도 장편 대하 소설의 구성적 특징을 밝히는 데 그 기여가 기대된다. 리쾨르의 『시간과 이야기』[17]는 서사물의 시간성을 밝히는 데 큰 도움이 되리라 생각한다. 그레마스의 서사 기호론과 양태성 이론[18]도 그 응용 가능성이 커 보인다. 실제로 김경용 (2001)에서는 그레마스의 기호학에 기대어 『모래시계』, 『서편제』가 분석되어 있다. 이밖에도 슈미트의 구성 주의에 근거한 문학 작품의 분석도 텍스트 과학의 중요 대상이 될 수 있다[19].

두 번째로 들 수 있는 접면 영역은 문헌사이다. 문헌사 내지 문헌학은 그 자체로도 자족성을 갖춘 학문 영역이 될 수도 있으나, 민족 어문학에 종사하는 사람이면 누구든지 갖추고 있어야 할 기초 학문이라는 점을 감안한다면 접면 영역이라기보다는 공유 영역이라고 보는 것이 옳을 듯하다. 역대의 민족어 문학 문헌은 활자본, 목판본, 중판본(복각,

---

14) 이를테면 고영근 밖에 (2001, 2002)에 나오는 장경희, 유동석, 신지연, 임석규의 기고가 그러하다.
15) 한국의 민담 분석에 대하여는 장덕순·조동일·서대석·조희웅 (1971: 48-74)을 보라.
16) 반 데이크의 서사문법에 대하여는 일찍이 귀리히·라이블레 (1977)에서 텍스트 과학의 대상으로 통합된 바 있고 반 데이크 (1980)/ 정시호(역) (1995: 223-229)를 통하여 그 개략을 볼 수 있다.
17) 리쾨르의 *Temps et récit*는 『시간과 이야기』라는 이름으로 리쾨르 (1983)/ 김한식·이경래 (1999)에서 번역·출간되었다.
18) 그레마스의 이론은 귀리히·라이블레 (1977)에서 텍스트 과학으로 편입된 바 있고 김성도 (2002)를 통하여 자세한 내용을 알 수 있다.
19) 슈미트의 저술은 슈미트 (1987)/ 박여성(역) (1995)에서 번역된 바 있다.

개간)이 얽혀 있고 특히 문학 작품은 필사본으로 전하는 것이 많아 이본 (異本)을 대교하여 정본(定本)을 수립하는 서지학적 연구(흔히 원전 또는 텍스트 비판)는 사실상 어문학이 공유하는 가장 좋은 영역이다. 이 방면 의 업적을 남긴 민족 문예학자 이병기, 민족 어학자 방종현과 안병희 그리고 서지·문헌학자 유탁일의 업적을 보면 이 영역이 민족 어학과 민족 문학의 공유영역임을 쉬이 알 수 있다[20]. 향가 해독과, 고려 가요 의 해석[21], 용비어천가, 월인천강지곡, 월인석보, 언해 문헌, 시조·가 사·고대소설에 대한 주석은 지금까지 어학자들이 주로 맡아왔으나 이 는 두 분야 학자들의 협동 분야라고 말할 수 있다. 지금까지는 조선 시대나 그 이전의 자료에 대한 서지·문헌학적 연구가 주축을 이루었 으나 앞으로는 근대 이후의 어문학 자료에 대하여도 관심을 기울여야 한다[22]. 현대의 경우는 각 전공자가 이런 작업을 겸할 수 있으나 근대 이전은 어문학의 구별과 상관 없이 서지·문헌학을 전공하는 전문가가 있어야 하며 그에 상당하는 교과목, 이를테면 〈국어국문학 서지 특강〉

---

20) 이병기와 방종현의 서지·문헌적 연구는 많이 알려져 있어 특별히 들지 않는 다. 안병희의 연구는 안병희 (1992, 2009)에서, 유탁일의 연구는 유탁일 (1989)에서 볼 수 있다. 유탁일의 연구에서는 각 장별로 〈서설〉이 붙어 있어 문헌학의 대상과 방법을 아는 데 많은 정보를 얻을 수 있다.
21) 이 방면의 최근 업적으로는 김완진 (2000)과 유동석 (2002)을 비롯한 일련의 연구를 들 수 있다.
22) 주시경의『국어문법』(1910)에 대한 고영근·이현희, 소월의 시에 대한 이기 문, 김용직, 한용운의 시에 대한 한계전, 심훈의『상록수』에 대한 조남현의 서지·문헌적 작업이나 교감작업과 같은 것을 가리킨다. 이 방면의 정보에 대하여는 고영근 (1999가: 133)을 보라.
[보충주] 주시경의『國語文法』에 대하여는 간행 100주년을 맞아 고영근·이 용·최형용 (2010)에서 전면적인 교감과 현대화가 이루어졌다.

을 두어야 한다[23]. 세 번째의 접면 영역은 어문 생활사이다. 어문 생활
사라 하면 우리 민족의 언어와 문자가 고대로부터 현대에 이르기까지
걸어온 체계 외적인 발자취, 이를테면 언어의 분화와 통일, 문자의 창제
와 가공, 문자 보급과 표준화, 문자 해득률의 시대별 추이 등을 그 내용
으로 다룰 수 있다[24].

③ 실천적 측면의 민족 어문학의 내포와 위상

이상과 같이 필자는 민족 어학과 민족 문예학이 얼굴을 맞대거나
공유하는 분야로 공시적으로는 텍스트 과학과 실용론을, 통시적으로는
문헌사와 어문 생활사를 두었다. 이제 이들 분야 중 특히 텍스트 과학
을 중심으로 현실적 국어교육, 특히 대학 국어 교육에 응용하는 문제에
대하여 생각해 보기로 한다.

우리나라가 일본으로부터 주권을 되찾으면서부터는 국어, 곧 민족어
는 초등 학교에서부터 대학 과정에 이르기까지 필수 과목으로 교수되
어 왔다. 특히 해방 후 10여년 간의 대학 국어는 특별한 교재가 없었다.
주로 고전 문장 중에서 모범이 될 만한 것을 가려뽑아 주석을 가하는
형태로 민족어 교육이 진행되었다. 그러다가 지난 세기 50년대 중반부

---

23) 이를테면 서울대학교 국문학과 대학원 과정에서는 오래전부터 〈국어학 서지
　　특강〉이라는 강좌가 설치되어 있다.
24) 어문 생활사의 내포에 어떤 것을 포함시켜야 할 것인가 하는 문제는 많은
　　논의가 필요하다. 언어의 외적 역사에 중점을 둔 김영황 (1978)도 크게 보면
　　어문 생활사의 범주에 넣을 수 있다.

터는 고전 문장뿐만 아니라 현대 문장을 갈래 별로 나누어서 교과서를
편찬하였고 60년대 중반부터는 작문을 독본과 분리하기도 하고 때로는
통합하기도 하였다. 그러나 고등 학교 민족어 교육이 국어교육학회를
거점으로 하여 기초 연구를 착실히 하고 이를 바탕으로 하여 시대적
흐름에 부응하는 교재와 교수 방법을 개발해 온 데 반하여 대학 국어
교육은 교재 편찬과 교수 방법에 있어 답보 상태를 면하지 못하고 있다.
필자는 지난 연말부터 전국의 국어국문학과의 교·강사를 대상으로
[붙임]과 같은 설문지를 전자 우편으로 보내어 회신을 받은 바 있다.
이곳에서는 서울대학교를 제외한 전국 각 대학의 전임 교수 21명의
집단(이를 "비서울대"라 줄여부름)과, 서울대학교의 전임 및 시간강사 28명
의 집단(이를 "서울대"라 줄여부름), 모두 49명으로부터 받은 설문지를 대상
으로 한다.

먼저 대학 국어가 필수 과목으로 지정되어 있는가 하는 설문부터
보기로 한다. 서울대학교는 필수 과목으로 지정되어 있기 때문에 문제
가 되지 않는다. 비서울대 13개 대학을 보면 7개 대학만 필수이고 6개
대학은 선택이었다. 수십년 간 필수 과목처럼 되어 있던 대학 국어가
선택이 되어 있는 대학이 거의 절반에 육박하고 있다는 것은 대학 국어
교육의 존립을 위협하는 요인으로 해석된다. 민족어가 우리 사회의 공
용어라는 점을 감안할 때 대학 국어를 선택으로 지정한다는 것은 여러
가지 문제를 내포하고 있다. 민족어를 필수로 하는 대학의 시간과 학점
은 3학점 3시간이 48%로 가장 많았고 바람직한 학점과 시간은 4학점
4시간이 52%를 차지하였다. 적어도 대학에서 효율적인 민족어 교육을
하려면 4학점 4시간은 확보하여야 한다는 뜻이다.

국어 교재는 국어와 작문이 분리된 학교가 62%를 차지하고 있고 통합된 학교도 38%나 되었다. 매체가 날로 통합되어 가고 있고 이에 따라 학문도 통합화의 길을 걷고 있으며 대학도 학부제라 하여 학과의 통·폐합이 이루어지고 있는 현실을 감안할 때, 분리 편찬이 얼마만큼 시의(時宜)에 맞는지 다시 생각해 볼 필요가 있다. 더구나 대학 국어를 작문 중심으로 운영하여 기초 필수 과목으로 지정해야 한다는 여론이 팽배함을 감안할 때(뒤에 나옴), 그러하다. 대학 국어 교육의 무용론이 끊임없이 제기되고 있는데 그 책임이 어디 있느냐는 질문에 대하여 '대학국어를 맡은 국어국문학 전공자에게 있다'는 답변과 '대학 행정 당국에 있다'는 답변 중 전자를 취한 답변이 비서울대는 57%: 33%이고 서울대는 50%: 25%였다. 대학국어 무용론의 책임이 결국은 행정 당국보다는 이를 가르치는 국어국문학 전공자에게 있다는 답변이 대학 국어 담당자로부터 나왔다는 것은 대학 국어 교육을 원천적으로 반성하는 계기로 삼아야 한다. 사실 비서울대의 경우 교재 편찬을 위한 기초 연구를 한 경험이 있느냐는 설문에 대하여 13개 대학 중 2개 대학만 기초 연구를 하였다고 답변하였으며 그것도 보고서만 제출하였다고 하였다. 그러니까 기초 연구의 결과를 학회지나 다른 학술지에 발표한 일이 없다는 것이었다. 대학 국어 교육론이 전공 분야로 성립되어 있지 않고 관련 학회도 없는 마당에 기초 연구를 기대한다는 것은 연목구어(緣木求魚)나 다름이 없다. 사실 모든 대학이 신학기 몇 달 전에 교수 별로 분담하여 원고를 새로 쓰거나 개작하기도 하고 딴 교재에 실려 있는 것을 칼로 오려 붙이는 방식으로 교재를 편찬하고 있으니 내용이나 교수 방법이 개선될 리가 없다. 그 대가는 마땅히 국어국문학 전공자가 받아야 한다.

서울대학교는 지난 2년 동안 『대학국어 교육 내용 구성에 관한 연구』, 『2001년도 '대학국어'의 운영 실태 및 개선 방안 연구』를 제출하여 우선 교육 방법에 있어 상당한 진전을 보았다. 어떻게 보면 교양 국어 무용론을 유발한 주범이 서울대학교라고 할 수 있다. 지난 세기 60년대 후반 서울대학교 교양 과정부가 독자적인 기구로 출범하여 종합화가 될 때까지 7년간 존속하였으나 대학 국어의 개선 발전을 위한 논문 한 편 나온 것이 없다는 점에서 그러하다. 철저한 자가 비판을 가하지 않으면 안된다.

한국에는 초등 교육과 중등 교육에서는 민족어 교육론이 오래 전부터 성립되어 가시적인 업적을 많이 쌓아 왔다. 초등 국어 교육은 교육 대학의 국어 교육과 교수를 중심으로, 중등 국어 교육은 사범 대학의 국어 교육 전공자를 중심으로 수행되어 왔다. 그런데 대학 국어 교육은 특별히 전공하는 사람도 없고 앞에서 본 바와 같이 관련 기초 연구를 수행하여 학회지에 발표하는 일도 없다. 이러한 문제를 해결하는 방안으로 필자는 국어국문학과에서 국어학, 고전 문학, 현대 문학을 두듯이 "대학 국어 교육" 분야를 두어 "대학 국어 교육론"을 독자적인 학문 영역으로 인정하는 것이 어떠하냐는 설문에 대하여 비서울대 집단에서는 21명 중 찬성함이 9명(43%), 찬성하지 않음이 10명(48%), 무응답 2명(9%)이었다. 이에 대하여 서울대 집단에서는 28명중 찬성함이 14명(50%), 찬성하지 않음이 10명(36%), 무응답이 1명이었다. 전반적인 움직임은 대학 국어 교육론을 전공분야로 인정하자는 쪽으로 기울어지고 있었다. 반대하는 사람은 그렇지 않아도 학회가 많은데 옥상옥(屋上屋)이 아니냐는 의구심을 드러내기도 하였으며 민족어 교육론 안에 대학 국어

교육론을 두면 되지 않겠느냐는 견해를 내기도 하였다. 그리고 대학국어 교육학회가 창립 필요성을 묻는 설문에 대하여 비서울대 집단은 10명 응답자중 9명(90%)이 찬성하였으며 서울대 집단은 응답자 27명 중 찬성이 24명(86%), 찬성하지 않음이 3명(11%), 무응답이 1명이었다. 대학 국어 교육론을 전공 분야로 지정해야 한다는 견해는 두 집단의 총수 49명 중 23명(47%)이 찬성이고 찬성하지 않음이 20명(41%)이어서 찬성하는 의견이 그렇게 많지 않았는데 대학국어 교육학회의 설립은 절대 수가 찬성하고 있다. 이는 대학국어 교육론의 전공 문제는 쉽게 결정할 수 없어도 대학 국어 교육을 이론적으로 뒷받침할 수 있는 학회 창립의 필요성은 인정한다는 것이다.

대학 국어 교육에 대하여 평소에 생각한 것을 진술해 달라는 요청에 대하여 많은 사람들이 대학 국어 교육은 기초 과목과 교양 과목의 이중의 성격을 띠어야 한다는 것이었다. 기초 과목에서 다룰 수 있는 내용은 작문과 화법을 통합한 교과 내용, 이를테면 〈국어 의사 소통론〉과 같은 이름을 붙이거나 그냥 〈대학국어〉라는 전통적인 이름을 다는 쪽으로 내용을 구성해야 하고 교양 과목으로서는 우리 민족의 언어 문화와 민족 문학에 관련된 강좌를 폭넓게 개발할 필요가 있다는 것이었다. 기초 과목으로서의 작문과 화법을 다루는 대학 국어는 필수로 지정해야 하고 우리의 언어 문화와 민족 문학을 다루는 교양 과목은 각자의 취향에 따라 선택하는 체제가 바람직하다는 것이었다25). 그리고 자신

---

25) 사실 많은 대학이 이 방면으로 나아가고 있다. 서울대학교에서는 기초 과목으로 국어작문이 필수로 부과되어 있고 교양 과목으로 어문학에 관련된 강좌가 많이 개설되어 있다.

의 전공 분야에서 대학 국어 교육에 특별히 기여할 수 있는 측면을
적어 달라는 요청에 다하여 많은 사람들이 유익한 의견을 적어 보내었
다. 이를 분야별로 정리해 보면 다음과 같다.

> **민족 어학:** 국어 규범의 바른 지도/ 문법에 맞고 논리적인 글쓰기 지도/
> 정확한 자기 표현의 능력 함양/ 짜임새 있는 글 구성/ 문헌 자료에
> 대한 이해를 도울 수 있음.
> **민족 고전문학:** 고전 문장론의 현대적 응용26)/ 고전 작품에서 발견되는
> 다양한 문화 콘텐츠의 현대적 가공/ 글쓰기의 正格과 變容의 지도/
> 선인들의 삶에 다가설 수 있는 방향 제시/ 고전 소설의 띄어쓰기 지도/
> 고전 화법의 현대적 수용과 그 발전
> **민족 현대문학:** 문학 작품의 감상과 글쓰기 훈련/ 폭 넓은 사회 문화에
> 대한 학습과 글 쓰기 지도/ 사유의 형상화 지도/ 문화 향수자로서의
> 소양 양성

그리고 건의사항으로는 다음을 들었다.

> 대학국어의 목표를 분명히 제시하여 고등학교 국어교육과의 차별화를 도
> 모할 것/ 유행적 담론을 추종하지 말 것/ 계열 별에 따른 다양한 프로그램
> 을 개발할 것/ 대학국어교육을 향상시킬 수 있는 기초 연구를 장려할 것/
> 교재를 이론과 실제, 읽기와 쓰기로 나누어 편찬할 것/ 다양한 교수법을
> 개발하고 부교재를 편찬할 것/ 교과 운영의 기본적 틀만 제시하고 구체적
> 인 운용은 교·강사의 재량에 맡길 것/ 대학국어 교재를 작문 중심으로
> 엮을 것/ 학년이 오를수록 민족어 교육의 중요성을 절감한다는 점을 감안
> 하여 민족어를 전 학년에 개방할 것/ 사유 과정과 논리 구성력의 함양의

---

26) 한국 고전 문장 이론과 그 성격에 대하여는 김도련 (1998), 논총간행위원회
(1998)을 보고 편장 자구법에 의하여 「온달전」을 분석한 것으로는 정민 (2000)
이 있다.

교육이 되도록 할 것/ 대학 졸업조건으로 글쓰기 능력의 시험 방안을 강구할 것/ 대학 1학년생에게 논문 작성법의 지도는 무리하니 뺄 것/ 대학국어교육은 민족어 교육학이라는 한 분야로 소속시켜야 함

4 마무리
― 대학국어교육학회의 창립과
기관지 『대학국어』의 간행을 제안함―

2장에서 필자는 텍스트 과학을 민족 어학과 민족 문예학이 접면하는, 다시 말하면 "국어국문학"의 한 영역의 후보가 될 수 있다고 하였다. 이는 언어 연구가 문장 중심의 틀을 벗어나서 문체론과 민담 분석론, 실용론, 인지 과학 등을 통합함으로써 얻는 이론적 측면이었다. 한편 텍스트 과학은 실천적으로는 글 읽기와 글 쓰기에 대한 메타 이론도 제공한다. 글읽기가 텍스트 수용이나 텍스트 이해 내지 텍스트 해석과 연관되는 책략이라면 글쓰기는 텍스트 생산과 관련되는 책략이다. 그리고 대화 분석은 화법 교육을 통제하는 메타 이론을 제공할 수 있다는 점에서 말하기와 직접 연관된다[27]. 현대의 텍스트 과학은 고대 수사학과 담화학(변론술)을 기본 유산으로 물려받았다[28]. 이는 바로 현대의 텍스트 과학이 이론적으로는 텍스트 분석과 대화 분석을 안고 있고 교육적으로는 작문과 화법(화술)을 포용하고 있다는 사실과 직접 연관된다.

---

27) 최근 한국에는 대화 언어학에 대한 연구가 활발하다. 기초적·이론적 연구로는 박용익 (1998, 2001)이 있고 장경희 (2002)를 비롯한 일련의 논고는 민족어 대화 분석의 가능성을 열어 주는 업적으로 간주된다.
28) 이 문제는 고영근 (1999가: 제2장)을 보라.

오늘날 우리 사회에서 논의되고 있는 독서 교육과 작문 교육의 기본
틀은 모두 텍스트 과학이 제공하고 있는 것이다. 이렇게 본다면 텍스트
과학은 이론적으로는 어학과 문학을 통합시킬 수 있고 실천적으로는
작문과 화법도 통합시킬 수 있으며 궁극적으로는 이론과 실천을 아우
르는 역할도 하는 것이다. 21세기는 이론과 실천이 경계를 허문다는
말이 바로 이런 점을 대변하는 것이 아닌가 한다. 그 사정을 그림으로
그려 보기로 한다.

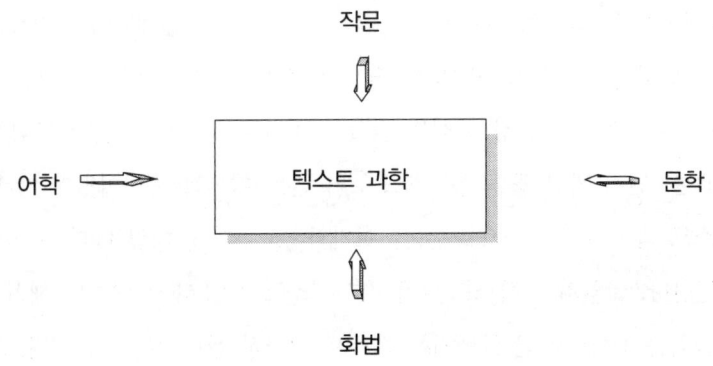

문자가 발명되기 전에는 사람의 커뮤니케이션은 말, 짓, 그림/표적으
로 이루어졌다. 말하자면 매체가 매우 단순하였으며 통합성(統合性)을
띠고 있었다. 그러나 문자의 발명으로 각종 매체가 무수히 산생(産生)되
었다. 매체의 분화는 필연적으로 이를 연구하는 학문의 분화를 초래하
였다. 이를테면 고대 내지 중세에는 실용문과 문예문이 영역의 구분
없이 모두 "文"이라는 갈래에 소속하였으나 근대로 오면서 갈래 상의
차이가 인식됨에 따라 실용문과 문예문으로 구분하여 왔다. 문예학과
문장론 관련의 책이 별로도 나오게 된 것도 매체의 분화와 밀접한 관련

이 있다. 그러나 21세기로 들어서면서부터 컴퓨터에서 실현되는 가상
공간을 통하여 분화되어 있던 매체가 다시 통합의 길을 걷고 있다[29].
매체가 통합되면 필연적으로 이를 연구하는 학문도 통합되기 마련이
다. 그 한 후보가 조윤제의 "국어국문학" 이론이며 필자의 용어로는
"언어 문학 통합론"이 될 수 있다[30]. 여기에는 모든 종류의 글을 분석하
는 문제가 다 포괄될 수 있다. 어학과 문학의 통합, 문예문과 실용문의
경계 허물기--이는 텍스트 과학의 최종 목표이기도 하다. 정보화 사회
를 맞아 매체가 통합되는 물결을 타고 닻을 올린 텍스트 과학은 고대의
"文論"으로 복귀하면서도 새로운 시대를 호흡하는 떠오르는 태양처럼
신종 인문 학문으로 부상하고 있다. 독일 그뤼터 출판사에서는 이미
1970년대 중반부터 텍스트 이론 총서를 기획하여 1999년 현재까지 25
권이 출간된 것으로 알고 있다. 그밖에도 관련 정기 학술지가 나오는가
하면 편람이 나오기도 하여 그 기반이 충실하게 다져져 있다.

현재 텍스트 과학을 이론적으로 뒷받침하는 학회로는 한국텍스트언
어학회가 10여년 전에 창립되어 기관지 『텍스트 언어학』이 벌써 10권
이 나왔고 〈텍스트 언어학 총서〉도 계속 발간되고 있다. 텍스트 과학과
관련되는 실천적인 학회로는 국어교육학회 등의 모임이 설립되어 활동
이 활발하나 대학 국어 교육을 이론적으로 뒷받침하는 학회는 아직 없
다. 대학 국어 교육이 전공 분야로서 성립할 수 있는가 하는 문제는
논난의 여지가 없지 않으나 작문 중심의 읽기와 쓰기, 화법과 교양 관련
의 어문학을 비롯하여 가상 공간에서 생산되는 각종 텍스트를 분석하

---

29) 매체의 분화와 통합의 역사에 대하여는 고영근 (2001나)를 보라.
30) 고영근 (1999: 115-126)을 보라.

는 것을 대학 국어 교육론 속에 넣는 방향을 취한다면 대학국어 교육론이 충분히 성립될 수 있다고 믿는다. 초중고교 국어 교육론이 성립되는 마당에 대학 국어 교육론이 성립되지 않는다는 논법은 있을 수 없다. 그렇다면 이 분야를 특별히 전공하는 인력도 양성할 필요가 있다. 대학 국어 교육론뿐 아니라 외국어로서의 한국어 교육론도 전공영역으로서 얼마든지 가능하고 실제로 이를 전공 분야로 둔 대학도 있다는 말을 듣고 있다. 많은 응답자들이 대학국어 교육학회의 설립이 필요하다고 말하고 있는데 그렇게 되면 『대학국어』라는 학술지의 발간은 필연적이다. 미국의 NCTE (National Counsel of Teachers of English)에서 내는 *COLLEGE ENGLISH*는 큰 참고가 될 수 있다. 이 학술지는 1939년에 창간되었는데 대학의 교양 영어 교사들의 포럼으로서 문학, 언어학, 문예비평, 독서이론, 교육학에 종사하는 사람들의 기고를 받아 격월간으로 내는데 부피도 그리 두텁지 않다. 앞뒤에 많은 책 광고가 실린다. 위의 책을 내는 단체와 그 기관지에 대한 착실한 이해는 우리의 『대학국어』라는 학술지의 편집에 참고되는 바가 많으리라고 생각한다.

　이론적으로는 텍스트 과학이나 화용론, 문헌사나 어문 생활사에 힘입어서 언어와 문학을 통합할 수 있고 실천적으로는 주로 텍스트 과학에 힘입어 작문과 화법을 한 덩어리로 묶어서 민족어 교육, 특히 대학 민족어 교육을 정상화시킬 수 있다면 이는 민족 어학과 민족 문예학의 접면 영역과 공유 영역을 넓히는 길이 될 수 있고 이는 바로 통합된 학문 분과로서의 "국어국문학"에 독자적인 전공 영역의 가능성을 열어 주는 길이 아닐까 생각한다. 민족 어문학 전공자 여러분의 준엄한 질책과 협조를 바라마지 않는다.

[붙임]

_____선생님께

안녕하십니까?

본인은 올 5월 말에 있을 전국 국어국문학대회에서 "국어국문학의 통합과 확산" 문제를 중심으로 주제발표를 하기로 되어 있습니다. 이 자리에서는 국어국문학의 한 연계분야로서 "대학국어교육론"에 독자적인 학문적 위상을 부여하고 아울러 대학국어교육학회 결성의 필요성을 제안해 보려고 합니다.

한국에서는 초중등학교 국어교육은 교육대학과 사범대학에서 연구하고 있지만 대학 학부생을 위한 교양국어교육에 대하여는 특별한 연구단체도 없고 기초연구도 거의 없는 상태입니다. 국어국문학과 교수들이 그저 필요에 따라 교재를 편찬하여 전공에 따라 가르치거나 종합적으로 가르치기도 합니다. 그리하여 그 교육내용이 고등학교보다도 못하다는 말이 수십년전부터 나오고 있습니다. 참고로 미국에서는 1942년에 _College English_라는 학술지가 창간되어 대학교양영어교육을 이론적으로 뒷받침하고 있습니다.

아래의 설문지에 대하여 답변을 하셔서 빠른 시일 안으로 첨부로 회신해 주셨으면 고맙겠습니다. 귀하가 제공하시는 설문지에 대한 답변이 기초가 되어 한 편의 논문으로 완성되면 방명을 밝혀 인사에 대신

하겠습니다. 하나 더 부탁 드릴 것은 주위 사람들 가운데서 교양국어교육론에 특별히 관심을 가진 사람이 있으면 전공에 관계 없이 추천해 주시되 전자 우편주소도 같이 적어 주시기 바랍니다. 이런 분들께는 본인이 따로 설문지를 보내어 견해를 수렴하려고 합니다.

안녕히 계십시오

2002. 3. 21
서울대학교 국어국문학과 명예교수
고 영 근 올림

설 문 지

성명 : _____   소속 : _____   전공분야(구체적으로) : _____

1. 귀하의 대학에서 대학국어작문(또는 이러한 성격의 강좌)이 개설되어 있습니까? 개설되어 있다면 어떠한 성격의 이수 과목으로 지정되어 있습니까?

    필수(   )   선택(   )   관련 과목 없음(   )

2. 대학국어작문(또는 이러한 성격의 강좌)의 학점과 시간은 어떠합니까?

    3학점 3시간(   )   2학점 2시간(   )   3학점 4시간(   )
    4학점 4시간(   )   기타:_____

3. 현재 사용하고 있는 대학국어작문(또는 이러한 성격의 강좌)의 교재는 '국어'와 '작문'이 각각 별도의 책으로 분리되어 있습니까?

    예(   )   아니오(   )

4. 현재 사용하고 있는 대학국어작문(또는 이러한 성격의 강좌)의 교재는 귀 대학에서 독자적으로 편찬한 것입니까?

    예(   )   아니오(   )

5. (위의 '4'번 설문에서 '아니오'로 답한 경우에만 해당) 현재 사용하고 있는 교재가 다른 기관(대학, 학회 등)에서 편찬한 것이라면, 그 기관명과 교재명을 써 주십시오.

    기관명 : _____

    교재명 : _____

6. 대학국어작문(또는 이러한 성격의 강좌) 강의를 담당하고 있는 교수 요원의 현황은 어떠합니까?

    전임교수만(   ) 시간강사만(   ) 전임교수와 시간강사가 동일비율로(   )
    전임교수가 시간강사보다 많음(   ) 전임교수보다 시간강사가 많음(   )

    기 타 : _____

7. 대학국어작문(또는 이러한 성격의 강좌) 강의를 담당하고 있는 시간강사의 자격 요건은 어떠합니까?

　　박사학위 소지자(　)　　　　　　박사과정 수료 이상(　)
　　박사과정 재학 이상(　)　　　　　석사학위 소지자 이상(　)

　　기 타 : _____

8. 귀 대학에서는 대학국어작문(또는 이러한 성격의 강좌) 교재를 편찬하기 위한 기초연구를 수행한 적이 있습니까?

　　있다(　)　　　　　　　　없다(　)

9. (위의 '8'번 설문에서 '있다'로 답한 경우에만 해당) 기초연구를 수행한 일이 있다면, 연구 결과물은 어떠한 방식으로 발표되었습니까?

　　보고서로 제출(　)　　　학회지에 발표(　　)
　　교내외 연구소 기관지에 발표 (　　)

　　기 타 : _____

10. (위의 '8'번 설문에서 '없다'로 답한 경우에만 해당) 기초연구를 수행한 일이 없다면, 이러한 연구의 필요성을 느낀 일이 있습니까?

　　있다(　)　　　　　　　　없다(　)

11. 현재 일각에서는 대학국어 무용론이 제기되고 있기도 합니다. 그 책임은 어디에 있다고 생각하십니까?

　　학생들에게 있다(　　)　　대학행정 당국에 있다(　)
　　국어국문학 전공자에게 있다(　　)

　　기 타 : _____

12. 대학국어작문 과목을 개설할 경우, 가장 이상적인 학점과 시간수는 어떠해야 한다고 생각하십니까?

　　2학점 2시간(　) 3학점 4시간(　) 3학점 3시간(　) 4학점 4시간(　)

　　기 타 : _____

13. 국어국문학과에서 '국어학, 고전문학, 현대문학' 등의 하위 전공 분야를 두듯이, 국어국문학과의 하위 전공 분야에 '대학국어교육' 분야를 두어 '대학국어교육론'을 독자적인 학문 영역으로 인정하자는 견해에 대하여 어떻게 생각하십니까?

    찬성한다(   )   찬성하지 않는다(   )   관심이 없다(   )

    기 타 : _____

14. 대학국어교육의 문제를 연구하는 '대학국어교육학회'를 결성할 필요성에 대하여 어떻게 생각하십니까?

    찬성한다(   )   찬성하지 않는다(   )   관심이 없다(   )

    *단 찬성하지 않거나 관심이 없다면 그 이유를 분명히 밝혀 주시기 바랍니다.

15. 귀하가 전공하는 분야에서 대학교양국어교육에 특별히 기여할 수 있는 측면을 적어 주시기 바랍니다.

    (예) 1) 민족 어학의 경우: 맞춤법의 정확한 이해를 도울 수 있다/ 문법에 맞는 문장을 자신있게 지도할 수 있다 등
       2) 고전문학: 고전문장론을 현대화하여 현대적인 글쓰기 이론을 뒷받침할 수 있다. 등
       3) 현대문학: 문학작품의 감상과 이해를 도울 수 있다 등.

16. 대학국어교육에 대한 평소의 생각을 자유롭게 진술해 주시기 바랍니다.

민족 어학의 창건

민족어학의

건설과 발전

|1| 개화기와 민족 어학

1 들어가기

민족 어학은 우리 민족의 문자로부터 시작하여 우리 민족의 음성/음운을 거쳐 형태소, 문장, 어휘에 걸쳐 그 구조를 파악하고 역사를 엮는 것을 목표로 삼는다. 민족어 연구의 역사를 언제부터 잡을까 하는 문제에 대하여는 사람에 따라 견해가 조금씩 다르다. 고대의 차자표기로부터 연구의 실마리를 잡는 일도 있고 훈민정음 창제를 기점으로 삼을 수도 있으며 19세기 후반의 서양인의 연구로부터 민족어 연구가 시작된다고 보기도 한다. 한편, 우리의 민족 어문(語文)이 공용성을 획득한 갑오경장을 민족 어학의 성립시기로 잡는 일도 있으며 극단적으로는 20세기 중반의 주권 회복으로부터 민족 어학이 성립되었다고도 말할 수 있다. 이곳에서는 19세기 후반의 갑오경장이 시발점이 되어 민족 어학이 건설되었다는 견해를 취하기로 한다1). 비록 갑오경장이 우리 민족에 의한 민족 어문 연구의 시발점이 되기는 하나 19세기 이래의 서양인과 일본인의 연구 결과는 우리 민족에게 민족 어문 연구의 동기를 마련해 주었을뿐만 아니라 직접·간접으로 적지 않은 영향을 미쳤다는 점에서 민족 어학의 대상에 포함시키지 않을 수 없다. 이런 점을 감안하여 필자는 우리 민족의 민족어 연구와 외국인의 우리 민족어 연구를 통합하는 관점을 취하고자 한다. 그렇게 되면 근대 민족 어학에 얽힌 많은 과제를 풀어낼 수 있으며 이는 동시에 근대 민족어 학사의 내용을 알차게 서술하는 일로 이어질 수 있다.

19세기로부터 20세기 초까지 이루어진 나라 안팎의 연구 분야는 총론, 문자론, 음운론, 형태론, 통사론, 어휘론, 언어사, 계통론, 어학사, 대조 분석의 10개 분야로 나눌 수 있다. 문자와 음운은 개화기 당시에는 구분이 제대로 되어 있지 않았기 때문에 통합하기로 한다. 어휘론은 대부분 어휘 수집이 중심을 이루고 있고 사전 편찬과 이가 물려 있기 때문에 같이 묶기로 한다. 언어사와 계통론도 그 분야가 다르나 개화기에는 계통에 대해서만 관심이 기울여졌고 언어사 방면은 큰 결실이 없기 때문에 역시 묶기로 한다. 어학사는 당시 학문 분과로서 자리가 잡히지 않았기 때문에 총론과 통합하기로 한다. 대조 분석은 서양인의 모든 연구가 이런 관점에 서 있기 때문에 따로 다룰 필요가 있으나 언어 학습과 관련된다는 점에서 제외하기로 한다. 이곳에서는 총론, 문자론/음운론, 형태론, 통사론, 어휘와 사전편찬, 언어사와 계통론의

---

1) 필자는 갑오경장 이전의 민족어 연구는 "국어학적 업적"이라고 하여 본격적인 의미의 "국어학 업적"과 분리하는 태도를 취하여 왔다.(고영근 1984/ 1985 편: 1, 2장/ 2001: 2부 3장)

6개 분야로 축소하여 연구의 흐름을 짚어 보기로 한다. 이들 개별 분야를 검토하기에 앞서 필자는 우리 민족이 민족 어문을 연구함에 즈음하여 지니고 있었던 철학적 기반을 탐색해 보기로 한다.

2 민족 어문 연구의 철학적 기반

앞에서 언급한 바와 같이 갑오경장 이후에 우리의 민족 어문 연구에 종사한 사람들 가운데는 이미 우리 나라에 와서 선교나 외교 활동을 한 외국인의 선구적인 업적에 자극을 받아 연구의 실마리를 잡은 사람이 많다. 대표적으로 이봉운과 이규대는 1897년 1월에 동시에 『국문정리』[2]를 저술하였는데 이들은 한결같이 외국인들이 우리 민족 자신의 말과 글에 대하여 올바른 지식을 갖추지 못하였다고 비방함에 의분을 느껴 연구에 손을 대었다. 이봉운은 국문, 곧 민족 어문을 정리하고 연구하는 것이 "독립권리와 자주사무에 제일 긴요한 것"이라고 하였으며 이규대는 "글로도 남의 나라 글에 종이 되지 않게 하여 나라 위하는 정신을 잃지 말기"를 바란다고 하면서 다음과 같이 "내 나라 생각하는 노래"를 지어 붙이기도 하였다.

어와 우리 동포들아/ 내 나라 생각하세

---

2) 이규대의 『국문정리』는 최근에 발견되었다. 관련 자료는 『圖書』 5 (1998)에 실린 정건택의 해설을 보라. 이 자료는 유동석 교수(부산대)가 필자에게 처음으로 제공하였고 이어 정건택님으로부터 다시 관련 자료를 받았다. 이에 두 분께 고마운 인사를 드리는 바이다.

율곡 우암 있건마는/ 공자 맹자 하였고나
우리 국문 어대 두고/ 남의 글로 종사턴가
단군 동평[3] 계시도다/ 요순요순하였던가
이충무가 명장인데/ 한수정후 위해 줬네.
어와 우리 동포들아/ 내 나라로 생각하세

(현대맞춤법으로 고쳐적음)

끝으로 이규대는 "이 노래 한 곡조는 이천만 동포의 거울로 아시압"이
라는 단서를 붙여 그의 민족 어문에 대한 충정을 토로하기도 하였다.

갑오경장을 계기로 하여 민족 어문 연구에 우위성을 부여하던 기운
은 주시경에 와서 독자적인 언어 철학으로 자리를 잡았다. 주시경은
『대한국어문법』(1906)의 「발문」(跋文)에서

말과 글은 한 사회가 조직되는 근본이요, 경영의 의사를 발표하여 그 인민
을 연락(連絡)하게 하고 동작하게 하는 기관(機關)이다. 이 기관을 잘 수리
하여 정련(精鍊)하면 그 동작도 민활하게 될 것이요, 수리하지 아니하여
둔하면 그 동작도 막히게 될 것이니, 이런 기관을 다스리지 아니하고야
어찌 그 사회를 고무 · 진작하여 발달하게 하겠는가[4]?

와 같이 말함으로써 언어와 문자를 사회 형성의 기관이라고 그 성격을
규정하였다. 이는 물론 당시 사람의 손길이 닿지 않았던 민족 어문을
수리하여야 한다는 당위성을 강조한 것이지만 이러한 철학적 기반이
다져져 있었기 개화기의 뜻있는 인사들이 민족 어문 연구에 매진한 것
이 아닌가 한다. 뒤에 주시경은 『國語文法』(1910)에서 이곳의 "기관"을

---

3) '동평'은 '동명'(東明)의 잘못이 아닌가 한다.
4) 『주시경학보』 3 (1989)에 실린 이현희의 역주에서 인용하였다.

"性"으로 바꾸면서 자신의 어문 민족주의 사상을 체계화하였던 것이다.

　박태서는 「國語維持論」 (1908)에서 국가 형성의 요소를 토지, 인민, 법률, 국어, 종교, 역사의 여섯 가지로 보고 나라가 있으면 반드시 국어가 있고 이를 통하여 인민을 가르칠 수도 있으며 역사를 서술할 수 있다고 보았다. 최광옥의 『大韓文典』 (1908) 서문을 쓴 이상재는 우리 민족이 단합되지 않는 것은 언어의 궤범(軌範)이 다른 데 있다고 보고 문법 연구의 중요성을 설파하기도 하였다.

　개화기의 언어 철학적 기조는 다분히 해석학적이요 공리적이라 규정할 수 있다[5]. 이는 언어와 문자를 객관적인 실체로 보기보다는 사회나 국가의 성립, 인민의 계도(啓導)와 관련시켰다는 점에서 그러하다. 개화기의 언어 철학적 명제가 민족 어문의 보존과 수리에 초점을 두었던 만큼 당시의 당면 과제는 민족 어문을 정리하여 규범을 세우는 일에 전력을 기울였다. 그리고 외국인들은 선교나 외교를 원활히 하는 데 목표를 두고 우리의 민족 어문을 연구하였던 만큼 역시 실용적인 한계성을 벗어나지 못하였다. 다시 말하면 내·외국인의 민족 어문 연구는 공리적인 수준의 울타리에서 맴돌았다고 표현함이 적절할 것이다. 그러나 이런 작업의 밑 바탕에는 민족 문자의 실체나 민족어의 구조에 대한 투철한 인식이 전제되어 있지 않으면 안된다. 우리는 표면상으로 드러나지 않는 민족 어문에 대한 인식의 발자취를 탐색하여 개화기를 전후한 민족 어문 연구의 실상을 밝혀 근대 민족 어학사의 한 구비를 확인하여 보려고 한다. 이곳의 "민족 어문"이라고 함은 언어와 문자를

---

5) [보충주] 필자는 이런 언어 철학을 "실증론"과 관련하여 해석하였다.(고영근 2009가; 본서 16-18)

포괄하는 의미로 사용하였다.

③ 분야별 연구의 흐름

3.1. 총론

알려진 바와 같이, 우리 민족의 문자와 문법을 처음으로 체계적으로 기술한 사람은 19세기 전반(1823~1830)에 일본에 와서 일본을 비롯한 동아시아의 문물 전반에 대하여 연구하였던 독일인 의사 지볼트(Fr. von Siebold)였다. 그는 1832년부터 나오기 시작한『일본』의 제7장「한국」편에서 우리 민족어는 동아시아에서 거의 알려지지 않은 언어라고 하면서 문자와 문법에 대한 접근을 시도하였다[6]. 1932년 역시 같은 독일인 귀츠라프(Ch. Guetzlaff)는 동아시아에 있어서 한자의 역할을 언급하고 민족 문자와 문법의 중요 특징을 서술하면서 일본어와의 구조적 친근성에 주목하였다. 이어 프랑스의 동양 학자 로우니(L. de Rosny) (1864)는 지볼트의 연구와 어휘집 자료를 중심으로 문법을 엮었으나『천자문』과

---

6) 지볼트의 한국편이 언제 집필되었는가 하는 것은 아직도 밝혀지지 않았다. 필자는『일본』의 첫째 권 연대를 기준으로 하여 1832년으로 잡았으나 실제의 집필 연대는 1840년 이후로부터 합책이 된 1952년사이가 될 가능성이 많다. (고영근 1989/ 1998: 283). 연대를 이렇게 내려도 우리 민족의 문자와 문법에 대하여 이를 능가하는 다른 업적이 나오지 않았기 때문에 큰 문제는 없을 것으로 보인다. 이기문 (2000)에서도 필자의 견해를 수용하면서 집필 연대를 1850년 전후였을 것이라고 추정한 바 있다.
[보충주] 최근 지볼트의 한국 기록의 집필 연대에 대한 새로운 견해가 나왔다. 관련 논의는 본서 367쪽을 보라.

유합의 용언 새김토 '-(으)ㄹ'을 종결어미로 오인한 점 등 잘못이 적지
않다. 그러나 한국어의 계통을 타르타르 제어와 관련시킨 것은 주목의
대상이 된다. 본격적인 민족어 연구의 단초를 마련한 사람은 로스(J.
Ross) (1877) 등의 개신교 선교사들이었는데 이들은 평안도 방언을 중심
으로 우리 민족어의 문법과 문자에 주목하고 생생한 민족어 자료를 제
공함으로써 민족어의 실상을 서방 세계에 알리는 데 큰 역할을 하였다.
애스턴(Aston) (1879)도 비록 민족어와 일본어의 비교 연구이기는 하나
두 언어의 계통적 친근성을 비롯하여 민족어의 음성과 문법에 대한 짜
임새 있는 내용을 담고 있다는 점에서 주목의 대상이 된다[7].

민족어의 어휘를 비롯하여 문자와 문법이 전면적으로 조명을 받은
것은 리델(F. Ridel) 등의 프랑스 선교사들의 『한불자전』(1880)과 『우리
민족어 문법』(1881)이었다. 이미 민족어에 대한 자세한 정보는 달레(Ch.
Dallet) 『한국교회사』(1874) 속에 포함되어 있는 「우리 민족어」를 통하여
알 수 있으나 이는 리델 문법의 첫 원고의 요약이었다는 점[8]에서 우리
민족어에 대한 포괄적인 연구는 리델 등의 업적에서 시작된다고 말할
수 있다. 그리피스(W. R. Griffis)는 『한국: 은자의 나라』(1882)에서 민족
어의 구조적 특징과 문자, 방언, 어휘에 걸쳐 그 개략을 서술한 바탕
위에서 리델 등의 민족어 문법 연구에 이르는 민족어 연구사를 엮었다.
언더우드(H. G. Underwood)는 『한영문법』(1890)에서 프랑스 선교사들의

---

7) 19세기 전반기부터 19세기 말까지의 서양인의 민족어 연구에 대하여는 고영근
(1983: 3장, 1998가: 258-275, 272-340, 본서 제4부 4장)를 보고 자료에 대하여는
김민수·하동호·고영근(공편) (1977~1986)과 김민수·고영근(공편) (2008)의
제2부를 보라.
8) 관련 논의는 고영근 (1976/ 1983: 251, 본서 384)을 보라.

뒤를 이어 민족어 연구의 기초를 닦은 사람이었다. 문자를 비롯하여 문법을 엮었으며 동시에 사전을 편찬하였다는 점에서 그렇게 볼 수 있다.

이렇게 서양인들이 우리 민족의 문자와 문법, 어휘에 대하여 연구하고 있을 때, 갑오경장이라는 정치적 변혁이 일어나 민족 어문이 오래 동안 우리 민족의 어문 생활을 지배해 온 한자·한문을 밀어제치고 공용 어문으로서 자리를 잡기 시작하였다. 공용 어문으로서 민족 어문을 처음으로 연구한 사람은 앞서 말한 이봉운과 이규대였다. 이봉운은 「서문」에서 민족 어문의 연구를 독립 자존과 관련시키는 언어 철학을 확립하고 이어 민족 어문의 역사를 더듬으면서 민족 문자인 한글의 발음, 철자법에 대하여 그 나름의 견해를 진술하고 "어토 명목"이라는 이름 아래 여러 가지 문법 범주를 세웠다. 이규대 역시 같은 철학을 바탕으로 하여 한글의 운용법, 반절의 장단을 베풀었으며 "말하는 법에 명목"이라 하여 13개의 문법범주를 세웠다. 두 사람의 문자/음성론과 문법론은 전통적인 역관 문법의 영향을 받은 것으로 보이지마는[9], 그러나 그 저술 동기는 이전의 외국인들의 민족어 연구에서 얻었던 것이다.

1900년은 근대 민족 어학사에서 획을 긋는 두 업적이 얼굴을 내밀었다. 그 하나는 김규식의 「민족어론」(The Korean Language)이고[10], 다른 하나는 러시아에서 편찬된 『한국지』[11]의 「언어」편이다.

김규식은 정치가로 말년을 보냈으나 청·장년 시절에는 영문학 교수

---

9) 김민수·하동호·고영근 밖에(공편) (1977~1986)과 김민수·고영근(공편) (2008), 3-02의 해설을 보라.
10) 김규식의 「조선어」에 대하여는 김민수 (1981/ 1987: 211-228)를 보라.
11) 러시아의 『한국지』에 대하여는 한국정신문화연구원 자료 조사실에서 편집·번역한 『한국지』 (1984)를 보라.

로서 많은 활약을 하였다. 김규식은 언더우드 고아원에서 자라면서 영어와 한문을 익혔고 이어 미국 유학 시절에는 라틴어, 프랑스어, 독일어를 공부하였다. 대학 학부 2학년이던 19세 때에는 위의 「민족어론」을 발표하였으며 27세 경에는 뒤에서 언급할『대한문법』(1909?)을 발간하여 민족어 연구의 수준을 높이는 데 크게 기여하였다. 김규식은 「민족어론」에서 우리 민족어가 일본어, 중국어와 맺는 관계를 비롯하여 서체, 한자, 형태 구조 등 민족 어문의 전반에 걸친 문제를 평설하였다. 김규식의 글은 당시까지 이루어진 서양인의 민족어 연구의 결과를 바탕으로 집필되었다는 점에서 그 의의가 자못 크다고 하겠다. 당시의 민족 어문 연구는 앞서 언급한 이봉운과 이규대의『국문정리』을 비롯하여 주시경의 몇 편의 논설과 원고본『國語文法』(1898 槪成) 밖에 없었다. 우리 나라 안의 연구 결과가 수렴되지 않은 흠은 있으나 우리 민족의 손으로 이만한 정도의 민족어 입문 논설을 내었다는 것은 민족어학의 수준을 한 단계 높인 쾌거라 하지 않을 수 없다. 특히 그의『大韓文法』(1909?)는 음성과 문법 밖에 민족어의 계통과 형성 문제를 비롯하여 언어사에 대한 탐색도 시도하고 있어서 주목할 필요가 있다.

러시아의『한국지』는 역사, 지리, 지질, 기후·식물·동물, 도와 도시, 도로와 교통 수단, 주민, 종교, 언어·문학·교육, 산업, 상업, 국가 제도·해정·사법, 군대 등 14개 항목에 걸친 내용을 담고 있는데 이곳에서 논의의 대상이 되는 것은 「언어」편이다. 『한국지』에는 19세기 초부터 19세기 말까지 이루어진 서양인의 민족어 연구사가 개관되어 있다. 이는 앞의 그리피스(1882)에 이은 두 번째 민족어 연구사인 것이다. 사실 서양인들은 민족어에 대하여 이야기할 때에는 항상 선행 업적에 대한 개관을 보여 주었다. 그리피스 이전에도 지볼트가 그러하였다. 이 책에는 형태적 특징을 비롯하여 계통, 방언, 한문 및 중국어와의 관계, 19세기말의 민족 어문의 공용화 문제를 거론하였다. 이전의 서양인의 연구에는 방언에 대한 고려가 없었는데 이 책에는 방언에 대한 언급이 나와 있다. 특히 「문자」 편에서는 한자와 이두, 언문에 대하여 언급하고 언문이 "세계에서 가장 완성되고 동시에 가장 간결한 알파벳"이라고 평가하였다. 그리고 「부록」에는 한글 자모에 대한 해설이 마련되어 있는데 모음과 자음의 음가. 서법(書法, 운용법), 민족어의 러시아어 표기법 등이 실려 있다. 이전에 나온 리델, 스코트, 언더우드, 게일 등의 업적을 중심으로 러시아인들이 이용하기 편하게 편집한 것으로 보인다. 앞의 김규식의 「민족 어론」이 우리 민족에 의한 서양인의 연구를 집성한 것이라면 러시아의 『한국지』는 서양인에 의한 우리 민족어 연구의 집성이라는 차이점을 지적할 수 있다.

3.2. 문자론과 음성론

처음 서양인들이 우리 나라에 접근하였을 때 제일 먼저 눈에 띈 것은 민족어가 중국어와는 물론, 일본어와도 다르고 특히 고유한 문자가 있다는 점이었다. 서양인들은 좋은 자모표를 구하기 위하여 백방으로 노력을 기울였다[12]. 이를테면 지볼트는 1828년 3월 나가사키의 난파민으

---

12) 19세기 초부터 19세기 후반에 이르는 서양인들의 한글 연구는 이기문 (2000) 에서 집중적으로 다루어진 바 있다. 이 곳에서는 위의 글에서 다루어지지 않은 사항을 중심으로 서술된다.

로부터 얻은 필사본 반절표, 크라프로트(Klaproth) (1832), 모리슨(Morrison) (1834)의 반절표를 중심으로 다시 활자체와 필기체 중심의 반절표의 정본 확립을 시도하였으나 편집에 관여한 중국인 조수 고칭장(郭成章)이 한글을 잘 몰랐던 탓으로 잘못이 적지 않다[13]. 그것은 어쨌든 이러한 자모표에 근거하여 한글 문헌을 읽고 이를 그네들의 언어로 번역하여 우리 나라 접근의 디딤돌로 삼았던 것이다. 사실에 가까운 반절표는 로스 (1877)에서 볼 수 있으나 아자 줄 다음에 하자 줄이 나오고 카자 줄이 맨 끝에 가 있으며 '나, ㅓ' 줄이 'ㄱ, ㅇ, ㅎ, ㄷ'에 국한되어 있는 점 등 불완전한 곳이 보인다. 완전한 반절표는 레델 (1881)에 와서야 볼 수 있다. 프랑스 선교사들이 문법과 사전을 완벽에 가깝게 편찬할 수 있었던 것은 완전한 자모표의 입수와도 무관하지 않았던 것 같다[14].

서양인들은 반절표를 통해서 그 음가를 정확히 파악하여 민족어를 학습하는 데 목적을 두었던 만큼 민족어의 음운체계를 어떻게 구성할 것인가 하는 문제에 대하여는 거의 관심을 기울이지 못하였다. 실제로 당시의 언어 연구의 패러다임이 음운을 인식하는 수준에 이르지 못하였다[15]. 서양인들의 민족어 문자/음성 연구에서 주목할 것은 하향 이중모음과 'ㅇ'의 음가 표기다. 로스 (1877, 1882)에서는 '익'와 '에'를 'e'와 'é'로 구분하여 표기하고 있어 당시의 이 글자의 음가를 추정하는 데 도움을 얻을 수 있다. 『한국지』(1900)에서는 '애'는 길게, '익'는 짧게 적었다. 그러나 리델 (1881)에서는 이 두 모음이 이중모음으로 표기되어

---

13) 이 문제는 필자가 이미 그 소종래를 검토한 일이 있다.(고영근 1989/ 1998가: 323)
14) 한글의 반절표의 종류에 대하여는 『주시경학보』 3 (1989)에 실린 화보를 보라.
15) 이 문제에 대하여는 송기중 (2001)을 보라.

있다. 리델뿐만 아니라 당시의 대부분의 서양인들은 하향 이중 모음을 글자의 모양에 근거하여 이중 모음으로 표기하였다. '♀'에 대하여 로스 (1877)에서는 '아'와 같이 적혀 있고 리델 (1881)과『한국지』(1900)에서는 짧은 아로 적혀 있다. 이러한 차이가 지역적인 차이인지, 아니면 제보자의 개인 방언의 차이인지는 쉽게 단정할 수 없으나 초기 서양인들의 한글 자모의 로마자 표기는 근대 민족어의 음운체계를 재구하는 데 유익한 정보를 제공해 줄 수 있다.

우리 민족에 의한 최초의 민족어 문법인 유길준의 「朝鮮文典」(1906)이나『大韓文典』(1909)에도 반절표 중심으로만 서술하였지 하향 이중 모음이나 아래 아의 음가에 대하여는 특별한 관심을 두지 않았다. 예외가 있다면 주시경의『國文文法』(1905),『國語文典音學』(1908)에서 상향 이중 모음을 분석한 결과를 응용하여 '♀'음을 'ㅣ ㅡ'의 합음으로 처리한 정도이다. 이는 물론 잘못되었지만 철저한 분석의 원리를 이용하였다는 점에서 항상 기림의 대상이 되어 오고 있다16). 그리고 격음을 평음과 유기음으로 분석하고 자음 동화를 체계화한 것은 민족어 음학 연구를 한 단계 끌어 올린 인식의 결실이라고 평가된다.

그밖에도 선교사들은 한글의 로마자 표기를 위하여 각종 방안을 제시하였다17). 서양 선교사들은 19세기 말부터 20세기 초 사이에 이두, 구결, 한글에 대한 깊이 있는 업적을 많이 내 놓았다. 대표적인 사람이 게일(J. S. Gale)이라 함은 이미 공인되어 있다18). 더욱이 이들은 1905년

---

16) 이 문제에 대하여는 이기문 (1981)에서 자세히 다루어졌다.
17) 개화기 당시까지의 한글의 로마자 표기안에 대하여는 김민수·하동호·고영근 공편 (1977~1986: ②01)과 김민수·고영근(공편) (2008, ②01)에 실린 고영근의 해설과 관련 자료를 보라.

에 주시경보다 4년 먼저 가로풀어쓰기를 제안하였다는 점에서[19] 민족
문자의 정리와 개량을 위하여 우리 나라 사람에 뒤지지 않는 노력을
기울였음을 알 수 있다. 또 우리 나라 사람들은 외래어 표기법에 대하
여 그 나름의 안을 제안하기도 하였다. 지석영은 『兒學編』(1908)에서
일본어와 영어를 한글로 표기하는 데 대한 그 나름의 체계를 마련하였
던 것이다[20]. 1907년부터 1909년 사이에 대한제국 학부에 설치되어
있었던 〈國文硏究所〉에서는 우리 민족의 문자와 표기법에 관련되는
여러 문제를 공동 연구하여 최종안인 『國文硏究議定案』(1909)을 내
놓았다. 이 보고서는 전통적인 민족 어문 연구와 서양인의 연구 결과를
통합하였다는 평가를 받을 수 있는데 이는 김규식에 이은 두 번째 통합
이었다는 점에서 근대 민족 어학사에서 가장 큰 사건으로 기록될 수
있다. 실제로 국문연구소 주임 위원이었던 주시경은 서양 선교사들과
접촉이 많았을 뿐만 아니라 민족어 학습의 자문 역할을 하였다는 증거
가 포착되고 있다[21].

3.3. 형태론

우리 민족어의 형태구조가 처음으로 서양 문법의 조명을 받은 것은
지볼트의 우리 나라에 대한 기록이었다. 지볼트는 나가사키에서 만난

---

18) 관련 논의는 고영근 (1990/ 1998가: 269)에서 볼 수 있다.
19) 서양 선교사들의 가로풀어쓰기에 대하여는 킹 (1996)에서 볼 수 있다.
20) 지석영의 『아학편』은 김민수・하동호・고영근(공편) (1977~1986)과 김민수
・고영근(공편) (2008: ③-11)을 보라.
21) 관련논의는 고영근 (1990/ 1998가: 270-272)를 보라.

우리 나라의 난파민들을 대상으로 민족어를 수집하여 문법적인 성의 결여를 먼저 지적하고 격 표지, 수사, 대명사, 시제, 피동법, 명령법, 부정법 등을 유럽어 문법의 관점에서 기술하였다. 지볼트의 민족어 형태론 연구를 한 차원 높인 것은 로우니의 「한국어에 대한 관견」(1864) 이었다. 로우니는 프랑스의 일본 학자였는데 지볼트의 『일본』에 나와 있는 『類合』과 『千字文』 등의 자료를 중심으로 형태론을 구성하였다. 명사의 곡용이 굴절어와는 달리 후치사의 첨가로 이루어진다는 것과 동사의 활용이 인칭과 무관하다는 사실을 지적하면서 품사 중심의 형태론을 구성하였다. 그러나 앞에서 언급한 바와 같이 한자의 용언의 새김토 '(으)ㄹ'을 종결어미로 오인한 것은 살아 있는 민족어를 접하지 못한 데서 빚어진 중대한 오류였다.

로스의 『한국어의 초보』(1877)는 비록 평안도 방언이었지만 민족어의 산 자료를 바탕으로 형태 구조의 일면을 터득하였다는 점에서 서양인의 민족어 연구사에서 주목되어야 할 업적이다. 실제로 앞의 로우니는 이 책에 대한 서평에서 당시까지의 민족어 연구는 모두 신빙성이 결여되어 있다고 신랄한 자가 비판을 가하였다[22]. 민족어의 어미가 청자의 지위에 따라 달라진다는 점을 지적한 것이 눈에 띈다. 그는 나중에 로스의 『민족어』(1882)에서 명사의 격을 6개로 설정하는 등 깊이 있는 서술을 보여 주고 있다.

민족어의 형태 구조를 올바로 파악한 업적은 리델의 문법 (1881)이다. 리델은 서울 공통어를 중심으로 "단어"(품사)라는 장 아래에서 명사, 동사, 부사에 걸친 형태론을 구성하였다. 명사에서는 곡용형에 대하여

---

22) 이 문제에 대하여는 고영근 (1983: 261; 본서: 425쪽)을 보라.

독립형, 주격, 조격, 관형격, 여격, 대격, 호격, 처소격, 탈격, 대조격의 10개를 두었는데 뒤의 영미인들에게 큰 영향을 미쳤다. 동사 편에서는 동사를 능동사, 중동사, 피동사로 분류하고 그 용법을 설명하였는데 현대적인 관점에 서더라도 크게 잘못된 곳이 보이지 않는다. 이는 19세기 중반 이래로 민족어를 연구한 프랑스 선교사들의 업적이 큰 디딤돌이 되었고 그 자신이 우리 나라에 들어와서 선교의 경험을 쌓은 데다가 능력 있는 서울 출신의 신도였던 최지혁(崔智爀)의 도움을 입은 사실과 관련이 있어 보인다.

리델의 뒤를 이어 민족어의 형태 구조를 구명한 업적은 언더우드의 『한영문법』(1890)이었다. 언더우드도 리델과 같이 품사론의 체계 위에서 민족어의 형태론을 얽었다. 언더우드는 체언에 조사가 붙는 현상을 이전의 서양인과 같이 곡용으로 처리하지 않고 체언에 후치사가 붙는 것으로 처리하였다. 이는 민족어의 형태 구조에 대한 인식이 제 자리를 잡아 간다는 뜻이기도 하였다. 또 동사에서도 이전의 서양인과는 다른 면모를 보여 주었다. 동사의 종결어미에 평서법, 의문법, 공동법, 명령법의 네 문체법을 두고 이를 존비법에 따라 배열하면서 서법(mood)의 관점에서 직설법과 의도법으로 분류한 것은 오늘날의 안목으로 보아도 거의 손색이 없다. 그밖에도 직설법과 회상법의 시제를 단순 시제와 복합 시제로 구분하여 처리한 것도 큰 모순이 없어 보인다. 그리고 공대법을 독립된 항목으로 설정하여 청자에 대한 높임과 동사 주체에 공대로 나누어 설명한 것도 큰 무리가 없어 보인다. 종전의 인도 · 유럽어의 관점에서 민족어의 형태 구조를 바라보던 안목이 언더우드에 와서 민족어 자체에 대한 성찰로 태도가 바뀌었음을 알 수 있다. 언더우드의 형태론에 대한 연구는 뒤의 우리 민족과 서양인에게 큰 영향을 미쳤다. 게일의『사과지남』(1894)은 언더우드의 문법을 발판으로 삼아 민족어 학습에 필요한 264개의 종결어미, 연결어미, 조사에 대한 용례 사전이다. 게일의 문법 형태에 설명은 그 뒤의 우리 민족의 문법 연구와 사전 편찬에 적지 않은 영향을 미친 것으로 보인다.

　유길준도 이전의 이봉운, 이규대와 같이 독립 자존의 징표로서 민족어 문법의 연구에 착수하였다. 그의 생애를 검토해 보면 우리 민족 중에서 가장 먼저 민족어 문법 연구에 착수한 것으로 보인다. 유인 연대가 가장 확실한『朝鮮文典』(1905)을 보면「言語論」이란 이름 아래서 형태론을 전개하였다. 대체로 19세기 후반의 일본 문법의 영향을 받아 품사론의 체계를 도입하였다. 현행 학교문법의 조사, 어미를 후사(後詞), 접속사, 조동사에 넣어 처리하였다. 유길준의 형태론은 그의『大韓文典』(1909)에서 한 차례 굴절을 겪었다. 대표적으로『조선문전』의 후사를 접속사에 넣었다[23].

　주시경은, 앞에서 본 바와 같이, 개화기의 민족 어학자 가운데서 가장 투철한 언어 철학을 지니고 있었다. 이에 상응하여 그의 문법 이론도 독창적인 면이 적지 않다.『國文文法』(1905)를 보면 품사론의 테두리에서 형태론을 전개하였다. 이 책에서는 "言分"이라는 이름 아래 7품사를 세우고 조사, 어미를 "間接, 引接, 助成"의 테두리 안에서 처리하였다. 특히 원고본『말』(1908?)에서는 "變體學"의 범주에 드는 "言體의 變法"을 다루었는데 이는 형태·통사론적 관점에서 민족어의 조어법

---

23) 유길준 문법에 대하여는 최근 장윤희·이 용 (2000)에서 종합적으로 검토된 바 있다.

전반을 다룬 것이다. 주시경의 형태론은『國語文法』(1910)에서 자리가
잡혔다. 이 책은 현재 전하고 있는 검열본『國語文法』(1909)을 거치는
사이에 많은 첨삭을 거듭하여 이루어졌다[24].『國語文法』의 형태론 역
시 다른 문법가와 같이 품사론의 테두리에서 설정되어 있다. 굴절법은
"기갈래의 난틀"에서, 조어법은 "기몸바꿈, 기몸헴, 기뜻바꿈"에서 처리
되어 있다. 특히 조어법은『말』(1908)의 "言體의 變法"을 체계화한 것
으로 보인다.

　개화기의 4대 문법가로 우리는 흔히 유길준, 주시경, 김규식, 김희상
을 든다. 유길준과 주시경에 이어 김규식과 김희상의 형태론을 보기로
한다. 김규식은 이미 1900년에「민족어론」을 내어 우리의 관점에서 서
양인의 민족어 연구를 거두어 민족어를 대외적으로 알리는 논설을 기
고하였다고 하였는데 1909년경 에는 그의 민족어와 민족어 문법 연구
가 결집된 유인본『大韓文法』을 저술하였다[25]. 김규식의 형태론은 품
사론을 의미하는 "詞字學" 가운데의 '變詞法'에서 볼 수 있다. 변사법에
는 곡용과 활용이 다루어져 있다. 김규식은『大韓文典』(1908)의 형식
적 저자인 최광옥과 언더우드를 비판하면서 명사 곡용론을 강력히 주
장하였다. 언더우드를 발판으로 삼으면서도 비판적인 관점을 취하고
있는 것이다. 김규식의 "語吐活用"은 현대 학교문법의 문장 종결법(문
체법)에 해당하는데 "언단 원토"와 "층위토"를 두었다. 전자는 문체법에,
후자는 존비법에 해당한다. 그의 문체법 체계는 김규식과 완전히 일치

---

24)『國語文法』의 검열용 원고본에 대한 종합적 검토는 고영근 (1995나)에서 이
　루어졌다.
25) 김규식의『대한문법』에 대하여는 김민수 (1977나), 김영욱 (2001)을 보라.

한다. 김희상의 형태론은『初等國語語典』(1909)를 통하여 알 수 있다. 김희상은 어미와 조사 종류를 모두 "토"의 범주 속에 넣었다. 토를 처음으로 독립된 단어로 설정하였다. 김희상의 토는 김민수 밖의『새교교문법』(1960)이나 현행 북한 문법의 토와 비슷한 점이 있어 앞으로 남북문법 체계의 통일에 크게 참고할 수 있어 보인다.

일본인은 이미 1880년에 호세코의『日韓善隣通語』를 내어 민족어를 유럽어 문법의 관점에서 조명하기 시작하였는데[26], 20세기에 들어와서는 깊이 있는 업적을 대할 수 있다. 그 첫 업적이 마에마의『韓語通』(1909)와 다카하시의『韓語文典』(1909)이다. 전자에는 이전의 다른 문법과 같이 형태론이 품사론 가운데서 다루어져 있다. 일본 문법의 체계에 따라 조사를 데니호와(弓爾乎波)로, 어미 종류는 조동사로 처리하였다. 타카하시의 형태론 역시 품사론의 범주에서 다루어져 있다. 대체로 당시의 일본문법의 체계에 따라 체언은 활용하지 않는 단어로, 용언은 활용하는 단어로 처리하면서 제반 형태론적 사항을 다루었다.

3.4. 통사론

통사론은 품사론 내지 형태론에 비하면 다룬 문법서도 적거니와 서술 분량도 형태론에 미치지 못한다. 통사론이라는 장을 설정한 문법서가 사실 그리 많지 않다. 이는 당시의 문법연구의 패러다임이 품사론 중심이었다는 사실과 무관하지 않다.

민족어의 통사론이 본격적으로 도입된 것은 리델의 문법 (1881)이었

---

26) 호세코의 책에 대한 내용은 이카라시 (1999)를 보라.

다. 리델은 "통사론"이라는 장 아래에서 민족어의 통사법의 기본 원리, 개별 단어의 위치와 성분의 책정 및 이들 상호 간의 관계를 베풀었다. 특이한 것은 이후의 문법서에서 품사론 내지 형태론에서 다루어진 조사의 기능이 통사론에 다루어져 있다는 점이다. 각 격조사의 기능은 상세한 면이 많아 경청의 대상이 되는 것이 많다. 언더우드의 문법에도 통사법이 다루어져 있다. 그러나 이중 부정이 많다는 점 밖에는 앞의 리델 문법과 큰 차이가 없다.

본격적인 민족어의 통사론은 우리의 문법서에서 처음으로 접할 수 있다. 유길준의『朝鮮文典』(1905)에는 "文章論"이라는 이름 아래에서 문장 성분, 구성 상의 관점에서 선 문장의 종류, 성분의 호응, 구를 다루었다. 1970년대까지의 민족어 학교문법의 문장론을 연상케 하는 체계를 보여 주고 있다. 유길준의『大韓文典』(1909)에서는 문장의 성분, 성분의 배열, 성분의 생략, 구, 절, 구성에 의한 문장의 종류. 문장의 호응, 문장의 해부의 순서를 취하고 있는데 이러한 문장론은 1970년대까지의 우리의 학교문법이 준수해 오던 모형이었다. 앞의 유길준과는 차별화를 보여 주면서 현대의 통사론 연구와 숨을 같이 쉴 수 있는 통사론 모형은 김규식의『大韓文法』(1909?)에서 접할 수 있다. 김규식은 기본 문형을 설정하고 이를 뼈대로 삼아 문장이 확대된다는 방식의 설명법을 취하고 있으며 특히 성분의 병치에 의해 형성된 문장을 단순문으로 보지 않고 두 문장의 복합으로 보는 것은 뒤의 주시경과 직접 연결되며 현대의 생성 문법과 맥이 닿는다.

주시경은 통사론에 해당되는 부문을 "짬듬갈"이라 불러 이를 품사 개설과 품사 상론의 가운데 배치하였다. 주시경은 통사론에 지식이 없이는 품사론과 조어론을 제대로 파악할 수 없다고 보았기 때문에 이런 조처를 취하였다. 한 문장을 단계를 밟아 직접 구성 성분으로 분석하기 도 하고 '그 아이가 노래하면서 가오'와 같이 두 개의 동사가 서술어로 실현되어 있을 때, 이를 두 문장으로 분해하고 다시 주어 명사구의 삭제 에 의하여 원 문장으로 응축시키는 과정을 그림으로 그렸다. 주시경의 통사 이론에서 무엇보다도 눈길을 끄는 것은 한 문장의 의미를 고정되 어 있는 것으로 보지 않고 사람의 의도와 사태의 특수성에 따라 달리 파악하는 방식이다. 이는 현대의 행위 이론적 기호학과 직접 맥이 닿는 문법 이론으로서 한국적인 텍스트 과학의 토착화에 많은 기여를 할 것 으로 보인다[27].

3.5. 어휘 수집과 사전편찬

서양인들은 우리 나라에 접근하는 수단으로 반절표를 얻어 우리의 문헌을 읽는 기반을 닦았으며 이와 함께 민족어 어휘를 수집하여 우리 민족과의 접촉을 시도하였다. 크라프로트(Klaproth)가 『계림유사』에 나 오는 민족어 어휘를 프랑스어로 번역하고 메드허스트(Medhurst)가 『한 영 어휘집 목록』을 만들고 지볼트가 「어휘목록」을 마련한 것이 모두 언어 연구가와 여행자에게 도움을 주기 위해서였다. 지볼트는 독일어 옆에 로마자화한 민족어 어휘를 제시하고 이에 대응되는 우리 한자음 과 일본 한자음, 그리고 일본어 어휘를 붙여 어휘 목록을 작성하였다. 그리고 『千字文』과 『類合』을 독일어로 번역한 것도 모두 같은 취지로

27) 관련된 자세한 논의는 고영근 (2001다: 172)를 보라.

이해된다[28]. 이들 자료는 뒤의 서양인의 민족어 연구에 큰 영향을 미쳤다. 지볼트의 『日本』에 나오는 어휘 자료는 『일본』의 「한국」편, 러시아어 번역본 (1854)[29], 로우니 (1864)의 「민족어에 대한 소견」, 오페르트 (Oppert)의 『금단의 나라 한국기행』 (1880)에서 유용하게 사용되었다[30]. 러시아에서는 지볼트의 『일본』의 「한국」편의 번역에 이어 푸찔로 (Puzillo)의 『露韓辭典』 (1874)을 편찬하였다. 살아 있는 민족어를 대상으로 하였다는 점에서 이전의 어휘 수집과는 성격을 달리한다[31].

서양인들의 어휘 수집과 정리는 리델 등의 『한불자전』 (1880)에서 한 봉우리를 이루었다. 이 책은 민족어 어휘를 한글로 제시하고 그 발음을 로마자의 대문자로 적었으며 한자어일 때에는 한자를 제시하고 마지막으로 프랑스어를 붙여 한불 대조 사전의 효시를 열었다. 배열은 알파벳 순서를 따랐으며 3만 4천여 어휘를 올렸다. 이어 언더우드의 『한영 영한사전』 (1890)은 앞의 『한불자전』을 참고로 하여 게일과 헐벗(Hulbert)의 도움을 받아 이루어졌다. 이어 스코트의 『영한사전』 (1891), 게일의 『한영사전』 (1897)이 나왔으며 특히 게일의 사전은 한국인의 사전 편찬에도 큰 영향을 미친 것으로 알려져 있다[32]. 게일은 『중한사전』, 곧 한자 옥편의 편찬도 함께 시도하였다. 다빌류(Daveluy)의 『羅韓辭典』

---

28) 19세기 전반의 서양인의 어휘 수집에 대하여는 고영근 (1979나)와 본서(360-368쪽)를 보고 지볼트의 민족어 어휘 수집과 그 독역에 대하여는 고영근 (1989/ 1998나: 311-319)를 보라.
29) 『일본』의 「한국」편의 러시아 역에 대하여는 고영근 (1989/ 1998가: 285)를 보라.
30) 지볼트의 어휘 정리가 뒤의 민족어 연구에 미친 영향 관계는 고영근 (1980/ 1983: 253-266)와 본서 411-423쪽을 보라.
31) 푸찔로의 사전 편찬에 대하여는 최학근 (1976)을 보라.
32) 게일의 사전 편찬에 대하여는 고영근 (1990/ 1998가: 265-269)를 보라.

(1891), 알레베크(Aleveque)의『法韓辭典』(1901)도 모두 이러한 분위기 속에서 편찬된 것이다. 마에마는『韓語通』(1909)에서 민족어 어휘를 품사별로 제시하되 로마자와 한글로 배열하는 방식의 체재를 보여 준다. 이런 작업은 조선총독부의『朝鮮語辭典』(1920)에 어떤 형태로든지 영향을 미친 것이 아닌가 한다.

19세기 말에 민족어가 공용성을 획득하였을 때, 제일 먼저『國漢會話』(1895)가 얼굴을 내밀었다. 이 책은 약 27,000개의 어휘를 싣고 있는데 이름 그대로 민족어 어휘를 한문으로 뜻을 단 것이다[33]. 갑오 개화 이후에 우리의 손으로 나온 최초의 대역 사전인 것이다. 이어 이봉운, 서재필, 주시경은 언문 옥편의 필요성을 주장하였다. 그러나 정서법도 마련되지 않은 처지에 사전 편찬이 그리 쉬울 수 없었다. 초대 대통령 이승만이 20세기 초에 우리 민족으로서는 처음으로『영한사전』을 편찬한 사실이 알려진 것은 그의 민족 운동에 바친 공로와 함께 다시금 평가를 받아야 한다고 생각한다[34]. 그러나 우리 민족에게는 우리 민족이 사용할 수 있는 민족어로 풀이된 사전이 나와야 한다. 이러한 작업은 일제 강점기에 들어서면서 시도되지만 그 기반은 개화기에 어느 정도 닦여져 있었던 것으로 보인다. 지석영은『言文』(1909)에서 1만 9천여 한자어에 한글 음을 제시하고 그에 대응하는 한자를 적었다. 이는 물론 당시에 뿌리를 내리고 있었던 국한문 혼용을 뒷받침할 목적으로 편찬되었지만 한자어가 엄연한 민족어 어휘인 점을 고려하면 이런 업적은 뒤의 민족어 사전 편찬에 어떤 형태로든지 영향을 미쳤으리라고 생

---

33)「국한회화」에 대하여는 홍윤표 (1985)를 보라.
34) 이승만의 영한사전 편찬에 대하여는 김인선 (1999)를 보라.

각한다. 이밖에도 개화기에는 『대한민보』를 중심으로 여러 가지 형태로 어휘를 수집하고 뜻을 붙이는 노력들이 발견된다[35].

3.6. 언어사와 계통론

개화기를 전후한 시기에는 민족어의 언어사에 관련된 인식도 더러 보인다. 애스턴이 한일어를 비교하면서 높임의 '시'의 기원을 존재사 '잇다'에 두었으며 김규식은 『大韓文法』의 품사론에서 단어의 내력을 밝히는 "語原學"을 세우고 몇 가지 예를 들어 단어의 역사를 구명하기도 하였다. 민족어의 계통 및 형성에 이어 어휘사 연구의 전범을 보여 주었다는 점에서 주목의 대상이 된다.

민족어의 계통에 대하여는 앞의 로우니 (1864)에서 처음으로 제기되었다. 로우니는 주로 문법적 사실에 근거하여 민족어가 중앙 아시어의 타르타르어와 친족 관계에 있을 것이라고 조심스럽게 타진하였다. 민족어가 현재는 그 정체가 잘 알려지지 않고 있으나 언젠가는 내륙 아시아의 제 언어와 같은 뿌리에서 갈라져 나왔다는 사실이 밝혀질 것이라고 하였다. 민족어의 계통을 타르타르 제어와 본격적으로 관련시킨 사람은 프랑스인 달레였다. 그는 리델 등이 보낸 『민족어 문법』(1881)의 초고를 검토하는 자리에서 「민족어는 어느 어족에 속하는가」라는 물음을 제기하고 여러 가지 증거를 들어 민족어가 북아시아에서 사용되는 타르타르어에 속한다는 결론을 내렸다. 타르타르어란 우리나라에서

---

35) 개화기의 어휘 수집과 개화기의 사전 편찬에 대하여는 이병근 (1999: 134-161) 을 보라.

"달단"(韃靼)이라 부르는 민족의 언어를 가리키는데 만주어를 비롯한 동
북아 제민족의 언어를 의미한다. 달레에 기대면 이 민족은 역사적으로
는 고대에는 스키타이(Scythes)라 불렸고 현대에는 타르타르라고 불렸는
데 근대에 와서는 몽골, 우랄-알타이, 투라니아로도 불리기도 하였다.
한편 달레는 민족어와 인도 남부 언어인 드라비다어와의 친근성도 비
치었다.

애스턴은 「한일어의 비교 연구」 (1979)에서 한일어의 친근성을 실증
적으로 구명하였다는 평가를 받고 있는데 이는 후세의 연구에 많은 영
향을 미쳤다. 이곳에서 주목되는 되는 것은 민족어의 계통에 남방계설
이 대두되었다는 점이다. 헐벗은 20세기 초에 들어서면서 민족어의 계
통론에 대하여 여러 모로 관심을 기울이다가 1905년에 『민족어와 드라
비다어의 비교 연구』라는 책자를 펴내었다36). 그는 이 자리에서 음운
론과, 품사론 중심의 형태론 그리고 어휘의 비교를 통하여 민족어에
인도 남부에서 사용되는 드라비다어의 언어재가 있음을 주장하였다.
헐벗의 견해는 달레가 이미 드라비다어와의 친근성을 주장한 사실에서
어떤 암시를 받았을 가능성이 충분하다. 현재 드라비다어와의 친근성
은 학계에서는 일고의 가치도 없는 계통설로 치부하고 있지만37), 한번
은 되돌아 볼 만한 발상으로 보인다. 우리 민족의 일부가 남방에서 이
주하였다는 견해가 끊임없이 대두하고 점과 관련시킬 때 그러하다.

우리나라 사람으로서 계통론을 처음으로 논의한 사람은 앞에서 언급

---

36) 이 책은 최근 헐벗 (1905)/ 김정우(역) (1998)에서 번역되어 그 내용을 쉽게
   알 수 있다.
37) 김방한 (1983)에서 그러한 견해를 볼 수 있다.

한 김규식이었다[38]. 그는『大韓文法』(1909)의「國語歷代」에서 민족
어를 투라니아의 각종 언어 중 하나에 속한다고 단정하였다. 김규식에
기대면 투라니아어라 함은 그 범위가 매우 넓어서 중국어를 제외한 아
시아와 대양주의 제 언어를 포함할뿐만 아니라 서쪽으로는 터키, 헝가
리를 포섭하고 서북 쪽으로는 폴란드, 핀란드에 걸친다. 북으로는 만주,
몽고, 타르타르, 시베리아에 미치며 동으로는 우리 나라, 일본, 남으로
는 인도의 제 방언, 오스트렐리아와 근방의 도서(島嶼) 지역을 가리킨다.
투라니어어 가운데서도 만주어와 가장 유사하며 인도 남부 언어와 비
슷한 점이 있다고 하여 남방계 계통도 전혀 부정하지 않았다. 이러한
김규식의 계통론은 당시까지 논의되던 앞의 로우니, 달레를 비롯하여
헐벗의 민족어 계통론을 종합한 끝에 내린 결론으로 보인다. 민족어의
기층어는 북방계의 투라니아어이고 남방계는 이에 덧씌워진 것으로 보
았다[39].

　개화기에는 일본인도 민족어의 계통에 대하여 꾸준한 관심을 보였
다. 이들은 주로 애스턴의 한일 동계론을 기반으로 삼아 민족어의 계통
론에 접근하였다. 한일어의 알타이 계통설과 한일 양어와 유구어와의
친족관계, 한일어의 동계설 등이 논의되었다. 그 대표적인 업적이 가네
자와의『日韓兩國語의 同系論』(1910)이다[40].

---

38) 주시경의『대한국어문법』(1906)을 보아도 세계의 언어를 알타이 통어(通語),
　　아리안 통어, 세미틱 통어의 세 갈래만 언급하고 기원에 대하여는 한 마디의
　　언급도 없다.
39) 김규식의 계통론은 지금까지 한 번도 주목된 바 없다. 이는 그의『大韓文法』
　　이 최근에 알려진 사실과 무관하지 않다. 김민수・하동호・고영근(공편)
　　(1977~1986)과 김민수・고영근(공편) (2008) Ⅰ14, 15을 보라.
40) 메이지 시대의 한일어 계통론 연구에 대하여는 유상희 (1980)을 보고 전반적

4 마무리

이상과 같이 필자는 19세기 전반기로부터 1910년의 대한제국 시대에 이르는 80년간의 외국인과 우리나라 사람들의 민족어 연구의 제반 사정을 통합·서술하였다. 이상과 같은 서술에 기댄다면 지금까지 횡적 관련성이 없이 연구되어 왔던 내·외국인의 연구 성과를 한 그릇에 담을 수 있었다. 이상의 내용만 가지고도 개화기는 충분히 민족 어학이 독립된 학문 분과로서 그 위상을 차지할 수 있음을 확인할 수 있다.

필자의 서술을 통해서 밝혀진 것은 정치가 김규식이 개화기에 민족 어문의 실상을 대외적으로 알리고 이것을 디딤돌로 삼아 외국인과 우리의 연구 성과를 본격적으로 통합하여 민족어 문법은 물론, 민족어의 계통과 그 형성 문제를 다루고 심지어는 언어사에까지 관심을 두었다는 점이었다. 그 대표적인 저술이 지난 70년대 후반에 얼굴을 내민 「민족어론」(1900)과 『대한문법』(1909?)이었다. 지금까지는 개화기에 민족 어를 과학적으로 연구하여 민족 어학을 건설한 사람은 주시경으로 알려져 왔는데 김규식도 민족 어학의 건설에 적지 않은 기여를 하였음을 확인하게 되었다. 사실 김규식은 주시경보다도 더 시야를 넓혀 우리의 민족 문자로부터 언어사에 이르는 제반 주제를 다루었다는 점에서 그러한 평가를 내릴 수 있다.

그런데 하나의 학문이 독립된 분과로서 공인을 받으려면 제도적인 뒷받침을 받아야 한다. 현재에도 학문 세계에 새로운 바람이 불면 뜻을

인 개요는 오구라 (1940/ 1964), 김민수 (1980나), 정광 (1990)을 보라.

같이하는 사람들이 모여 학회를 조직함은 물론, 각자의 연구 결과를 발표도 하고 토론을 하여 기관지를 낸다는 사실에 비추어 볼 때, 학회의 탄생은 학문의 성립과 발전에 필수 불가결한 요인이 된다. 주시경은 1907년부터 1908년에 걸쳐 하기국어강습소를 열었는데 1908년 8월에는 제자들과 함께 〈국어연구학회〉를 창립하였다. 『한글모 죽보기』[41]의 일지에는 다음과 같이 기록되어 있다.

> 하기국어강습소 졸업생과 기타 유지 제씨의 발기로 국어를 연구할 목적으로 한 회를 조직하고자 하여 창립총회를 봉원사에서 열다. … 회의 이름은 국어연구학회라 명명하다.(현대맞춤법으로 고쳐적음)

주시경은 이미 1896년 독립 신문사에 〈國文同式會〉를 창립하여 정서법 연구를 위한 단체를 결성하지 않은 바 아니었으나 이는 주시경 중심의 소규모의 정서법 연구 단체였다. 그런데 1908년에 와서는 자기가 기른 제자들과 연합하여 정식 연구 단체인 〈國語硏究學會〉를 창립하였다[42]. 국어연구학회의 창립은 멀리는 19세기 전반기부터 도도하게 흘러온 서양인과 일본인들의 민족어 연구로부터 자극을 받고 현실적으로는 당시 학부에 설치되었던 〈國文硏究所〉의 사업으로부터도 학회 창립의 필요성을 얻었을 가능성이 많다. 그리고 국어연구학회는 1913년에 가서 새로운 시대에 부응하는 〈조선언문회〉(속칭 한글모)로 탈바꿈을 하였음은 널리 알려져 있다.

---

41) 『한글모 죽보기』에 대하여는 고영근 (1983/ 1994: 236-274, 2008가: 82-128)에서 자세히 분석되었다.
42) 이 문제는 고영근 (1984/ 2001다: 235-245)에서 이미 제기한 한 바 있다.

요컨대 대한제국의 말년은 훈민정음 창제 이후의 전통적인 민족 어학적인 업적이 날이 되고 80여년 간에 걸쳐 수행되어 외국인들의 민족어 연구 성과와 서양의 전통 언어학적 사고가 씨가 되어 "민족 어학"(국어학)이 형성된 시기였다고 규정할 수 있다. 사실 개화기에 정초가 마련된 민족 어학은 그 뒤 일제 강점기에도 꾸준히 기반이 확대되어 안확의 『朝鮮語語原論』(1922)에서 민족 어학사가 체계화되었다. 서양인들은 그때그때마다 저네들의 연구 성과를 개관하였는데 안확은 외국인과 한국인의 연구 성과를 통합하는 어학사를 서술하여 민족 어학의 균형 있는 발전에 기여하였다. 개화기의 음성 및 문법 연구는 1930년대의 민족 어문의 표준화 사업을 계기로 하여 뚜렷한 봉우리를 이루었으며 방언 및 언어사 연구도 새로운 방법론의 수용에 힘입어 올바른 방향을 잡기 시작하였다. 특히 경성제국대학의 설립이 계기가 되어 민족 어학 연구를 위한 인력이 양성된 것은 민족 어학의 발전을 가속화하는 데 결정적인 기여를 하였다. 19세기 전반기부터 시작된 외국인의 연구를 포함하여 개화기의 민족어의 연구 실상을 차분히 검토하면 민족 어학의 위상을 다시 정립하고 연구의 방향을 잡는 데 많은 것을 배울 수 있다는 것을 끝으로 덧붙이고 한다. 이는 개화기의 민족 어문에 관한 연구가 오늘날의 어문 정책 수립에 많은 교훈을 준다는 사실과 병행하기도 한다[43].

---

43) 국한문혼용을 중심으로 한 개화기의 민족 어문에 대한 검토는 고영근 (2000/ 2001다: 194)을 보라.

|2| 주시경의 문법이론

1 들어가기

민족어 문법 현상이 서양의 문법 이론을 바탕으로 하여 인식된 것은 19세기 전반기서부터 비롯한다고 할 수 있으나[1], 우리들 자신에 의한 문법연구는 20세기의 10년대를 전후하여 그 성과들이 나타나고 있다. 그로부터 오늘에 이르기까지 활동한 문법가는 상당한 수에 이르지만 확고한 언어관이나 문법관 위에서 그들 나름의 체계를 구축하고 이론을 전개한 사람은 그 수가 많지 않다. 그러한 문법가 가운데서 첫째로 손꼽히는 사람은 주시경(周時經)이다.

주시경과 같은 시기에 활동한 문법가로 현재까지 알려진 사람은 유길준(兪吉濬), 김규식(金奎植), 김희상(金熙祥)을 들 수 있으나[2], 이들은

---

1) 고영근 (1978, 1979/ 1983: 3, 2002마: 5-6)을 보라.
2) 고영근 (1978/ 2001마: 44-60)를 보라.

일본 문법이나 이전의 서양인의 민족어 문법 연구의 테두리를 크게 벗어나지 못하므로 어느 정도 확고한 언어관을 토대로 하여 문법 체계를 구축한 주시경을 첫째로 지목하지 않을 수 없는 것이다.

언어학의 역사와 일반적 언어 사고의 흐름을 파악하는 일은 그 자체로써도 보람 있는 작업이 될 뿐만 아니라 언어학과 언어 철학의 현대적 연구의 문제점과 방법론을 고취(鼓吹)시켜 주는 데도 크게 도움이 된다3). 최근 민족 어학계의 일각에서는 주시경을 비롯한 작고(作故) 민족 어학자에 대한 집중적 연구와 재평가의 기운이 무르익고 있음을 살펴 볼 수 있는데4), 이는 이 방면의 세계적 추세와도 병행하는 것이다5). 언어학의 역사가 넓은 의미의 인간 지성사의 일부라는 관점을 취한다면 민족 어학사의 서술에서 우리가 명심해야 할 사항은 다음과 같다6).

　(1) 민족 어학자들이 활동한 당시의 지적·사회적 상황과 관련하여 그들의
　　　언어적 사고를 이해하고 해석할 것.

---

3) 파레트 (1976)의 「서문」을 보라.
4) 주시경과 최현배를 대표적으로 꼽을 수 있다 전자에 대해서는 허웅 (1971), 이기문 (1976), 김민수 (1977/ 1986), 이병근 (1977), 신용하 (1976) 등이 있고 후자에 대해서는 『나라사랑』 14 (1974)에 실린 최현배 특집 등이 있다.
5) 촘스키 (1966)이 대표적 예가 될 수 있다. 코세리우 (1968, 1972)[보충주: 코세리우의 두 책은 '코세리우 (1968, 1972/ 신익성 (1997)'에서 번역됨]에서는 역대 철학자들의 언어관이 서술되었고 파레트 (1976)는 고대 인도의 문법연구, 중세로부터 현대에 이르는 유럽의 언어학자 및 언어 철학자들의 업적을 집중적으로 평가한 35편의 논문을 집성·편찬한 것이다. 더욱이 제 12차 국제 언어학자 회의 (1977. 8. 29~9. 2, Wien)의 전원 출석 모임의 주제의 하나가 〈언어학의 역사-목적과 방법〉이었던 것을 미루어도 이 방면에 대한 국제적 동향의 대강을 짐작할 수 있다.
6) 로빈스 (1977)의 견해를 보라.

(2) 시간과 장소가 다름에 따라 형태를 달리해서 나타나는, 반복되는 주제와 계속되는 사고를 추적할 것.

필자가 주시경의 문법 이론을 구명함에 있어서는 대체로 (1)의 방법에 준거할 것이다. 종전의 주시경에 대한 평가[7]는 대부분 추모의 테두리를 크게 벗어나지 못하였기 때문에 객관성을 얻지 못했다고 할 수 있다[8]. 한 학자의 업적을 객관적으로 평가하기 위하여는 그의 생애에 대한 면밀한 연구와 함께 업적의 집성에 따르는 문헌적 연구가 우선적으로 수행되어야 한다. 주시경의 경우, 이런 작업이 어느 정도 마무리 단계에 접어들었다고 볼 수 있으므로[9], 그에 대한 본격적 평가가 가능해졌다고 할 수 있다. 최근에 나타난 몇몇의 업적(이기문 1976, 김민수

---

7) 주시경 연구의 논저 목록은 김민수 (1977/ 1986)와 이기문 (1976)를 보라. [보충주]『周時經學報』창간호 (1988)에 실린 이현희의 「周時經硏究論著目錄」과 고영근 (2001마: 176-180)을 보라.

8) 최현배에 대한 연구도 아직 추모의 단계를 벗어나지 못하고 있다.『나라사랑』1 (1971), 14 (1974)에 실린 글들의 논조가 대부분 그런 측면 위에 서 있기 때문이다.
[보충주] 최현배의 학문과 사상에 대하여는 고영근 (1995가)에서 전면적으로 조명한 바 있으며 김석득 (2000)도 같은 부류의 업적이다.

9) 주시경의 모든 저술은 이기문(편) (1976가, 나)(앞으로 「全集 上,下」로 줄여 부름). 김민수(편) (1992)에 집성되어 있고 문헌적 연구는 김민수 (1977/ 1986)가 대표적이다.
[보충주1] 고영근 (1995나)도 주시경 저술에 대한 문헌적 연구이다. 아직도 미진한 과제가 있다면『國語文法』(1910)과『朝鮮語文法』(1911, 1913)의 대교 작업을 들 수 있다.
[보충주2]『國語文法』중심의 정본 확립은 고영근・이현희(校註) (1986)에서 시도되었고 주시경『國語文法』의 모든 이본들의 대교와 그 현대화는 고영근・이용・최형용 (2010)을 보라. 끝의 책은『國語文法』간행 100주년을 맞아 펴 낸 기념 출판이다.

1977/1986, 신용하 1976, 이병근 1978)[10]은 바로 그러한 선행 작업을 바탕으로 한, 주시경에 대한 본격적 연구 보고로 간주할 수 있는 것들이다.

그러나 이런 업적들은 애국 계몽 사상가로서, 또는 넓은 의미의 민족어학자로서 주시경을 다룬 것들이다. 필자는 범위를 좁혀서 문법가로서의 주시경을 이해하고 그의 업적을 평가해 보려는 것이다. 이러한 작업도 종전에 시도되지 않은 것은 아니나 불충분한 자료를 대상으로 하여 문법 체계를 파악하거나 현대적 관점에서 해석하는 범주에서 크게 벗어나지 못하였다. 특히 당대의 문법가와의 교섭 등은 거의 고려하지 않은 편이었고 후래 문법가와의 전수(傳受) 관계도 유기적으로 추구되지 못했었다.

필자의 의도는 지금까지 발견된 주시경 문법에 관련된 자료를 주요 대상으로 하고 그의 민족 어문 관계의 논설과 당대 및 후대 학자들의 문법 관계의 업적을 보조 자료로 삼아서 그의 언어관 내지 민족어관과 결부시켜 가며 문법관을 이해함으로써 문법 이론을 추적하려고 한다. 주시경의 문법 이론의 구명에 원용될 자료들을 주요 자료와 보조 자료로 구분하여 제시한다.

---

10) [보충주] 1980년 이후에 나온 주시경에 대한 연구 논저 목록은 이현희 (1988)을, 연구의 흐름은 고영근 (1988/ 2001마: 93-151)을, 1988년 이후의 연구의 흐름은 고영근 (2001: 153-80)을 보라. 그리고 주시경 학문의 연구사에 대하여는 최낙복 (2008)을 보라.

1.1. 주요자료

『國文文法』(1905)[11],『말』(1908?)[12],『高等國語文典』(1909)[13],『國語文法』(1910),『朝鮮語文法』(1911(재판), 1913(개정판)),『말의 소리』(1914)

1.2. 보조자료

이기문 (1976나, 다) 가운데의 국문 관계 논설, 유길준『大韓文典』(1909), 김희상『朝鮮語典』(1911), 김규식『大韓文法』(1908-9?)[14],『말모이』(?)[15], 김두봉『조선말본』(1916), 안확『朝鮮文法』(1917), 이규영『現今朝鮮文典』(1920), 이상춘『朝鮮語文法』, 이병기『朝鮮文法講話』(1929~1930), 최현배「朝鮮語品詞分類論」(1930),『우리말본』

---

11) 본서에 대하여는 김민수 밖에(공편) (1977~1986)과 김민수·고영근(공편) (2008), ①107, 김민수 편 (1992: 1권)에 내용 해설과 함께 자료 소개가 되어 있다.

12) 본서에 대하여는 고영근 (1978/ 2001마: 64-65), 김민수 (1978), 김민수 밖에 공편 (1977~1986)과 김민수·고영근(공편) (2008), ①08 해설을 보라.
[보충주] 정승철 (2003가)에서는『말』의 소성 연대를 1906. 6~1907. 11월로 잡았음을 밝혀 둔다.

13) 본서에 대하여는 하동호 (1976), 김민수 (1977가)를 보고 자료는 김민수 밖에 공편 (1977~1986)과 김민수·고영근(편) (2008)의 ①09, 김민수(편) (1992: 제 3권)을 보라.

14) 본서에 대하여는 김민수 밖에 공편 (1977~1986)과 김민수·고영근(공편) (2008: ①14, 15) 및 김민수 (1977나) 참조.

15) 본서에 대하여는 이병근 (1977)을 보라.
[보충주]『말모이』에 대하여는 김민수 (1983/ 1986: 310-355)를 보고 그 자료는 김민수 (1992: 제4권)에 실려 있으며 현대화된 것은『韓國文化』7 (1986)에 실려 있다.

(1937), 박승빈『朝鮮語學』(1935), 정렬모『신편고등국어문법』(1946),
『한글적새』16)

2 언어관의 해석

주시경의 문법 이론을 올바르게 파악하려면 우선 그의 언어관 내지
민족어관의 정수(精髓)를 정확하게 인식할 필요가 있다. 주시경의 언어
관이 사회학적 견해로 일관되어 있다 함은 이미 알려진 사실이다.(신용
하 1976). 그는 인간을 동물과 구별한 수 있는 척도로 언어를 들고 있다.
언어가 있기 때문에 인간은 "相告相應"과 "相導相助"가 가능하다는 것
이다. 맹수는 힘이 사람보다 몇 배 더하고 지혜가 적지 않되 오직 언어
가 부족하고 문자가 없기 때문에 정체(停滯)를 면치 못한다는 것이다17).
그는 언어는 인간만이 가진 것이요, 그것을 매개로 하여 상호협동을
할 수 있고 사회를 형성하며 "大事"18)를 성취한다고 말한다19). 이러한
주시경의 언어관은 언어와 인간의 사회생활과의 관계에 역점을 둔 것

---

16) 본서는 최범훈 교수가 소장하고 있는 저자 미상의 고본이다.
  [보충주] 이 책은 김민수 (1980나)에서 그 저자가 이규영이라는 사실이 밝혀졌
  다. 자료는 김민수 밖에(공편) (1977~1986)와 김민수・고영근(공편) (2008:
  ①114, 115)에 실려 있다.
17)「必尙自國文言」(『全集』上 25-26쪽) 참조.
  [보충주] 이 글은 김민수(편) (1992: 제1권)에 실려 있다.
18) "문화적 업적"은 신용하 (1976)의 해석이다.
19) 인간은 언어를 통해서 사상을 표현하는 유일한 존재이며 언어를 말할 수 있다
  는 것이 바로 인간의 존재 특질(Wesensmerkmal)이란 점은 이미 데카르트
  (Descartes)에 의해 지적되어 왔다.(렌더스 1976)

이다. 이러한 점은 스터트번트(E. H. Sturtevant)의 언어에 대한 정의를 참고하면 쉽게 수긍할 수 있다.

> 말(한 나라의 말)이란, 그 사회집단의 구성원이 서로 협동하고 상호작용을 하는 자의적(恣意的) 음성적 기호의 조직이다[20].

위의 인용문을 잘 살펴보면 주시경의 언어에 대한 견해는 전반부(… 그 사회 … 상호작용을 하는 …)에만 미치고 있다. 후반의 구절이 언어의 본질에 관한 것이라 할 수 있는데 이 문제에 대해서는 다음과 같이 진술하고 있다.

> 일문 말인 무엇이뇨
> 답 뜻을 표ᄒᆞ는 것이니라(방점-필자)[21]

"뜻"이라 함은 사상을 의미한다고 할 수 있다. 그는 이어 언어가 사상을 표시하는 음성으로 되어 있음을 부연(敷衍)하고 있다.

> 말은곳뜻을구별ᄒᆞ여표ᄒᆞ는소리니그소리로달은사람에게견ᄒᆞᄂᆞ이다.
> (방점-필자)

그가 "자의적"에 해당하는 표현을 쓰지 않은 것은 그 당시 그가 접할수 있었던 언어이론의 한계에 그 원인이 있을 것이다. "뜻"을 표시한다는 것은 언어의 랑그적 측면과 관련되고 "소리로 젼ᄒᆞ … "는 빠롤적인

---

20) 허웅 (1963: 11)에 의하였다.
21) 『대한국어문법』(『全集下』 5쪽)을 보라.

것으로 해석할 수 있을 듯하다. 이리하여 그는 오히려 빠롤적인 측면에 중점을 두어 언어의 표출(表出) 과정과 인지(認知) 과정을 다음과 같이 말하고 있다.

> 삼문 말로뜻을엇더케달은사람에게통ㅎ느뇨
> 답　(앞의 인용문 참조)
> ㅅ문 이소리를져사람이엇더케알수있느뇨
> 답　소리는 공긔가울리는파동이퍼져나가셔져사람이귀청을울려듯느경락
> 　　으로들어가면신이쌔듯고아ㄴ니[22]

　두 물음을 통해서 주시경은 화자와 청자를 설정함으로써 언어 운용의 순환 관계를 설명하고 있음을 간취할 수 있다. 앞의 물음은 언어의 표출 과정을, 뒤의 물음은 인지 과정을 각각 설명한 것으로 풀이할 수 있다. 저 앞에서 살펴본 사회생활의 수단으로서의 언어관과 지금 검토한 언어의 순환성에 대한 견해는 주시경의 언어관이 빠롤적인 관점에 서 있음을 결론케 한다.

　주시경의 위와 같은 생각은 언어를 사회 형성의 기관으로 간주하는 데까지 이르게 된다.

> 말과글은한社會가組織되는根本이요經營의意思를發表ㅎ어그人民을聯絡케하고動作케하는機關이라.

이러한 언어관은 언어를 사회형성의 힘으로 간주하는 라이프니츠

---

22) 『대한국어문법』(『全集』下, 5-6쪽)을 보라.

(Leibniz, 1646~1716)의 소론과 방불한 데가 많다. 라이프니츠는 인간은 사고하는 존재로서 언어에 의존하며 그 언어는 사회 생활의 전제가 되며 사회형성의 기능을 갖는다고 하면서 사회형성에 있어서 언어의 힘을 다음과 같이 진술하고 있다[23].

　　언어는 인간을 힘있는, 그러나 눈에 보이지 않는 방식으로 결속시키며 거의 일종의 친연성을 만들어 준다.

이러한 기관관에 입각하여 언문(言文) 수리(修理)의 필요성이 역설되고 민족어의 대외적 보급의 효과 가치 및 외래어 수용의 자주성 등이 제창되었던 것이다[24].

　　언어를 사회 형성의 기관으로 간주하는 주시경의 생각은 언어를 독립의 필수 요소로 보는 데까지 발전한다. 그는 "言"을 독립의 "性"으로 표현하고 그것을 독립의 "基"인 "域"과 독립의 "體"인 "種"에 우선하는 것으로 보고 있다[25]. 이는 한 사회·민족·국가-의 경영에 있어서 언어의 중요성을 설파한 것이 되겠거니와 이와 함께 각 언어의 특수성을 강조하는 것으로 해석되기도 한다.

　　人類의音이普通은如斯히相同ᄒ되區域과人種이不同ᄒ므로語音도各異ᄒ니[26]

---

23) 이에 대해서는 파레트 (1976)에 실린 하이네캄프의 논문(518-570쪽), 특히 566쪽)을 참조. 신용하 교수는 주시경의 "기관"설을 자연과학적 관점과 사회진화론의 영향으로 해석한 바 있다 (1976: 참조).
24) 『대한국어문법』(『全集』下) p.14, p.15, p.16)을 보라.
25) 『國語文典音學』과 『國語文法』(『全集』下 156-167쪽, 221쪽)을 보라.

후반의 구절이 바로 주시경의 개별 언어의 특수성에 대한 견해를 단적으로 표시한 것이다. 한편 그는 인류 언어의 보편적 특성도 유의하고 있었다. 위의 인용문의 전반부는 비록 그것이 음에 관한 서술이기는 하지만 언어의 보편성을 가리키는 것이라 할 만하다. 이러한 견해는 인류의 음은 자음과 모음으로 분해할 수 있는 "有別聲"인 점27)과 발음 기관의 비슷함28)에 근거한 것으로 보인다.

이상 살펴본 바에 의하면 주시경의 언어관은 랑그적인 면보다 빠롤적인 면에, 다시 말하면 언어의 효용을 중시하는 화용론적 측면에, 언어의 보편성보다는 특수성을 중시하는 면에 기울어져 있는 것으로 해석할 수 있다. 그의 민족어관도 이러한 언어관에 입각하고 있음은 당연하다.

빠롤적인 민족어관은 위와 같은 언어관에 유추하여 생각할 수 있다. 민족어의 특수성은 다음 구절에 분명히 표현되어 있다.

> 我國言語ᄂ太古에我半島가初闢ᄒ고人種이祖産ᄒ올時붓터此半島區域의稟賦ᄒ올時性(特性-필자)으로自然發音되여繼傳ᄒᄂ一種言語요29)
>
> (방점-필자)

---

26) 『國語文典音學』(『全集』下 p.160쪽) 참조.
27) "風聲" 등의 音響을 "無別聲"이라 하고 인류의 음을 "有別聲"이라 부르고 있다.(『國語文典音學』「全集」下 159쪽 참조).
28) 區域人種에 따라 音이 달라도 發聲器가 大同小異하므로 훈련을 하면("鍛鍊에 入ᄒ면"), 다른 지역의 다른 종류의 말을 방불하게 말할 수 있다고 한다. (『國文研究』, 『全集』上 286쪽)
29) 『必尙自國文言』(29쪽) 참조.

민족어는 우리의 국토의 특성에 따라 형성된 개별 언어인 것이다. 이러한 민족어관으로써 그는 『훈민정음』「서문」을 해석하기도 한다.

國之語音이異乎中國이라ㅎ심은我國과支那는不同ㅎ매30)

언어를 사회 형성의 기관(機關)으로 간주하여 개별 언어의 특수성을 강조하는 주시경의 언어관 내지 민족어관은 당시에 팽배하였던 애국 계몽주의 사상과 결부시켜 해석해야 할 것은 두말할 나위도 없다.

③ 문법관의 해석

실용을 중시하고 개별 언어의 특성을 강조하는 주시경의 언어관이 그의 문법관과 어떻게 관련되어 있을까?

필자는 주시경의 문법관을 해석하는 자료로서 「국문론」(1897)과 『國語文法』(1910)을 이용하기로 한다. 먼저 전자를 중심으로 그의 문법관의 일면을 이해하기로 한다.

> 지금은 국문을 가지고 어떻게 써야 올을것을 말ㅎ노니 엇던 사름이던지 남이지여노은 글을 보거나 내가 글을 지으랴 ㅎ거나 그 사름이 문법을 몰으면 남이 지여노은 글을 볼지라도 그 말뜻에 올코 글은 것을 능히 판단 치 못ㅎ는 법이요 내가 글을 지을지라도 능히 문리와 경계를 올케 쓰지

---

30) 『國語文典音學』(164쪽) 참조.

못ᄒ는 법이니 엇던 사름이던지 몬져 말의 법식을 빅와야 홀지라[31]

(띄어쓰기-원문대로, 방점-필자)

"문법"이란 "말의 법식"을 의미하고 그것을 모르면 남이 쓴 글의 내용을 정확히 파악하지 못하며 자기가 글을 지을 때도 "문리"와 "경계"를 옳게 분간하지 못한다고 했으니 이는 문법의 효용성을 말한 것이다. 처음부터 문법을 "국문", 민족 어문 쓰기와 관련시킨 것은 정서법(正書法)의 기초로서의 문법을 가리킨 것이다. 우리는 주시경의 문법의 범위가 민족 어문을 바로 쓰고 바로 이해하는 실용·규범 문법의 관점에 서 있음을 알 수 있다. '이것이'란 말이 '이거시'로도 적히는 것이 문법을 모른다고 한 것이 바로 초기에 의도했던 주시경의 문법관에 대한 구체적 예인 것이다.

주시경의 문법관을 종합적으로 관찰할 수 있는 자료는 「國語文法」 권말(卷末)에 붙어 있는 「이 온 글의 잡이」라고 할 수 있다[32]. 이 글은 11개 항으로 되어 있다[33]. 각 항목을 내용에 따라 취합(聚合)함으로써 그의 문법관을 보다 구체적으로 이해하기로 한다.

앞에서 필자는 주시경의 문법이 일찍부터 실용·규범적인 관점에 서 있었음을 추론(推論)한 바 있었는데 그것이 이곳에 명시되어 있다.(항목 11 참조). 자기의 문법을 언문(言文) 정책 담당자("글 다스리는 일을 맡으신

---

31) 「국문론」(『全集』上 12쪽) 참조.
32) 이 부분(『全集』下 340-342쪽)은 초판 (1910)과 재판 (1911), 개정판 (1913) 사이에 일치하지 않은 점이 많다. 대체로 전자의 것이 후자에 와서 다른 말로 바뀌거나 삭제된 것이 많다. 그러나 기본 견해가 바뀐 수정은 없어 보인다.
33) 원문(原文)에는 번호가 매겨져 있지 않다. 순서에 따라 1, 2 ,3 … 으로 매겨서 인용하기로 한다.

이들"), 국어학자("우리나라 말에 이름이 높으신 이들"), 교육자("자라는 사람의 가
르침을 맡으신 이들"), 문필가("우리나라 말을 바르게 쓰어 좋은 글이 되게 하고자
하시는 이들"), 민족어 사전 편찬자("우리나라 말의 자전(字典)을 만들고자 하시는
이들"), 민족어 연구 지원자("우리나라 말을 발달하게 하고자 하시는 뜻이 잇으신
이들")34)에게 바친다고 했으니 그가 어느 정도 실용에 중점을 둔 문법관
의 소유자인가를 짐작할 수 있다. 용어에 있어 한자어를 버리고 우리말
로 바꾼 것(항목 1, 2, 8)도 이러한 목적에 부응하기 위한 것으로 풀이할
수 있다.(뒤에 나옴)

문장 중심의 서술법도 실용·규범적 관점과 관련시킬 수 있다. 당대
의 다른 문법들은 "品詞論-文章論"의 순서로 문법을 엮고 있으나(유길준
의 「大韓文典」, 김희상의 「朝鮮語典」, 김규식의 「大韓文法」 참조), 주시경만은 이
러한 획일적인, 효용성 없는 서술법을 지양하고 구문(構文) 중심의 모형
을 취하고 있다.

> 이 글은 우리 나라 말의 듬을 말하는 것이요"
>
> (항목 1, 빙점-필자, 이하 같음)
>
> 듬난을 기난갈의 사이에 둚은 이러하게 하여야 그 뜻을 알기가 쉽겠다
> 함이라(항목 9)
>
> 이 글이 적으나 우리 나라 말듬을 모도 에우게 꿈이노라 함이다
>
> (항목 5)
>
> 말듬을 알지 못하면 기난의 참뜻을 깨닷기가 어렵은지라35)

---

34) 재판과 개정판에는 "말에 뜻이 잇으신 이들"로 되어 있다.(「全集下」 478쪽,
   615쪽)
35) 「全集」下(260쪽) 참조.

항목 1과 5는 그의 문법이 구문 중심의 문법 서술 방식에 의존해 있음을 의미하고 항목 9와 마지막 인용문은 문법 서술에서 차지하는 구문서술의 중요성을 강조한 것이다.

주시경의 문장 중심의 실용·규범적 문법관은 실용에 바탕을 둔 빠롤적인 언어관과 관련시켜 생각할 수 있다.(2장 참조)

주시경은 또 그의 문법이 우리 나라 말에 맞도록 서술되었다고 한다.

> 이글은 우리 나라 말에 맞게 하노라 함이나(항목 6)
> 이 글은 今世界에 두로 쓰이는 文法으로 웃듬을 삼아 꿈임이라. 그러하나 우리 나라 말에 맞게 하노라 함이라(항목 4)

항목 6과 항목 4의 후반부는 우리말의 특수성에 입각한 문법 서술의 모형에 따랐음을 의미하는 것이다. 그러나 항목 4의 전반에서는 "금세계에 두루 쓰이는 문법"을 기준으로 한 점을 명시하고 있다. 이곳의 "今世界에 두루 쓰이는 文法"의 내포(內包)는 경험적(empirical) 내지 실질적(substantive) 보편성보다는 오히려 논리적(logical) 내지 형식적(formal) 보편성일 것이다. 주시경이 어음(語音)을 중심으로 언어의 보편성을 인식한 것(2장 참조)도 크게는 논리적 보편성에 입각한 것이다. 언어마다 품사의 수는 다르지만 논리적 기저(logical foundation)는 같으며 격 표지(標識)는 언어마다 다르나 격 범주는 보편적으로 나타나는 사실 등이 논리적 보편성에 속한다36). 주시경이 말하는 문법이란 보편적 문법모형(模型)을 의미하는 것이다. 논리적 보편성은 각 언어의 구조를 무시할

---

36) 언어의 두 가지 보편성에 대해서는 샤라데니즈 (1976) 참조.

우려가 있다. 이런 점을 감안하여 "그러하나 우리말에 맞게 … "를 부연
함으로써 민족어의 특수성에 입각한 문법을 구성함을 강조한 것이 아
닌가 한다. 순수한 우리말의 사용은 실용·규범적인 면보다(앞에 나옴)
오히려 우리 문법의 특수성에 비추어서 해석하는 것이 더 합리적일 것
이다[37].

주시경의 실용·규범적인 문법관과 우리말의 문법을 중시한 문법
서술태도는 위와 같은 언어관 내지 민족어관에 근거해 있음을 말해도
좋을 것이다.

4 문법 이론의 추적

앞서 말한 주시경의 문법관이 그의 문법적 저술에 어떻게 반영되어
있는가를 살펴보기로 한다.

주시경의 문법적 저술은 3단계로 나뉘어진다. 품사 체계와 「기몸박
굼」의 체계의 구축을 시도하던 초기의 저술과 문법 체계가 확립된 중기
의 저술 및 품사 체계에 변동을 가져온 말기의 저술이 그것이다. 초기
의 저술에는 「國文文法」(1905), 「말」(1908?)[38], 「高等國語文典」(1909)

---

37) 우리말 용어 사용에 대한 타당성은 최현배에 의하여 더 분명히 표현된다. 처음
　　에는 실용의 관점에서(「朝鮮語의 品詞分類論」, 연희전문학교 문과 연구집
　　1, 1929), 다음에는 특수성의 관점에서(「우리말본」 1937의 「일러두기」) 설명
　　하고 있다.
　　[보충주] 주시경의 문법 용어의 변모 상황과 민족 어학자들의 문법 용어가 문법
　　체계와 맺는 관계는 고영근 (1995/ 2001마: 267-300)을 보라.
38) 각주 12)를 보라.

가, 중기의 저술에는 「國語文法」(1910), 「朝鮮語文法」(1911, 1913)[39] 이, 말기에는 「말의 소리」(1914)가 각각 있다. 이 가운데서 중기에 속하는 「國語文法」을 중심으로 하고 전후의 저술을 참고해 가며 작업을 진행하려고 한다.

「國語文法」의 체제는 다음과 같다.

　　國文의 소리
　　기난갈
　　짬듬갈
　　기갈래의 난틀
　　기몸박굼
　　기몸헴
　　기뜻박굼

「國文의 소리」는 문자·음성론, 「기난갈」, 「기갈래의 난틀」은 품사론, 「기몸박굼」, 「기몸헴」, 「기뜻박굼」은 대체로 조어법에 해당된다고 할 수 있다.

「기난갈」에는 다음의 9품사가 제시되어 있다.

　　임, 엇, 움, 겻, 잇, 언, 억, 놀, 끗

주시경의 품사 체계는 몇 차례의 시도 끝에 확정되었다. 『國文文法』(1905)에는 "言分, 언분"이란 이름 아래 베풀어진 "명호 名號, 형용 形容, 동작 動作, 간접 間接, 인접 引接, 경각 警覺, 죠성 助成"의 7품사가

39) 중기의 저술에는 『소리갈』(1912?)이 추가될 수 있다.(김민수 1979 참조)

나타나 있다. "형용"에는 "형명"("명호를 형용ᄒᆞᄂᆞᆫ 것들"), "형동"("동작을 형용ᄒᆞᄂᆞᆫ 것들"), "형형"("형용을 형용ᄒᆞᄂᆞᆫ 것들")의 세 가지를 더 두고 있다. 앞의 것은 「國語文法」의 "엇"과, 뒤의 둘은 "억"과 일치한다. 『國語文法』의 9품사가 이미 본서에 배태(胚胎)되어 있는 것이다[40]. 「말」(1908?)에는 품사 전반이 제시되어 있지 않다. "言語字"란 이름 아래 "名號, 形容, 動作, 引接, 間接, 助成"의 6체만 보일 뿐이다. 앞의 세 품사는 "言語의 原體"라고 하는 "原體部"에, 뒤의 세 품사는 "言語의 法式의 관계를 나타내는 … "으로 정의되는 "關係部"에 각각 포괄되어 있다[41]. 『高等國語文法』에는 "語體"란 이름 아래 "名號, 動作, 形容, 形名, 形動, 關聯, 接續, 感動, 完句"의 9품사가 제시되어 있는데 『國語文法』의 아홉 "기"와 일치하는 것이다. 『國語文法』의 9품사 체계가 확정되기까지는 용어에 있어서는 상당한 기복이 있었고 체계에 있어서도 "언"(形容)의 설정은 그 성립이 단순했던 것 같지 않다. 이렇게 완성된 주시경의 품사 체계가 어떠한 문법관에 입각하여 구축되었을까?

대명사를 따로 세우지 않고 "임" 속에 편입시킨 것은 의미의 공통성[42]("몬과 일을 이름 … ")에 근거한 때문일 것이다. "엇"과 "움"을 따로 설정한 것도 역시 의미의 공통성에 토대를 둔 것이다.("엇더함을 이르는 … ", "움즉임을 이르는 … "). "놀"도 같은 기준에 입각하고 있다("놀나거나 늣기어나는 소리를 … "). "언"과 "억"은 직능에 근거한 것이다.("엇더한(임기)

---

40) 『國文文法』과 『國語文法』의 품사 대조는 金敏洙 (1977/ 1986: 56-57)에 자세하게 나와 있다.
41) 원고본 「말」의 29장 참조.
42) 정인승 (1959)에는 대명사와 수사를 명사에 포괄시킨 기준으로 직능과 형태를 들고 있다.

… ", "엇더하게(움) … "). "겻", "잇", "끗"의 세 품사도 직능을 고려한 것이 아닌가 한다.("임기의만이나옴기의자리를 이르는 … ", "한말이한말에잇어지게함을 이르는 … ", "한 말을 다 맞게 함을 이르는 … ")

주시경의 9품사 체계는 의미와 직능을 바탕으로 구축된 것이다. 이 곳의 의미와 직능은 대체로 논리적 보편성에 관련이 있는 것으로 풀이 하고자 한다. 『말』에는 "名號, 形容, 動號"를 "原體部"로, "引接, 間接, 助成"을 "關係部"로 묶었었는데(앞에 나옴), 이도 크게는 의미상의 공통 성에 근거한 논리적 보편성과 관련시킬 수 있다. 그러나 관계부를 원체 부에 소속시켜서 종합적으로 처리하지 않고 독립시켜 품사의 단위로 인정한 것은 교착성(膠着性)을 띤 민족어의 특수성을 감안한 조처로 해 석하고자 한다[43).

품사의 하위 분류도 대체로 품사 분류의 기준에 준하고 있다. 「國語 文法」 이전의 저술 중에서 품사의 하위 분류를 시도하고 있는 것은 「國文文法」이다. 이 원고본에서 하위 분류의 대상이 된 "言分"은 "명 호, 동작, 형용"인데 의미 자질의 공통성에 따라 3단계, 2단계, 1단계로 "분별"되어 있다. "명호"는 먼저 "원명(原名)"과 "대명(代名)"으로, "원명" 은 다시 "보통(普通)"과 "불변(不變)"으로, "보통"은 "유질(有質), 무질(無 質), 합즁(合衆)"으로 세분되어 있음과 같다[44). 「國文文法」에서는 다소 정리된 면이 드러나기는 하나 두 저술에 나타나는 "명호, 임", "형용,

---

43) 김윤경 (1959)을 보라.
   [보충주] 김윤경은 주시경, 김두봉의 문법 체계를 가장 충실하게 계승한 문법가 로 알려져 있다.
44) 품사의 하위 분류에 대한 「國語文法」과의 대조는 김민수 (1977/ 1986: 57-58) 를 보라.

엇"과 "언, 억"의 하위 분류는 의미 자질의 공통성에 따른 논리적 보편에 입각한 것이다. 「國文文法」의 "동작"의 하위 분류 가운데서 "타동(먹다)"과 "즈동(자다)"은 논리적 보편성에 입각해 있으나 "직동"과 "피동"은 제시된 예문(고양이가 쥐를 잡앗다. 쥐가 고양이한테 잡혓다)45)과 「國語文法」의 "기몸박굼"(뒤에 나옴)"에 제시된 처리 방식을 보면 특수성도 깊이 고려하지 않았다 한다46). 「國文文法」에 나타나는 나머지의 문법 사항들도 대부분 보편성에 입각해 있는 것으로 보인다. "겻기, 잇기, 끗기"의 하위 분류는 의미에 입각한 조처임이 틀림없다. "임기"의 성류(性類)를 수[陽性], 암[陰性], 보편성, 무별성(無別聲)으로 나눈 것은 특수성도 고려하였지만 크게는 논리적 보편성에 따른 것이다. "때"[시제를 베푼 것도 마찬가지라 할 수 있다. 그러나 "序分", 곧 존비법(尊卑法)을 마련한 것은 민족어의 특수성에 입각한 서술인 것이다.

우리가 품사의 하위 분류에서 주목할 것은 『國語文法』안에서 차지하는 위치인 것이다. 이른바 「기갈래의 난틀」이 「기난갈」에 계속되지 않고 「짬듬갈」 다음에 배당되어 있다. 이는 그의 설명과 같이 그의 문법이 품사 중심보다 문장 중심으로 지향함을 의미한다.(3장 참조)

"기몸박굼"은 자격 변동법(變動法)이라 말할 수 있는 것이며 "몸헴"은 단어의 구성 성분을 분해하는 것이고 "기뜻박굼"은 "기몸박굼"과는 반

---

45) 이에 대해서는 김민수 (1977/ 1986: 58)을 보라.
46) 주시경은 사동·피동의 접미사에 의한 타동·타동사의 형성을 "기몸박굼"에서 처리하고 있다. 품사가 달라지지 않은데도 불구하고 "기몸박굼"으로 본 것이다. 이는 필자가 차종(此種)의 동사 형성법을 통사적 파생법으로 처리한 것과 거리가 멀지 않다.(졸고, 「현대국어의 접미사에 대한 구조적 연구」, (3), 『語學研究』 9.1, 1973)

대로 "기"는 그대로 두고 의미만 바꾸는, 접사에 의한 이른바 품사전의 (品詞轉義)를 말한다. "기몸박굼"은 「말」에서 이미 "言體의 變法"이라 하여 시도되었었다.

> 言語字가그體를서로變ㅎ는것이니이變化法을알아야비로소國語를斟酌 흔다ㅎ리라[47].

이는 "原體部"(앞에 나옴)의 자격 변동법을 가리키는 것으로 원고본『말』 의 대부분이 이에 배당되어 있다[48]. 이 자격 변동법은 「國語文法」에서 는 "기몸박굼"이란 말로 나타나는데 품사전신(品詞轉身)(예 : 썰에, 묻엄)과 임시적 기능 변화법, 곧 자격법(資格法)[49]을 포괄하는 것이다. 「말」에 비하여 본서에서는 그 내용이 한층 더 명백하게 서설되어 있다.

> 어느 기든지 서로 박구어 쓰지 못하면 말(다)을 꿈일수가 없으므로 각기 의 결여를 서로 박구어 씀이 잇으니[50](방점—필자)

이는 "기몸박굼"이 문장의 구성과 관련하여 설정되었음을 웅변하는 것 이다.

"짬듬갈"은 문장 구성론을 일컫는 것으로서 「國語文法」에서 비로소

---

47) 원고본『말』 29장 참조.
48) 이 원고본은 전부 94장인데 「言體의 變法」은 29장부터 84장까지 걸쳐 있다. 자세한 것은 김민수 (1978/ 1986: 258-276)를 보라.
49) 최현배 (1937)의 "자격법"에 해당한다는 뜻이다. 고영근 (1978/ 2001마: 118) 을 보라.
50)『全集』下, 325, 595쪽을 보라.『말』에도 "言體의 變法"의 중요성이 역설되기 는 하였으나(앞에 나옴), 문장 구성과 관련시키지는 않았다.

나타난다. 문장 구조를 계층적으로 분석했다든지 "잇기"로써 접속된 표면상의 단문을 복문으로 도해(圖解)하는 설명방식에 근거하여 주시경의 "짬듬갈"이 金奎植(김규식)의 「大韓文法」(1908~9?)으로부터 상당한 영향을 받은 것으로 추론한 일이 있다[51]. 그것은 지금까지 발견된 주시경의 어떤 고본에서도 문장론이 취급된 일이 없었으며 접근하는 방식에 있어 양자 사이에 유사점이 많기 때문이었다.

"짬듬갈"에서 첫째로 주목해야 할 것은 문장의 기본형에 대한 인식이다.

"다 된 다는 아모리 적어도 이 두 듬은 잇나니라"
"다 된 다는 아모리 크어도 이 세 듬에 더함이 없나니라"[52]

완성된 문장은 적어도 주어("임이") · 서술어("남이")의 두 성분, 많아도 주어 · 목적어("씀이") · 서술어의 세 성분으로 성립되어 있다는 뜻이다. 이리하여 그는 이 세 성분을 "줄기결" 또는 "으뜸결("莖部或原體部")[53]이라 하여 도해할 때 굵은 줄의 왼편에 놓고 있다. 김규식은 "題目語"와 "說明語"를 갖춘 "句語"를 "赤身句語"라 부른 일이 있거니와[54], 주시경은 도해와 그 설명에 있어 두 가지 기본형에 근거하고 있다. '먹는다'(버금본드 2)와 같이 주어와 목적어가 나타나지 않는 문장도 "속뜻"으로 두 성분이 존재하는 것으로 설정하고 있다.

---

51) 고영근 (1978나)를 보라.
52) 上同 264쪽(본드 1)와 p.265(본드 2)을 보라.
53) 上同 262쪽을 보라.
54) 고영근 (1978/ 2001마: 54)를 보라.

둘째는 한 문장의 의미를 항상 그것이 쓰이는 상황과 관련시키며 이해하고 있다. "말", 곧 문장의 뜻을 언제나 "일", 곧 현실과 관련시키고 있음이 주목된다. '이 소는 누르고 저 말은 검다'(본드 4)는 현실적으로 등시적(等時的)이기 때문에 '저 말은 검고 이 소는 누르다'와 같이 순서를 바꿀 수 있으며 전자와 같이 형성된 문장은 "말을 꾸미노라"고 다시 말하면 문장을 구성하느라고 그렇게 되었다는 것이다.

일은 한 때에 여러 가지가 있으되 그 일을 나타내는 말은 한 줄뿐 이니라[55].

그러나 현실적으로 계기적(繼起的)인 의미를 표시하는 "한 사람이 낚시를 들고 내에 와서 고기를 잡으오"(버금본드 7)는 일의 선후(先後)가 있기 때문에 그 자리를 바꿀 수 없는 것이다[56]. 문장의 의미를 파악할 때는 언어사용자의 의도를 존중할 것을 강조하고

그러함으로 이러한 말은 이 말을 말한 이의 뜻대로 풀지니라[57].

마침내 현실에 토대를 둔 의미 파악이 최선의 길임을 다음과 같이 설파하고 있다.

말로 그 뜻을 밝게 풀어나이기 어렵(렵─필자)음은 그림으로 풀 것 이요

---

55) 上同 268쪽을 보라. 같은 설명이 '저 사람이 노래하면서 가오'(본드 5)(279쪽 잡이 참조), '소와 말이 풀을 먹소'(본드 6)(271쪽 알이 참조), '저붉은 봄꽃이 곱게 피오'(본드 8)(273쪽)에도 나타난다.
56) 上同 282쪽을 보라.
57) 上同 272쪽을 보라.

그림으로도 밝게하기 어렵(렵—필자)음은 말로 풀것이요 이 두 가지로 다 풀 수 없음은 그 일의 뜻을 맘으로 살피어 풀지니라58)(방점—필자)

이 밖에도 주시경은 여간해서는 잡기 어려운 성분들의 숨은 직능을 파악하여 도해상(圖解上)에 반영하고 있다59).

셋째로 주목할 것은 "기몸박굼"한 단어들을 도해 상에 반영하고 있는 점이다. "기몸박굼"은 완전한 품사 전신과 임시적 기능 변화법을 총칭한 것이라 했는데(앞에 나옴) 후자가 정교(精巧)하게 도해에 나타나 있다. 이를테면 '푸른 풀'(본드 3)에서 '푸른'을 '푸르'와 'ㄴ'으로 갈라 전자를 서술어로 보고 후자를 "언기" 형성소로 처리하고 있다. 이는 그의 "기몸박굼"의 설정이 문장 구성과 관련되어 있음(앞에 나옴)을 실증하는 것이기도 하다.

품사 분류와 자격 변동법이 기반이 되어서 구축된 "짬듬갈"은 문장의 의미를 "일", 곧 현실 및 언어 사용자의 의도와 관련시키며 파악하는 방향을 취하고 있다. 상황과의 밀접한 관계에 의하여 문장의 의미를 해석하는 서술 태도는 그의 빠롤적인 언어관에서 우러나온 것으로 보고자 한다.

「國語文法」에 반영된 특수성을 존중하는 서술 방식과 빠롤적 언어관에 거점을 둔 문장 중심의 서술 모형은 「말의 소리」60)에서 격변(激變)

---

58) 上同 554쪽 참조. 이 부분은 초판과 재판보다 개정판이 비교적 정확하므로 거기서 인용했다.

59) '봄꽃'(본드 8)의 '봄'에 '임이'(主者)의 뜻을(同上 273쪽), '들로'(버금본드 3)의 '들'에 "씀"(物者)의 뜻을(同上 277쪽), '달빛'(버금본드 10)에 "임이"(主者)의 뜻을(同上 285쪽) 각각 주고 도해상에 반영한 것이 그러한 예이다.

60) 「말의 소리」의 문법에 대한 자세한 것은 고영근 (1978/ 2001마: 71-73)를 보라.

하는 것으로 생각된다.

본서에서 문법과 관련되는 것은 "씨난의 틀"이다. 이는 품사 분류의 새 모형을 제시한 것이다. 중기의 9품사가 6품사로 줄어져 있다. "놀, 언, 억"이 "임"에 통합되었기 때문이다. 이러한 조치는 이들 단어의 형태적 공통성에 기반을 둔 것으로 해석된다. 중기에는 "기몸박굼"에 참여한다고 하여 "기(씨)"의 대접을 받지 못했던 요소 가운데서 관형사형과 부사형은 "씨"의 자격을 얻게 되어 "겻씨"에 포괄되어 있다61). 이는 결과적으로 임시적 자격 변동법을 어느 정도 버리는 것을 시사(示唆)하는 것이다. 중기에서 자격 변동법을 세운 것은 문장의 구조 설명과 합리적으로 관련을 맺기 위한 것이었는데(앞에 나옴), 이렇게 자격 변동법의 가치가 바뀌는 것은 문장 중심의 서술 방식을 지양함을 의미하는 것으로 보고자 한다. 또 그는 중기에 시도했던 어절 중심의 띄어쓰기를62) 발전시켜 그가 확립한 "씨"(단어) 중심의 띄어쓰기 및 "늣씨" 중심의 띄어쓰기를 보여 주고 있다.

품사 분류에 있어 형태적 특성을 중시한 것은 민족어의 특수성을 한층 더 깊이 인식한 것으로 볼 수 있으며 임시적 자격 변동법을 인정하지 않게 된 것과 늣씨를 설정한 것은 민족어의 구조에 대한 안목이 그만큼 넓어졌음을 시사하는 것이다. 중기의『國語文法』에 나타난 문

---

61) 관형사형과 부사형은「國語文法」에 이미 식별의 바탕이 마련되어 있었다. "ㄴ은 남이의 뜻을 가진 푸르를 금이가 되게 하는 것"(「全集下」, 266쪽) "게는 엇기 곱을 억되게 하는 표"(上同 273쪽).

62)「國語文法」은「기난갈」에서부터 끝까지 오른쪽에 권점(圈點)(ㅇ)으로써 대체로 어절 단위의 띄어쓰기를 보여 주고 있다. 이런 종류의 띄어쓰기는 이봉운의「국문정리」(1897)에도 나타난다. 주시경의 문장부호에 대하여는 유필재(1995)에서 분석이 시도되어 있다.

법 서술 방식이 보편 문법의 원리에 입각하여 민족어의 특수성을 가미한 문장 중심의 모형이라면(앞에 나옴), 「말의 소리」는 민족어의 특수성을 한층 더 깊이 인식한 형태 구조 중심의 모형이라 할 만하다. 전자는 빠롤적인 언어관과 관련되고 후자는 랑그적인 언어관에서 우러나온 것이 아닌가 한다. 이것이 지금까지 추구해 온 주시경 문법 이론의 요체(要諦)라 할 수 있다.

5 전승(傳承)의 양상

주시경의 두 갈래의 문법 이론은 어떻게 전승되는 것일까? 주로 주시경의 후계학자(後繼學者)들의 저술을 중심으로 그의 문법 이론이 계승·발전되는 사정을 구체적으로 살펴보기로 한다.

주시경의 문법 이론을 계승·발전시킨 것은 김두봉의 「조선말본」(1916)이다[63]. 9품사 체계를 보여 주는 점은 주시경의 「國語文法」과 같다. 그러나 세부적으로는 차이가 적지 않다. 주시경의 초기의 "原體部" 및 말기의 "몸씨"를 "몸말"(體言)과 "씀말"(用言)로 세분하여 "으뜸씨"(元詞)에 포괄하고 있는데 이는 주시경이 바탕으로 하고 있었던 논리적 보편성을 더 깊이 인식한 조처로 간주된다. 「말의 소리」에서 "임"에 포괄되어 있었던 "언"과 "억"을 분리시키고 더욱이 이를 "늑"과 함께 "모임씨"로 묶은 것은 민족어의 형태 구조를 상당히 깊이 이해한 것으로 풀이할 수 있다. "모임씨"는 李奎榮(이규영)의 「現今朝鮮文典」(1920)

---

63) 김두봉의 문법에 대한 자세한 것은 고영근 (1977/ 2001마: 76-79)를 보라.

과 「한글적새」에도 나타나는데 형태론적 기준에 근거한 전형적 단어의
분류 방식이다. 우리말 용어를 확대 사용하고 국문체 서술 방식을 취한
것과 함께 형태 구조를 존중하는 서술 태도는 주시경의 특수성 존중의
이론을 더욱 발전시킨 것이다. 이에 상관하여 문장 중심의 서술 형식은
지양되고 품사론을 주축(主軸)으로 하는 서술 모형이 채택(採擇)된 것으
로 보고자 한다.

주시경의 문법 이론에 정면으로 도전한 것은 안확의 「朝鮮文法」
(1917)이다. 저자가 공격의 표적으로 삼은 문법서는 주시경계(周時經系)
의 문법으로서[64], 지나치게 독단적·이론적·국수적이라는 것이다.
독단적·이론적이라 함은 주시경의 문장 중심의 서술 모형이 너무 독
특하여 일반에게 쉽게 수용되지 않았음을 의미하는 것으로 풀이할 수
있다. 이런 점 때문에 김두봉까지도 이런 서술법을 지양하고 널리 쓰이
는 문법 모형인 품사 위주의 문법을 구성한 것으로 생각된다. 국수적이
라 함은 우리말 용어와 국문체 서술법을 가리키는 것으로서 주시경의
후계자인 이상춘(李常春)의 「朝鮮語文法」(1925)과 이병기(李秉岐)의 「朝
鮮文法講話」(1929~1930)에서도 지양되고 있다.

주시경의 문법 이론에 크게 수정을 가한 것은 최현배의 "朝鮮語品詞
分類論"(1930)과 「우리말본」이다. 주시경의 "關係部"내지 "토씨"에 포
괄되어 있던 이른바 어미 종류가 단어의 자격을 얻지 못한 것이다. 체
언과 용언의 구조적 양상이 완전히 다름을 중시했기 때문이다. 이는
그의 이른바 종합적 설명법의 소산이지만 크게 보면 주시경의 「말의

---

64) 강복수 (1972)에 지적되어 있다.

소리」에서 시도된 형태 구조 존중의 사고의 일환으로 해석할 수 있다. 이전의 문법에서 대명사의 일종으로 처리되던 '것, 바' 등을 명사의 범주에 넣은 것이라든지 명사에 있어 성에 의한 하위 분류를 폐기한 것도 민족어 형태 구조에 대한 정확한 이해를 바탕으로 한 것이다. 후자는 이미 이병기에 의해서도 시도된 바 있다[65]. 최현배 문법에 나타나는 우리말 용어의 확대적 사용은 주시경의 용어관을 철저히 계승한 것이다.(앞에 나옴). "어떤씨("매김씨"), 어찌씨, 느낌씨"를 김두봉 등과 같이 "모임씨"라 하지 않고 "꾸밈씨"라 말한 것은 직능의 공통성을 우선적으로 고려한 조처이겠거니와 문법을 논리학과 밀접하게 관련시킴[66]은 논리적 보편성에 대한 인식이 상당한 수준에 이르렀음을 말하는 것이다.

주시경의 「말의 소리」에서 비롯되어 김두봉을 거쳐 최현배에 이르러 결실을 보게 된 형태 구조 존중의 문법 서술 모형은 정렬모의 「신편고등국어문법」(1946)에 이르러 또 한 차례의 변혁을 겪게 된다[67]. 종전의 규범 문법의 성격을 설파하여 과학 문법으로 방향을 전환시킨 것도 특기할 일이지만 극도의 종합적 설명법을 채택한 것이 우선 문제가 된다. 최현배가 세운 조사까지도 한 단위로 인정하지 않은 것은 민족어의 형태 구조를 중시하지 않는 문법 이론에서 우러나온 것이다. 이리하여 그는 보편 문법의 원리에 입각한 문법 서술을 시도하게 되었으며 따라서 의미에 치중한 서술을 많이 보이게 되었다. 보편 문법을 중시하는 경향은 이미 주시경의 문법에서 강하게 표방되었으며 김두봉, 최현배

---

65) 고영근 (1978/ 2001마: 97)를 보라.
66) 「우리말본」(1937)의 「들어가는말」을 보라.
67) 정렬모의 문법에 대하여는 고영근 (1978/ 2001마: 127-129)를 보라.

에 있어서도 그것을 유의하지 않은 것은 아니었으나 형태 구조에 역점을 두었으므로 표면화할 수 없었다. 정렬모의 문법은 어떤 의미로는 주시경의 「國語文法」의 정신을 누구보다도 강하게 계승한 것이라 할 수 있다. 그의 우리말 용어의 확대적 사용과 국문체 서술법은 김두봉, 최현배와 함께 주시경의 이론을 충실히 이어받은 것이다.

6 마무리

민족어 문법 연구의 역사는 주시경에 의해 시도된 두 가지 문법 이론의 변증법적 발전이라고 할 수 있다. 자기가 세운 문법 이론이 자신에 의해 부정되고 그것이 다시 그의 후학(後學)들에 의해 발전되다가 또다시 차원 높은 질서를 형성해 왔기 때문이다. 형태 구조를 중시하는 이론은 60년대를 전후한 형태론 연구와 이어지고 있으며 문장의 의미를 그림으로 이해하거나 언어 사용자 및 현실과 관련시키는 문법이론은 70년대를 전후한 의미·화용론에 입각한 통사론 연구와 관련된다.

우리는 지금 민족어 형태론을 재정립시키고 민족어 통사론의 자리를 확인하여 문법 체계를 다듬어야 할 시기에 이르러 있다. 우리가 아무리 많은 외래 언어 이론의 홍수에 휘말리더라도 주시경이 창도(創導)한 두 줄기의 문법 이론을 지주(支柱)로 삼고 있다면 민족어에 바탕을 둔 언어 이론내지 문법 이론의 개발이 그리 어렵지는 않을 것이다.

|3| 주시경의 문법이론에 대한 형태·통사적 접근

1 무엇이 문제인가?

한 학자의 학문의 세계를 객관적으로 평가하기 위하여는 그의 생애에 대한 면밀한 연구와 함께 업적의 집성에 따르는 문헌적인 연구가 앞서야 한다. 주시경과 같이 수(壽)를 다하지 못하고 장년(壯年)의 나이에 죽음을 맞이한 학자일수록 이런 작업은 더욱 절실한 것이다. 이런 일들이 어느 정도 마무리 단계에 접어들면 그의 학문적 체계를 이해하되 반드시 당시의 지적·사회적 상황과 관련시켜야만 한다. 이런 선행 작업이 전제되지 않은 평가나 해석은 자칫하면 모래밭에 집짓는 실수를 저지를 가능성이 있다.

주시경에 관한 연구는 그의 탄생 백주년을 전후하여 「周時經全集(上·下)」(李基文편)이 출간되고 그의 생애와 저술에 대한 서지·문헌적 연구와 함께 해석이 시도된 「周時經研究」(金敏洙著)가 상재(上梓)됨으

로써 본격화되었다고 할 수 있다. 추모의 경지에서 맴돌던 이전의 연구
들에 비교하면 많은 점이 발굴되고 새로이 평가된 점도 없지 않으나
주시경의 학문 자체를 올바로 파악하는 면에 있어서는 아직도 만족할
만한 수준에 이르러 있지 않다. 이를테면 「國語文法」과, 「말의 소리」
의 "씨난의 틀"은 전혀 다른 문법모형임에도 불구하고 지금까지 혼성하
여 그의 형태이론을 논의해 왔다. 또 「國語文法」의 "기(씨) 몸박굼"은
이 저술의 문법모형에서는 거의 모순이 없는 합리적 처리인데도 불구
하고 현대적 관점, 이를테면 굴절법과 파생법의 입장에서 비판하는 일
도 없지 않았다. 이러한 잘못들은 모두 개별 저술에 대한 이해의 부족
과 그들이 지향하는 문법 모형의 특수성을 올바로 파악하지 못한 데
말미암는다.

　「全集」 이후에도 「國文文法」, 「말」, 「高等國語文典」, 『소리갈』,
「말모이」 등의 주시경의 저술이 크게 추가되었고[1], 그의 생애와 연구
활동의 자세한 사정을 규명하는 데 크게 기여할 수 있는 「한글모 죽보
기」[2]가 발견되었으며 그의 직계 후학의 한 사람인 이규영(李奎榮)의 문
법서 『말듬』과, 「한글적새」가 나타났다[3]. 또 최근에는 「國語文法」
(1910)과 이의 이본(異本)들인 「朝鮮語文法」(1911, 1913)과의 비교 연구

---

1) 주시경의 문법 관계 저술에 대한 자세한 정보는 이 글 끝에 실린 주시경의
　문법 관계 〈문헌목록〉(1)을 보라.
2) 본서는 이규영의 자필·고본(稿本)으로 추정되는데 한글학회 예순돌 기념 국
　어학 도서 전시회(1981. 12. 3~9, 세종대왕 기념관)에 출품된 것이다. 본서의
　열람에 협조해 주신 한글학회 사무국장 박대희(朴大熙) 선생께 고마운 뜻을
　표한다.
3) 이규영의 문법 연구에 대하여는 김민수 (1980가)를 보라. 주시경의 후학들의
　저술은 〈문헌목록〉(2)에 정리되어 있다.

도 나왔다[4]).

필자는 지금까지 발견된 주시경의 모든 저술과 이를 평가한 업적들
에 힘입으면서 그의 통사 이론과 형태 이론의 본질이 무엇인가를 제시
해 봄으로써 뜻있는 분들의 질정(叱正)을 받아 보기로 하겠다. 통사 이
론의 규명에는 「國語文法」을 대본으로 삼고 「朝鮮語文法」의 두 이본
을 보조적으로 사용할 것이다. 형태 이론은 「말의 소리」의 "씨난의 틀"
이 논의의 대상이 된다. 이 글의 내용은 수년 전에 발표한 주시경의
문법이론에 대한 평가[5])와 근본적으로 차이가 없다. 공동토론회의 주제
에 맞게 정리하되 다시 생각하거나 깊이를 더했다고 생각되는 부분은
가능한 상세를 기하도록 힘썼다.

2 「國語文法」의 통사이론

「國語文法」(앞으로 「文法」이라 줄여 일컫기로 함)의 서술 태도는 「文法」
의 "이 온 글의 잡이"에 잘 피력되어 있다.

(1)-1 이 글은 수世界에 두로 쓰이는 文法을 웃듬으로 삼아 꿈임이라 그러하
나 우리말에 맞게 하노라 함이라.

이 글의 후반부는 「文法」이 우리말의 특수성에 서 있음을 가리키고

---

4) 차이리엔캉 (1979)는 주시경 문법서의 이본(異本) 연구로서는 처음 나온 것
이다.
5) 고영근 (1979가/ 본서: 113-140)을 보라.

전반부는 보편적 문법모형을 따르고 있음을 말한다. "두로 쓰이는 文法"의 내포(內包)는 경험적 내지 실질적 보편성보다는 논리적 내지 형식적 보편성으로 해석된다. 주시경이 어음(語音)을 중심으로 언어의 보편성을 인식한 다음 구절도 크게는 논리적 보편성을 말하는 것이다.

(1)-2 人類의 音이 普通은 如斯히 相同하되 … 語音도 各異ㅎ니
(『國語文典音學』과 「國語文法」 참조)

한편 다음 구절은 「文法」이 구문 중심의 서술 방식을 채택하고 있음을 단적으로 보여 주는 것이다.

(2) 이글은 우리나라 말의 듬을 말하는 것이요("이온긍의 잡이")
(3) 듬난을 기난갈의 사이에 둚은 이러하게 하여야 그 뜻을 알기가 쉽겠다 함이라(같음)
(4) 이 글이 적으나 우리나라 말듬을 모도 에우게 꿈이노라 함이라(같음)
(5) 말듬을 알지 못하면 기난의 참뜻을 알기가 어렵은지라(「文法」 p.36)
(방점―필자)

(2)~(5)에 쓰인 "듬"의 뜻을 검토해 보기로 하자.(밑줄 참조). (2)와 (4)는 넓은 의미의 문법을 가리킨다고 할 수 있으나[6], 「文法」에 나타나는 "듬"의 정의를 따르면 문장구성법을 가리킴이 옳아 보인다.

---

6) 이규영의 문법서 『말듬』의 "듬"은 "語典"의 "典", "文法"의 "法"에 해당하는 것 같다. "말듬"이란 말 아래 "소리갈", "씨난갈", "짬듬갈"이 배당되어 있기 때문이다.

(6) 듬: 말이 꿈이어지는 여러 가지 法을 이르는 이름으로 씀이라

(「文法」 p.36)

(3)과 (5)는 「文法」에서 차지하는 구문 서술의 중요성을 말하는 것이다. 특히 (5)는 품사론도 "듬"에 대한 지식으로 이해되어야 한다는 뜻으로 풀이될 수 있다.

요컨대 주시경은 특수성을 존중하는 보편 문법의 모형을 채택하되 구문 중심의 문법을 엮은 것이다.

「文法」은 다음 7부로 구성되어 있다.

(7) 國文의 소리
　　기난갈
　　짬듬갈
　　기갈래의 난틀
　　기몸박굼
　　기몸헴
　　기뜻박굼

"國文의 소리"와 "짬듬갈"을 제외하면 모두 품사론에 소속된다. 「한글 모 죽보기」에 실려 있는 國語研究學會 第一回 講習所卒業證書書式 (隆熙三年 九月一日~隆熙四年 六月三十日)에 의하면 과정(科程)이 "소리, 기갈, 듬갈"로 되어 있다. 원래는 위와 같이 3부 체계였던 것인데 「文法」의 출간에 즈음하여 7부로 갈라 놓게 된 것이 아닌가 한다. 이러한 조처는 「文法」의 중심 부문이 되는 "짬듬갈"을 "기갈" 가운데 넣기 위한 데서 비롯된 것이다. "國文의 소리"를 제외한 나머지 부문을 순서대로

열거하면서 서술 상의 특징을 살펴보기로 한다.

〈 기 난 갈 〉

기난갈에 제시된 "기"의 수효는 다음 아홉 가지다.

(8) 임, 엇, 움, 겻, 잇, 언, 억, 놀, 끗

이러한 품사 체계는 「國文文法」(1905)의 6품사에서부터 용어의 우리말로 바꾸기와 함께 몇 차례의 시도 끝에 확정된 것이다[7]. 다 아는 바와 같이, 품사론의 직접적 단위는 단어이다. 그런데도 불구하고 「文法」에는 그것을 책정하는 기준이 명백하게 제시되어 있지 않다. 그러나 「文法」 전반을 자세히 검토해 보면 일정한 기준 아래 단어를 책정하고 그것을 의미와 직능에 따라 아홉 가지로 분류한 것임을 귀납할 수 있다.

1. 원칙적으로 종지법과 접속법 활용형의 의미부(=原體部)와 형태부(=關係部)는 단어가 된다[8].
2. 의미부라도 "기몸박굼"에 참여하는 변법소(뒤에 나옴)가 붙으면 단어가 될 수 없다.
3. 형태부라도 그것이 변법소에 소속되는 소유격 '의', 관형사형, 부사형 '게'는 단어가 될 수 없다.
4. 형태부라도 그것의 구성 요소의 하나인 선어말어미는 단어가 될 수 없다.

---

7) 자세한 논의는 고영근 (1979/ 본서: 128쪽)를 보라.
8) "原體部"와 "關係部"는 「말」에 나타나는 것인데 『말의 소리』의 "몸씨"와 "토씨"에 해당한다.

5. "잇" 가운데서도 부사형 '어', "겻" 가운데서도 부사격 '에, 로, 에서'는 변법
   소로도 다루고 있다.

아홉 "기"의 분류기준은 각 "기"의 정의를 참조하면 의미와 직능을
바탕으로 하고 있는데 이는 대체로 논리적 보편성으로 간주할 수 있다.
그러나 관계부를 원체부에 소속시키지 않고 독립시켜 한 "기"의 자격을
주되 변법소들에 대하여는 그런 처리를 보류한 것은 그 나름대로 생각
한, 국어의 특수성을 고려한 조처로 해석된다.

〈짬 듬 갈〉

"짬듬갈"은 앞의 "기난갈"에서 베풀어진 품사에 대한 대체적인 지식
을 발판으로 하여 문장을 품사로 나누고 그것이 문장 구성의 요소로서
어떠한 자격을 가지고 하나의 문장으로 구성되는가를 차례로 보인 다
음, 그 의미를 분명히 하기 위해 그림을 그리고 있다.
첫째, 문장의 기본형을 설정하고 여기에 수식부가 붙어 문장이 길어
진다고 생각하고 있다. 한 문장은 적어도 "임이"와 "남이"를 갖추어야
하며 커도 "임이", "씀이", "남이"는 넘어설 수 없다. 본드 一, 二가 이에
상당하는 예이다.

 (9) 본드 一: 아기가 자라오
 (10) 본드 二: 아기가 젖을 먹소

만약 이 경우 "임이듬"과 "씀이듬"이 드러나지 않은 다음과 같은 경우에

는 'ㅅ'으로써 "속뜻"인 "임이듬"과 "씀이듬"이 있음을 그림에서 밝혀 놓고 있다. 이때의 'ㅅ'은 화용상의 성분으로서 전통문법의 생략 현상이 나 변형 문법의 동일 명사구 소거 규칙으로 설명되는 통사적 성분과는 다른 것이다.

(11) 버금본드 二: 먹는다.

둘째, 접속 조사나 대등적 연결어미, 「文法」의 용어대로 하면 "잇기" 로 결합된 "衆主語文", "衆敍述語文"을 두 문장으로 분해하고 있는데 이때는 "숨은 뜻"이라고 하여 괄호로써 생략된 성분을 재생하고 있다. 아래의 본드五가 그러하다.

(12) 본드 五: 저 사람이 노래하면서 (저) (사람) (이) 가오

이 경우는 앞의 "속뜻"과는 달리 생략된 성분을 분명히 지적해 낼 수 있기 때문에 "숨은 뜻"이라고 한 것 같다. 지금까지의 주시경의 문법연 구에서는 "속뜻"과 "숨은 뜻"을 동의적으로 이해하여 왔으나 이렇게 구 분하여 파악할 필요가 있다고 생각된다. 곧 주시경은 화용상으로 나타 나지 않는 기본 성분과 통사상의 잠재 성분을 구별하여 이렇게 다른 용어를 사용했던 것이다. 그러나 뒤에 가서는 "숨은 뜻"이라고 해야 함에도 불구하고 "속뜻"이라 부르고 있고 "ㅅ"만 표시해야 하는데도 임 의로 괄호 안에 특정 성분을 보충하고 있어서 용어 사용에 있어 다소 일관성을 잃은 곳이 없지 않다. 버금 본드 八, 九 十이 그러하다. 특별 히 들어 보이지는 않는다.

셋째, 앞서 말한 변법소 '는, 게' 등이 붙어 "언기" 내지 "억기"로 기능이 바뀌는 단어들의 기능 변화의 양상을 곱슬줄로 표시하고 있다.

(13)-1 본드 三: 저 소가 푸른 풀을 먹소

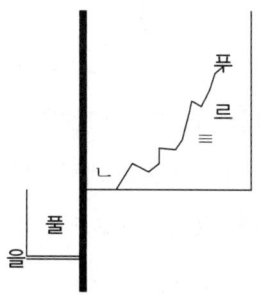

이러한 조처는 "기"가 서로 바뀌어 쓰여야만 문장을 자유로 구성할 수 있다는 "기몸박굼" 설정의 이론을 실증하는 것이다.(뒤에 나옴)

넷째, 한 "기"가 변법소에 의해 딴 "기"로 바뀔 때 그것의 원래의 기능, 곧 "임이, 씀이, 남이"의 기능도 반드시 그림에 반영하고 있다. 지금까지의 연구에는 (13)-1과 같이 서술어, 곧 "남이"의 기능만 지적하는 정도에 그쳤었다.

(13)-2 본드 八: 저 붉은 봄꽃이 곱게 피오

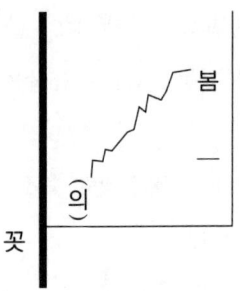

　'봄'과 숨은 뜻 '(의)'를 곱슬줄로 이음은 '봄'과 '의'가 결합되어 "언기"
가 됨을 의미하고 '봄' 아래 한줄로 가로 그은 것은 '봄'이 '꼿'에 대하여
"임이", 곧 주체가 됨을 표시한다고 말한다[9].

　(13)-3 버금본드 三: 그 말이 들로 뛰어가더라

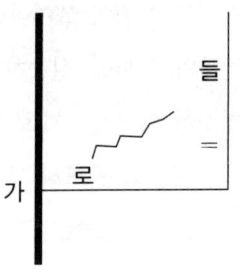

　"임기" '들'을 "겻기" '로'에 곱슬줄로 이음은 '들'이 "억기"로 "몸박굼"
한다는 뜻이며(앞에 나옴), '들' 아래 가로 두 줄을 그은 것은 '들'이 이
말의 "씀이"(客體)가 됨을 표시하기 위함이라고 설명한다[10].

---

　9) '봄'이 '꼿'에 대해 주체가 된다는 뜻은 쉽게 잡혀지지 않는다. 꽃이 피는 출처가
　　'봄'이 될 수 있다는 관점에 서면 주체의 기능을 줄 수도 있다. 뒷날을 기다린다.

"남이", 곧 서술체의 기능은 종래 많이 언급되었다. (13)-1의 '푸른 풀'의 '푸르' 아래 석줄을 가로 그은 것이 그것을 가리킨다.

한 문장의 의미가 결정되면 이상과 같은 네 가지 규약에 의해 그림을 그려 문장의 의미를 명백히 표시하는 것이다. 문장의 의미는 어떻게 결정하고 있는가? 주시경은 "말"(언어 기호)의 의미를 파악하는 방법으로 "일"(현실, 지칭 대상)과 "일의 뜻"(지칭 개념)은 물론, "마음"(화자의 태도)과 밀접하게 관련시키는 접근법을 택하고 있다.

첫째, 일과 말의 관련

(14)-1 본드 四: 이 소는 누르고 저 말은 검다
(14)-2 본드 六: 소와 말이 풀을 먹소
(14)-3 본드 八: 저 붉은 봄꽃이 곱게 피오

(14)-1은 현실적으로는(또는 지칭 대상 상으로는) 먼저와 나중이 없는 등시적(공간적) 사건으로 볼 수 있기 때문에 말의 순서를 바꾸어 '저 말은 검고 이 소는 누르다'와 같이 말할 수 있으며 (14)-1과 같이 된 문장은 '말을 꿈이노라'고 다시 말하면, 문장을 구성하느라고 그렇게 되었다는 것이다. 그는 이러한 사실을 합리화하기 위하여 "일"(지칭 대상)과 "말"(언어 기호)의 차이점을 다음과 같이 설파(說破)하고 있다.

(15) 일은 한때에 여러 가지 있으되 그 일을 나타내는 말은 한줄 뿐이니라
(「文法」 44쪽)

---

10) '들로'는, (13)-2의 '봄꽃'이 갖는 출처란 의미에 대해, 목표를 뜻하는 것이 아닐까 생각해 본다. 역시 뒷날을 기다린다.

이는 지칭 대상의 공간성과 언어 기호의 선조성을 아주 분명하게 표현한 것이다. 현실적으로 지칭 대상이 아무리 많이 등시적으로 존재한다고 하더라도 언어 기호로 바뀔 때는 그러한 점이 반영될 수 없는 것이다.

(14)-2, 3도 "일"의 선후가 없이 등시적으로 존재하는 현실을 표현한 것이기 때문에 말의 순서를 바꿀 수 있다고 말한다.

그러나 다음의 문장은 사정이 다르다.

(16) 버금본드 七: 한 사람이 낙시를 들고 내에 와서 고기를 잡으오

이 말은 현실적으로 볼 때 일의 선후가 있으므로 그 자리를 바꿀 수 없다고 말한다. 앞의 예문들은 사건 자체가 선후가 없는 등시적 대상이므로 언어 기호로 바뀔 때에도 순서 바꿈이 허용될 수 있지마는 (16)은 사건 자체가 계기성을 띠고 있으므로 순서를 바꿀 수 없는 것이다.

둘째, 마음과 말의 관련

주시경은 절로써 연결되거나 수식 구조로 된 문장에 대하여는 둘 이상의 그림을 제시하고 있다. 그는 문장의 뜻을 문장을 발화한 사람의 뜻에 따라 풀라고 말하고 있는데[11], 이는 의미 결정의 주체가 화자의 태도임을 명시하는 것이다.

(17) 본드 十 : 그 사람이 맘이 착하오
(18) 버금본드 六 : 비가 자조 오니 풀이 잘 자라오

---

11) 「文法」 49쪽에 나오는 아래의 말 참조.
  "이러한 말은 이 말을 말한 이의 뜻대로 풀지니라"

(19) 버금본드 十 : 달빗이 히기가 눈 같으오

(17)은 첫째, '맘이 착하다'를 하나의 "남이"(敍述體)로 보고 다시 이를 "임이듬"과 "남이듬"으로 나누어 그림을 그리고 있다. 둘째로 '맘이'를 '착하다'의 "금이"로 보고 그림을 그리기도 한다. 셋째로 '그 사람의 맘이 착하다'로 해석할 수 없는 바 아니나 이렇게 되면 "일"은 바뀌지 않으나 "말의 힘"을 잃는다고 말하고 그림은 그리지 않고 있다. 말의 힘을 잃는다고 함은 자연스러움을 상실하는 것으로 일단 보고자 한다.

(18)은 '비가 자조 오'를 까닭을 금하는 "금이드" 내지 "억드"라 간주하고 그림을 그리고는 있으나 자세한 의미는 표시하지 못한다고 말하고 "억기" '잘'을 한정하는 방식으로 그리는 것이 그 뜻을 가장 밝게 나타내는 것이라고 말하고 있다. 비가 자주 오지 않을지라도 풀이 자랄 수 있으니 '비가 자조 오니'를 '잘'의 까닭을 금하는 "억드"(부사절)로 그린다는 것이다.

(19)는 '눈 같다'의 '눈'을 "금이"로 그릴 수도 있고 '눈같'을 하나의 "남이", 곧 하나의 "엇기"(형용사)로 보고 전부 "남이"의 자리에 넣어서 그릴 수 있으며 '달빗이'와 '눈'을 모두 "금이"로 보고 그릴 수 있다고 하면서 세 가지의 그림을 제시하고 있다.

문장의 의미 파악의 방법은 "짬듬갈"의 결미부에 종합되어 있다.

(20) ① 말로 그뜻을 밝게 풀어나이기 어렵음은 그림으로 풀 것이요 ② 그림으로도 밝게 하기 어렵음은 말로 풀 것이요. ③ 이 두 가지로 다 풀 수 없음은 그 일의 뜻을 맘으로 살피어 풀지니라.

(「文法」 64쪽, 방점과 번호―필자)

위의 말은 의미 파악의 단계를 열거한 것이다. 구절 ① "말로 그 뜻을
밝게 풀어나이기 어렵음 … "은 문장의 의미는 말로 푸는 것이 원칙임
을 전제하고 있는 것이다. 이러한 전제된 의미를 고려할 때 주시경의
의미 파악의 방법이 4단계로 되어 있음을 알 수 있는 것이다.

첫째 단계: 문장의 의미는 그것을 구성하고 있는 말과 말과의 관계를
통하여 해석되어야 한다. 말과 말과의 관계는 주시경의 "듬난"〈임이,
임이빗, 임이듬〉을 의미하는 것으로 생각된다. "말"이란 언어 기호를
의미하고 말과 말 사이의 관계란 기호 사이의 관계, 곧 통합 관계를
말하는 것으로, 주시경의 표현을 빌면 (15)에 나오는 "줄"이 될 것이다.

둘째 단계: 첫째 단계에 의해서 의미가 명백해지지 않을 때에는 그림
을 이용하는 것이다. 구절 ①이 바로 그러한 사실을 말하는 것이다.
이 부분은 「文法」의 그림 풀이의 목적이 문장의 의미를 밝게 표시하는
데 있다는 사실과 관련시키면 쉽게 수긍된다[12].

셋째 단계: 둘째 단계에 의해서도 의미가 잘 풀어지지 않을 때는 다
시 첫째 단계에 입각하여 문장의 구성 관계를 살펴보아야 한다. 구절
②가 그것을 가리킨다. 첫째 단계와 같이 성분간의 단순한 관계가 아니
고 말을 바꾸어 봄으로써 뜻이 그대로 유지되는가 하는 문제를 의미하
는 것으로 이해해 보고자 한다. 본드 九의 ' … 소리가 길게 울더라'를
'소리를 길게 울더라'로 바꾼다든지 본드 十의 '그 사람이 맘이 착하오'
를 '그 사람의 … '로 바꾸어 보는 방식이 그러한 예로 간주된다[13].

넷째 단계: 이상의 세 단계에 의해서도 의미가 제대로 파악되지 않으

12) 그림풀이가 의미를 보이기 위해 마련되었다는 설명은 『文法』 39쪽 참조.
13) 이 부분은 김한곤 교수의 교시에 의존한 바 큼을 밝혀 둔다.

면 "일의 뜻", 곧 지칭 대상이 표시하는 지칭 개념을 화자가 생각하는
바에 따라 풀어야 한다는 것이다. 구절 ③이 바로 그것을 가리키는 것
인데 이곳의 "맘"은 화자의 생각 내지 태도나 의도를 의미하는 것이다.
하나의 문장에 대해 여러 가지 그림을 그린 것은 바로 이러한 화자의
태도를 존중한 데서 우러나온 것이다.

참고로 주시경이 가지고 있었던 〈말-일-마음〉의 상관 관계에 의한
의미 파악의 방법을 모리스(Morris)의 기호이론에 적용시켜 보면 다음과
같다[14].

(21)-1

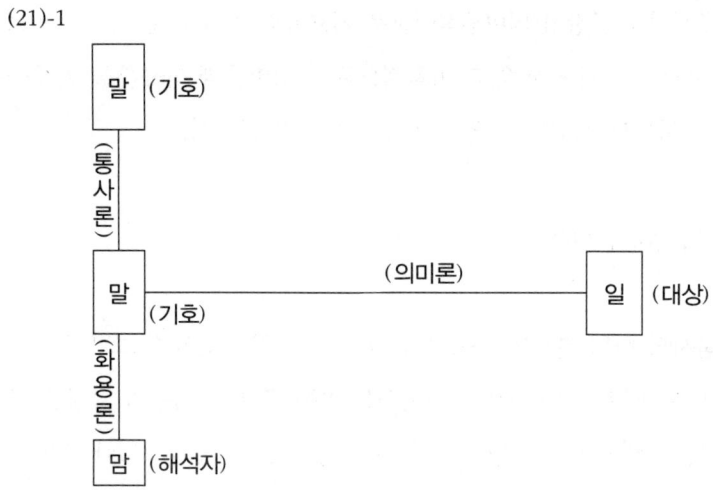

이 그림만으로는 지칭 개념인 "일의 뜻"과 "맘으로 살피"는 해석 행위
를 포함할 수 없다. 이 두 가지 개념을 다시 고려한다면 주시경의 의미

---

14) Morris (1938)의 기호 이론은 김한곤 (1969)에 의존하였다.

해석이론은 다음과 같은 도식으로도 나타낼 수 있다[15].

(21)-2
　　말₂(기호₂)——일의 뜻₂(지칭 개념₂)——일₂(지칭 대상₂)
　　│
　　말₁(기호₁)——일의 뜻₁(지칭 개념₁)——일₁(지칭 대상₁)
　　│
　　맘으로 살핌(해석행위)
　　│
　　맘(해석자)

주시경의 문장의 의미해석이론은 기호학의 관점에 설 때 일차적으로는 통사론에 근거해 있고 이차적으로는 의미론과 화용론을 존중하는 바탕 위에서 성립되어 있다고 할 수 있지 않을까!

〈기갈래의 난틀〉

품사의 하위 분류도 품사 분류와 같이 대체로 논리적 보편성에 근거해 있으나 "언잇"(형식명사), "직동"과 "피동", "서분" 범주의 설정은 국어의 특수성을 깊이 고려한 데서 우러나온 것으로 볼 수 있다. "겻기"와 "잇기"를 하위 분류하고 그 직능을 설명하는 데 있어서는 "짬듬갈"에서 내 보인 문장 성분에 관한 지식이 충분히 활용되어 있다. 의미를 설명하는 마당에 있어서는 화자의 태도 및 지칭 대상과 밀접하게 관련을

---

15) 김한곤 (1969)를 다시 보라.

시키고 있다. 이러한 사실은 "짬듬갈"을 "기난갈" 사이에 둔 정당성을
뒷받침하는 구체적 증거가 된다.

〈기몸박굼〉 〈기몸헴〉 〈기뜻박굼〉

"기몸헴"과 "기뜻박굼"은 병렬 합성어와 품사 전의를 말한다. "기몸박
굼"은 최현배의 자격법과 품사 전신을 총괄한 것이다. 여기서 특기할
것은 피동·사동의 접사가 붙어서 형성되는 자동사(피동사)와 타동사(사
동사)를 "기몸박굼"에서 처리하고 있다는 점이다. 자동사 어기(語基)와
타동사 어기를 "제움몸, 남움몸"이라 불러 "기"(씨)의 테두리에 넣고 있
는 것이다. 이런 면으로 본다면 "기"(씨)가 반드시 품사의 단위에만 한정
되지 않음을 알 수 있다.(뒤에 나옴)

이곳에서도 이미 나온 "짬듬갈"에 대한 지식이 충분히 활용되어 있
다. "짬듬갈"을 "기갈" 사이에 둔 정당성이 이곳에서도 구체적으로 나타
나 있는 것이다. 우리는 이미 "기몸박굼"하는 단어들이 그림 위에 정교
하고 곱슬줄로 표시되어 있음을 목격한 바 있는데 그 이유가 이곳에
자세하게 베풀어져 있다.

(22) 어느 기든지 박구어 쓰지 못하면 말(다)을 꾸밀 수가 없으므로 자기의
결에를 서로 박구어 씀이 있으니 이를 기몸박굼 … (「文法」 101쪽)

"기몸박굼"의 설정이 문장 구성의 합리적 설명을 위해 취해진 것이고
따라서 그림을 그릴 때에도 그런 사실이 반영되어 있는 것이다. 이곳에
서 주목할 것은 앞에서 우리가 변법소라고 부른 '는, 게, 의, (으)ㅁ,

기, (으)ㄴ, (으)ㄹ, 던'이 아무런 이름도 붙지 않은 채 하나의 단위로서 유리되어 있는 점이다.(뒤에 나옴)

「文法」의 특징은 9품사를 분류하고 이를 바탕으로 하여 "듬난"(格分)을 수행하였으며 그 의미를 "말"(기호)과 "말" 사이의 관계에 따라 파악하되 그것을 명시하기 위하여 그림을 그린 점이라고 할 수 있다. 그림에서는 뼈대가 되는 기본 성분과 가지가 되는 부속 성분뿐만 아니라 품사의 자격을 바꾸는 기능 변환의 양상과 원래의 기능도 정교하게 표시하고 있다16). 그리고 문장의 의미를 파악할 때는 "일의 뜻"(지칭 개념)을 "맘으로 살피"는 화자의 해석 행위도 존중할 것임을 강조하고 있다. "기갈래의 난틀"과 "기몸박굼"도 모두 "짬듬갈"의 지식을 기초로 하여 설명되고 있다. 이는 주시경이 "이 온 글의 잡이"에서 설정했던 "듬" 중심의 서술 태도를 구체적으로 증명하는 것이라 할 수 있다. 주시경의 이러한 구문 중심의 서술 모형은 그의 빠롤적 언어관에서 직접 유래하는 것으로 해석된다17).

「文法」은 형태론적 관점에 설 때 오히려 종합적이라고 해야 할 것 같다. 종전에는 주시경의 문법체계(「말의 소리」포함)를 분석적이라고 평가해 왔는데 여기에는 두 가지 의미가 내포되어 있다. 최현배의 문법, 곧 절충적 체계(제 2 유형)에서 종합적으로 처리된 활용어미 중의 어말어미를 "기"(씨)의 단위로 책정했다는 점에서 "분석적"이라고 평가된 것이다. 또 「말의 소리」의 "씨난의 틀"이 최소의 유의적 단위로 분석되었고

---

16) 주시경 이후의 전통 문법에서는 기본 성분과 부속 성분만이 그림에 구별되어 표시된다.

17) 주시경의 언어관과 「文法」의 문법 모형의 상관성에 대하여는 고영근 (1979/ 1983: 277; 본서: 126-127쪽)을 보라.

또 그러한 개념에 가까운 용어가 나오기 때문에 "분석적"이란 말이 쓰이게 된 것으로 짐작된다.(뒤에 나옴). 그러나 「文法」은 용언의 의미부를 단어로 책정한 것 이외에는 분석적으로 인식한 증거가 없다. "언기" 변법소 '의, 는, (으)ㄴ, (으)ㄹ, 던', "억기" 변법소 '게, 이(없이)' 등은 그림풀이에서도 독립된 단위로 유리되어 있으며 "기몸박굼"에서도 그러하다. "높음"(존경법)의 '시, 옵시', "때"(시제) 관련의 '엇, 더'도 한 단위로 떨어져 나와 있으며 동사 변법소 '히, 기' 등도 그러하다. 이들은 「말의 소리」의 관점을 취하면 "늣씨"의 대접을 받아 "벌잇"에 의하여 분석되는 것이지만(뒤에 나옴), 이 곳에서는 그런 처리가 눈에 띄지 않는다. 이러한 사실은 이들 요소들이 종합적으로 처리되었음을 의미한다. '시, 엇'을 종합적으로 처리한 구체적 증거는 "높음"과 "때"의 범주가 한곳에서 베풀어지지 못하고 "잇기"와 "끗기"로 분산되어 있음에서 구체적으로 드러난다. 형태론적 관점에서 종합적이라고 함은 주시경의 「文法」이 구문 중심의 모형에 입각하여 있다는 말과 일맥상통하는 것이다. 형태론이란 말이 단어의 구성성분을 대상으로 한다는 관점에서 사용될 수 있다면 「文法」의 "기"들은 그 이하의 분석이 되어 있지 않으므로 형태론을 중심으로 하지 않았다는 해석을 내릴 수 있다. 앞서 말한 바와 같이 「文法」의 서술 모형은 구문 중심이라고 했는데 형태론적으로 종합성을 띠었다고 함은 그런 문법 모형의 필연적인 소산이 아닐까 생각해 본다.

3 「말의 소리」의 형태 이론

주시경의 형태 이론은 「말의 소리」의 끝에 붙어 있는 "씨난의 틀"과 「말의 소리」의 본문 및 "말의 소리의 긋에 두는 말"에 나타난 분석 자료를 통해서 귀납해야 한다. 「文法」과는 달리 용어가 정의되고 설명이 베풀어진 것이 거의 없다. 그러나 "씨난의 틀"에 베풀어진 품사체계와 "늣씨"에 대한 설명을 중심으로 「文法」과 대비해 보면 그의 문법체계를 어느 정도 추출할 수 있다. "씨난의 틀"에 나타난 품사는 다음과 같다.

(23) 임, 엇, 움, 겻, 잇, 긋

이 체계의 특징은, 첫째, 「文法」의 "언기" 가운데의 "밋언"(본래 관형사) '이, 그, 저', "억기" 가운데의 본래 부사, 그리고 "놀"(감탄사)을 명사와 함께 "임"으로 묶고 있는 점이다. 이들 네 부류의 단어들을 하나의 범주로 통합시킨 것은 그 자체로써도 문장의 성분이 될 수 있다는 통사론적 특성과 어형 변화의 성격이 희박하거나 그것이 결여된 형태론적 공통성을 존중한 소치로 간주된다.

둘째, 「文法」에서 변법소로 다루어진 관형사형 '는' 등과 부사형 '게' 등은 "겻"(조사)으로 포괄되어 있다. "언기"와 "억기"를 버리는 마당에서는 변법소들은 필연적으로 "겻"의 자격을 인정하지 않을 수 없는 것이다.

셋째, "임, 엇, 움"은 "몸씨"로 묶고 "겻, 잇, 긋"은 "토씨"로 묶고 있는데 이는 의미 · 내용의 허실(虛實)에 근거한 것이다. 이러한 그의 이원적 품사체계는 산제본(刪除本) 「말」의 6체(名號, 形容, 動作, 引接, 間接, 助成) 2부(原體部, 關係部)로 복귀한 셈이 된다. 그러나 단순한 복귀는 아니다. 「말」에서는 품사 체계와 품사 전신(기몸박굼)과의 관계가 명백하지 않았는데 이곳에서는 관형사형과 부사형이 "몸씨"와 "토씨"로 분단됨으로써 양자 사이의 관계가 뚜렷해졌다고 할 수 있다. 주시경이 확립한 "몸씨"와 "토씨"는 현대 언어학의 의미부와 형태부에 완전히 부합된다[18].

"씨난의 틀"의 문법 체계가 보여 주는 가장 중요한 특징은 "늣씨"의 설정이다[19]. "늣씨"는 "벌잇"에 대한 설명과 분석된 실례로 미루어 보면 "몸씨"와 "토씨"의 하위 분석이다. 주시경은 한 문장을 중권점, 우권점, "벌잇"에 의하여 어절, 씨, 늣씨의 차례로 분할하고 있다[20]. 이런 관점에 선다면, 다소 무리한 분석이 없지 않으나, "늣씨"는 현대 구조 언어학의 형태소의 개념과 거의 일치한다. 우리는 앞에서 "기"(씨)가 반드시 품사만을 의미하는 것이 아님을 확인한 바 있다. 동사의 하위 구분인 "제움"과 "남움"에 대해 "기"(씨)를 썼던 사실을 고려하면 품사로서의 "씨"의 하위 단위인 형태소에 대해서 "씨"를 사용하는 것이 조금도 이상하지 않다.

문장을 어절로[21], 다시 "씨"로, 또다시 "늣씨"로 각각 구분하고 6품사

---

18) 몸씨와 토씨의 현대적 평가에 대해서는 김민수 (1986 : 114) 참조.
19) "늣씨"란 말은 조선총독부 검열본 「말의 소리」(김민수 1977라의 책 끝의 자료편과 「歷代韓國文法大系」 ①13 附錄 참조)와 1914年 新文館 발행의 「말의 소리」에 나온다. 그러나 申明均(編), 「周時經先生遺稿」 中央印書館, 1933과 이를 개제한 「朝鮮語文法」(周時經先生遺稿), 正音社, 1946에는 빠져 있다.
20) [보충주] 주시경의 『말의 소리』에 나타나는 문장 부호에 대한 해석은 유필재 (1995)를 보라.
21) 어절은 이미 「文法」에서 우권점으로 표시된 일이 있다. 자세한 것은 이병근

를 "몸씨"와 "토씨"로 묶은 것은 「말의 소리」의 문법 체계가 형태 구조를 존중하는 문법 모형을 의도한 것이라고 할 수 있다. 구문 중심의 모형을 지향한 「文法」과는 다른 종류의 모형이라고 말할 수 있는 것이다. 주시경이 말년에 의도했던 『新版國語文法』의 체계를 어느 정도 추측하게 하는 근거로 삼을 수 있다[22].

형태 구조의 중요성을 인식하고 이에 대한 구체적 개념을 부여한 것은 상대적으로 형태론적으로 종합성을 띠고 있었던 「文法」이 구문 중심의 서술 방식과 "일" 및 "마음"을 존중하는 의미 해석 이론을 버린다는 사실을 함의한다. 따라서 「신판국어문법」의 통사론에서는 변법소에 의한 기능 변환의 표시법(곱슬줄)과 원 기능의 표시법(ㅡ, =, ≡)은 나타나지 않을 것이고 화자의 태도에 따른 다양한 의미 해석도 줄어들거나 없어질 것이며 그림도 매우 단순해질 가능성이 있다. 이러한 문법 모형의 변동은 언어를 보는 주시경의 눈이 근본적으로 달라진 데에 말미암는 것으로 풀이된다. 「文法」과는 달리, 형태 구조 중심의 「말의 소리」의 모형은 랑그적 언어관과 관련되는 것으로 해석될 수 있다[23].

스스로 문법 모형을 바꾼 원인은 어디에 있을까? 당시 「말모이」의 편찬에 관여하고 있었던 그에게는 구문 중심의 문법 모형이 형태의 규칙성(생산성)과 불규칙성에 대한 인식이 절대적으로 요청되는 사전 편찬에 그렇게 유용하지 못하다는 사실을 깨달았을 가능성을 생각할 수 있다. 주위의 권고, 특히 김두봉의 권고가 컸던 것이 아닌가 한다. 왜냐하

(1979)을 보라.
22) 「國語文法」의 신판에 대하여는 김민수 (1977/ 1986: 230)를 보라.
23) 주시경의 「말의 소리」의 문법모형과 언어관의 상관성에 대하여는 고영근
    (1979/ 본서 136쪽)을 보라.

면 김두봉의 「조선말본」이 형태 구조를 중시하는 관점에서 「文法」의 모형을 바꾼 저술이기 때문이다.

4 물려받은 것과 끼쳐진 것

주시경이 창도한 두 가지 문법 이론은 전대나 당대의 어떤 문법이론으로부터도 직접 물려 받거나 영향 받은 바 없다. 필자는 문장의 구조를 계층적 · 입체적으로 이해하는 그의 서술태도가 혹시 김규식의 문법(1908~9?)으로부터 모종의 암시를 받지 않았을까 하는 생각을 해 본 일이 있으나[24], 이미 1907年 하기강습소의 교과과정에 음학, 자분학, 격분학, 도해학, 변체학, 실용연습 6과가 설치된 것을 보면[25], 「文法」의 체계가 이미 확립되어 있었던 것이다. "近來 돌아 다니는 文法과 다름이 있다고 … "(「이 온 글의 잡이」)를 주목하면 이전에 나온 최광옥, 유길준, 김규식, 김희상의 문법을 본 것이 틀림없다. 그러나 모방을 한다든지 이식은 하지 않았다. 이는 그러한 문법서와 주시경의 「文法」을 비교해 보면 밝히 알 수 있다. 오히려 김규식이 주시경의 영향을 받았을 가능성이 있다. 「文法」의 문장 중심의 서술 모형은 그가 배운 각종 지식, 이를테면, 영문법, 만국지지, 항해술, 수리학, 측량술, 종교에 관한 지식과 일본 및 중국을 통해 들어왔던 각종 서적을 통해서 스스로 만들어 낸 독창적 이론이라 할 만하다. 형태구조 존중의 이론은 「文法」

---

24) 고영근 (1978/ 2001마: 68)을 보라.
25) 김민수 (1977/ 1986: 36)를 보라.

에 의한 교수 경험, 문하생들과의 의견교환, 사전 편찬 등을 통해서 형성된 것으로 생각된다.

이렇게 독창적으로 형성된 주시경의 문법 이론들은 그 전수가 체계적이 아니다. 「文法」 가운데서 후학들에 의해 계승・발전된 것은 품사 분류와 "기몸박굼", 그리고 우리말식 용어의 사용이다. "짬듬갈"을 "기난갈" 사이에 두는 방식은 이규영의 『말듬』(1913?)에서 지양되기 시작하여26), 김두봉의 『조선말본』(1916)에서 "소리갈-씨갈-월갈"과 같이 완전히 〈음성론-품사론-문장론〉 중심의 모형이 정착된다. 김두봉의 문법 모형은 크게 보면 유길준이나 당시의 일본 문법의 모형과 비슷하며 최현배의 『우리말본』(1937)도 마찬가지인 것이다. 문장의 구조와 성분의 기능을 입체적으로 파악하여 그림에 반영시키는 태도는 이규영의 『말듬』(1913?)에서는 어느 정도 계승되나 김두봉의 『조선말본』(1916)에서는 완전히 폐기된다. "숨은 뜻"과 "속뜻"의 표시 방법은 이규영의 『말듬』에서는 그대로 계승되어 있으나 김두봉의 『조선말본』에서는 화용론적 성분만 "숨은말"이라고 하여 "ㅅ"을 표시하거나 괄호 안에 성분을 보충하고 있으며 통사론적 성분인 "숨은 뜻"은 표시하지 않는다. 이러한 태도는 문장의 조직을 평면적으로 보려고 하는 문법 모형과 직접 관련이 있는 것이다. "속뜻"으로서의 "ㅅ"의 표시 방법은 최현배의 『우리말본』에까지 이어진다. 문장의 의미를 화자의 마음 먹기와 관련시켜 다각적으로 해석하려는 방식은 이규영의 『말듬』에서도 나타나며 김두봉의 『조선말본』에서도 보인다. 그런데 최현배의 『우리말본』에서는 전혀 그런

---

26) 이규영의 문법서 『말듬』은 "소리갈, 씨난갈, 짬듬갈"의 순서로 조직되어 있다.

고려를 한 흔적이 없다. 문장의 의미는 이미 결정되어 있다고 전제하고 그림 하나만 그려 구성 관계만을 보이고 있다. 그림 그리기의 목적이 주시경의 문법에서는 뜻을 밝게 하기 위한 것이었는데 최현배의 문법에 와서는 문장의 구성 방식을 보이는 데에 초점을 두고 있는 것이다. 그런데 김윤경의 『나라말본』(1948)에서는 한 문장의 의미를 여러 가지로 해석하여 그에 따른 그림을 보여 주고 있다. 그러나 주시경과 같이 일관된 이론적 흐름 속에서 그러한 시도를 한 것이 아니다. 주시경이 말년에 구상한 「신판국어문법」은 결과적으로 김두봉에 와서 어느 정도 실현되고 최현배에 와서 열매가 맺어진 것으로 생각된다.

「文法」의 이론은 의미론과 화용론에 바탕을 둔 통사 이론이다. 이 이론이 그의 후학들에 의해 직접 계승·발전되지 못한 것은 당시의 당면 과제였던 어문 정리 사업에 큰 도움을 주지 못한다고 판단된 데에 원인이 있겠지만 이론이 너무 생소하고 어려워 쉽게 가까이 할 수 없었던 데서도 원인을 찾을 수 있을 것이다. 요컨대 주시경의 이론이 당시의 학문적 패러다임에 맞지 않았다고 할 수 있다. 이러한 점은 "이 온글의 잡이"에 나오는 "近來 돌아 다니는 文法들과 다름이 있다고 그 맛이 쓰리라 하여 입에 갓갑게도 아니하시고 곳 버리시지 말고 … "를 참조해 보면 스스로도 그런 점을 알고 있었음이 분명하다. 주시경의 통사이론은 70년대 이후의 의미·화용론에 바탕을 둔 통사론 연구와 쉽게 맥이 닿는다고 할 수 있다.

형태 구조 존중의 이론도 그리 순탄하지 않다. 관형사형과 부사형을 "몸씨"와 "겻씨"로 분단한 것은 김두봉 (1916)의 관형사와 부사 확립의 기초가 될 수 있었지만 관형사, 부사, 감탄사를 명사에 통합시키는 노력은 거의 찾아 볼 수 없다. 그러나 김두봉의 "모임씨"는 주시경 (1914)의 "임씨"에서 명사만 떼어 낸 것임을 고려할 때 주시경의 영향이 컸던 것 같다. 단어의 구성 요소는 이후의 문법서[27]나 「한글마춤법통일안」 (1933)에서 의식되지 않은 바 아니었으나 문법 서술의 필요를 고려하여 이런 단위들에 이름을 붙이거나 하는 일 등은 하지 않았다. 그러나 토씨의 구성 요소로서의 "늣씨"는 최현배의 문법 (1937)의 보조어간 '시, 엇' 등을 식별하는 기초가 되었고 "몸씨"의 "늣씨"는 접사의 식별로 발전해 나갔다고 할 수 있다. "늣씨"는 60년대 이후의 구조 형태론의 "형태소"와 직접 연결시킬 수 있다.

5 마무리
-몇 가지 제언-

주시경의 문법 연구는 이제 겨우 추모의 단계를 넘어선 데 지나지 않는다. 그의 직계 후학들이 대부분 타계했으며 아직도 자료 정리의 단계를 밟고 있기 때문이다. 1988년에 개성(槪成)되었다고 하는 「國語文法」의 초고와 특히 「짬듬갈」의 원고본들은 얼굴을 드러내지 않고 있다. 하기국어강습소, 조선어강습원 등에서 사용한 교재나 강의안, 그리고 문하생들의 필기장들이 발굴되어야 한다. 주시경의 문법연구의 선행 과제로서 가장 중요한 일은 「國語文法」 (1910)과 「朝鮮語文法」

---

27) 대표적으로 이상춘 (1925 : 56-59)에 접미사와 시제 표시의 요소들이 변별되어 있다.

(1911, 1913)을 대교하여 정본(定本)을 수립하는 것이다[28]. 1910년본을 대본으로 삼아 두 이본의 차이점을 한 눈으로 볼 수 있도록 면밀한 교감을 할 필요가 있다[29].

이러한 작업은 「文法」을 정확하게 읽는 일과 동시에 수행되어야 한다. 당시의 인쇄 사정 탓인지는 몰라도 그림과 설명이 어긋나는 곳이 많다. 이런 점에 유의하면서 정본 작업에 임해야 할 것이다.

이런 일이 끝나야만 「文法」을 체계적으로 이해할 수 있고 당시의 지적·사회적 상황과 관련한 정당한 해석이 가능해질 수 있으며 현대적 평가도 본격화될 수 있다고 믿는다. 이와 함께 우리는 주시경의 문법 이론을 수용·발전시키는 문제를 진지하게 논의해야 한다. 특히 주시경의 의미 해석 이론은 여러 각도로 검토·평가될 필요가 있는 것이다.

주시경의 업적 가운데서 가장 큰 것은 우리말과 글의 과학적 연구와 그 보급이라 할 수 있다. 나아가서 그는 독립신문사의 교보원을 지냈고 독립협회의 회원이기도 했다. 사회학자들은 주시경을 애국 계몽 사상가로 규정하기도 한다. 그는 각급 학교와 강습 기관을 통하여 수많은 후학들을 가르쳤다. 그를 보는 각도를 달리할 때에는 보다 높은 단계의 사상체계를 지니지 않았던가 하는 생각을 가질 수도 있다. 이렇게 본다면 주시경은 종합적으로 연구될 필요가 있다. 이를 위해서는 궁극적으

---

28) 차이리엔강 (1979)는 이 방면 연구의 선편을 잡았고 허 웅·박지홍(1980)은 정본 확립을 시도한 최초의 업적이다.

29) [보충주] 고영근·이현희(校註) (1986)은 주시경 탄생 110주기를 맞아 펴낸 기념 출판이고 고영근·이용·최형용 (2010)은 전 이본을 대교하여 두 종류의 현대역을 시도한 것이다.

로 주시경의 모든 저술을 한 곳에 모아 놓고 그의 학문과 사상을 집중적으로 연구할 수 있는 '주시경 연구소'의 설치가 바람직하다. 주시경을 연구하는 것이 개화기의 인문·사회 현상의 전반을 밝혀 내는 길로 이어진다는 생각에 미쳐진다면 이런 취지에 쉽게 동의할 수 있다. 외국에서도 위대한 사상가나 철학자의 이름을 딴 연구소가 있어 이를 중심으로 그의 저술과 관계문헌을 한 자리에 비치해 놓고 사상을 체계적으로 연구하는 일이 많음에 비추어 볼 때 더욱 그러하다. 연구소의 설립에 앞서 주시경 연구회의 발족도 깊이 생각해 볼 필요가 있다. 위대한 자취를 남긴 앞사람들의 업적을 해석하고 평가·수용하는 일은 바로 앞날의 발전을 꾀하는 디딤돌이 되는 것이다30).

---

30) [보충주] 1986년에 결성된 '한힌샘 연구 모임'(한글학회 내)와 1987년에 설립된 '주시경 연구소'(탑출판사 내)가 모두 주시경의 학문과 사상을 계승·발전시키기 위한 움직임의 하나였다. 관련 내용은 고영근 (2001다: 144-147)를 보라.

[주시경의 문법 관계 문헌 목록(간추림)]

1. 주시경의 문법 저술

「國語文法」, 원고본, 1898년 개성(槪成), 전하지 않음.

「國文文法」, 유만겸(兪萬兼)의 필기장 1905.6; 김민수 (1977/ 1986), 김민수·하 동호·고영근(공편) (1977~1986)와 김민수·고영근(공편) (2008)(1)107); 김 민수(편) (1992 권 1)에 실림

「대한국어문법」, 油印, 1906.6. 「周時經全集(下)」(1976); 김민수·하동호·고 영근(공편) (1977~1986)와 김민수·고영근(공편) (2008), 1)07; 김민수(편) (1992 권 1)에 실림.

「말」, 「國語文法」(1898)의 刪除本, 1905-8年間 改稿, 「亞細亞研究」 61 (1978); 김민수·하동호·고영근(공편) (1977~1986)와 김민수·고영근(공편) (2008) (1)08); 김민수(편) (1992 권 1)에 실림

「國文研究案」, 油印, 1907, 1908, 「亞細亞研究」, 63, 64; 김민수·하동호·고 영근(공편) (1977~1986)와 김민수·고영근(공편) (2008)(3)09); 김민수(편) (1992 권 2)에 실림

「國文研究議定案」, 筆寫本, 1909; 李基文 (1970); 김민수·하동호·고영근(공 편) (1977~1986)와 김민수·고영근(공편) (1908)(3)10); 김민수(편) (1992 권 2)에 실림 所收.

「高等國語文典」, 油印, 1909(?), 國立圖書館 소장; 김민수·하동호·고영근(공 편) (1977~1986)와 김민수·고영근(공편) (2008)(1)09); 김민수(편) (1992 권 3)에 실림.

「國語文典音學」, 1908, 博文書館; 김민수·하동호·고영근(공편) (1977~1986) 와 김민수·고영근(공편) (2008)(1)10); 김민수(편) (1992 권 1)에 실림.

「國語文法」, 1910, 博文書館; 김민수·하동호·고영근(공편) (1977~1986)와 김 민수·고영근(공편) (2008)(1)11); 김민수(편) (1992 권 3)에 실림.

「朝鮮語文法」, 1911, 新舊書林; 김민수·하동호·고영근 (공편) (1977~1986)와 김민수·고영근(공편) (2008)(1)111); 김민수(편) (1992 권 3)에 실림.

「朝鮮語文法」(再版), 1913, 新舊書林; 김민수·하동호·고영근(공편) (1977~ 1986)와 김민수·고영근(공편) (2008)(1)12); 김민수(편) (1992 권 3)에 실림.

「소리갈」(1912~3 ?), 자필 유인본, 최명옥 (1979)에 실림; 김민수·하동호·고영 근(공편) (1977~1986)와 김민수·고영근(공편) (2008)(1)109); 김민수(편)

(1992 권3)에 실림.

「말의 소리」, 자필 원고본(조선총독부 검열본); 김민수 (1977/ 1986); 김민수・하
동호・고영근(공편) (1977~1986)와 김민수・고영근(공편) (2008) (1 13 附);
김민수(편) (1992 권 3)에 실림.

「말의 소리」, 자필 석판(石版), 新文館; 김민수・하동호・고영근(공편) (1977~
1986)와 김민수・고영근(공편) (2008)(1 13); 김민수(편) (1992 권 3)에 실림.

「말모이」, 自筆稿本, 1911?~; 김민수(편) (1992 권 4)

2. 주시경 후계(後繼)들의 저술

李奎榮, 「말듬」, 문법서 자필 원고본 1권, 1913(?), 「韓國學報」 23 (1981)에 실
림; 김민수・하동호・고영근(공편) (1977~1986)와 김민수・고영근(공편) (2008)
(1 113)에 실림.

李奎榮, 「한글모죽보기」(朝鮮言文會沿革一覽), 1917~9(?), 운재영 소장; 김민수
(편) (1992 권 6)에 실림.

李奎榮, 「한글적새」, 文法書 및 國語資料集, 1916~9, 원고 6권, 최범훈 및 육당
문고 소장; 김민수・하동호・고영근(공편) (1977~1986)와 김민수・고영근(공
편) (2008)(1-114, 115; 김민수(편) (1992 권 4)에 실림.

김두봉, 「조선말본」, 1916, 新文館; 김민수・하동호・고영근(공편) (1977~1986)
와 김민수・고영근(공편) (2008)(1 22)에 실림.

李奎榮, 「읽어리 가르침」, 私立中央學校 敎案, 1918-9.

李奎榮, 「現今朝鮮文典」, 1920, 新文館; 김민수・하동호・고영근(공편) (1977~
1986)와 김민수・고영근(공편) (2008)(1 27)에 실림.

李奎榮, 「온갖것」, 비망록, 원고 1권, 1912~3.

金元祐, 「朝鮮正音文典」, 1922, 朝鮮圖書株式會社; 김민수・하동호・고영근
(공편) (1977~1986)와 김민수・고영근(공편) (2008)(1 28)에 실림.

李常春, 「朝鮮語文法」, 1925, 開城 : 松南書館; 김민수・하동호・고영근(공편)
(1977~1986)와 김민수・고영근(공편) (2008)(1 1 36)에 실림.

崔鉉培, 「우리말본」, 1937, 延禧專門學校 出版部; 김민수・하동호・고영근(공
편) (1977~1986)와 김민수・고영근(공편) (2008)(1 47)에 실림.

金允經, 「나라말본」, 1948, 동명사; 김민수・하동호・고영근(공편) (1977~1986)
와 김민수・고영근(공편) (2008)(1 55)에 실림.

제3부

민족 어학의 발전

민족어학의

건설과 발전

11 어문학자 연구의 현황과 전망

1 들어가기

우리의 언어·문자가 우리들의 손으로 연구된 것은 역사가 그리 오래지 않다. 중국의 한자를 빌려 이두를 고안한다든지 훈민정음을 창제할 때 우리말에 대한 깊은 통찰력을 발휘한 사람들이 없지 않았으나 계승되고 발전된 자취를 찾기가 쉽지 않다. 우리의 어문이 과학적 연구의 대상이 된 것은 우리 어문이 공용성을 획득한 19세기 말부터이다. 대표적으로 유길준과 주시경은 주로 대한제국 시절에 어문 민족주의를 등에 업고 민족 어문의 표준화의 기반을 닦았으며 이윤재와 최현배는 조선어학회 동지들과 함께 민족 어문의 표준화와 이를 실천에 옮기는 활동을 전개하였다.

이 자리에서는 개화기의 유길준, 주시경과, 일제 강점기의 이윤재, 최현배를 중심으로 한국 어문학자들에 대한 연구가 어느 정도 성공적

으로 이루어졌는가 하는 문제를 짚어 보려고 한다. 이들은 단순한 어문
학자이기 이전에 사회 사상가의 풍모를 더 짙게 지니고 있었다. 근대
어문학자들의 업적과 활동은 우리의 근대 사회사와 문화사의 핵을 이
루고 있다는 점에서 그에 대한 연구의 중요성을 다시금 인식할 필요가
있다.

2 유길준과 주시경에 대한 연구

유길준은 30년에 걸쳐 민족어 문법을 연구한 애국 계몽 사상가이다.
그럼에도 불구하고 민족 어학사에서는 오래 동안 최광옥이 처음으로
민족어 문법을 저술한 것으로 알려져 있었다. 그것은 최광옥의『大韓
文典』이 유길준의『大韓文典』(1909)보다 1년 빠른 1908년에 나왔기
때문이다. 그러나 유길준의 문법의 서문에는 자신의 제4차 원고본이
세간에 유포되어 벌써 재판에 이르렀다고 하는 것을 보면 1년 먼저
나온 최광옥의 문법과 모종의 복잡한 사정이 얽혀 있음이 틀림없다.
이 문제를 처음으로 제기한 사람은 민족학자 안확이었다. 그는『朝鮮
文學史』(1922)에서 최광옥이 유길준의 문법을 차인(借印)하였다고 언급
하였고 김윤경의『朝鮮文字及語學史』(1938)와 최현배의『한글갈』
(1942)에서도 출판은 최광옥의 문법이 앞서지만 저술은 유길준의 것이
앞선다는 점을 인정하였으며 이희승의『國語學槪說』(1955)에서도 유
길준의 문법이 최광옥에 앞선다는 점을 지적하였다.

유길준과 최광옥의 문법에 얽혀 있는 복잡한 관계는 김민수의「『大

韓文典』攷」(『서울대학교 논문집–인문사회과학편』 4, 1957)에서 비로소 명쾌하게 밝혀졌다. 김민수는 두 사람의 『大韓文典』을 두 종류의 필사본 『朝鮮文典』과 상호 비교한 결과 최광옥의 문법이 유길준의 원고본을 입수하여 자신의 이름으로 출판하였다는 사실을 실증하였다. 더욱이 1970년대 후반부터 편찬되기 시작한 『歷代韓國文法大系』(김민수·하동호·고영근 공편)에서 『朝鮮文典』의 유인본이 몇 종류 더 발견됨에 따라서 최광옥의 문법이 그의 창작이 아니라는 점이 백일 하에 드러났다. 최근에 와서 현전 『朝鮮文典』류 6종과 『大韓文典』류 2종을 서로 비교한 서평이 장윤희와 이용에 의하여 나옴으로써(『형태론』 2권 1호 참조) 최광옥의 차인 사실이 더욱 분명하여졌다. 유길준은 관심 영역이 민족어문뿐만 아니라 정치·경제·사회·교육 등에 걸쳐 있어 그에 대한 연구 성과도 적지 않다. 더욱이 작년에 유길준이 12월의 문화 인물로 지정됨에 따라 한국어문회와 한글학회에서는 그의 업적을 전면적으로 다시 평가하는 행사를 가지기도 하였다.

우리 민족의 학자 가운데서 주시경만큼 추모를 많이 받고 연구가 많이 된 사람은 달리 없다고 생각한다. 주시경의 민족어 어문과 문법 연구에 대하여는 처음에는 그의 문하생들이 독점하였다. 특히 일제 강점기에 조선어학회가 민족어문의 표준화 사업을 추진할 때 주시경은 항상 문하생들에게 찬양과 추모의 대상이 되었다. 그러다가 탄생 80주년과 탄생 100주년을 계기로 하여 본격적인 연구가 시작되었다. 주시경 연구의 흐름에 대하여는 필자가 『주시경학보』를 창간함에 즈음하여 붙인 「주시경 연구의 어제와 오늘」(『주시경학보』 1, 1988)에서 작고 후부터 1980년대 후반까지의 업적을 종합·검토한 바 있고 『한국의 언어연구』(도서출판, 亦樂)에서 그 내용을 수정·보완하면서 1988년부터 20세기 말까지의 성과를 따로 종합한 일이 있다. 이곳에서는 위의 두 글을 중심으로 주시경 연구의 업적들을 중점적으로 검토해 보기로 한다.

주시경의 생애와 업적에 대하여는『靑春』2호(1914. 10)에 실린「周時經先生歷史」에 비교적 소상하게 적혀 있다. 이글은 그 사이 권덕규가 집필한 것으로 알려져 왔으나 임홍빈의「주시경 선생 역사의 필자에 대하여」(『주시경학보』2, 1988)에서 최남선이 집필한 것으로 비정(批正)하였다. 주시경에 대한 평가는『新生』2권 9호 (1929)에 실린「周時經先生 15週忌紀念特輯」이 시발점이 되었다. 이곳에서는 주시경의 동료였던 이능화와 문하생이었던 이병기, 신명균, 백남규, 정렬모 등의 회고담과 평가가 실려 있어 주시경이 역사의 전면에 부각되기 시작하였다. 이와는 달리 조선어학회에 대하여 적대적인 태도를 취하고 있었던 박승빈의 조선어학 연구회와 안확 등은 주시경을 우리 어문의 파멸자(破滅者)였다고 부정적인 평가를 내렸다.

주시경에 대한 본격적인 평가는 8.15 해방과 더불어 접할 수 있다. 해방 후 주시경을 처음으로 연구한 사람은 정태진이었다. 정태진은 주시경의 직접적인 문하생이 아니었다. 정태진은 연희전문학교를 마치고 미국으로 유학을 떠나 교육학을 전공하였으며 귀국하여서는 조선어학회에서 사전 편찬에 종사하다가 조선어학회 사건에 연루되어 옥고를 치른 바 있다. 해방 후에는 대학 강단과 교사 양성소에서 교편을 잡으면서 국어 교과서의 편찬에 종사하기도 하였다. 정태진은 2회에 걸친「周時經선생」이라는 논문(『한글』99, 101, 1947)을 통하여 주시경의 생애와 업적을 전면적으로 조명하였다. 주시경 연구는 뒤이어 북한에서도

시도되었다. 신구현은 2회에 걸쳐 「국문운동의 선각자 주시경 선생의
생애와 업적」을 북한의 어문연구 기관지 『조선어연구』(1권 4, 5호, 1949)
에 기고하였다. 신구현은 일제 강점기에 경성제국대학 조선어문학과를
졸업한 어문학자로서 주시경과는 아무런 학연이 없다. 신구현은 북한
의 어문 정책의 기조가 주시경의 사상에 근원을 두고 있음을 훤전(喧傳)
하기 위하여 주시경 연구에 착수하였다.

　주시경 연구가 본 궤도에 오른 것은 탄생 80주년을 맞이하면서부터
였다. 북한 과학원 언어문학연구소는 주시경 탄생 80주기를 맞아 『주
시경 유고집』을 편찬하고 주시경의 사상과 학문에 대한 집중적인 연구
를 수행하였다. 주시경 유고집은 일제 강점기에도 나오지 않은 바 아니
었으나 원전을 다시 조판하는 과정에서 빠뜨린 것이 있어 주시경의 학
문을 올바로 평가하기가 어려웠었는데 북한의 유고집은 『國語文典音
學』, 『國語文法』, 『말의 소리』의 원 자료를 영인하여 원전을 대상으로
한 연구를 가능하게 하였다. 북한은 주시경의 탄생일을 양력으로 환산
하여 12월 22일로 잡아 거국적인 행사를 치렀다. 특히 정렬모가 『주시
경유고집』에 붙인 「략전」을 통하여는 주시경의 사망 원인과 사망 시간
을 정확하게 알 수 있고 "범아 범아 … '로 시작하는 자작 동요를 얻을
수 있다. 탄생 80주년을 맞이한 연구 업적으로는 앞서 든 신구현의 기
고가 더 다듬어져 실려 있고 정렬모, 박의성 등의 문법과 문자 개혁에
관련되는 깊이 있는 기고가 보인다. 당시 북한의 철학계에서는 주시경
을 박은식, 신채효와 함께 계몽 사상가의 반열에 놓기도 하였다. 북한
의 주시경 연구는 탄생 85, 90주기를 맞아서도 접할 수 있고 주시경을
소련의 학계에 알리는 일도 게을리 하지 않았다. 요컨대 북한은 주시경

의 사상과 학문을 토대로 하여 북한의 어문 정책을 수행하고 어문 연구의 출발점으로 삼았던 것이다.

남한의 연구는 탄생 100주년까지는 일제 시대의 신명균의 유고집을 그대로 이용하여 왔기 때문에 적어도 서지·문헌적 측면에서는 북한에 뒤져 있었다. 주시경의 문하생이었던 김윤경과, 허웅 등이 전기를 쓰기는 하였으나 자료에 대한 연구가 부실하여 잘못된 곳이 적지 않다. 그러는 가운데서도 김민수만은 특이하게도 이력서를 찾아 연보를 정확하게 구성하고 특히 양력 탄생일을 12월 22일로 계산 하는 등의 성과를 올렸다. 이어 김민수는 주시경이 미국 언어학자 블룸필드(L. Bloomfield)보다 20년이나 앞서 형태소에 해당하는 "늣씨"를 세웠음을 밝혀 우리 언어 연구의 우수성을 대외적으로 선양하기도 하였다. 남한의 주시경 연구는 1970년대에 들어서면서 한 획을 그었다. 최남선 작고 후 그 장서가 고려대학교 육당 문고로 들어오게 되자 주시경의 수택본 자료들이 얼굴을 내밀었다. 이기문은 육당 문고와 일본 동경대학 오구라 문고에서『대한국어문법』과 국문연구소 관계 자료를 발굴하여 주시경의 어문 사상을 새로이 조명하였으며 그밖에도「국문론」등의 자료가 새로이 발견되었다. 외솔회에서는『나라사랑』을 통하여 주시경 특집호를 내기도 하여 주시경 연구를 다그칠 수 있는 바탕을 마련하였다. 소련에서는 마주르, 콘체비치 등 그곳 한국어학자들의 손으로 주시경의 업적과 활동이 평가되기도 하여 주시경이 점차적으로 국제학계에 그 모습을 드러내기 시작하였다.

주시경 탄생 100주기를 맞는 1976년은 여러 모로 뜻 깊은 해였다. 우선 이기문에 의하여『周時經全集』(상, 하)이 편찬되었다. 당시까지

확인된 모든 자료가 원래의 모습으로 한 자리에 모임으로써 주시경을
거시적·학제적으로 연구할 수 있는 터전이 마련되었다. 학술 행사도
국어학회와 한글학회의 두 군데서 개최되었다. 소련 관영 통신 모스크
바 방송은 주시경 탄생 100주년 기념 방송을 통해서 주시경을 단순한
어문학자로 보기보다는 일제에 항거한 애국자로 평가하였다. 소련에
주시경이 알려진 것은 1950년대부터였음을 앞에서 보았고 1970년대
전반에는 소련학자들의 손으로 주시경이 평가를 받은 바 있다. 주시경
전집의 편찬이 계기가 되어 주시경의 사상과 학문에 대한 새로운 해석
들이 쏟아져 나왔다. 신용하는 「주시경의 애국계몽사상」(『한국사회학연
구』 1. 1976)에서 주시경을 애국 계몽 사상가로 규정하였고 이기문은 주
시경 학문의 독창성을 수리학의 지식과 관련하여 해석하기도 하였다.
김민수의 『周時經研究』 (1977)는 주시경에 대한 최초의 본격적인 저서
라는 점에서 주의를 끈다. 김민수는 서지·문헌적 측면에서 출발하여
주시경의 사상과 학문에 대한 연구성과를 한 권의 책 속에 거두어들였
다. 김민수가 중심이 되어 편찬한 『歷代韓國文法大系』에는 이기문의
전집 속에 들지 않은 주시경 자료들이 계속 얼굴을 내밀었고 주시경이
중심이 되어 편찬하던 『말모이』가 이병근에 의하여 공개되고 새로 얼
굴을 내민 『소리갈』이 최명옥과 김민수에 의하여 연구됨으로써 주시경
학문의 특수성과 학설의 발전 과정을 정확하게 추적할 수 있는 여건이
조성되었다. 중국민국 유학생 차이리엔강(蔡連康)(현재 대만 정치대학 한국
학과 교수)은 『國語文法』 이본(異本) 3종을 비교하여 정본 확립의 기반을
마련하기도 하였다. 이밖에도 김민수는 주시경의 가장 충실한 제자였
던 이규영의 어문 자료를 발굴하여 그의 문법 연구의 특수성을 주시경

과 관련하여 밝히기도 하였다. 1980년대에 들어서면서는 주시경 연구를 본격화할 수 있는 일들이 많이 일어났다. 먼저 『한글모 죽보기』의 출현을 들 수 있다. 이 책은 앞서 언급한 주시경의 직계 문하생이었던 이규영이 편찬한 한글모(朝鮮言文會)에 대한 기록이다. 1907년의 하기국어강습소로부터 1917년의 조선어강습원에 이르는 국어(조선어) 강습 상황과, 1908년의 국어연구학회로부터 1916년의 조선언문회에 이르는 민족 어문 단체의 활동 상황을 구체적으로 기록하였다. 이 자료에는 주시경을 중심으로 한 이른바 한글모(조선언문회)와 한글배곧(조선어강습원)의 연혁과 활동 상황이 소상하게 적혀 있고 특히 조선어강습원의 졸업생 명단과 성적까지 기록되어 있어 자료 상의 가치가 매우 크다. 그리고 국어학회에서 가진 〈周時經의 國語硏究〉에서는 이기문과 고영근이 주시경의 언어 이론을 문자 이론과 형태·통사 이론에 걸쳐 새로이 조명하였다. 고영근은 주시경의 「짬듬갈」을 현대 기호학과 관련시켜 해석하면서 특히 『國語文法』이 통사론을 기반으로 성립되어 있으되 의미론과 화용론을 존중하는 바탕 위에 서 있다고 보았다. 이 자리에서는 "주시경 연구회"나 "주시경 연구소"의 설립 필요성이 주장되기도 하였다.

1980년대 후반에는 1980년대 전반에 겨냥하였던 연구회와 연구소가 걸립되어 주시경 연구를 한층 차원 높게 연구할 수 있는 터전이 형성되었다. 한글학회에서는 주시경 탄생 110주년을 맞아 "한힌샘 연구 모임"을 결성하였고 김민수 등을 중심으로 하는 국어학회 측에서는 "주시경 연구소"를 주식회사 탑출판사 안에 설립하였다. 또 이해에는 고영근과 이현희가 주시경의 『國語文法』의 교감본을 내었다. 앞에서 자유 중국의 유학생 차이리엔강이 『國語文法』의 이본을 비교하였다고 하였는데 고영근과 이현희는 이를 바탕으로 하여 교감본을 내었다. 김민수의『周時經研究』증보판이 동시에 출간되고 이듬 해에는 한글학회에서『주시경 연구 논문집』이 나옴으로써 주시경 연구는 일단 숨을 돌릴 여유를 얻게 되었다. 이후 주시경 연구소는『周時經學報』를 통하여 주시경 관련 자료의 현대화와 새로운 자료의 발굴에 힘을 기울였고 한글학회에서는 기관지 한힌샘 주시경연구』를 통하여 주시경과 그 후학들에 대한 연구를 진행하여 왔다. 1990년에 들어오면서 김민수는『周時經 全書』6권을 간행하여 당시까지 발견된 주시경과 그와 관련되는 모든 자료를 집성하였다. 이곳에서 특기할 것은 주시경이 대한제국 통감부 내무에 제출하였던『國語文法』의 검열용 원고본이 발견되었다는 점이다. 이 책의 발견으로『國語文法』의 형성 과정을 소상하게 밝힐 수 있었다. 필자는「주시경의 국어문법의 형성에 얽힌 문제」(『大東文化研究』30, 성균관대학교, 1995)를 통하여『國語文法』이 원고본에서부터 활판본에 이르기까지 변개를 거듭한 사정을 자세히 구명하였다. 더욱이 1991년에는 주시경이 10월의 문화 인물로 지정되어 남한에서는 처음으로 거국적인 행사를 치렀다. 문화부에서는 추모 책자를 내었고 주시경 연구소에서는 학문과 사상에 걸친 추모 행사를 거행하였으며 국립국어연구원에서는 추모문집을 내기도 하였다.

주시경에 대하여는 아직도 연구할 주제가 대상이 많다. 가장 중요한 것은 앞서 든 교감본을 바탕으로 하되 앞서든 검열용 원고본을 참고하여『國語文法』의 정본 수립을 시도해야 하고 이것이 완결되면 이를 현대화하는 일에 손을 대어야 한다. 주시경 자료의 현대화는『周時經學報』의 발간 중단으로 중단 상태에 있다.『國語文法』을 비롯하여 모든 자료들이 현대화되면 주시경의 사상과 학문에 그만큼 쉽게 접근할 수 있고 그것이 여러 나라 말로 번역이 되면 세계 학문사 상에서 차지하는 주시경의 위치가 더 뚜렷해지리라고 믿는다. 그리고 주시경 연구의 1차 자료도 아직 출현을 기다리는 것이 있다. 주시경이 1898년에 개성(槪成)하였다고 하는 『國語文法』 초고는 아직도 그 얼굴을 내밀지 않고 있다. 현존의 국어문법의 「짬듬갈」은 20세기 초에 미국에서 간행된 *English Lessons*에서 상당한 영향을 받아 저술되었다는 점이 정승철의 「『國語文法』과 English Lessons」(국어국문학 134, 203)에서 지적된 바 있다. 그렇다면 19세기 말의 『國語文法』은 그 나름의 특수성을 지니고 있을 것이 예상된다. 그리고 주시경의 일기는 일제 강점기에 그 일부만 공개되었다. 일설에 의하면 한국 전쟁 때 소장자의 부주의로 소실되었다고 하나 확실한 증거는 없다. 이 자료가 나오면 주시경의 주변과 당시의 사회사와 문화사를 구명하는 데 크게 이용되리라 믿는다.

[붙임] 주시경의 『國語文法』의 이본 4종을 비교하여 두 종류의 정본(定本)을 마련하고 이를 현대화한 『주시경 국어문법의 교감과 현대화』(고영근·이용·최형용)가 『國語文法』(1910. 4. 15)의 간행 100주년을 맞아 도서출판 박이정에서 올 4월 30일에 출판되었음을 밝혀 둔다.

③ 이윤재와 최현배에 대한 연구

이윤재는 주시경의 문하생이 아니면서도 주시경의 학문과 사상을 가장 충실하게 계승·발전시킨 어문학자이자 역사학자였다. 이윤재는

1913년 마산창신학교에 근무할 때, 주시경의 제자인 김윤경을 통하여 주시경의 학문과 사상에 심취하였다. 이윤재는 그 뒤 북경 유학을 통하여 민족 어문과 민족사 연구의 중요성을 인식하고 신채효를 만나면서 관련 업적을 많이 남기기도 하였거니와 귀국하여서는 조선어학회에 가입하여 기관지『한글』을 창간하는 등 민족 어문의 표준화 연구와 실행에 많은 기여를 하였으며 일제 말기에는 조선어학회 사건에 연루되어 1943년에 함흥 감옥에서 옥사하였다. 이윤재에 대하여는 해방 후 여러 차례의 추모 행사를 통하여 그의 업적과 사상이 조명을 받은 바 있고 그 뒤에는 김윤경, 이희승, 강신항의 손으로 본격적으로 평가되기 시작하였으며 외솔회에서는『나라사랑』13(1973)을 이윤재 특집호로 편집하여 이윤재를 역사의 전면에 내세우기도 하였다.

　필자는「국어학사의 재조명―이윤재」(『주시경학보』2, 1988)(『한국어문운동과 근대화』, 탑출판사. 1998에 옮겨 실음)를 통하여 하동호가 작성한「환산 이윤재 선생 서지」(『나라사랑』13, 1973)을 기반으로 삼아 맞춤법, 사전편찬, 문자사의 세 주제에 걸쳐 학문적 업적을 평가하고 이윤재의 어문관의 형성 배경에 대하여도 주의를 놓치지 않았다. 1992년은 이윤재가 10월의 문화 인물로 지정되어 거국적인 추념 행사를 가지기도 하였다. 필자는 이윤재의 모든 자료를 대상으로 우선 호적 등본과 각급 학교 재직 증명서에 기대어 연보와 저작 목록을 확정하고 학문과 사상을 전면적으로 평가하여 이윤재를 문사민족주의를 창도한 사회 사상가로 해석하기도 하였다. (「이윤재의 사상체계」, 주시경학보 10, 1992)

[붙임말] 필자는 위의 글에서 이윤재를 "문사민족주의"를 창도하였다고 하였

는데 "문화 민족주의"로 바꾸었다.(졸저『민족어의 수호와 발전』, 제이앤씨, 2008, 211-14쪽). 한편 필자는 이윤재와 함께 이극로도 같은 문화 민족주의의 반열에 넣었다.(위의 책 272쪽)

이윤재는 몇 권의 저서와 150여 편의 논문, 논설, 수상을 남겼으며 그 영역도 어문, 역사, 민속, 연극과 희곡에 걸쳐 있었다. 북경 유학 시절에『東明』지상 등에 발표한 당시의 중국 사정에 대한 보고문은 동양 사학자 민두기에 의하여 그 중요성과 우수성이 평가된 바 있다. 주시경, 김윤경의 업적은 전집의 형태로 집성되기는 하였으나 이윤재의 업적은 아직도 집성된 바 없다. 조만간 이윤재의 모든 저술이 한 자리에 모이기를 기대해 본다.

최현배는 김두봉, 정렬모 등과 함께 주시경의 학문과 사상을 가장 충실하게 계승한 어문학자이다. 최현배에 대하여는 작고 이후 외솔회의 기관지『나라사랑』을 통하여 여러 차례 평가를 받은 바 있고 1993년에는 10월의 문화 인물로 지정되어 거국적인 추모를 받기도 하였다. 특히 두 권의 최현배 연구서(고영근,『최현배의 학문과 사상』, 집문당, 1995; 김석득,『최현배의 학문과 사상』, 연세대학교 출판부, 2000)를 통하여 그의 학문과 사상이 종합적으로 조명을 받았다.

필자는 앞의 이윤재에 대한 연구에서 사용하였던 방법론을 최현배의 경우에도 그대로 적용하였다. 호적등본, 학적부, 재직 증명서를 기반으로 삼아 연보를 확정하였으며 모든 자료를 한 자리에 모아 놓고 저작 목록을 확정하여 5 시기에 걸쳐 학문과 사상을 전면적으로 조명하였다. 저작 목록을 작성하는 과정에서 필자는「朝鮮民族更生의 道」의 동아일보 최종 연재분이 최현배의 자술 기록인 66회와는 달리 실지의 자료를 통하여 65회라는 사실을 밝힌 바 있다. 그런데 앞에서 든 김석득의 최현배 연구에서는 최현배의 자술 기록 66회를 취하였다. 사람의 기억과 실제 자료상의 기록중 어느 것이 정확한지는 삼척동자라도 분별할 수 있다. 필자는 연보를 작성하는 과정에서도 잘못된 점을 많이 발견하였다. 논저 목록의 작성에서는 게재 면수와 전재된 책의 면수를 밝히는 등 최선을 다하였다.

최현배의 사상은 한 마디로 실천적 이상주의였다. 그는 위로는 주시경으로 대표되는 개화기 이래의 애국계몽사상을 물려받고 옆으로는 독일 이상주의 철학과 페스탈로치 교육사상을 흡수하여 실천적 이상주의를 창도하였다. 최현배의 민족 개조 사상과 교육 사상은 실천적 이상주의의 산물이었다. 최현배가 거의 한 평생을 바치다시피한 우리말과 우리글에 대한 실천적 연구와 그 보급에 관한 문제도 일차적으로 교육 사상과 민족 개조 사상의 테두리 안으로 수렴할 수 있고 크게는 실천적 이상주의의 산물이라고 규정할 수 있다.

최현배의 학문과 사상은 5시기로 나누어 그 특수성을 간추릴 수 있다. 제1기에는 가로풀어쓰기 안을 제안하면서 『우리말본』의 『소리갈』의 체계와 품사론의 체계를 다듬었고 제2기에는 1기의 성과를 토대로 하여 『우리말본』을 완성하였다. 제3기에는 『한글갈』을 완성하여 정음학 체계를 구축하고 가로풀어쓰기를 정립하였으며 제4기에는 청년기의 사상체계를 시대적 요구에 맞게 다듬었고 문자 개혁 이론을 완성·정립하고 『우리말본』을 보정하였다. 제5기는 청년기에 싹이 튼 민족 개조 사상과 교육 사상을 "나라사랑"이라는 새로운 형태의 사회 사상으로

환골탈태시키면서 『한글갈』을 고쳐쓰고 한글 전용론의 이론적 기반을
다져나갔다. 특히 외솔은 이미 30대 중반에 자신의 문법 체계를 한글
맞춤법 통일안에 반영시키는가 하면 30여년 동안 그때그때의 시대적
요구에 부응할 수 있는 교육 문법을 저술하여 자신의 이론을 교육 현장
에 보급하는 일도 게을리하지 않았다.

최현배는 20여 권의 저서와 400여편의 논문, 논설, 수상을 남겼다.
그럼에도 불구하고 아직도 그의 업적이 집성된 바 없다. 조만간 최현배
의 모든 저술이 일당에 모이기를 기대해 본다.

4 마무리

개화기와 일제 강점기에 민족 어문을 연구하여 민족 어문의 표준화
에 진력한 사람은 앞에서 언급한 유길준, 주시경, 이윤재, 최현배 밖에
도 많이 들 수 있다. 김규식, 김희상, 김두봉, 장지영, 김윤경, 이상춘,
이극로, 이희승, 정인승, 정렬모, 정태진 등의 주시경 후계학자들과 박
승빈, 안확, 홍기문 등의 반주시경학파를 들 수 있다.

주시경 후계학자 중 장지영, 김윤경, 이희승, 정인승, 정태진은 전집
이 간행되고 10월의 문화 인물로 지정된 바 있어 사상과 학문이 전면적
으로 조명을 받았지만 북쪽으로 간 김두봉, 이상춘, 이극로, 정렬모,
홍기문 등은 오래 동안 이름조차 입에 올리는 것도 금기시되어 역사의
그늘 속에 묻혀 있었다. 다행히 지난 세기 90년대 이후 한국 정부의
북방 정책에 힘입어 더러 평가를 받기는 하였으나 그들이 쌓은 업적에

값하는 대접을 받지 못하고 있다. 그리고 반주시경 학파도 월북한 학자들에 못지 않게 철저히 역사의 이면에 파묻어 두었다. 사실 주시경 학파가 일제 강점기에 민족 어문의 표준화를 성취한 뒤켠에는 반주시경 학파의 비판과 견제가 크게 작용하였다는 사실을 명심할 필요가 있다. 안확은 2002년에 12월의 문화인물로 지정되어 거국적인 추모를 받은 바 있지마는 박승빈은 아직도 그런 기미가 보이지 않는다.

통합과 통일의 시대를 맞아 북쪽으로 간 어문학자와 반주시경 학파도 10월의 문화 인물로 지정하여 거국적인 추모 행사를 벌이고 연구를 활성화할 필요가 있다. 그리고 해방 후 남쪽과 북쪽에는 민족 어문의 표준화는 물론, 민족어를 문명 어문으로 가공하고 발전시키는 데 헌신한 어문학자들이 많다. 개화기와 일제 강점기를 거쳐 남북 분단에 이르기까지 수행되어 온 민족 어문의 표준화와 가공화를 위한 노력의 결실들이 한 자리에 모이게 되면 갈리진 민족의 어문을 통합할 수 있는 언어 철학을 창출할 수 있으리라고 믿는다.

민족어
학의
건설과 발전

|2|
이극로의 어학사 상의 위치

1 들어가기

고루 이극로(李克魯) (1893~1978)(앞으로 그의 아호 '고루'를 사용함)는 일제 강점기에 조선어학회의 실질적 대표로서 우리 어문의 표준화를 위하여 반생을 바친 사회 사상가이며 동시에 어문학자였다. 고루는 온갖 역경 을 헤치면서 상해 동제(同濟)대학 예과를 거쳐 베를린대학에서 경제학 으로 박사 학위를 받고 귀국 길에는 세계를 주유(周遊)하였으며 환향(還鄕)과 동시에 조선어학회에 입회하여 사전 편찬을 비롯한 우리 어문의 제반 표준화 사업을 진두 지휘하였다. 이러저러한 경력 때문에 고루는 조선어학회 사건 때 회원 중 죄질이 가장 무거운 징역 6년의 선고를 받았다. 해방 후에는 조선어학회를 재건하여 잃었던 우리말과 우리글 을 되찾는 일에 헌신하다가 1948년 김구(金九)의 남북 협상 때 민간 단 체의 대표로 참석한 바 있다. 그러나 고루는 일행과는 달리 돌아오지 않고 평양에 머물러 북한의 어문 정책을 기획·추진하고 우리말 연구를 이끌었다[1].

고루가 베를린에서 비록 경제학으로 학위를 받기는 하였지만 수학 과정에서는 부전공으로 인류학과 언어학을 수강하였으며 특히 고루는 당시 국제 언어학계를 풍미하고 있었던 역사 언어학과 소장문법학파의 영향을 받은 것으로 보인다. 고루가 베를린 유학 시절에 남긴 업적은 학위 논문의 주제인『중국의 생사공업』(1927)(*Die Seidenindusrie in China*)과 일본의 우리나라 침략을 규탄하는 2권의 저서를 들 수 있다. 전자는 그 질적 우수성이 인정되어 학교 당국으로부터 출판 보조금까지 받았다. 후자는『조선의 독립운동과 일본의 침략정책』(1924)(Unabhängigkeitsbewegung und japanische Eroberungspolitik)[2],『한국과 대일 독립투쟁』(1927)(KOREA und sein Unabhängigkeitskampf gegen den japanischen Imperialismus)[3]이다. 앞의 책은 일본의 정치적 침략 행위를 고발한 것으로 수년전에 필자가 공개한 바 있으며[4], 뒤의 책은 일본의 경제, 문화 방면의 침략 행위를 규탄한 것으로 오늘 이 자리에서 처음 공개하는 바이다.

고루가 귀국 후부터 1948년의 북행에 이르기까지 발표한 글은 단행

1) 고루의 행적과 수학 경력에 대하여는 이극로 (1936/ 1947), 이종룡 (1993), 박용규 (2005), 고영근 (2005)을 보라. 이들은 이극로박사기념사업회편 (2010)에 실려 있다. 이극로 (1947)은 1936년『朝光』3월호부터 8월호까지 6회에 걸쳐 연재한 것을 내용을 보강하여 단행본으로 출간한 것인데 책의 이름은 『苦鬪 四十年』이다. 이 책은『國學硏究』4(韓國大倧思想硏究會, 1998, 201 -273)에 원문대로 재현되어 실려 있다.
2) 이 자료는 독일 괴팅엔 대학교 이희우 박사가 제공하였다.
3) 이 자료는 독일 라이프치히 대학에서 음악학을 공부하고 있는 필자의 둘째 아들 병량(秉良)이 제공하였다.
4)『韓國人物史硏究』5 (2006)에 실린 졸고를 보라.

본을 포함하여 200종이 훨씬 넘는다. 이들은 사회 사상과 어문 운동에 관련된 내용이 주축을 이루고 있고 우리말이나 일반 언어학에 관련된 업적은 그리 많지 않다. 고루의 국어학 및 언어학적 업적은 대부분 해방 후에 집성된 『實驗圖解朝鮮語音聲學』(1947)과 『國語學論叢』(1948)에 실려 있다. 그러나 전재(轉載)하는 과정에서 원 제목을 바꾸거나 내용을 가감한 일도 있어 주의를 요하는 면도 있다. 북행 이후의 업적으로 대표적인 것은 「조선말의 력점연구」(1957), 「북청방언의 조연구」(1963), 「체언에 붙는 접미사 〈이〉의 본질」(1964), 「조선어 조 연구」(1966)를 들 수 있다[5]. 이 자리에서는 고루의 어학적 업적을 몇 분야로 나누어 당시의 우리말 연구의 패러다임과 후대에 미친 영향 문제와 관련시켜 가면서 평가함으로써 우리 어학사의 한 모퉁이를 메워 보고자 한다. 해방 이전의 업적은 「朝鮮語의 時間 表示法」(1935)과 같이 제목과 원 발표 연대를 밝혀 평가에 임하기로 한다. 구체적인 서지사항은 끝에 마련한 「평가 대상의 업적」을 통하여 밝히기로 한다.

2 음성학과 음운론

고루의 음성학과 음운론 연구는 해방 전과 해방 후로 나누어 고찰할 수 있다. 해방 전은 먼저 훈민정음과 '♀' 음가에 대한 사색을 들 수 있다. 고루는 「訓民正音의 獨特한 聲音 觀察」(1932)에서 비교 문자론,

---

5) 고루의 저작목록은 고영근 (2006가)의 「부록」을 보라.

성음 분류법, 후음의 세 주제를 논의의 대상으로 삼았다. 비교 문자론에서는 자음 배열법은 산스크리트의 영향을 받았고 자형은 몽고 문자의 영향을 받았다고 추정하였다. 훈민정음 해례본이 나타나기 전이었기 때문에 누구든지 이런 생각을 가졌다.

성음 분류법에서는 비교 음성학, 초성과 중성의 배열 문제를 다루었다. 비교 음성학에서는 서양 문자의 관점에서 자음과 모음을 분류하는 방식보다는 "波動音"을 분류하는 방식이 훨씬 과학적이라고 평가하였으며 훈민정음에서 성대 진동음 종성 'ㅇ'을 둔 것은 매우 잘된 일이라고 극찬하였다. 파동음은 초성을 가리키는데 이를 "소리나는 자리"와 "소리 내는 짓"을 따라 배열하였다고 보고 과학적이라고 평가하였다. 전자는 "조음위치"를 뜻하고 후자는 "평음, 격음, 탁음"을 대당시킨 것으로 보아 『훈민정음 해례』의 "전청, 차청, 불청불탁"에 상당한 것 같다[6]. 그러니까 고루는 '牙舌脣齒喉' 등의 조음 위치에 따른 분류와 가획에 근거한 분류를 서양 음성학의 조음 위치와 조음 방식에 의한 분류보다 과학적이라고 본 것 같다. 『훈민정음 해례』가 나오기 전이었으니 훈민정음에 대하여 각양 각색의 의견이 족출(簇出)하였던 것이다[7]. 후음 문제에서는 훈민정음의 'ㆆ'는 "聲帶破障音"으로, 'ㅇ'는 "聲帶振動音"으로 보았고 그밖에 'ㆅ'에 대하여는 후음의 일종으로 보았으며 'ㆀ'은 정확한 음가 추정을 보류하였다[8].

---

6) 허웅 (1983: 348)에서는 "加劃"에 의한 소리의 "약한, 된, 거센"을 "힘"에 의한 구분으로 처리하였다.
7) 이를테면 최현배의 「훈민정음의 글자의 모양과 벌림에 대하여」 (1932)를 보면 그런 사정이 간취된다. 관련 논의는 고영근 (1995가: 105-109)를 보라.
8) 고루의 훈민정음에 대한 관찰에 대하여는 박지홍 (1992)의 평가가 있으나 앞

「訓民正音의 "中間 ㅅ" 表記法」(1939)에서 고루는 '사이 시옷'을 성대 폐쇄음으로 보고 국제 음성 기호의 '?'에 대당시켰으며 이 자리에 훈민정음의 후음 'ㆆ'을 쓸 것을 제안하였다 이는 마치 통일안에서 '햐'의 줄인 형태로서 'ㅎ'을 중간에 두는 것과 마찬가지라고 하였다. 이 글은 통일안의 사이시옷 표기의 불합리한 점에 이의(異議)를 품고 대안으로 제시한 것이다. 그러나 고루가 '니르고져 홇 배'의 'ㆆ'을 사이소리로 본 것은 잘못이라는 것을 지적하여 둔다. 그것은 어쨌든 이 문제에 대하여는 아직도 그 가부가 논의되지 않은 것 같다.

고루는 'ㆍ' 음가에 대하여 통찰력 있는 견해를 제안하였다. 고루는 먼저 「'ㆍ'의 音價에 對하여」(1937)에서 문헌과 방언을 바탕으로 그 음가를 추정하였다. 먼저 'ㆍ'에 대하여 음가를 논한 주시경과 오구라의 견해를 비판적으로 검토한 바탕 위에서 제주도 방언을 예로 들어 단모음으로 보았으며 그 음가를 인도·유럽어의 'ɔ'에 비정(批定)하였다. 1940년에 훈민정음 해례가 발견되자 고루는 「"ㆍ"의 音價를 밝힘」(1941)에서 제자해의 "舌縮而聲深"을 근거로 하여 그것이 제주 방언의 'ㆍ'음의 음가와 같음을 증명하고 도표를 통하여 "舌高別"(혀높이)로는 "低舌音"(낮은 혓소리)이고 "舌位別"(혀자리)로는 "後位音"(뒷소리), "顎角別"(입아귀)로는 "大角音"(큰아귀소리), "脣形別"(입술꼴)로는 "圓盾音"(둥근 입술소리)이라 하여 원순성을 띤 후설 저모음임을 논증하였다[9]. 한자어

으로 그 진위를 더 밝힐 필요가 있어 보인다.
9) 이숭녕 (1949/ 1988: 414-416)에서는 이극로 (1937)에 대하여 '아, 오'의 간음이라는 주장과 함께 언어지리학적 방법을 원용한 것을 긍정적으로 평가하였다. 한편 최현배 (1942/ 1961: 458)에서는 제주방 언을 근거로 'ㆍ'의 음가를 추정하는 것이 과연 옳겠는가 하고 회의를 표하였다. 그리고 이극로 (1941)은

는 원래의 발표문에 나오는 것이고 괄호 안의 고유어는 해방 후의 단행
본에 나오는 것이다. 앞에서 잠시 비친 바와 같이 고루는 해방 전에
쓴 글을 묶을 때 논문 제목과 용어를 바꾼 것이 많다.

고루의 음성학은 『實驗圖解朝鮮語音聲學』(1947)에 집성되어 있다.
모두 2부로 구성되어 있는데 1부는 실험 음성학을, 2부는 "音의 상관성"
을 다루었다. 해방 전에 『한글』을 비롯하여 월간지에 발표했던 글을
다시 편집한 것이다10).

고루가 유럽 유학에서부터 만년에 이르기까지 시종일관 관심을 기울
였던 분야는 음성학이었다. 고루는 1927년에 학위를 받고 1928년에는
런던, 베를린, 파리에서 음성학을 연구하였다. 특히 고루는 1928년 봄
에 체코 출신의 스라메크 박사와 함께 한 달 동안 파리대학 음성학
실험실에서 불철주야(不撤晝夜) 인조구개로 우리말의 자음과 모음의 발
음 위치를 확정하고 카이모그라프로써 그것을 확인하였다. 해방 전은
물론이고 해방 후에도 음성 실험실을 갖추지 못하였던 일제 강점기의
우리의 실정을 감안할 때 고루의 실험 음성학적 작업은 선구적인 측면
이 있는 것만은 틀림없다11).

전자의 견해를 훈민정음 해례의 규정으로써 보강한 것이지마는 'ᅌ' 연구사에
서 언급된 일이 없는 것 같다. 위의 고루의 견해는 『實驗 圖解 朝鮮語 音聲學』
17-18쪽에도 인용되어 있다. 초고를 읽은 이진호 교수는 고루의 해석에 문제
점이 많다는 견해를 보내 왔다. 훈민정음 해례본의 'ᅌ'의 음가 설명과 이의
모음도(母音圖) 상의 위치에 대하여는 의견이 구구하다. 고루의 견해와 관련
시켜 이 문제가 정당하게 평가되기를 바란다.

10) 조남호 (1991)에 그 사이의 사정이 잘 정리되어 있다.
11) 이런 점은 이상억 (1989), 조남호 (1991), 김영송 (1992), 이숙희·고도흥
(2000)에 지적되어 있다.

고루 이전은 김두봉의 생리 음성학에 의한 음성학 연구[12]와 최현배의 조음 음성학에 의한 음성학 연구[13]의 수준에서 맴돌고 있었는데 실험 음성학의 방법, 그것도 실험 음성학의 본 고장인 영국, 독일, 프랑스에서 우리말 소리의 위치를 실험을 거쳐 확정하였다는 점에서 학설사적 의의를 부여할 수 있다. 사실 김두봉은 영국의 벨(A. M. Bell)의 *Visible speech* (1867)을 도입한 엔도 류키치의 『視話音字發音學』 (1906)의 영향을 받아 생리 음성학을 정립하였고 최현배는 예스페르센(O. Jespersen)의 *Lehrbuch der Phonetik* (1913)를 모형으로 삼아 조음 음성학을 정립하였다[14].

고루의 음운론 관계의 업적으로 두 번째로 들 수 있는 것은 "음(音)의 상관성(相關性)"이란 이름 아래 다루어진 다음 내용이다. 『實驗圖解朝鮮語音聲學』에 실린 내용은 『한글』1.2.에 실린 「소리들이 만나면 어찌 되나」를 다시 편집한 것이다.

(1) 소리의 이음(連音)
(2) 닿소리의 만나 바꾸임(子音接變)
(3) 소리의 줄거나 죽어짐(略音과 默音)
(4) 소리의 끊음(絶音)
(5) 조선말 소리의 보기틀

---

12) 김두봉의 "소리갈" 연구의 특징은 이병근 (1980)에, 외국으로부터 받은 영향 문제는 고가 (2001)에 자세하다.
13) 최현배의 음성학 연구에 대하여는 김영송 (1974, 1992), 고영근 (1995가: 85-172)를 보라.
14) 이진호 (2008)에서는 최현배가 예스페르센보다는 W. Viëtor의 *Kleine Phonetik* (1897)을 받았다는 견해를 내세웠다. 새로운 사실의 발견이다. 세밀한 비교가 요망된다.

(6) 문자(文字)와 음성기호(音聲記號)

(7) 음(音)의 장단(長短), 단복(單複), 받침법, 구개음화(口蓋音化)

(1)~(4)는 『한글』1.9 (1933)에 발표한 내용을 그대로 실은 것인데 주시경 이래 알려져 온 연음, 절음, 격음화, 비음화, 준말 등을 다룬 것으로 특별히 언급할 것이 없다. (5)는 『新生』3.9 (1930)의 내용을 조금 고치고 분량을 줄인 것이다15). (6)은 『한글』1.4 (1932)에 나오는 '五. 조선말 소리와 萬國標音記號와의 對照'를 확대한 것이다. (7)에서 주목되는 것은 우리말의 장단을 "긴 소리, 예사 소리. 짧은 소리"의 셋으로 세우고 있다는 점이다16). 끝에는 모음구형도(母音口形圖) 22점과 선회운동기록계(旋回運動記錄計)(kymograph) 3점, 혀의 위치(位置)로 된 모음사각도(母音四角圖) 4점이 붙어 있다. 모두 자신이 유럽 유학 시에 실험한 결과를 모은 것이다. 이 가운데는 이미 해방 전에 조선어학 도서 전람회에 출품되어 선을 보인 것도 있다17).

고루는 앞서 언급한 바와 같이 1948년 북행하여 북한에 머물렀다. 고루는 남한에서 발간한 『實驗圖解朝鮮語音聲學』를 『실험도해조선어음성학』(1949)와 같이 한글로 이름을 바꾸어 출판하였다. 이 책은 고루가 초대 회장으로 추대된 조선어문회의 〈조선어문고〉 제2책에 들어가 있으며 이는 동시에 북한 어음론 연구의 선구적 업적으로 평가하고

---

15) 고루는 우리말 자모음의 일람표를 네 차례에 걸쳐 수정하였다. 자세한 사정은 조남호 (1991: 126-127)을 보라.

16) 초고를 읽은 이진호 교수는 최현배 (1929: 64-65)에서 벌써 주목되었다고 제보한 바 있다. 그러나 고루는 외솔과는 달리 실례를 들어 그 변별성을 설명하였다는 특징을 지니고 있다.

17) 『한글』 20 (1935: 26-30)을 보라.

있다[18]. 앞에서 본 바와 같이, 고루는 「조선말의 력점연구」 (1957), 「북
청방언의 조연구」 (1963), 「조선어 조 연구」 (1966)의 세 업적을 남기었
다. 해방 전과는 달리 액센트와 억양에 관한 연구가 중심이 되어 있
다[19]. 둘째 업적은 셋째 업적에 흡수되어 있으므로 주로 첫째와 셋째
업적을 대상으로 평가하기로 한다.

앞에서 본 바와 같이, 고루는 해방 전에 우리나라에서는 처음으로
실험 음성학을 도입하여 자모음을 분석하였음을 본 바 있는데 북한에
가서도 실험 음성학에 근거하여 운율 음소, 곧 액센트와 억양을 다루었
다. 그 첫 업적이 『조선말의 력점 연구』 (1957)이다. 이 논문은 『과학원
창립 5주년 기념논문집』에 실릴 만큼 무게 있는 업적이었다. 이 논문집
은 당시의 과학원 원장이며 경제학자인 백남운의 「서언」을 붙여 간행
되었다. 이 논문집에는 공학, 법학, 문학, 어학, 음악, 임학, 의학 등
10개 분야의 논문이 실려 있으며 기고자도 박시형, 고정옥, 이승기, 원
홍구 등 저명 인사가 많다. 북한은 사회주의 건설에 동참하는 과학자들
의 연대성을 보이고 집체적 연구의 결실을 선양할 목적에서 이 논문집
을 간행한다고 하였다. 요컨대 북한은 모든 과학의 최고의 유일한 방법
론인 사적 유물론과 변증법적 유물론으로 무장된 북한의 과학적 성과
를 보일 목적에서 위의 논문집을 간행하였던 것이다.

고루가 위의 논문에서 사용한 "력점"은 액센트를 의미한다. 고루는
1952년부터 1957년까지 4단계에 걸쳐 각 지방의 액센트를 조사하였다.

---

18) 박재수 (1999: 189)를 보라.
19) 북행 이후의 고루의 음성학 연구에 대하여는 필자가 고영근 (2006: 375-377)에
   서 개략을 소개한 일이 있다. 이곳의 서술은 앞의 내용과 겹치는 부분이 있다
   는 것을 밝혀 둔다.

1952년이라면 한국 전쟁이 한창일 때인데 그런 와중(渦中)에서도 연구를 수행하였다니 놀라지 않을 수 없다. 첫 단계에서는 대상자를 잘못 선정한 까닭으로 소기의 성과를 거두지 못하였으며 둘째 단계에서는 물리학적 실험시설에 근거한 과학적 분석 방법을 잘못 적용하여 문제점이 노출되었지만 표준 액센트와 방언 액센트의 실정을 이해하고 많은 자료를 축적하는 등의 성과를 거두었다. 셋째 단계에서는 방언 액센트를 연구한다는 계획을 세우고 언어 자료를 녹음하여 일부 자료를 소련의 키에프와 북경으로 보내어 오실로그래프 등의 실험 기구를 이용함으로써 어느 정도 과학적 성과를 쌓을 수 있었다. 마지막 단계에서는 음절별, 품사별로 분석 일람표를 작성하여 이론적 체계화를 도모하였다. 액센트를 연구하는 데 있어서는 음악 평론가의 도움을 입었다고 하였다.

　고루는 그들의 이른바 "조국전쟁"이 계기가 되어 표준 액센트가 통일되는 것으로 보았으며 이는 특히 극장 무대와 라디오, 영화 등에서 두드러지게 실현된다고 하였다. 고루가 기댄 액센트 관련 참고문헌은 에쎈 (O. Essen)의 『일반응용음성학』(1952)(Allgemeine und angewandte Phonetik)이었다. 고루가 위의 작업을 통하여 밝힌 것은 우리말의 액센트가 강약의 변동보다 고저 및 장단에 의하여 표시된다는 것이었다. 앞에서 우리는 고루가 우리말의 장단을 "긴 소리, 예사 소리. 짧은 소리"의 셋으로 세운 바 있음을 본 바 있는데 서로 상관 관계가 있어 보인다. 고루가 북한에서 세운 "낮은 긴 소리, 보통 긴소리, 보통 짧은 소리"는 결과적으로 같은 현상에 대한 다른 표현으로 해석되기 때문이다. 당시 남한에서도 서울말 중심의 강약 액센트를 세우는 일이 없지 않았으나[20], 청각 인상에 의지하였을 뿐이고 실험 음성학은 엄두도 내지 못하였으며 음성 분석기가 도입된 것이 1960년대 말이고 그 첫 성과가 나타난 것이 1970년대 말이라는 사실과 관련시킬 때[21], 고루의 업적은 해방 전의 업적과 함께 우리의 음성학 연구사에서 특기할 필요가 있다.

「조선어 조 연구」(1962/1966)는 과학원 창립 10주년을 기념하여 1962년에 제출한 것이다. 앞에서 든 「조선말의 력점 연구」(1957)는 과학원 창립 5주년 기념 논문이었는데 5년 후에 그 사이의 진전된 성과를 발표하였던 것이다. 제출처는 과학원이며 1966년에 정식으로 사회과학원 출판사에서 출판되었다. 모두 303쪽이다. 1950년대 중반부터 1960년대 중반까지의 10여년은 북한의 우리말 연구의 절정기였다. 1960년의 『조선말사전』(6권), 1959년의 황부영의『15세기 조선어의 존칭 범주 연구』(711쪽), 1960년과 1963년의 어음론, 형태론, 문장론 중심의『조선어 문법』등의 굵직굵직한 업적이 나왔기 때문이다. 그리고『조선어문』과 여기서 갈라져 나온『조선어학』에 실린 기고들은 당시의 국제 언어학계에 내 놓아도 조금도 손색없을 정도의 우수한 논문으로 가득하였다. 고루는 이러한 성숙된 학문적 풍토 속에서 일생을 바쳐 연구해 오던 음성학 연구를 총결산하였던 것이다. 서문을 쓴 1965년을 기준으로 할 때 당시의 나이는 72세였다.

고루는 첫 머리(3쪽)에서 "조"(調)의 체계도를 제시하였다. "조"를 크게 "언어적으로 본 조"와 "음악적으로 본 조"의 둘로 나누고 전자에는 "음

---

20) 이숭녕 (1959/ 1988: 11-69)가 대표적이다.
21) 1960년대 말에 서울대학교 어학연구소에 음향 분석기가 비치되었고 이에 의하여 제주도 방언의 '으'음을 분석한 것이 김한곤 (1980)이다.

조"(音調)와 "어조"(語調)의 둘을 두었다. "음조"는 '사물의 개념으로 된 조'로 규정하고 "1음절어의 음조, 2음절어의 음조, 3음절어의 음조, 다 (多)음절어의 음조"의 넷을 두었다. "어조"는 '단어로 구성된 문장 관계의 조'로 정의하고 "절(節)조, 구(句)조, 장(章)조, 편(編)"의 넷을 두었다. 고루의 "조"는 액센트와 억양을 총칭한 것이며 특히 "음조"는 1957년의 "력점"에 대응하는 것으로 보인다. 고루의 「조선어 조 연구」의 연구 목적은 우리말 5대 방언의 조를 비교하여 "공통조" 내지 "표준조"를 세우는 데 있었다(머리말). 이곳의 공통조란 방언의 수평화 작용에 의하여 생겨난, 각 지역 출신들 사이에 통할 수 있는 공통 어조를 의미하며 이는 어휘의 공통어 내지 표준어에 비겨볼 수 있다. 이는 고루가 「북청 방언의 조 연구」(1963)에서 언급한 바와 같이, 서울 중심의 중부의 조를 가리킨다. 고루는 북청 방언의 조를 "끝숙이는 조"라는 전제를 내세우고 고유어, 한자어에 걸쳐 북청 방언의 음조론을 전개한 바탕 위에서 이를 공통조와 대비하는 태도를 취하였다.

끝의 실험 자료에서는 "실험분석방법"과 "실험증명"을 제시하였다. 실험 분석 방법은 "재래식 압축 공기식 끼모그라프"와 과학원 언어문학 연구소에서 창안·제작한 "전자기 진동식 끼모그라프"를 이용하였다. "실험증명"에서는 "전자기 진동식 끼모그라프"에 의한 실험자료로써 단어의 음조를 측정하였으며 실험 대상자는 '정용호(함경북도 북청), 김석구 (함경도), 리극로(경상남도 의령), 류렬(경상남도), 정렬모(충청북도)' 등의 각 지역을 대표하는 어학자들이었다. 실험한 때는 1961년 6월이었다. 제시된 실험자료는 227-304쪽에 실려 있다.

고루의 표준조와 방언조의 대비 연구는 그것이 우선 실험 음성학에 근거를 두고 있고 남한은 20세기 말부터 연구가 본격화되고 있다는 점과 관련시킬 때[22], 그 선구적 연구에 주목하지 않을 수 없다. 북한은 북한대로 문화어 중심의 공통 표준조를 형성해 왔고 남한은 역사적으로 형성·발전되어 온 공통조를 표준조로 삼아 언어 생활과 국어 교육을 통제하고 있다. 고루의 선구적 업적과 최근 왕성해지고 있는 남북한의 억양 연구를 종합하면 한반도뿐만 아니라 재외 교민 및 외국인들이 공통으로 쓰는 공통 표준조의 확립이 어렵지 않으리라고 믿는다.

③ 문법학사와 문법론

고루는 조선어학회를 거점으로 우리말 표준화를 진두 지휘하면서 문법학사와 형태론에 대한 그 나름의 견해를 표출하였다[23]. 「조선말 임자씨의 토」(1)(2)(3) (1935)에서 고루는 우리말 문법 연구의 세 유형에 대한 인식의 바탕을 닦아 놓았다. 고루는 우리말 문법의 단위를 조사와 어미를 단어로 보는 견해, 조사만 단어로 보는 견해, 조사와 어미를 모두 단어로 보지 않는 세 흐름으로 나눈 바 있는데 이는 해방 후 김민수, 김윤경의 제1유형(분석적 체계), 제2유형(절충적 체계), 제3유형(종합적 체계)으로 발전되었다는 점에서 학설사적 의의를 부여할 수 있다[24]. 차례로 단어의 분계선, 격조사, 지정사와 명사형 어미, 시제 문제를 거론

---

22) 대표적으로 김차균 (1999) 밖에 일련의 업적을 들 수 있다
23) 이 부분은 고영근 (2001마: 113, 2006가: 379-477)와 부분적으로 겹친다.
24) 김민수 (1954), 김윤경 (1959)를 보라.

하기로 한다.

「朝鮮語 單語 成立의 分界線」(1936)에서는 사전 편찬에서 대두되는 단어의 문제를 논의의 대상으로 삼았다. 대체로 최현배의『중등조선말본』(1934)의 체계에 따라 관형사, 접두사, 합성(복합)명사, 수사, 명수사, 연 월 일 시 표시어, '하다'와 '되다'가 붙은 단어를 대상으로 단어 성립의 문제를 거론하였다. 고루가 이곳에서 논의한 단어 성립 문제가『큰사전』에 거의 그대로 반영되어 있다는 것을 지적해 둔다.

앞서 든「조선말 임자씨의 토」(1)(2)(3) (1935)는 원래 조선어학회의 표준문법의 제정에 쓰기 위하여 만들어 두었던 것이다. 맞춤법 제정을 성사시키느라고 문법 문제는 뒤로 미루어 놓았기 때문에 우리말 연구자와 우리말 배우는 사람에게 참고 자료로 제공한다는 뜻에서 지상으로 발표한다고 하였다. 그러니까 그 초고는 1930년대 초에 이루어진 것으로 보인다. 다루어진 주제를 보인다면 다음과 같다.

1. 서술격조사와 명사형어미의 관계
2. 체언의 근본격
3. 부사의 첨가 보조격
4. 부사의 단용 보조격
5. 격조사와 보조사의 결합
6. 보조사끼리의 결합

"1. 서술격조사와 명사형어미의 관계"에서는 체언에 서술격 조사 '이(다)'가 붙는 현상과 용언의 어간에 어미 '-기'가 붙어 명사로 바뀌는 현상을 상관적인 현상으로 보았다. 이는 그 뒤의 권영달의 "체용 상호화"

(體用相互化)와 이희승의 "체언의 활용"으로 이어지고[25], 궁극적으로는 북한의 "바꿈토"의 배경 이론이 되었다는 학설사적 의의를 부여할 수 있다. 고루의 위의 견해는 북한에서 발표한 「체언에 붙는 접미사 〈이〉의 본질」(1964)에도 되풀이되어 문화어 "바꿈토"의 설정을 합리화한 것으로 보인다.

"2. 체언의 근본격"에서는 격을 23개로 정하고 다시 몇 단계로 세분하였다. 고루의 격 체계는 특이한 면이 많아서인지 지금까지 별로 주목을 받지 못하였다. 고루가 이렇게 많은 격을 설정한 이면에는 우리말과 같은 어족에 속하는 것으로 알려진 핀랜드어와 에스토니아어의 격 체계를 참조하였기 때문이다. 고루와 같이 많은 격을 세우는 문법서는 이희승의 18격이다[26]. 서술의 편의상 한자어 용어를 제시하되 필요한 경우는 고유어 용어를 붙이기로 한다. "근본격"은 크게 연용격과 연체격으로 나누었다. "연용격"은 동사와 직접 연결되는 토이고 "연체격"은 체언을 연결시키는 토이다. 그리고 연용격에는 "주어격"과 "술어격"을 두었다. 술어격에는 "필수격"과 "보조격"을, 보조격에는 "상대격, 표준격, 방법격, 경우격, 인용격"을 두었다. 지정사의 활용형인 단순한 어미와, '껏'과 같은 접미사를 격토로 본다든지 하여 문제점이 없는 바 아니다. 그러나 격조사를 크게 동사와의 결합 여부에 따라 연용격과 연체격으로 나눈 것은 긍정적인 측면이 없지 않다. 특히 위치격, 출발격, 방향격을 "숨탄몬법"과 "숨안탄몸법"으로 나눈 것은 이전의 어떤 문법가도 시도하지 않은 인식 체계이다. 이는 북한의 "활동체명사"와 "비활동체

---

25) 권영달 (1941)과 이희승 (1949)을 보라.
26) 이희승 (1949: 48-50)을 보라.

명사'와 남한의 "유정 명사'와 "무정 명사'로 이어진다는 학설사적 의의
를 부여할 수 있다.

"3. 부사의 첨가 보조격"은 부사의 뜻을 가지고 토의 자리를 표시하
는 것으로 보고 '도, 만, 은/는, (으)랑, (이)나, (이)든지, (이)야, (이)나
마, (이)ㄴ들, (이)라도'를 두었다. "4. 부사의 단용 보조격"은 '마다,부
터, 까지, 조차, 마저'와 같은 보조사를 들고 있다. 부사의 첨가 보조격
과 단용 보조격을 구별한 근거가 어느 정도 설득력이 있는지 판단하기
어렵다. 북한의 초기 문법서 『조선어문법』(1949)에서는 보조사를 독립
된 자립적 단어로 다루었고 『조선어문법』(1960)에서는 최현배와 같이
도움토로 다루었다는 점에서 고루의 보조격은 영향력이 거의 없지 않
았나 한다.

'5. 격조사와 보조사의 결합'과 '6. 보조사끼리의 결합'은 이전에 이런
시도가 없었다는 점에서 학설사적 의의를 부여할 수 있다. 고루의 조사
의 상호 간의 결합 상황은 『조선어문법』(1960: 204-207)의 격조사끼리의
연결과 보조사끼리의 연결에 직접적 영향을 끼친 것으로 보인다. 남한
에서는 조사의 연결 문제가 1960년대에 들어와서 시도되었고[27], 최근
에 와서 말뭉치를 대상으로 결합관계를 조사하여 조사의 기능을 면밀
하게 밝히는 방향으로 나아가고 있다는 점[28]과 관련시킬 때 선구적
활동을 주목하지 않을 수 없다. 〈부록〉에는 "명사의 접미어"와 "불완전
부사"를 두었다. 전자는 대개 『큰사전』과 처리가 같고 후자는 '하여금,
더불어, 써, 말로, 커녕'을 두고 있는데 앞의 두 형태를 제외하고는 부사

---

27) 조규설 (1963)을 보라.
28) 유하라 (2005)를 보라.

로서의 성격이 매우 의심스럽다. 후세의 『큰사전』과 문법서에서는 모두 조사의 일부분으로 보고 있다는 것을 언급하여 둔다.

「조선어(朝鮮語)의 시간(時間) 표시법(表示法)」(1935)은 시제 일반론과 우리말의 시제를 최초로 논문의 형태로 다루었다는 점에서 특기의 대상이 된다[29]. 고루는 시간을 주관적 시간과 객관적 시간으로 나누었다. 전자는 말하는 사람의 입장을 표준으로 하는 것이고 후자는 어떤 행동과 존재와의 입장을 표준으로 한 것이다. 화자가 자신의 입장을 표준으로 하여 앞뒤를 매기면 그것은 과거시, 현재시, 미래시라는 주관적 시간이 되고 각 시제별로 객관적 시간인 현재, 과거, 미래가 성립되니 이는 곧 객관적 시간이라고 보는 것이다. 고루의 시간에 대한 인식은 인공어인 에스페란토의 시제를 기준으로 한 것이어서(뒤에 나옴), 어느 정도 일반성을 띠고 있는지 가늠하기 어렵다. 고루의 시제론의 특징은 종결형과 관형사형의 시제를 달리 파악하였다는 점에 있다. 종결형의 시제는 다른 시간과 연관시키지 않고 제홀로 현재, 과거, 미래를 표시하기 때문에 "독립적 시간"이며 관형사형의 시제는 다른 시간과의 관계 속에서 규정된다는 점을 들어 "상관적 시간"이라고 규정하였다. 이극로의 독립적 시간과 상관적 시간은 당시 언어학계를 풍미하고 있었던 파울의 「언어사원리」[30]에서 모종의 영향을 받은 것으로 보인다. 오늘날 시제 연구에서 고전적인 시제론으로 인용되고 있는 라이헨바흐(H. Reichenbach) (1947)도 실상은 파울로부터 절대적인 영향을 받았음이 밝혀지고 있다.

---

29) 고루의 시제 연구에 대하여는 고영근 (2007: 548)에서 자세히 평가를 가한 일이 있다. 이곳의 서술은 위의 책의 내용을 요약한 것이다.
30) 파울(H. Paul) (1880/ 1975: 273-278)를 보라.

그리고 북한의『조선어문법』(1960)에서 "절대적 시간"과 "상대적 시간"
이 도입된 것도 고루의 입김이 작용하지 않았나 한다.

4 고루의 일반 언어학에 대한 인식과 우리말 연구의 이모저모

고루는 일반 언어학적 지식과 개별 언어에 대한 지식을 국내에 소개
하기도 하였고 우리말과 우리글의 이러저러한 문제에 대하여도 관심을
기울였다.

「言語의 起源說」(1937)에서는 언어의 기원 문제는 언어 철학의 소관
이라고 말하고 그리스부터 19세기에 이르기까지 대두된 언어의 기원에
대한 학설을 소개하면서 이를 다음 넷으로 간추렸다.

발명설/기적설/모방설/자연의 소리

이어 고루는 말과 이성 사이의 관계에 대하여도 '이성이 말에 앞서 있는
가, 말이 이성에 앞서 있는가, 이성과 말이 한 때에 있는가 하는 문제를
제기하고 새 말은 아무도 모르게 절로 생기기도 하고 새로운 개념이
생길 때 의식적으로 만들어지기도 하며 외국으로부터 차용하는 세 계
기로 생긴다고 하였다. 새 말 탄생의 계기를 꽤 적실하게 표현하였다고
하겠다.

「動物界의 言語現象」(1937)에서 고루는 "동물은 말을 하는가"라는

문제를 둘러싸고 심리학자와 동물학자 간에 논의가 많다고 말하고 동물도 남에게 무엇을 알릴 필요가 있을 때에는 발음 기관을 움직여 그 나름의 소리를 낸다는 사실을 수륙 양서류, 조류, 포유류, 곤충류를 예로 들어 소개하였다. 고루가 제기한 동물계의 언어 현상은 인류의 기원 문제를 해명하기 위하여 설립된 독일의 막스 프랑크 협회 진화인류학 연구소의 프로젝트와 직접 관련이 있다는 점에서 우리도 이 문제에 대하여 앞으로 관심을 기울일 필요가 있다고 생각한다.

「짓말[態語]에 대하여」(1937)에서는 본시 말은 "소리"가 아니라 "짓말"[態語]에서 "소리말"[音語]로 발달하였다고 말하고 각 언어의 짓말을 소개하였다. 고루는 특히 아메리카 홍인종의 '짓말의 글월[態語文章]'을 예시하였으며 짓말과 상형 문자와의 관계에 대하여도 언급하였다. 고루의 짓말은 요즈음은 '몸짓 언어'라 하여 우리나라에서도 기호학의 중요 연구 과제가 되어 있으며 우리말에 대하여도 최근 이 방면에 가시적 성과를 볼 수 있다[31].

「言語의 形態的 分類」(1939)에서는 세계의 언어를 문법적 관계에 따라 분류하는 것을 "형태적 분류"라고 규정한 다음, "첨가어, 고립어, 굴절어, 포합어, 집합어"의 다섯으로 분류하고 실례를 들어 평설하였다. 굴절어에서는 내적 굴절과 외적 굴절을 독일어를 예로 들어 평이하게 설명하였다. 언어의 형태적 분류에 대하여는 이미 최현배, 유응호 등에 의해서도 소개되지 않은 바 아니나[32], 고루 자신이 몸에 익힌 당시의

---

31) 한국 기호학 학회 기관지 『기호학연구』 10의 특집 「몸짓 언어와 기호학」을 보라.
32) 최현배와 유응호의 언어의 형태적 분류에 대하여는 고영근 (1995가: 78-81, 2001다; 250-257)를 보라.

독일의 역사 언어학을 배경으로 삼아 우리말의 문법과 문법 용어를 가지고 평이하게 설명하였다는 평가를 받을 수 있다.

「中國은 表意文字에서 表音文字」 (1932)는 맞춤법 제정을 앞두고 한자 폐지를 뒷받침할 의도에서 집필되었다. 고루는 한자의 구성 원리를 평설한 바탕 위에서 자체(字體)의 많음과 문명의 발달에 따라 늘어가는 한자의 단점을 극복하기 위하여 중국에서 주음 부호를 만들어 표음 문자화하는 사정을 자세히 보고하였다. 고루는 이곳에서 표음 문자인 주음 부호의 원리와 그 보급 운동을 자세히 언급하였다. 이극로가 한자의 표음 문자화에 대하여 자세한 정보를 제공하게 된 것은 자신이 수학한 1910년대에 이미 중국의 문자 개혁을 체험한 사실과 관련이 있어 보인다. 중국 유학을 한 이윤재도 북경 유학 시절에 중국의 주음 문자 중심의 중국의 문자 개혁 운동을 자세히 보고한 바 있는데 모두 한자를 폐지하고 한글 중심의 문자생활을 영위하자는 당시의 사회적 요구와 관련시켜 해석할 수 있다[33].

「핀란드 말의 音韻과 名詞의 格」 (1940)에서는 우리말과 같은 어족에 속하는 핀란드어의 음운과 격을 다룬 것이다. 음운에서는 우랄-알타이 어족의 공통특질의 하나인 모음조화를 비롯하여 자모와 그 음가, 그리고 "양음"(揚音) 현상을 논하였다. 양음은 첫째 음절과 홀수 음절에 소리 울림이 나타나고 끝음절에는 양음 현상이 확인되지 않는다고 하였다. 음운에 이어 고루는 핀란드어의 수와 격을 다루었는데 단수와 복수에 걸쳐 확인되는 격 15개를 소개하였다. 앞에서 우리는 고루가 우리말의

---

[33] 이윤재의 북경 유학 시절의 중국 문자 개혁의 보고에 대하여는 고영근 (1988, 1992/ 1998가: 28, 155, 180; 2008가: 334, 203)을 보라.

격을 23개로 세운 것을 보았는데 핀랜드어의 격을 특별히 소개한 것은 자신의 우리말 격 체계의 타당성을 뒷받침하기 위한 작위로 보인다.

「에스페란토와 民族語」(1946)에서는 민족 간의 의사 소통을 원만히 하려면 반드시 국제공통어를 알아야 한다고 말하고 당시 국제적으로 영향력이 컸던 자멘호프의 에스페란토의 시제를 평설하였다. 에스페란토의 시제는 주관적 시간과 객관적 시간으로 구성되어 있는데 고루가 앞에서 우리말의 시제를 주관적 시간과 객관적 시간으로 구분한 것이 바로 에스페란토의 영향을 받은 것이다. 우리 나라에 에스페란토가 유입된 것이 1910년대 후반이고 1920년대에 들어서서는 관련 논설과 저서가 나왔으며 최근까지도 에스페란토를 보급하는 단체가 있었다는 것은 당시의 지성인이면 누구든지 인조 국제어인 에스페란토에 무관심하지 않았음을 알 수 있다[34].

「조선말의 사투리」(1932)에서 고루는 우리나라는 크기는 작지만 방언이 복잡하다고 말하고 관서, 호남, 영남, 관북, 중부 방언으로 나누었다. 관서방언은 평안도 사투리로서 고구려 방언, 호남 방언은 전라도 사투리로서 백제 방언, 영남 방언은 경상도 사투리로서 신라 방언, 관북 방언은 함경도 사투리로서 옥저 방언, 중부 방언은 경기도 사투리로서 혼성방언으로 규정하였다. 각 방언에 고대 국가를 대당시키는 것이 어느 정도 신빙성이 있는지 가늠하기 어렵다. 각 방언은 음운, 어법, 어휘보다도 어조로써 구별된다고 말하고 우리말의 어조를 서해안 평야 어조와 동해안 산악 어조로 크게 나누었다. 평야 어조는 고저보다 장단이

---

34) [보충주] 관련 논의는 고영근 (1998가: 36; 2008가: 344)를 보라.

우세하다고 말하고 여기에 전라, 경기, 평안도 방언을 넣었으며 정서와
사교의 특징이 있다고 하였다. 산악 어조는 장단보다 고저가 우세하다
고 말하고 경상, 함경 방언을 넣었으며 강인함과 순진함의 특징이 있다
고 하였다. 어조가 해당 지역 주민의 성격과 관련된다는 해석이 어느
정도 신빙성이 있는지 가늠하기 어렵다. 고루의 이러한 견해는 앞에서
검토한 「조선어의 조 연구」로 이어지는 것으로 보이며 궁극적으로는
최근 활발하게 연구되고 있는 지역 간의 억양 연구와 선이 닿아 있다고
볼 수 있다[35]. 고루의 어조는 1993년에 대한민국 학술원에서 제작한
『한국언어지도집』의 운소 분포도와 큰 차이가 없다는 점에서 주목의
대상이 된다. 그런데 고루의 글에는 방언적 특징이 현저한 제주 방언에
대하여는 언급하지 않고 있다[36].

　고루는 어조에 이어 음운, 어법, 어휘에 걸쳐 각 방언의 특징을 소묘
하였다. 음운에서는 아래 ᄋ, 반치음, 순경음, '다뎌' 행과 '타텨' 행의
방언적 노두(露頭)를 언급하였다. 어법에서는 조사와 어미에 걸쳐 특징
적인 사실을 지적하였으며 어휘에서는 '여우' 등의 몇 개의 어휘의 분화
양상을 다루었다. 방언이 분화된 것은 표준 철자와 표준어를 세우는
문제가 해결되지 않았기 때문이라고 보았다. 고루의 이 글은 맞춤법
제정과 표준말 사정에 대비하고 궁극적으로는 사전 편찬을 겨냥하고
쓰여진 것이다.

　「外來語 表記에 대하여」(1935)와 「外來語 表記 統一難」(1940)에서

---

35) [보충주] 대표적으로 김차균 (1999, 2003)을 보라.
36) 이극로의 "사투리" 업적은 최명옥 (1998)에서 처음으로 평가되었다. 이 곳에서
　　는 제주 방언이 제외된 것 말고는 방언 구획의 기준이나 결과가 매우 타당하다
　　고 하였다.

는 외래어 표기법 문제를 다루었다. 전자에서는 외래어를 적을 때에는 특별한 문자를 만들지 않고 자국 문자의 범위에서 적어야 한다는 것을 강조하였고 실제로 외래어 표기법도 그렇게 되어 있다. 후자에서는 외국의 고유명사를 적기가 어려움을 실례를 들어 설명한 것이다. 일본에서는 독일의 시인 'Goethe'를 표기하는 데 있어 명치 시대로부터 소화년까지 29개의 표기 변종이 있었다고 하였다. 외래어 표기법 제정에 있어서는 고루의 위의 견해가 크게 작용한 것으로 보인다.

5 마무리

이상과 같이 경제학자요 어문(한글)학자였던 고루 이극로의 언어 연구의 세계를 검토하여 보았다. 고루는 국어학자 내지 언어학자라기보다는 사회 사상가이다. 이는 유길준, 주시경, 특히 주시경을 정점으로 하는 애국 계몽 사상가의 반열에 든다는 것을 뜻하며 일제 강점기에 민족어 운동을 전개한 일군의 어학자, 장지영, 김두봉, 이윤재, 김윤경, 최현배, 이희승, 정인승(연령순) 들도 같은 범주에 넣을 수 있다. 대부분의 어학자들은 주시경과 같은 어문 민족주의 반열에 넣을 수 있으나 이윤재, 이극로는 어문 민족주의와 역사 민족주의를 지향하였다는 점에서 문화 민족주의의 반열에 넣을 수 있다고 생각한다[37].

이극로는 문화 민족주의를 등에 업고 우리의 말과 글을 수호하고

---

37) 필자는 고영근 (2006)에서 그런 견해의 일단을 베푼 적이 있다.

궁극적으로는 우리 민족 전체가 이용할 수 있는 우리말 사전을 편찬하는 데서 민족의 정체성을 찾을 수 있다는 신념을 지니고 있었다. 그렇게 어문 운동을 전개하면서 고루는 이를 뒷받침하는 메타 이론으로서 우리말의 음성과 문법을 연구하여 그 나름의 견해를 수립하였다. 그 가운데서 음성학 방면은 남한의 음성학 연구는 물론, 북한의 음성학 연구를 선도하는 역할을 하였고 특히 액센트와 억양에 관한 실험 음성학적 연구는 남북을 통하여 선구적 측면을 인정하지 않을 수 없다. 문법 방면에서도 바꿈토, 숨탄몬법, 조사 상호간의 연결, 상대적 시제의 설정은 북한 문법에 깊숙이 스며들어 있다. 형태는 다소 차이가 있지만 남한에서도 유정 명사가 일찍부터 설정되어 왔으며 조사 연결도 현재 가시적 성과를 거두고 있느니 만큼 고루의 업적과 맥을 이을 수 있다. 고루의 실험 음성학 방면은 아직도 남한 전문가의 평가를 본격적으로 받고 있지 못하고 있으나 수용 문제를 진지하게 검토할 필요가 있다. 이런 작업이 이루어지면 평행선을 달리던 남북의 어학사도 이데올로기와 관계 없이 통합의 길이 열릴 것으로 기대한다.

고루는 1948년 북행 이후 남쪽에서는 근 40년 동안이나 잊혀져 있었다. 이름도 '李○魯'식으로 감추어져 있었으니 무슨 일을 하였고 어떤 업적을 남겼는지 알 수 없었다. 근 90년 동안 독일의 도서관에서 잠자고 있었던 독립 운동사 자료 두 건이 햇볕을 본 마당에 적어도 일제 강점기의 행적에 국한하는 일이 있더라도 문화 인물로 지정하여 생애와 업적을 조명할 필요가 있다. 이를 계기로 하여 주시경 학파에 맞섰던 박승빈도 문화 인물로 지정해야 한다. 최근에 와서는 박승빈의 맞춤법이 더 합리적이며[38], 주시경학파에서 표의주의 맞춤법을 누그러뜨린 것도 박승빈 학파의 견제가 상승 작용을 일으켰다는 견해가 나와 있다[39]. 김두봉은 남북에서 다 잊어 버린 어학자이고 정렬모, 홍기문도 일제 강점기에 적지 않은 공적을 남겼다. 이들에게 응분의 대우를 할 필요가 있다. 당국의 현명한 처리를 기대해 본다.

---

38) 이 문제는 신창순 (2003: 393-448)에서 제기되었다.
39) 이 문제는 고영근 (1998가: 78-79, 2008가: 390-392)를 보라.

[평가 대상의 업적(국어학 및 일반 언어학)(연대순)]

「조선말 소리갈」 (1929), 『新生』 3.9
  * 『(實驗圖解朝鮮語音聲學』(40쪽)에 보정되어 실림
「조선말의 사투리」 (1932), 『東光』 1
  * 『國語學論叢』(60-69쪽)에 다시 실림
「말소리는 어디서 어떠케 나는가?」 (1932), 『한글』 1.2(2호)
  * 『實驗圖解朝鮮語音聲學』(5-14쪽에 보정되어 실림)
「中國은 表意文字에서 表音文字로」 (1932), 『한글』 1.3
  * 『國語學論叢』(93-107쪽)에 「중국은 뜻 글자에서 소리 글자로」라는 제목으로
    다시 실림
「조선말의 홋소리」 (1932), 『한글』 1.4(4호)
  * 『實驗圖解朝鮮語音聲學』(40, 44-47쪽)에 실림
「訓民正音의 獨特한 聲音 觀察」 (1932), 『한글』 1.5(5호)
  * 『국어학논총(國語學論叢)』(5-13쪽)에 「훈민정음의 독특한 관찰」이라는 제목
    으로 다시 실림
「소리들이 만나면 어찌 되나--音과 互相關係」 (1933), 『한글』 1.9.
  * 『實驗圖解朝鮮語音聲學』(28-40쪽에 「소리의 이음(連音)」이란 제목으로 실림)
「조선말 임자씨의 토」(1) (1935), 『한글』 3.1(20호)
  * 『國語學論叢』(41-59쪽)에 다시 실림
「조선말 임자씨의 토」(2) (1935), 『한글』 3.2(21호)
  * 『國語學論叢』(41-59쪽)에 다시 실림
「조선말 임자씨의 토」(3) (1935), 『한글』 3.4(23호)
  * 『國語學論叢』(41-59쪽)에 다시 실림
「外來語 表記에 대하여」 (1935), 『한글』 3.6(25호)
  * 『國語學論叢』(117-119쪽)에 「외래어의 표기에 대하여」라는 제목으로 다시
    실림
「朝鮮語의 時間 表示法」 (1935), 『한글』 3.9(28호)
  * 『國語學論叢』(36-40쪽)에 「조선말의 시간 표싯법」이란 제목으로 다시 실림
「朝鮮語 單語 成立의 分界線」 (1936), 『한글』 4.2(36호)

* 『國語學論叢』(27-35쪽)에 「조선말 낱말 성립의 분계」라는 제목으로 다시 실림

「言語의 起源說」(1937), 『한글』 5.6(46호)

* 『國語學論叢』(70-73쪽)에 다시 실림

「'·'의 음가에 대하여」(1937), 『한글』 5.8(48호)

* 『國語學論叢』(14-18쪽)에 「'·'의 소리값에 대하여」라는 제목으로 다시 실림

「짓말(態語)에 대하여」(1937), 『한글』 5.10(50호)

* 『國語學論叢』(79-84쪽)에 실림

「動物界)의 言語現象」(1937), 『한글』 5-11(51호)

* 『國語學論叢』(85-87쪽)에 다시 실림

「訓民正音의 中間 ㅅ 表記法」(1938), 『한글』 6.10(61호)

* 『國語學論叢』(23-26쪽)에 「훈민 정음의 『사이 ㅅ』표깃법」이란제목으로 다시 실림

「言語의 形態的 分類」(1939), 『한글』 7.1(63호)

* 『國語學論叢』(74-78쪽)에 다시 실림

「핀란드 말의 音韻과 名詞의 格」(1940), 『한글』 8.7(80호)

* 『國語學論叢』(108-112쪽)에 「핀랜드말의 이름씨와 토」란 제목으로 실림

「外來語 表記 統一難」(1940), 『한글』 8.7(80호)

* 『國語學論叢』(117-119쪽)에 「외래어 표기 통일의 까다로움」이란 제목으로 다시 실림

「[·]음가를 밝힘」(1941), 『한글』 9.1(83호)

* 『國語學論叢』(19-22쪽)에 같은 이름으로 실려 있고 『實驗圖解朝鮮語音聲學)』(17-19쪽에 인용되어 있음)

「에스페란토와 民族語」(1946), 『한글』 11.2(95호)

* 『國語學論叢』(113-115쪽)에 「에스페란토와 민족말」이란 제목으로 다시 실림

『實驗圖解朝鮮語音聲學』(1947), 서울: 아문각[『歷代韓國文法大系』 1-116 영인 수록]

『[실험도해] 조선음성학』(1949), 평양: 조선어문연구회

「조선말의 력점연구」(1957), 『과학원 5주년 론문집』(과학원출판사), 183-258쪽

「북청방언의 조 연구」(1963), 『조선어학』 3, 13-18쪽

「체언에 붙는 접미사 〈이〉의 본질」 (1964), 『조선어학』 3, 57-60쪽

『조선어 조 연구』 (1966), 사회과학원출판사, 3+304쪽

|3|
최현배의 겨레 · 나라 사랑과
민족 어문 연구

1 들어가기 - 생장, 수학, 경력

외솔 최현배는 1894년 음력 10월 19일 바로 이곳 울산군 하상면 노동 동에서 태어났다. 외솔과 함께 민족어문의 연구와 보급에 헌신한 대부 분의 어학자들, 이를테면 장지영, 이윤재, 이병기, 김두봉, 이극로, 김윤 경, 이희승, 정렬모, 정인승 등이 1890년대를 전후하여 태어났다. 최현 배는 어렸을 때에는 당시의 모든 어린이들과 같이 서당교육을 받았으 며 뒤에 울산 화음학교를 졸업하고 1910년에 관립한성고등학교에 입학 하였다. 이 학교의 전신은 관립한성외국어학교였다. 외솔보다 7세 연 장인 장지영은 1903년에 이 학교를 다녔고 같은 또래의 이희승은 1908 년에 입학하였다. 이 학교는 나중에 경성고등보통학교(현재의 경기고등학 교)로 이름이 바뀌어 우리나라 대표적인 중등교육기관으로 성장하였다. 외솔은 관립한성고등학교에 다니는 동안 동향의 선배이고 기호학교(현

재의 중앙고교)에 다니던 김두봉의 권유로 주시경의 국어강습회에 출석하
였으며 고등과를 졸업할 때에는 99.5점이라는 최우수 성적을 거두었다.
주시경 문하에는 뒤에 어학자로 입신한 앞의 장지영, 김두봉, 이병기를
비롯하여 김윤경, 권덕규, 신명균, 이규영, 정렬모 등 많은 사람들이
수학하였으며 변영태(초대외무장관), 현상윤(전고려대 총장), 염상섭(작가),
윤복영(교육가) 등 당시의 지식인치고 주시경의 문하를 거치지 않은 사
람이 없었다. 이희승은 주시경이 지은『소리갈』(1912?)이라는 프린트
형태의 교재를 보고 감화를 받아 우리말 연구에 뜻을 굳혔다. 이극로는
만주에서 망명생활을 하는 중에 주시경의 제자들과 교우하여 우리말
연구의 필요성을 절감하였고 이윤재는 마산창신학교에서 김윤경의 감
화를 받아 주시경을 사숙하였으며 이로부터 우리말과 우리 역사 연구
에 매진하였다.

  외솔은 경성고등보통학교를 마치고 일본 히로시마 고등사범학교에
입학하여 1919년에 중등학교 교원 자격증을 얻었다. 바로 교직으로 나
가는 대신 이곳 울산에서 한해 동안 공동상회를 설립하여 조선인 상권
확보운동을 전개하였으며 이듬해 사립동래고등보통학교에 자리를 잡
아 저 유명한『우리말본』의 집필에 착수하였다. 1922년에는 교토제국
대학 철학과에 입학하여 민족 개조와 사회 개량을 위하여 교육학을 전
공하였다. 대학재학중에는 가로글씨의 안을 완성하여 하기순회강좌에
서 발표하고 곧 동아일보에 연재하기도 하였다. 이 글에는 뒤의『우리말
본』과『한글갈』의 밑그림이 제시되어 있기도 하다. 학사시험을 거쳐
졸업논문으로 페스탈로치 교육사상을 연구하여 문학사의 자격을 취득
하였다. 이어 대학원에 진학하여 서양근세 교육사상사를 연구하는 한

편, 조선민족이 다시 갱생할 수 있는 길을 밝히는 장편의 『민족 갱생의 도』를 쓰기도 하였다.

일본유학에서 귀국한 외솔은 바로 연희전문학교와 이화여자전문학교에 취업하여 철학과 윤리학, 조선어를 가르치면서 『우리말본』의 완성에 전력을 기울였다. 외솔은 1921년 창립한 조선어연구회에 입회하여 회원들과 함께 동인지 『한글』을 내면서 조선총독부의 언문 철자법 개정에 적극적으로 참여하는 한편, 기관지 『한글』을 내면서 앞에서 든 주시경 후계학파들과 함께 한글맞춤법통일안의 제정에 참여하여 자신의 문법이론을 맞춤법과 사전편찬에 응용하는 데 공헌하였다. 1937년에는 앞서 언급한 『우리말본』을 완성하였고 1942년에는 『우리말본』과 쌍벽을 이루는 『한글갈』의 저술에 성공하였다. 뒤이어 외솔은 앞서든 주시경 후계학자들과 함께 조선어학회 사건에 연루되어 3년간 옥고를 치렀다.

해방후에는 문교부 편수국장의 자리에 앉아 각급 학교 교재 편찬에 종사하면서 한자폐지와 가로풀어쓰기를 중심으로 하는 문자 개혁안을 완성하였다. 1948년 백범 김구 선생을 수행하여 평양으로 간 조선어학회의 대표 이극로가 그곳에서 머무르자 조선어학회를 오늘의 '한글학회'로 바꾸고 외솔은 종신토록 한글학회 회장으로서 주로 한글전용과 우리말 도로찾기 운동에 심혈을 기울였다. 한국 전쟁후 외솔은 다시 문교부 편수국장의 자리에 앉아 전후의 교과서 제작에 공헌하였으며 우리말을 발전시키는 해석학적 언어 철학을 정립하였다. 1950년대 중반에는 장년시절에 근무하던 연희대학교(뒤의 연세대학교)에 복직하여 제자를 양성하면서 『우리말본』과 『한글갈』을 고쳐쓰고 나라사랑의 길과 구국교육의 지표를 제시하였다. 1960년대에는 학교문법통일안을 무효화시키는 운동을 전개하기도 하고 한글전용을 전면적으로 실시하는 견인차 노릇을 하면서 마지막 생애를 바쳤다. 외솔은 자신이 연구한 문법연구의 결과를 40여년에 걸쳐 '말본'이라는 이름으로 중등교육에 보급하여 왔다. 1970년에 작고하였으니 76세의 생애를 누렸다.

이상과 같은 생장, 수학, 경력에 관한 대체적인 지식을 바탕으로 삼아 먼저 외솔의 '겨레사랑', 곧 민족애와 '나라사랑', 곧 국가애의 철학사상을 소묘하고 이를 바탕으로 외솔의 학문세계를 짚어 보기로 한다.

2 외솔의 겨레사랑과 나라사랑, 그리고 민족어 연구의 상관관계

외솔은 앞에서 잠시 언급한 바와 같이 교토대학을 졸업할 때는 『페스탈로치 교육사상』을 졸업논문으로 제출하였고 대학원에서는 『조선민족 갱생의 도』를 집필하였다고 하였다. 『페스탈로치 교육사상』은 당시의 우리 유학생들의 졸업논문 수준과 비교하여 볼 때 가히 첨단적이라고 규정할 수 있다. 페스탈로치에 관한 독일어, 영어, 일본어 관련의 문헌을 폭 넓게 섭렵함으로써 한 사람의 학자가 될 수 있는 터전을 단단히 굳혔다. 외솔은 페스탈로치가 당시의 독일 이상주의 철학을 등에 지고 경험과 실험을 바탕으로 하여 인성을 계발하는 교육학을 건설한 사람으로 규정하였다. 외솔이 페스탈로치 교육사상을 연구한 것은 자신이 조선의 페스탈로치가 되겠다는 포부의 표현과 관련이 있다. 페스탈로치의 교육사상을 연구하면서 외솔은 심리학에도 관심을 기울여 한 민족의 기질은 고정적이 아니기 때문에 교육의 힘으로 개선할 수 있다는 소견을 피력하기도 하였다.

외솔의 민족 개조 사상은 『조선민족 갱생의 도』를 통하여 알 수 있다. 이 글은 1926년에 동아일보에 65회에 걸쳐 연재되었고 1930년에 단행본으로 출판되었으며 1960년에 번각판이 나오기도 하였다. 외솔은 '실천적 이상주의'의 기치 아래 우리 민족의 질병과 쇠약증을 진단하고 우리 민족이 갱생할 수 있는(다시 살아날 수 있는) 원리를 제시하였다. '실천적 이상주의'에서 '실천적'은 사람의 의식적·목적적 활동을 의미하고 '이상주의'라 함은 건전한 역사창조를 의미한다. 외솔의 '실천적 이상주의'는 대내적으로는 유길준, 주시경 등의 애국계몽사상에서 영향을 받았고 대외적으로는 독일 이상주의 철학과 페스탈로치 교육사상이 가미하여 성립되었으며 그 아래 교육 사상과 민족 개조 사상을 거느리고 있다. 이는 동시에 외솔이 한 평생을 통하여 지녀 온 '우리말과 우리글의 수호와 발전'으로 수렴된다. 외솔의 사상체계의 특징과 형성과정을 그림으로 표시하면 다음과 같다.

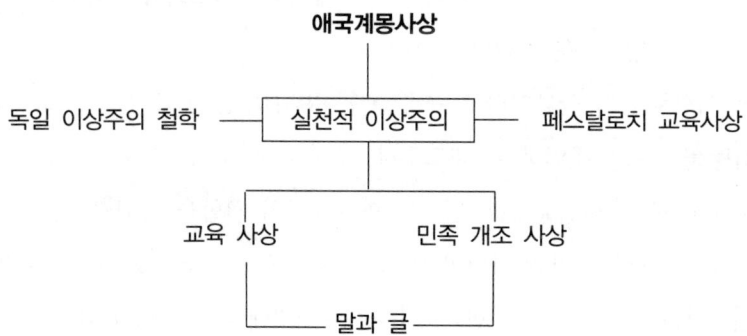

청장년기에 형성된 외솔의 민족애 사상은 만년에 이르러 애국애족이라는 새로운 형태의 사상으로 굴절을 겪었다. 외솔은 "겨레는 나의 어머니요, 나라는 나의 아버지이다"라고 설파하면서 『나라사랑의 길』(1958)을 낸다고 하였다. '나라흥성의 법칙, 거짓과 우악의 퇴치방법'을 중심으로 국가흥성의 철학을 제시하였다. 외솔은 이에 앞서 『민주주의와 국민도덕』(1953)이라는 중등학교 학생상대의 작은 책자를 내어 그 나름의 도덕률을 제시하기도 하였는데 앞의 책은 위의 책을 징검다리로 삼아 이룩된 외솔 사회사상의 총화라고 말할 수 있다. 청장년기의 민족갱생의 철학이 해방과 광복, 한국전쟁, 자유당 말기를 거치면서 국가민족애의 철학으로 승화하였다고 규정할 수 있다. 한편 외솔은 청년기에 페스탈로치를 연구함으로써 실천적 이상주의에 입각한 교육사상을 탐색한 바 있는데 『나라 건지는 교육』(1963)에서 당시의 교육현실을 기초로 한 교육사상을 완성하였다. 외솔이 만년에 구상한 교육사상은 도덕교육을 정점으로 하였다. 이 책은 『나라사랑의 길』에서 표백된 교육철학이 구체화된 것으로서 크게 보면 '나라사랑의 길'로 수렴될 수 있는 사상인 것이다. 외솔의 두 책, 특히 『조선민족 갱생의 도』는 일본어로도 번역되고 왜정의 교과서에도 채용될 정도로 영향력이 컸다.

외솔의 민족어문에 대한 연구와 보급은 청장년 시절에 확립된 '실천적 이상주의'의 산물이라고 규정할 수 있다. 이는 관념론(Idealismus)에 바탕을 둔 어문연구의 태도로서 주시경 이후의 민족어문(national language and writing system) 연구의 메타이론의 역할을 하였다. 실증론(Positivismus)에 근거한 자연어문(natural language and writing system)에 대한 연구와는 그 성격을 달리한다. 외솔은 주시경에 의하여 터가 닦인 관념론적 민족어문의 명제를 페스탈로치의 교육사상과 민족갱생의 사회사상을 가미하여 계승·발전시켰으며 이는 만년에 가시화된 애국애족사상에서 그 절정을 이루었다고 평가할 수 있다.

3 『우리말본』을 통해 본 외솔의 문법 연구와 그 보급

『우리말본』은 외솔의 대표적 업적이라고 평가하고 있다. 외솔은 대학재학시절에 발표한 「우리말과 글에 대하여」에서 『우리말본』에 대한 밑그림을 제시하였다고 하였는데 이는 거의 15년의 적공 끝에 이루어졌다. 우선 머리말의 일절을 보기로 한다.

> 한 겨레의 문화창조의 활동은, 그 말로써 들어가며 그 말로써 하여 가며 그 말로써 남기나니, 이제 조선말은 줄잡아도 반만년 동안 역사의 흐름에서, 조선사람의 창조적 활동의 말미암던 길이요, 또 그 성과의 축적이라.

위의 구절은 언어와 문화 창조와의 상관 관계를 베풀어 『우리말본』의 저술 동기를 밝힌 것이다. 언어는 문화 창조의 첫걸음일뿐만 아니라 연장이고 그것은 또 언어로 보존된다는 뜻이다. 개화기의 어학자들은 말과 글이 국가 형성의 가장 중요한 요소라고 보았으나 일제 강점기의 어학자들은 비록 일제의 지배 아래 놓여 있지만 말과 글을 수호하여 발전시키는 것이 민족 문화 창조의 기반을 닦는 일이라고 믿고 있었다.

『우리말본』은 다음 3부문의 체계로 구성되어 있다.

소리갈[音學, 音聲論]
씨갈[品詞論, 形態論]
월갈[文論, 文章論]

'소리갈'은 몇 차례의 곡절을 겪어 형성되었다. 먼저 1927년에 나온 것으로 추정되는 프린트판『우리말본』(상)과 활판본『우리말본』(상) (1929),『우리말본』(1937)을 비교하여 보면 그런 사실을 잘 알 수 있다. 한편 외솔은 '소리갈'의 중요 주제를 동인지『한글』과 이윤재 경영의 국학 학술지『한빛』등에 발표하기도 하였다. 마지막 책의 '소리갈'은 앞의 두 책에 포함되어 있던 통시적 사실이 삭제되고 현대어의 공시적 사실만을 다룸으로써 현대어만을 기술대상으로 삼은 '씨갈'과 '월갈'과의 보조를 맞출 수 있었다. 외솔의 '소리갈'은 대내적으로는 주시경, 김두봉, 이극로, 정렬모의 음성연구를 발판으로 삼되 독일의 음성학자 피에토로(W. Viëtor)의『音聲學小論』(Kleine Phonetik) (1897)과 덴마크의 언어학자 예스페르센(O. Jespersen)의『音聲學敎本』(Lehrbuch der Phonetik) (1913), 오구라(小倉進平)의『國語及朝鮮語發音槪說』(1923)과 당시의 일본인 학자, 이를테면 오바다(小幡重一)의「朝鮮母音及子音の性質」(1933)의 연구 결과를 참조하여 형성되었다. 용어도 적지 않은 수정을 거쳤다. 외솔의 용어는 주시경, 김두봉과 함께 고유어 용어를 선택하되 대중에게 이해가 어려운 부분은 과감하게 시정하는 태도를 견지하였다. 이를테면 프린트본의 '소리청, 힘살'을 '목청, 힘줄'로 바꾼 것이 그러하다.

'씨갈'은 외솔의 문법이론이 집약된 부문이다. 외솔은 이미「朝鮮語의 品詞分類論」(1930)에서 10품사 중심의 품사체계를 제시한 바 있다.

외솔은 이전의 주시경과 김두봉이 단어의 자격을 주었던 어미류는 단어의 일부분으로 처리하고 조사만 단어로 보는 태도를 취하여 이른바 제2유형의 문법유형을 창도하였다. 특히 그는 조사가 어미와 다른 자족적인 특징을 지니고 있음을 다각도로 증명하였다. 지정사를 독립시켜 동사, 형용사와 함께 용언의 한 가지로 본 것 또한 큰 특징이다. 외솔의 '씨갈'에서 당대나 후세에 영향을 미친 주요한 주제로는 변동사론과 지정사론이다. 전자는 사동사와 피동사를 총칭하는 것으로 현대의 문법 연구에서 늘 주목의 대상이 되고 있으며 현재 그 시험적 저술인 프린트본이 전하는 것을 보면 상당한 기복을 거쳐 완성된 것으로 보인다. 후자는 '사람이다'에 붙는, 학교문법의 서술격조사를 가리키는데 그 처리를 두고 지난 세기 50년대부터 백가쟁명(百家爭鳴)의 의견이 족출(簇出)하였으나 외솔의 지정사론을 번복할 수 있는 대안이 아직 나오고 있지 않다. '이다'는 그 성격이 조사와 용언의 양면의 성격을 지니고 있어서 어떻게 처리해도 문제가 드러나기 마련이다. 어느 안을 택하는 것이 국어문법을 보다 간결하게 기술할 수 있는가 하는 데 초점을 맞추어야 한다. 외솔은 그의 품사론을 체계화함에 있어 당시 조선어학회와 적대적인 입장에 있었던 박승빈 일파의 '朝鮮語學研究會'와 논쟁을 벌리기도 하였는데 외솔뿐만 아니라 조선어학회 회원 모두가 합세하여 대결하였다. 학문은 단체(Gesellschaft)를 만들어 서로 대결하고 토론하는 사이에 발전한다는 교훈을 얻을 수 있다.

'월갈'은 앞의 '씨갈'에 비하여 그 분량이 1/4도 채 못된다. 외솔의 문법은 당시의 지배적인 문법모형이었던 품사론 중심의 문법을 지향하였기 때문에 그 분량이 적어질 수 밖에 없었다. 외솔의 '씨갈'에는 생성

문법의 관점에 서면 통사론의 영역으로 편입될 수 있는 부분이 상당하다. 대표적인 것이 앞에서 언급한 변동사론이다. 외솔은 '월갈'의 범위를 문장(sentence)에 한정하였다. 현대의 텍스트과학(흔히 텍스트언어학)의 단위로 설정되는 '이야기' 내지 '텍스트'(Text)는 '글월갈', 곧 수사학의 단위로 보고 문법의 영역에서 제외하였다. 외솔은 '씨갈'의 단위를 '낱말, 마디, 이은말'로 보는 관점에 서서 우리말의 통사론을 전개하였다. 통사론의 체계 가운데서 주목의 대상이 되는 것은 자신이 세운 연결어미 체계에 따라 문장의 구성을 '포유문, 연합문, 병렬문'의 셋으로 보고 있는 점이다. 포유문은 현행 학교문법의 '안긴 문장'에, 연합문은 '종속적으로 이어진 문장'에, '대등문'은 '대등적으로 이어진 문장'에 해당한다. 특히 연합문과 대등문의 구별기준은 앞으로 계속 기억할 필요가 있는 인식체계로 보인다. 구두점 사용법도 영문법의 구두점을 단순히 흉내낸 것이 아니라 국어의 문법사실과 관련시킨 면이 포착된다는 점에서 다시금 되돌아 보아야 할 인식체계로 보인다. '나는 조금, 재미난 이야기를 들었소'와 같이 부사어 '조금'이 '이야기를'을 건너뛰어서 '들었소'를 꾸밀 때에는 쉼표를 친다는 규정이 그러하다.

외솔의 문법은 긍정적인 면이 많은 반면 부정적인 면도 적지 않다. 과연 어미와 조사가 별도의 범주를 형성하는 것인지 의심을 품을 수 있다. 당대에도 이극로 같은 학자는 조사와 어미를 묶어 '토'로 처리해야 한다는 견해를 가지고 있었으며 『한글맞춤법 통일안』의 "문장의 각 단어는 띄어쓰되 토는 윗말에 붙여쓴다"는 규정에 나오는 '토'가 바로 이를 가리킨다. 생성문법이나 이의 영향을 받은 문법가들이 어미와 조사를 '토씨'의 범주에 넣은 주시경의 견해가 더 합리적이라 보고 있고 현재 남북이 공동 편찬하고 있는 『겨레말큰사전』에서도 주시경의 '토씨'와 북한문법의 '토'를 도입하였다는 것은 외솔의 견해가 시대적 요구와는 거리가 멀어져 가고 있지 않느냐는 생각이 든다.

외솔의 시제 체계는 외솔의 문법 가운데서 가장 거부반응이 큰 부분이다. 그것은 외솔이 우리말의 시제를 영어의 12시제의 틀에 맞추어 넣었기 때문이다. 그리고 피동형을 간소화하기 위하여 현실 언어와는 거리가 먼 '들히다, 보히다'와 같은 형태를 세운 것은 그것이 아무리 실천적 이상주의의 산물이라고 해도 결코 수용할 수 없다. 연결어미 다음에 쉼표를 찍는 것은 외솔의 작위라고는 할 수 없으나 재고해야 한다. 우리말에서 연결어미가 바로 쉼표의 역할을 한다는 것은 19세기 후반의 프랑스 선교사들이 이미 지적한 바 있다. 연결어미 다음에 쉼표를 두는 현행맞춤법의 쉼표규정은 하루바삐 폐기해야 한다. 쉼표는 의미의 혼동을 가져오는 경우가 아니면 자제해야 한다. 외솔은 부사형어미를 세워 놓고 "꽃이 아름답게 피었다"와 같이 형용사에 붙는 '-게'에 한하여 부사어로 처리하고 나머지는 모두 본용언과 합하여 합성 서술어가 되는 것으로 처리하였다. 보통 모순이 아니다. 어미 '-게'는 그 기능이 다양하여 기능을 단일화하기가 어려워 학교문법 (1985, 1991, 1996)에서 보조적 연결어미로 처리하였음은 모두 다 알고 있다. 어떤 문법 형태에 대하여 형태론에서 이름을 주었으면 통사론에서 그 기능을 유기적으로 설명해야 하는데 그에 대한 배려를 전혀 찾을 수 없다.

외솔은 문법체계뿐만 아니라 문법용어에 있어도 주시경과 김두봉의 비합리적인 면을 과감하게 시정하는 태도를 보여 주었다. 주시경은 명사를 '임'이라고 지었는데 이는 '이름'의 첫 글자 '이'와 받침의 'ㅁ'을

합성한 것으로 명칭만 보아서는 무슨 뜻인지 알기가 어렵다고 보고 일
상어 '이름'에 품사를 뜻하는 '씨'를 붙여 '이름씨'라는 말을 만들어 내었
던 것이다. 그러나 주시경이 지은 '말본, 씨, 씨갈, 월, 월갈'과 같은
용어는 김두봉을 거쳐 외솔에게 이어지고 있으며 지금도 이 용어를 선
호하는 사람들이 없지 않다. 사실 '씨'는 어디서 가져 왔는지 그 어원이
분명치 않다. 그것은 어쨌든 일상어와 관련을 맺을 수 없기 때문에 언
어대중들에게 거부반응을 일으켜 현행 학교문법에서도 한자어 용어 '품
사'(品詞)를 도입하였다. 이점 북한도 마찬가지다. 북한에서는 품사명
등의 큰 용어는 한자어를 택하고 있다. '월갈'의 '월'은 문서나 편지를
의미하는 '글월'의 접미사 '월'에서 가져온 것이 분명하다. 라틴어 용어
를 버리고 민족어를 가지고 철학용어나 문법용어를 삼은 예로 독일어
를 들 수 있다. 독일어에서는 동사를 'Bewegungswort'라고 하는데
'Bewegung'은 '움직임', 'Wort'는 단어의 뜻이다. 모두 현실어에서 사용
되는 말에 전문어의 의미를 준 것이다. '갈'은 '갈다'(연마하다)의 어간 '갈'
에 '學'의 의미를 주어 '소리갈, 씨갈, 월갈'이란 말을 만들어 내었다.
이는 마치 독일어에서 'lehren'(가르치다)의 명사 'Lehre'를 합성하여
'Lautlehre'(음학)이라는 용어를 만들어 내는 것과 같다. 그러나 주시경의
'갈'은 자립성이 없는 동사의 어간이다. '學'을 뜻하는 '갈'류의 문법용어
는 외솔과 김윤경으로 끝나고 말았다.

　외솔의 '씨갈'은 대내적으로는 주시경과 김두봉으로부터 절대적인 영
향을 받았으며 독일의 선교사로 당시 조선에서 선교활동을 하고 있었
던 에카르트(A. Eckardt)의 문법 (1923)과도 일치되는 점이 적지 않다. 대
외적으로는 일본의 문법학자 야마다(山田孝雄)의『日本文法講義』(1922)

를 이론적 배경으로 삼았다. '월갈'은 현재 선행저술이 전하지 않는 것을 보면『우리말본』을 완성함에 즈음하여 집필된 것으로 보인다. '월갈'은 야마다문법의 문장론 부분을 비판적으로 수용한 것으로 알려져 있다.

외솔은 자신이 세운 문법체계를 중등학교 조선어 및 민족어 교육을 통하여 꾸준히 보급해 나갔다. 외솔은『우리말본』이 나오기 3년전인 1934년에『중등조선말본』을 간행하였다. 이 책은 1933년에 공포된『한글마춤법통일안』을 이론적으로 뒷받침할 목적으로 간행되었지만 반도 안은 물론이고 저 만주(현재의 동북삼성)에까지 보급되어 6개월만에 절판이 될 만큼 호평을 받았다. 이 중등말본은 1936년에 부분적으로 개편되고『우리말본』이 나오자 바로 이어 개정판이 나와 그 지형으로 해방 직후부터 중등학교 문법교과서로 사용되었으며 1948년부터는 중학교 초급용과 고급용으로 나뉘어 나왔으며 이러한 체계는 1970년대 후반까지 지속되면서 민족어교육에서 활용되었다.

외솔의 문법체계는『한글마춤법통일안』(1933)에도 거의 그대로 응용되었고 조선어학회의『큰사전』(1947~1957)과 현행 학교문법에서도 깊숙이 뿌리를 내리고 있을 정도로 민족어 생활과 민족어 교육에 큰 영향을 미쳐 왔다. 북한과 재외 교민의 민족어 연구와 민족어 교육에도 적지 않은 영향을 미쳤다. 북한의 초기와 중기의 문법은 외솔의『우리말본』을 극복하는 관점에서 연구되었으며 해방후의 중앙아시아와 사할린의 민족어 교육에서도 외솔의 입김이 크게 작용하였다.

『우리말본』은 1937년에 초판본이 나오고 1955년에 고친판이 나왔다. 고침판은 초판의 잘못을 수정하고 가로로 편집을 하였고 한글전용을 지향하였다. 총론과 음성론은 변화가 크지 않으며 품사론에서는 조어법에서 변화가 많다. 초판에 없던 '우' 변칙활용이 도입되었는데 이는 옳고그름과는 관계없이 그의 제자 박창해의 『쉬운 조선말본』(1946)의 견해를 받아들인 것이다. 합성어 형성에 나타나는 음운현상이 많이 추가되고 관형사의 체계와 내용이 많이 바뀌었다. 최종판은 작고한 이듬해인 1971년에 나왔다. 네 종류의 교정본을 김계곤이 교감하여 낸 『우리말본』의 결정판이다. 현재 시판되고 있는 『우리말본』은 1971년판임을 밝혀 둔다. 큰 변화는 이른바 보조적 연결어미 '-고/-어' 아래 붙는 존재사 '있다'가 이전판에서는 보조동사로 보았는데 최종판에서는 보조형용사로 본 것이다. 처소격조사의 체계에 수정을 가한 것도 변개 사항으로 들 수 있다. 이전판에서는 처소격 '에서'의 기능을 '낙착점, 출발점, 향방'의 셋을 두었는데 최종판에서는 '되는곳'(定處)을 추가하였다. 올바른 처리로 평가된다. 외솔은 1950년대 후반에 『한글』 지상을 통하여 지정사 문제와 동사 '다그다' 문제를 중심으로 이희승, 이숭녕, 정인승과 논전을 벌리면서 자신의 학설을 변호하기도 하였다.

4 『한글갈』을 통해 본 외솔의 문자사와 음운사 연구

외솔은 1938년 흥업구락부 사건에 연루되어 10여년간 봉직하여 오던 연희전문학교를 사직하였다. 기소유예로 석방되자 외솔은 『한글갈』의 저술에 착수하였다. 『한글갈』 역시 재학시절에 쓴 우리말과 글에 대한 논설에 밑그림이 제시되어 있었다. 『한글갈』은 괄호 안에 '正音學'을 써 넣은 것을 보면 궁극적으로는 민족문자인 '한글'에 대한 저술이라고 할 수 있다. 외솔이 『우리말본』(1937)을 낼 때 이전의 『우리말본』 프린트판과 첫째매에 들어 있었던 통시적 사실을 제외하였다고 하였는데 이들은 모두 『한글갈』에 편입되어 있다. 외솔은 '한글'로 대표되는 우리의 문자사 및 문자학사와 문자론에 관한 자신의 연구와 그 사이의 학계의 연구 성과를 기초로 하여 『한글갈』을 완성하였다. 머리말을 보면 "한글은 조선 사람의 지적 산물 중 가장 중요한 것인 동시에 또 지적 탐구의 가장 긴절한 대상이 되지 않으면 안된다"고 전제하고 『우리말본』이 끝났으니 한가한 시간을 이용하여 『한글갈』을 저술한다고 하였다.

『한글갈』은 크게 '역사편'과 '이론편'의 2편으로 구성되어 있다. 목차의 대체적 얼개를 제시하면 다음과 같다.

역사편
　훈민정음의 창제, 한글 쓰기의 번짐, 한글 갈기의 피어남=한글연구의 역사
이론편
　"훈민정음"의 두루풀이, 없어진 글자의 상고, 갈바씨기의 세움, 한글의 기
　원, 한글의 세계 글자에서의 자리잡음, 견주는 한글갈

먼저 〈역사편〉을 보기로 한다. '훈민정음의 창제'에서는 1940년에 발견된 『훈민정음 해례』의 원문을 소개하고 『훈민정음 예의』의 이본(異本)에 대한 설명을 시도하였으며 훈민정음의 제정경과와 훈민정음의 명칭에 대하여 자신의 견해를 베풀었다. 이곳에서는 '한글'이란 이름은 주시경이 처음으로 지었고 그 의미는 '一, 大, 正'이라고 하였다. '한글'을 주시경이 만든 것은 이론(異論)의 여지가 없으나 그 의미는 '한나라 글'에 유래하는 만큼 '대한제국'의 '한'으로 보는 것이 현재의 지배적인

견해이다. '한글쓰기의 번짐'은 한글의 발전사를 엮은 것인데 독립적
사용과 종속적 사용으로 나누어 그 발전사를 개관하였다. 전자는 『용비
어천가』, 『석보상절』과 같이 한글만으로 이루어진 문헌의 예를 가리키
고 후자는 언해류와 같이 한문을 번역할 때 사용된 예를 가리킨다. 이
곳에서는 역대 한글문헌에 대한 정보가 소상하게 설명되어 있다. '한글
갈기의 피어남'에서는 훈민정음 창제부터 근대의 주시경, 박승빈까지의
한글 연구사를 개관한 것으로 문자연구사의 범주에 들어온다. 넓은 의
미의 국어학사라 하겠다. 특히 외솔은 주시경의 한글 교육이 계기가
되어 기미독립운동으로부터 한글연구가 융성기를 맞았다고 해석하였
으며 시대구분에 있어서는 이윤재의 것을 많이 참조하였다.

다음으로 이론편을 보기로 한다. "'훈민정음'의 두루풀이'에서는 훈민
정음 예의에 대한 해설, 제작의 기교, 훈민정음의 맞춤법을 다루었다.
특히 제작의 기교는 외솔이 1932년에 발표한 훈민정음의 자형과 배열
에 관한 글을 개작한 것이다. '갈바씨기의 세움'은 훈민정음의 각자병서
에 근거하여 박승빈의 경음론을 비판하고 주시경의 쌍서식의 된소리이
론을 옹호하였다. '한글의 기원'에서는 한글의 기원설을 고전(古篆) 등
11개 항목에 걸쳐 소개하고 고전모방설을 주장하였다. 최근에 와서 고
전모방설이 다시금 고개를 드는 것과 관련시킬 때 외솔의 견해는 음미
의 대상이 된다. '한글의 세계 글자에서의 자리잡음'에서는 1927년에
일문으로 발표한 것을 그대로 옮긴 것이다. 이곳에서는 붙임의 형식으
로 한글 찬양의 중요한 구절을 간추려 두었다. 한글의 우수성을 만방에
알리고자 하는 외솔의 애족심의 한 가닥이 표출된 것으로 보고자 한다.
'견주는 한글갈'에서는 비교 정음학의 뜻인데 『文章』 폐간호 (1941)에

발표한 내용을 개고한 한 것이다. 이곳에서는 한글을 국제음성기호와 로마자로 표기하는 법과, 다른 문자를 한글로 표기하는 법을 다루었다. 외솔은 특히 한글의 로마자 표기법에 관한 여러 사람들의 견해를 소개하고 자신의 표기법을 제안하기도 하였다. 외솔은 1941년에 공포된 외래어 표기법에 대하여 불만을 많이 품고 있었던 관계로 그 나름의 안을 제안하였으며 이 문제는 해방 후에도 그대로 이어져 많은 문제점을 드러내었다. 조선어학회의 안이 실용성을 지향하였다면 외솔은 음운조직에 근거한 체계 위주의 표기법을 제안하였다고 그 차이점을 지적할 수 있다.

이론편의 두 번째 주제 '없어진 글자의 상고'는 본래의 의도는 문자 변천사를 다루는 것이었으나 결과적으로는 음운사의 전개로 볼 수 있다. 이 가운데서 가장 쟁점을 불러일으킨 주제는 'ㆍ'자 음가에 대한 견해이다. 'ㆍ'에 대하여는 주시경의 'ㅣ ㅡ' 합음설을 수용하면서도 외솔은 계속 회의를 품고 있다가 『한글갈』에 와서 자신의 견해를 최종적으로 제시하였다. 마침 1940년에 이숭녕이 「ㆍ音攷」(考, 고)라는 장편의 논문을 발표함에 따라 이를 비판하고 'ㆍ'는 'ㅏ, ㅡ'의 간음이며 중모음임을 주장하였다. 외솔은 자신과 상충되는 견해에 대해서는 항시 준엄한 비판의 화살을 당기었다. 어미를 단어의 일부분으로 보는 이른바 종합적 설명법을 주창할 때는 그의 스승 주시경의 학설을 가차없이 비판하였으며 어간과 어미의 경계를 세우는 마당에 있어서는 에카르트와 박승빈의 견해를 준엄하게 비판하였다. 외솔의 이러한 학문태도는 작고할 때까지 계속되었다.

외솔의 정음학은 외솔 자신이 1920년대 후반부터 간간이 발표해 왔던 문자론과 문자사 관계의 업적과,『우리말본』프린트판 및 첫째매의 관련 부분을 통합하되 그 사이에 이루어진 어문학계의 연구 결과를 집약하여 '한글갈'(正音學)이라는 독특한 분야를 설정하였다. '정음학'은 일제 강점기의 막판에 우리말과 우리글이 말살되는 위기에 처하였던 시대적 상황 아래서는 긍정적으로 받아들일 수 있는 우리말 연구의 한 부문이 될 수 있으나 실증론에 입각하면 문자 발전사는 문헌사에, 문자 연구사는 국어학사에, 문자론은 어문정책론, 문자사나 음운사는 국어사에 소속시킬 수 있어 시대적 요청에 부응하는 국어학의 분과라 하기가 어렵다. 그러나 우리는 결과적으로『한글갈』을 통하여 역대의 한글 문헌, 중세 및 근대의 국어학사적 인식, 문자론과 음운사에 대한 많은 정보를 얻을 수 있다. 경우에 따라서는 논의가 부족하고 사실과 다른 결론을 이끌어 내어 후학들의 비판의 대상이 되기도 하였으나 일제 치하라는 시대적 특수성을 감안하면 크게 문제가 되어 보이지 않는다.

외솔의『한글갈』역시 당대나 후대에 큰 영향을 미쳤다. 보기에 따라서는 그 심도가『우리말본』보다 더 깊다고 할 수 있다. 작고한 어느 국문학자는 일제말기에 학병으로 끌려갈 때『한글갈』등을 몸에 지니고 읽었다고 하며 해방 전에 이 책을 읽은 것이 알려져 해방후 대학강단에 선 사람도 있었다.『한글갈』은 외솔의 어문논설집『한글의 바른 길』(1937)과 함께 우리 민족의 지적 자존심을 배양하는 데 큰 역할을 하였다. 해방후 민족어를 보급하고 민족어 교육을 실시하는 마당에서 외솔의 한글에 대한 제견해는 남북한은 물론 재외교민에게도 엄청난 영향을 미쳤다. 외솔의 글을 그대로 프린트하여 교재로 사용하는 일이 적지 않았다.

『한글갈』은 1961년에 고친판이 나왔다. 초판의 세로판을 가로판으로 바꾸고 한글전용으로 모습을 바꾸었다. 외솔은 「머리말」에서 『우리말본』을 이루어 내던 연세대학교 옛 일터에서 고친판을 내게 되니 우리 말과 글의 두 기둥을 세우는 평생사업은 낙성을 고하는가 하여 감개가 무량하다고 술회하였다. 당시의 외솔의 나이 66세였다. 요즘처럼 문서 작성기가 있는 것도 아니고 손으로 직접 썼다. 『우리말본』의 초고 작성 으로부터 기산하면 40년만이요, 『한글갈』의 초판으로부터 헤아리면 18 년의 세월이 흘렀다. 이 책에는 『한글갈』 초판이 나왔을 때 읊은 금강 산 소재의 시조 3수가 인용되어 있고 왜정의 출판허가 신청시에 삭제되 었던 부분을 보충하기도 하였다. 『한글갈』은 『우리말본』보다 변개의 폭이 더 심하다. 그 사이 연구된 것을 많이 반영하고 특히 이숭녕이 '·'에 대하여 외솔의 견해를 비판한 저서 (1949)에 대한 답변이 상당한 양을 차지한다. 외솔은 이숭녕이 지적한 원전해석의 잘못을 수용하면 서도 '·'가 'ㅏ, ㅡ'의 간음이라는 종래의 견해를 굽히지 않았다. 외솔 의 '·'에 대하여는 그 뒤 이숭녕의 「· 音의 再論」 (1959)에서 다시금 쟁점화되어 건전한 학술논쟁의 모범을 보이었다.

5 외솔의 문자개혁이론 및 민족어 존중사상과 그 실천의 제양상

외솔의 문자개혁이론은 한글전용과 가로쓰기(가로풀어쓰기)로 집약할 수 있다. 외솔은 문자개혁의 으뜸 주제로 한글전용을 내세웠다. 외솔의 한글전용론 역시 재학시절의 논설에 표백되어 있다. 한글전용은 상대적으로 한자를 폐지함을 함의하기 때문에 양자는 표리일체의 관계에 놓여 있다. 한자폐지는 음만 한글로 바꾸는 것이 아니고 언어 개혁을 수반하기 때문에 문자 혁명의 범주에 넣을 수 있다. 외솔은 이책에서 한자 폐지의 방법을 구체적으로 제안하였다. 한자의 불리한 점, 한자의 해독, 한자 폐지의 실행방법을 구체적으로 제시하였다. 외솔의 한글전용/한자폐지 사상은 그의 스승 주시경의 사상을 계승한 것으로서 뒤의 가로쓰기와 함께 항상 관심의 표적이 되어 왔다. 외솔의 한글전용에 관한 견해는 유고집으로 발행된『한글만 쓰기의 주장』(1970)에 종합되어 있다. 이 책은 1970년대부터 본격화된 한글전용을 이론적으로 뒷받침하기 위하여 집필된 것으로 작고 전에 탈고하였다. 내용은 한글전용의 이유, 한글전용에 대한 의혹, 한글전용의 실천방안 등으로 간추릴 수 있다. 임종을 앞둔 노년에 집필된 만큼 성근 면이 없지 않으나 외솔의 한글전용론이 최종적으로 결집되었다는 점에서『우리말본』『한글갈』『한글가로쓰기독본』과 함께 외솔의 대표적 저작으로 손꼽힐 수 있다.

외솔의 한글 전용 사상은 우리의 문자생활을 한글만으로 영위하게 하고 한글기계화를 촉진시켰다는 긍정적인 면이 많다. 더욱이 1980년대 후반부터 본격적으로 보급되기 시작한 개인용 문서 작성기에 힘입어 한글전용은 빠른 속도로 보급되어 왔다. 한글만 씀으로써 얻는 긍정적 측면도 있지만 부정적 측면도 적지 않다는 점을 직시할 필요가 있다. 젊은 세대에게 한자를 가르치지 않아 전통문화와의 단절이 날로 깊어가고 동북아 시대를 맞아 자칫하면 동북아 사회의 고아가 될 가능성도

없지 않다. 그런 점과 관련되어서인지는 모르지만 한자능력 검정시험
에 응시하는 초등학교생이 날로 늘어가고 있고 한자 관련 단체의 활동
도 전에 없이 성황을 이루고 있다.

외솔은 한글전용과 함께 민족어를 존중하는 이론을 전개하기도 하였
다. 한글전용은 필연적으로 언어개혁을 수반하기 때문에 한자어를 고
유 민족어로 다듬는 문제를 생각하지 않을 수 없다. 이러한 사상은 주
시경에게서 이미 싹이 터서 국어문법용어를 모두 고유 민족어로 바꾸
었으며 이러한 바람은 김두봉, 김윤경, 정렬모를 거쳐 외솔에 와서 절정
을 이루었다. 외솔은 우리 민족어를 '배달말'이라 부르고『우리말 존중
의 근본 뜻』(1953)에서 독일의 언어미학자 포슬러(K. Vossler), 일본문법
학자 야마다(山田孝雄)의 이론을 발판으로 삼아 해석학적 언어 철학을
정립하였다. 혜석학적 언어철학이란 언어를 사용주체와 긴밀하게 연관
시키는 관념론적 언어철학을 가리킨다.

외솔의 해석학적 언어 철학은 다음 구절을 통하여 분명히 알 수 있다.

> 말씨는 근본 개인의 자유스런 슬기스런 애지음(創造)으로 말미암아 생겨
> 나고 다시 사회의 무리떼의 실제스런 의지(意志)스런 부닦질(研磨)로 말미
> 암아 피어나는 것이다.

위의 구절은 포슬러의 *Sprache als Schöpfung und Entwicklung*[창조
와 발전으로서의 언어] (1905)에서 부각된 견해를 가공한 것이다. 포슬
러는 19세기 후반기의 소장문법학파들이 언어를 지나치게 사용 주체와
유리시키는 실증주의적 태도를 비판하고 사용 주체를 중시하는 관념주
의적 태도를 견지할 것을 주장하여 문체론을 중시하고 어학사와 문학

사를 상호관련시키는 저작을 많이 내었다. 이는 어학과 문학을 연계시키는 작업과 밀접한 관련이 있다. 외솔은 한국전쟁중 부산으로 피난갈 때 앞의 포슬러 책의 고바야시 교수의 일역본『言語美學』을 유일하게 들고 가서 오래전부터 생각해 오던 해석학적 언어 철학을 체계화하였던 것이다. 언어는 개인의 자유로운 창조 활동에 의하여 생겨나고 대중들의 연마에 의하여 발전한다는 명제가 바로 그것이었다. 외솔의 이와 같은 철학은 대내적으로는 주시경 등의 언어철학은 물론, 외솔 자신이 청년 시절부터 지녀 오던 공리적 언어관이 밑거름이 된 것으로 보인다.

외솔은 대학재학시절에 발표한「우리말과 글에 대하여」에서『우리말본』과『한글갈』의 밑그림을 제시하였다고 하였는데 이곳에서 외솔은 가로쓰기에 대한 자신의 견해를 처음으로 피력하였다. 한글이 표음문자이기는 하나 알파벳과 같이 한 줄로 나란히 배열하는 것이 아니라 한자와 같이 네모 안에 묶어쓰기(흔히 모아쓰기)를 하고 있기 때문에 활자를 많이 만들어야 하는 부정적 측면이 있다고 보고 풀어쓰는 문제를 제기하지 않을 수 없다고 보았다. 외솔의 스승 주시경은『국문연구의정안』(1909)에서 가로쓰기의 시안을 보인 일이 있고 1913년부터는 졸업증서, 수료증서, 개근증서, 우등증서에 이르기까지 시험을 거듭하다가 작고 3개월 전에 나온『말의 소리』에 그 전모를 보인 바 있다. 주시경의 가로쓰기는 해외 동포들에게도 영향을 미쳐 러시아 치타에서 나온『대한인 정보교』(1914)에 벌써 응용한 자취가 보인다. 주시경의 가로쓰기안은 뒤의 김두봉에서 한 봉우리를 이루었으며 외솔은 김두봉의 이론을 발전시켜 자신의 안을 공개하였다. 외솔은 그의 선학의 안에서 한 걸음 더 나아가 한글자모의 흘림체[필기체]를 대소 문자로 구분하여 제시하였다. 이 때문에 한글의 자형이 알파벳과 무엇이 다르냐는 비판도 많이 받았다. 그뒤 외솔은 「가로글씨의 이론과 실제」(1938)을 통하여 조선어학회의 『조선말표준말모음』에 제시된 임시안을 뒷받침하기 위하여 재학시절의 이론적 근거를 보강하였으며 특히 가로쓰기를 하면 구두점 사용이 필수적이라는 점을 강조하였다.

외솔의 가로쓰기에 대한 집념은 끊어질 줄 몰랐다. 외솔의 가로쓰기에 관한 연구는 3년 동안 함흥에서 옥중생활을 하는 도중에서도 지속되었다. 외솔은 손가락으로 마루바닥이나 땅바닥에 자신의 안을 그리기도 하였으며 종이쪽지에 적은 것을 바지에 간직하였다는 숨은 이야기도 들을 수 있다. 해방 뒤에 나온 『글자의 혁명』(1947)은 해방 전의 「가로글씨의 이론과 실제」와, 자신이 감옥에서 완성한 안을 더하여 쓴 것이다. 이 책은 1956년에 고친판이 나왔다. 자기의 가로쓰기안에 힘입어서 가로글씨가 보급되고 기계화의 성과를 거두었다고 말하였다. 외솔의 가로쓰기에 대한 집념은 『한글가로글씨독본』(1963)에서 결실을 보게 된다. 이곳에서는 외솔이 조사를 독립된 단어로 세운 것이 가로쓰기와 밀접한 관련이 있음이 지적되어 있다. 묶어쓰면 조사를 체언에 붙여써도 좋으나 풀어쓰면 동사의 활용형과 혼동이 된다는 점에서 외솔의 견해는 상당한 설득력이 있어 보인다. 아래 흔글의 문서작성기가 도입되어 가로쓰기의 필요성을 느끼지 못하는 현재의 관점에서 서면 조사를 독립된 품사로 처리한 외솔의 견해를 학교문법에서 계속 지켜야 할 것인지 다 같이 생각해 볼 수 있다. 『겨레말큰사전』의 편찬에서 조사와 어미를 '토'로 처리한 것이 이런 사실과 관계되는지 모르겠다.

6 마무리

이상과 같이 본인은 외솔 최현배의 사상을 검토하고 이를 그의 민족
어문 연구와 관련시켜 보았다. 흔히 외솔을 국어학자라 부른다. 앞의
논의에 기대면 외솔은 국어학자이기 전에 한글학자(어문학자)였고 한글
학자이기 전에 사회 사상가였다. 개화기와 일제강점기에 민족어문을
연구한 사람 모두가 이런 성향을 지니고 있었다. 외솔을 비롯한 당시의
한글학자들이 희구하였던 것은 난마와 같이 흐트러진 민족어문, 다시
말하면 우리말과 우리글을 정리하여 민족 모두가 불편 없이 사용할 수
있는 맞춤법과 공통 표준어, 궁극적으로는 민족 전체가 다 같이 이용할
수 있는 사전 편찬을 성취하는 일이었다. 음성·음운, 문법, 방언. 옛말
을 연구하는 것이 요즘처럼 음운론, 문법론, 방언론, 언어사(국어사)의
체계를 세우는 데 목적이 있는 것이 아니라 민족 어문을 수호하고 발전
시키는 데 초점을 두었다. 이러한 민족 어문 연구의 동기를 부여해 준
사상은, 외솔의 경우, 실천적 이상주의였다. 학계에서는 외솔의 주저가
『우리말본』과 『한글갈』이라고 하지마는 외솔 자신은 『한글가로글씨독
본』이 대표적 저술이라고 술회한 바 있다. 외솔이 청소년시절부터 만년
에 이르기까지 지니고 있었던 것은 자모문자이면서도 그 운용에 있어
서는 음절문자의 기능을 하는 한글을 자모문자답게 가공하는 문제였
다. 그런 점에서 위의 책을 자신의 대표적 저술이라고 하였을 가능성이
많다. 현재는 외솔의 가로쓰기사상이 개인용 문서작성기의 보급으로
그늘에 가려 있으나 문자환경이 바뀌면 외솔의 문자 개혁안이 다시 햇
볕을 볼 날이 있을지 모르겠다.

외솔은 청년기에 세운 민족어문의 정리와 발전을 위한 구도(構圖)를 하나하나 성취해 왔으며 만년에 이르기까지 자신의 이론을 단계별로 거의 완벽의 경지에까지 이르도록 하였다. 이런 점에서 외솔은 당대의 누구보다도 복된 일생을 누렸다고 평가할 수 있다. 청년기에 아무리 원대한 포부를 품고 있었다고 하더라도 실천과정에서는 좌절을 겪기 마련인데 외솔은 초지일관(初志一貫)하여 자신의 이론을 완성하여 현실 문제를 해결하는 데 공헌하였다. 이는 외솔이 정상적인 현대교육을 받은 것과 관련시킬 수 있지만 일찍부터 '실천적 이상주의'의 사상적 기조가 확립되어 있었던 데다가 천성이 부지런하고 고집이 강하다는 성격적 측면과도 관련이 있어 보인다. 앞에서 더러 본 바와 같이 외솔은 자신의 학설이나 이론을 정립하는 데 있어서는 스승, 선배, 동료, 후배를 가리지 않고 준엄한 비판의 화살을 당겼다. 한 사람의 학자가 되는 길에는 첫째는 같은 주제를 부지런히 계속 생각해야 하고 다음으로는 단체의 일원이 되어야 하며 셋째로는 자신과 상충되는 의견에 대하여는 누구를 묻지 않고 토론과 비판의 자세로 임해야 한다는 것을 외솔의 학문역정을 통하여 새삼스럽게 느낀다. 학문뿐만 아니라 어떠한 직종에 종사하더라도 외솔이 보여 준 세 요소는 우리가 귀감으로 삼아야 할 교훈이라는 것을 끝으로 덧붙여 둔다.

[붙임] 최현배전집 편찬의 제안

개화기와 일제 강점기에 민족어연구에 종사한 사람들은 대부분 전집이 나왔다. 주시경은 일제 강점기와 북한, 남한에서 네 차례나 나왔다. 그러나 모두가 복사 출판이다. 조윤제 전집과 얼마 전에 나온 정태진 전집 역시 그러하다. 현대 맞춤법과 주석을 붙인 새로운 형태의 전집 간행이 절실하다. 이희승, 김윤경, 정인승. 양주동 등은 새로 조판하여 간행하였다. 주시경 후계 가운데서 가장 혁혁한 업적을 쌓은 외솔은 아직 전집이 나오지 않고 있다. 본인이 1995년 『최현배의 학문과 사상』을 상재(上梓)할 때 전집 문제를 제기하였으나 13년이 지난 지금까지 그에 대한 공론이 있었다는 말을 듣지 못하였다. 해방 후에 나온 책은 지질이 나빠 조만간 이를 재현해 두지 않으면 원상 복구가 어려울 것이다. 외솔 전집을 낼 때에는 앞에서 든 어문학자들의 전집 편찬에서 저지른 문제점이 무엇인지 기초 연구를 착실히 하여 작업에 임하여야 한다. 그리고 이 사업은 특정한 단체에서 주관할 것이 아니라 범학계의 전문가로 구성된 위원회를 구성하여 착수해야 한다. 그리고 국가의 지원도 뒤따라야 한다. 외솔뿐만 아니라 민족어의 수호와 발전에 이바지한 이윤재, 이극로의 전집도 당연히 편찬해야 한다. 정부 당국과 관련 단체의 분발을 바라마지 않는다.

|4|
이희승의 사회 사상과
민족 어문학 연구

1 들어가기 – 생장, 수학, 경력

우리 민족이 근대화의 물결을 타면서 가장 먼저 표적의 대상으로 등장한 것은 우리 민족의 어문과 역사를 찾아 국권을 수호하는 일이었다. 이른바 개화기에 활동한 일군의 어문학자들과 역사학자들에 대하여는 그 활동의 양상이 자세히 규명되었거니와 최근에 와서는 일제 강점기에 활동한 민족학자들, 특히 어문학자들에 대한 평가가 또 하나의 봉우리를 형성하여 가고 있다. 전자를 대표하는 학자로는 유길준, 주시경, 신채효, 박은식을 들 수 있고 후자를 대표하는 학자로는 이윤재, 김두봉, 이극로, 김윤경, 최현배, 양주동, 이숭녕을 들 수 있다.

오늘 이 자리에서 조명의 대상으로 삼고자 하는 일석 이희승(앞으로 '일석'이란 아호로 대신함)은 19세기 말에 태어나서 일제 강점기로부터 20세기 후반까지 생존하는 동안 갖은 풍랑을 헤치면서 그 나름의 언어철학과 사회사상을 구축하였고 민족어의 연구와 수호는 물론, 민족문학에까지 관심의 폭을 넓혀 나갔다. 일석에 대하여는 생전에도 그의 업적과 사회적 활동을 조명한 연구가 나온 바 있었고[1], 사후에도 종합적인 평가를 시도한 일이 있기는 하지만[2], 업적 전반을 가시화할 수 있는 연구물은 아직도 접할 수 없다. 한 학자에 대한 평가가 올바른 궤도 위에 서려면 전 저작물을 한 자리에 모으는 작업이 우선적으로 이루어져야 한다. 일석의 경우는 이미 『全集』이 간행되어 있어 연구를 수행하는 일이 그리 어렵지 않다[3].

이곳에서는 『全集』에 수록된 업적을 어문 분야와 문학 분야로 나누어 사회 사상가이자 민족 어문학자였던 일석의 면모를 역사의 전면에 부각시켜 보려고 한다. 이에 앞서 필자는 일석의 업적 평가에 도움이 되는 연보를 간추려 보기로 한다[4].

이희승은 1896년 경기도 광주에서 태어났다[5]. 일석은 1903년에 서당에 입학하여 5년간 한문을 익혔으며 13세 되던 1908년에는 관립한성외국어학교 영어부에 입학하였다. 1910년 일제의 국권 침탈로 외국어학교가 폐지되고 그 대신 설립된 경성고등보통학교에 편입학하기는 하

---

1) 대표적으로 이병근 (1992/ 1995: 106-125), 이광호 (1994)가 있다.
2) 『語文研究』 83 (1994. 11)의 1994년도 '10월의 文化人物 特輯'을 들 수 있다.
3) 모두 9권으로 편성된 『一石李熙昇全集』(서울대학교 출판부, 2000)을 가리킨다. 앞으로 『全集』이란 줄임말로 대신한다. 2008년에는 『이희승 전집』이란 이름의 전자 책이 나와 컴퓨터를 통해 업적 전반을 이용할 수 있게 되었다.
4) 이 부분은 고영근(1985)의 내용을 수정·증보하는 방향으로 진행된다.
5) 이희승의 연보에 대하여는 『一石李熙昇先生頌壽紀念論叢』 (일조각, 1957) 이후 여러 번 정리된 바 있다, 이곳에서는 작고 후에 나온 자전적 기록 『딸깍발이 선비의 일생』(이희승 회고록)(창작과 비평사, 1996)을 참고하기로 한다. 앞으로 『이희승』(1996)이란 줄임말로 대신한다.

였으나 국권상실로 말미암아 일본화하는 학교의 분위기에 실망을 느끼
고 1911년에 학우들과 함께 경성고보를 자퇴하였다. 이를 전후하여 일
석의 가슴 속에는 배일감정이 서서히 움트기 시작하였다.(이희승 1996:
46). 1913년에는 고향인 경기도 풍덕군(豊德郡)으로 전 가족이 낙향하였
다. 이 낙향은 일석으로 하여금 민족어 연구에 투신케 하는 계기를 마
련하여 주었다.

이웃에는 당시 휘문의숙에 다니던 같은 또래의 이한룡(李漢龍)이 겨
울 방학에 시골에 내려와 있었다. 일석은 이한룡으로부터 주시경의 『소
리갈』(1912?)을 얻어 보고 민족어 연구에 눈을 뜨기 시작하였다[6]. 다음
과 같은 일석의 자술 기록은 일석의 민족어 연구의 동기가 주시경의
저술을 접함으로부터 비롯되었다는 것을 알 수 있다.

(1) 하루는 油印物로 되어 무섭게 구겨진 國語文法의 教材를 發見하고
이것을 읽어 보기로 하였다. 처음에는 理解하기가 상당히 어려웠다. 물건
을 「몬」이라 하고 空氣를 「노」라 하는 等 생소하고 서투른 말이 많이
섞여 있었다. 그러나 註解가 붙어 있어서 全然 理解할 수 없는 것은 아니
었다.(1975. 12, 「나와 國語學」 『全集』3, 228쪽)

주시경 저술과의 만남은 바로 일석의 민족 어학이 관념론으로 기울어

---

6) 이희승 (1996)을 비롯하여 일석의 모든 자전적인 기록에 일석이 이한룡으로부
터 얻어 본 책을 주시경의 『國語文法』이라고 보고 있으나 이는 사실과 다르
다. 일석이 본 주시경의 책이 『國語文法』이 아닌 『소리갈』이란 사실을 밝힌
것은 김민수 (1979/ 1986: 296-309)이다. 이 책은 1910년의 『國語文法』의
개고본(改稿本)인 『말』의 일부로 저술되었음이 틀림없다. 크게 보면 『國語文
法』이라고 해도 좋으나 엄격히는 『소리갈』이라고 책의 성격을 밝히는 것이
좋다. 필자는 이미 고영근 (1985)에서 그 사실을 분명히 하였다.

질 수 있는 계기를 마련하였다는 점에서 특기의 대상이 된다[7].

19세 되던 1914년 일석은 학업을 계속하고자 서울로 와서 혜화동의 간이공업학교의 문을 두드렸다. 이 학교는 뒤에 *Koreanische Konversationsgrammatik*/『朝鮮語會話文典』을 저술한 독일인 선교사 에카르트(A. Eckardt)가 운영하고 있었다.(이희승 1996: 50). 필자는 문리과 대학 1학년 때 수강한 일석의 국어학개설 시간에 에카르트가 우리말을 썩 잘 하였다는 이야기를 들은 일이 있었다. 이것이 에카르트와의 첫 만남인지 모르겠다. 에카르트는 1909년에 우리나라에 와서 선교 활동을 하면서 직업 학교도 운영하고 있었다. 이 해에는 일석이 사숙해 마지 않던 주시경이 작고하기도 하였다. 1916년에는 사립 중앙학교에 편입하였다. 그는 이곳에서 김두봉의 『조선말본』을 배우고 흥미를 크게 느꼈다.(이희승 1996: 56). 김두봉의 문법이 1916년에 나왔으니 일석의 증언과 일치한다. 중앙학교를 졸업할 때, 졸업 후 희망을 적는 난에 "言語學"이라고 썼더니 학교에서 "文學"으로 고쳐서 매우 섭섭해 하였다고 한다. 당시만 하여도 "언어학"이란 학문이 낯선 분야여서 담임 교사가 "문학"으로 바꾸어 적었다고 하였다. 다음 구절은 일석이 중등학교 과정을 이수하는 중에도 어느 정도 언어학에 관심을 두었는지 알 수 있다.

(2) 당시 나는 틈만 나면 본정(本町), 지금의 충무로에 있는 책방들을 더듬어
  다니며 고서나 신간들을 구하여 읽었다. 그러다가 일본인들이 일본말을
  연구하려면 언어학을 공부하여야 된다고 쓴 책을 보게 되었다. 국어 공부

---

7) 관념론에 입각한 언어 연구는 언어를 사용 주체와 긴밀하게 관련시키는 것으
  로 사용 주체와 절연시키는 실증론과는 대척적이다. 관련 논의는 고영근 (2009
  가)를 보라.

에 뜻을 두었던 나는 이를 보고 우리 국어를 제대로 연구하려면 먼저 언어학을 공부해야겠다고 생각하게 된 것이다.(이희승 1996: 60-61)

중앙학교를 졸업한 일석은 경성 방직 서기로 일하다가 1925년에 우여곡절(迂餘曲折) 끝에 새로 생긴 경성제국대학 예과에 합격하였다. 이어 본과에 진학하여 1930년에는 학부를 졸업하였다.[사진 1] 제1강좌인 문

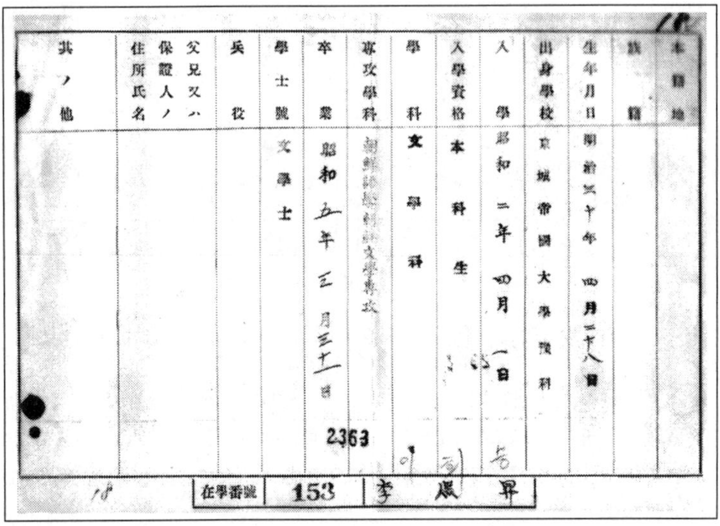
本籍地	族籍	生年月日	出身學校	入學	入學資格	學科	專攻學科	卒業	學士號	兵役	父兄又ハ保證人ノ氏名住所	其ノ他
		明治[illegible]年四月二十八日	京城帝國大學豫科	昭和二年四月一日	本科生	文學科	朝鮮語朝鮮文學專攻	昭和五年三月三十一日	文學士			

2363

在學番號 153 李熙昇

[사진 1]

학에는 다카하시(高橋亨) 교수, 제2강좌인 어학에는 오구라(小昌進平) 교수가 강좌장을 맡고 있었다[8]. 일본어문학 전공에는 일본 국어학 전공의 도키에다(時枝誠記), 언어학 교수로는 고바야시(小林英夫)가 있었다. 3년 동안 이수한 교과목은 다음과 같다.[사진 2] 편의상 어문학 관련의 과목

8) 경성제국대학의 朝鮮語文學專攻에 대하여는 이준식 (2002), 김윤식 (2009: 264-304)을 보라.

만 보이기로 한다.

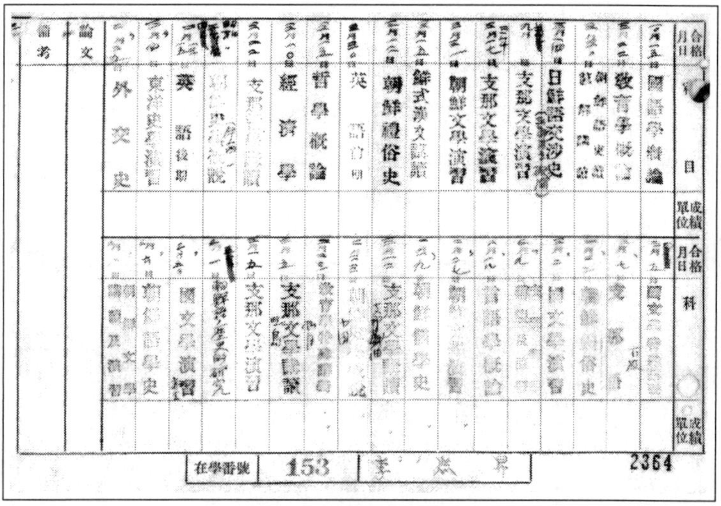

[사진 2]

(3) 國語學槪論/ 朝鮮語吏讀諺解講讀/ 日鮮語交涉史/ 支那文學演習²/
朝鮮文學演習²/ 鮮式漢文講讀/ 英語(前期) / 英語(後期)/ 國文學特殊
講讀/ 支那語/ 國文學演習/ 支那語講讀及演習/ 言語學槪論/ 支那文
學講讀²/ 朝鮮語ノ歷史的硏究/ 國文學演習/ 朝鮮語學史/ 朝鮮文學講
讀及演習

민족 어문학 (조선문학), 일본어문학 (국어국문학), 지나어문학 (중국어문학)
의 순서로 수강하였다⁹). 같은 과목을 둘씩(위에 붙임 작은 숫자) 듣기도
하였는데 그런 경우는 학적부에 교수 이름을 적었다. 민족어와 일본어
의 교섭사(日鮮語交涉史)도 수강하였다. 일석은 예과에서 당시의 학문

---

9) 이 밖에도 일석은 학부 3년 동안 다음 과목을 수강하였다. [사진 2]
教育學槪論, 朝鮮禮俗史², 哲學槪論, 經濟學, 支那哲學講讀, 朝鮮史學槪
說, 東洋史學演習, 外交史, 朝鮮儒學史, 朝鮮史學槪說, 教育學特殊講義

언어였던 독일어, 프랑스어를 비롯하여 라틴어, 그리스어도 수강하였
으며(이희승 1996: 87), 본과에 올라가서는 오구라 교수의 지도로 같은 조
선 어문학 전공의 이숭녕과 함께 개성 덕물산(德勿山)에 가서 무가(巫歌)
를 채집하기도 하였다10). 일석은 본과에 진입하여서도 영어를 두 번이
나 수강하였다. 일석은 소정의 과정을 이수하고 『ᄋ 音攷』를 졸업 논
문으로 제출함으로써 최초의 민족어 전공의 학사가 되었다11). 이 점
일석보다 1년 먼저 최초의 민족문학 학사가 된 조윤제와 함께 민족
어문학의 쌍벽을 이루었다. 일석과 같이 민족어 연구와 수호에 헌신하
였던 최현배, 이극로, 김윤경이 있었으나 이들은 전공이 교육학, 경제
학, 사학이었다. 일석의 전공학과는 민족 어문학이었으나 졸업 논문이
언어사를 주제로 한 이상, 주 전공은 민족어학이라고 규정해야 한다.

일석은 졸업 후 바로 학생시대부터 방청하였던 조선어 연구회(한글학
회의 한 전신)에 입회하여 졸업 논문을 발표하였으며12), 조선어문학과 졸
업생들과 함께 "朝鮮語文學會"를 창립하였다. 조선어 연구회의 입회는
주시경의 저술을 접함으로부터 싹튼 관념론에 근거한 민족어 연구가
본격화되는 단초를 열어 주었고 조선 어문학회의 창립은 학부 때부터
영글기 시작한 실증론에 근거한 민족어 연구가 자리를 잡는 것으로 해
석하여 두기로 한다. "朝鮮語文學會"의 창립은 우리의 민족어와 민족

10) 이충우 (1980: 197)을 보라. 필자는 문리과대학 학부의 국어학개설 시간에
    일석으로부터 덕물산을 한국의 예루살렘이라고 하면서 무가를 채집하던 경험
    담을 들은 바 있다.
11) 학적부에는 졸업논문 제목이 나와 있지 않다. 『全集』1의 「一石論著目錄」에
    근거하였다.
12) 발표 제목은 「· 音의 科學的 考察」이었다. 『한글』 創刊號 (1932)를 보라.

문학 연구가 실증론으로 기반을 쌓을 수 있는 계기를 마련하였다.

일석은 1932년에는 수년간 봉직하던 경성사범학교를 사직하고 이화여자전문학교로 전직하였다. 당시 이화여전에는 시인 김상용이 있었다.(이희승 1996: 101). 일석은 조선어학회 간사장을 맡기도 하면서 한글맞춤법 통일안 등 민족어의 규범 확립에 핵심적 역할을 하였고 이화여자전문학교에서는 조선어 문학을 담당하면서 시작(詩作)과 고전 작품의 해설에도 관심을 기울였다. 일석의 민족 문학에 대한 관심은 일석의 민족 어학 체계에 미학적 측면이 가미되는 계기를 마련하였다. 일석은 1940~1941년 사이에 동경대학 대학원에서 1년간 언어학을 연구하기도 하였는데 이는 학부 시절에 기반을 닦은 언어학 지식을 심화하는 계기를 마련하였다. 당시 동경대학에는 아이누어 전공의 교수로 긴다이치(金田一京助)가 있었다[13]. 1942년에는 관념론을 등에 짊어지고 민족어 사전의 편찬에 전심·전력하던 조선어학회 회원들과 함께 함흥 교도소에서 3년간 옥고(獄苦)를 치렀다. 이 때 일석은 함경도 방언에 대한 지식을 많이 쌓았다[14].

1945년 8월에 해방이 되자 일석은 경성대학과 서울대학교 문리과대학 교수로 자리를 잡아 대학 시절부터 연마하여 오던 민족 어학과 언어학[15]을 체계화하여 후학들에게 가르치기 시작하였다. 이와 함께 일석은 조선어학회 동지들과 힘을 합쳐 잃었던 민족어를 되찾아 이를 보급·발전시키는 견인차 역할을 하였으며 해방 전부터 관심을 기울여

---

13) 일석은 필자의 학부 국어학개설 시간에 일본 유학 중 긴다이치 교수로부터 아이누어 강의를 들었다고 술회한 것을 기억하고 있다.
14) 이 역시 국어학개설 시간에 들은 내용이다.
15) 『全集』2에 실린 「言語學槪論」에 근거하였다.

오던 시작과 수필에도 손을 놓지 않았다. 이와 함께 일석은 민족 문학 작품을 미학적으로 해석하고 민족 문화의 특질을 구명하는 작업도 병행하였다. 1961년에는 일석의 필생의 역작인 『국어대사전』의 편찬을 성사하는 쾌거를 올렸다. 1967년부터 작고하기까지는 현정회 이사장을 맡아 민족 정기의 발양(發揚)에 선구적 역할을 하였다. 1969년에는 "한국어문교육연구회"를 창립함으로써 한자·한문 교육을 강화하는 운동을 전개하기 시작하였으며 1971년에는 단국대학교 동양학연구소 소장에 취임하여 『漢韓大辭典』의 편찬을 기획·주관하였다. 1982년에는 『국어대사전』의 수정증보판을 내는가 하면 우리의 언어학의 발전에 기여한 공로로 미국 언어학회의 명예 회원으로 추대되기도 하였다.

2 일석의 언어 철학과 일석의 사회 사상

2.1. 언어 철학

앞에서 우리는 일석이 주시경의 저술을 통하여 민족어 연구의 동기를 얻었고 조선어 연구회에 입회함으로써 어문 운동(흔히 한글 운동)에 투신할 수 있는 발판을 마련하였음을 본 바 있다. 일석은 언어와 민족, 언어와 문화와의 관계에 대하여 그 나름의 철학을 지니고 있었다.

일석은 한 민족이 사용하는 언어에는 그 국민의 민족 정신이 깃들여 있다고 전제한 다음, 한 사회가 공통된 언어를 사용하면 이해 관계 밖에 감정적으로도 굳은 단결력이 생긴다고 하면서 다음과 같이 언어와 민족의 상관 관계를 설파하였다.

(4) 고유한 언어는 그 언어를 지니고 있는 민족을 내부로 단결시킬 뿐만 아니라 대외적으로 다른 민족과 구별되는 중요한 표지가 됩니다. 따라서, 한 민족은 그들이 가지고 있는 언어와 운명을 같이 합니다.

(1946. 1, 「언어와 민족」, 『全集』6, 167쪽)[16]

한 민족의 언어에는 그 민족의 민족 정신이 깃들어 있고 그 민족을 내부적으로 단결시킬뿐만 아니라 민족과 운명을 같이 한다는 사고는 독일 낭만주의 시대의 언어 철학과 맥을 같이 하는 것으로서 훔볼트 언어 철학의 영향과 관련시킬 수 있다[17]. 일석은 한 사회의 언어가 같지 않음으로써 일어나는 갈등을 필리핀, 인도, 벨기예, 스위스, 발칸 반도의 예를 들어 설명하는가 하면 청나라를 세운 만주족이 문화적 수준이 높은 중국 민족에 동화되어 그 언어마저 사멸 직전에 놓이게 된 것을 타산지석(他山之石)으로 삼아 민족어 애호 사상을 지닐 것을 강조하였다. 일석은 조선어학회 사건으로 3년간 함흥 형무소에서 갖은 고초를 겪기도 하였는데[18], 이러한 행적은 바로 민족은 언어와 운명을 같이 한다는 일석의 언어 철학이 가시화한 구체적인 표적(表迹)이 되는 것이다. 실제로 조선어학회 사건의 '豫審終結의 決定書'에도 어문 운동을 문화적 민족 운동으로 간주하고 있다.(『全集』2, 412-419쪽).

---

16) 일석의 언어와 민족과의 상관 관계에 대하여는 『全集』 2, 233-238쪽에서도 볼 수 있다.

17) 필자는 고영근 (2008가: 4-33)에서 서양의 언어 철학이 유입된 사정을 자세히 언급한 바 있다.

18) 조선어학회 사건에 대하여는 처음 『新太陽』 5월호 (1959. 5)에서 시작하여 이어 『思想界』에 13회째 연재되고 『新東亞』 64호 (1969. 12)에서 끝을 맺었다.(『全集』 2, 353-497쪽). 그리고 1982년 조선어학회 사건 판결문의 발견을 계기로 하여 일석은 정인승과 함께 회고 간담회를 갖기도 하였다.(『全集』 9, 594쪽 이하)

한편 일석은 언어와 문화와의 관계에 대하여 그 나름의 견해를 피력하였다. 언어는 문화 창조의 기초 요소라고 전제한 다음, 한 민족이나 사회의 문화가 언어와 맺는 관계를 다음과 같이 천명(闡明)하였다.

(5) 언어와 문화는 이와 같이 밀접한 관계를 가진 까닭에, 언어를 통하여 그 사회 그 민족의 고유한 문화를 엿볼 수 있고 현재뿐 아니라 과거의 문화도 밝혀 낼 수 있다. 역사의 기록은 유사 이전에 미치지 못하지마는, 언어는 저 고고학상 중요한 자료가 되는 출토품 과 함께 유사 이전의 문화 상태를 우리에게 알려 주고 있다.(1946. 3, 「언어와 문화」, 『全集』6, 170쪽)[19]

언어와 문화와의 상관 관계는 이미 주시경, 박승빈, 최현배 등에 의해서도 주장되지 않은 바 아니었으나[20], 언어를 통하여 과거의 문화를 밝혀 낼 수 있다는 점은 일석에 의하여 처음으로 명문화되었다. 이미 확인된 바와 같이, 개화기의 어문학자들은 나라의 독립과 관련하여 민족어를 수호하는 데 심혈을 기울였고 일제 강점기에는 민족 문화의 창조 및 그 전승과 관련하여 민족어를 정리·통일하는 데 협심하였다. 일석이 민족어 정책을 '국어통일, 국어권의 확대, 국어정화'(뒤에 나옴)의 세 국면에 걸쳐 다변적이고 포괄적으로 수립하여야 한다고 주장한 이면에는 (4), (5)와 같은 언어 철학이 뒷받침되어 있었기 때문이다.

사실 일석의 언어 철학은 그의 대표적 저술인 『국어대사전』(1961)의 「머리말」에 최종적으로 집약되어 있다.

---

19) 언어와 문화의 상관관계에 대하여는 이미 「外來語 이야기」 (1941)(『全集』 1, 426쪽)에서 이미 상론된 있고 이를 필자가 고영근 (2008: 23)에서 인용한 바 있다.

20) 관련 논의는 고영근 (2008가: 18-23)을 보라.

(6) 한 민족의 언어는 그 민족의 사상·감정의 투영(投影)이니, 다른 말을 빌어서 표현한다면, 그 민족의 정신 생활의 총화(總和)와 물질 생활의 전부가 반영(反映)된 상징(象徵)이라 하겠다. 그러므로 언어는 그 민족의 생활 전부 즉 문화 전체가 담겨 있는 그릇이라 할 수 있고 사전은 그러한 언어가 담겨 있는 또 한 그릇이 되는 것이다.(『全集』補遺, 2006, 1-2쪽)

일석은 한 민족의 언어는 그 민족의 정신과 문화가 담겨 있는 그릇으로 규정하였으며 『국어대사전』 수정 증보판 (1982)에는 언어에서는 일반 생물체와 같이 생명이 있다는 사실을 그 나름대로 실증하기도 하였다. (『全集』補遺 2006, 5쪽)[21]

2.2. 사회 사상

일석의 언어와 민족, 언어와 문화의 상관 관계에 대한 철학은 단군 경모 사상과 직접·간접으로 연관을 맺고 있다. 우리는 앞에서 일석이 1967년부터 작고하기까지 현정회(顯正會) 이사장을 맡았음을 본 바 있는데 이는 단군 정신을 선양하는 것이 바로 민족 통일의 원동력이 된다는 평소의 믿음과 관련된 사회 활동인 것이다. 일석은 "민족의 살고 죽기는 역사에 달려 있다"라고 설파한 단재 신채효의 말을 인용하면서 민족의 정통성을 확립할 것을 다음과 같이 명문화하였다.(1987. 1. 15, 「檀君精神의 宣揚은 統一의 原動力」, 『全集』 7, 467-470쪽.)

---

21) 일석의 민족어와 민족정신과의 관계는 서영훈과의 대담에서도 극명하게 표현되어 있다.(『全集』 9, 612쪽 이하)

(7) 역사 연구의 한 방법으로 도입한 이른바 실증주의(實證主義)는 우리의 역사, 특히 그 중에도 상고사(上古史)를 난도질하는 전가(傳家)의 보도(寶刀)처럼 행세하고 있는 게 사실이다. 거기에 식민사관(植民史觀)이라는 망령(亡靈)까지 가세(加勢)하여 우리는 심각한 역사의 위기에 직면해 있다. 이 위기를 극복하는 데 따로 좋은 방도란 있을 수 없다. '나'를 찾는 길, 주체성(主體性)의 재확립이 있을 뿐이다. 그것은 반만년 동안 연면히 이어온 한민족의 문화 전통과 단일민족(單一民族) 국가로서의 동질성 기반 위에서만 가능한 것이다. 그 동질성의 구심점(求心點)이 단군이요 그의 건국 이념인 홍익인간 정신이다. 우리나라가 가지고 있는 특수한 지리적 여건 때문에 국난(國難)을 당할 때마다 단군의 사적(史蹟)과 가르침을 중심으로 국민적 화합을 이룩할 수 있었으며 슬기롭고 용감하게 국난을 극복하는 원동력으로 삼았다.(원문대로, 『全集』7, 469쪽)

일석은 실증론과 식민 사관에 기울어져 단군을 폄하하는 사가들을 통렬하게 비판한 다음, 단군을 구심점으로 하여 건국 이념인 홍익 인간의 정신을 계승하여 주체성을 확립하는 것이 바로 통일의 원동력이라고 하였다[22]. 단군을 정점으로 하는 주체성의 확립은 주시경의 만남과 조선어연구회(뒤의 조선어학회)의 입회를 계기로 하여 싹이 트고 서서히 자라난 관념론적 사고의 소산으로 일단 해석해 두기로 한다. 일석이 주장하는 단군 경모 사상은 종교적 차원이 아닌 전 민족적인 민족 시조의 숭모 운동이라는 것을 명심할 필요가 있다. 일석의 이러한 사회 사상은 위로는 주시경, 김두봉, 이극로, 최현배와 같은 어문학자들이 모두 대종

---

22) 현정회의 창립취지는 정한모와의 대담(『딸깍발이 선비 李熙昇』, 1994: 370쪽)에서도 볼 수 있다. 이항녕 (1994)에서는 일석의 "단군경모사상"을 종교적 차원이 아닌 도덕적 차원에서 비롯되었다고 말하고 "일석 선생은 단군을 종교를 초월한 국가의 시조로 받들고 현정회를 순수한 국민교화단체로 성격지었다"라고 규정한 바 있다.

교에 입교하였다는 사실과 무관하지 않은 것 같다. 일석이 다른 어문학자와는 달리 현정회를 통하여 단군 숭모 운동을 벌였다는 것은 문화 민족주의(文化民族主義)의 반열에 세울 수 있어 보인다23). 이윤재, 이극로와 비슷한 면이 있다24).

일석의 사회 사상은 단군 경모 사상 밖에도 여러 곳에서 찾을 수 있다. 먼저 한일 관계에 대한 시각을 들 수 있다. 일석은 1960년대 초에 있었던 한일 국교 정상화 회담에 즈음하여 우리나라와 일본의 역사를 회고한 바탕 위에서 두 나라의 국교를 개선하는 방책을 논의하였다. 그는 덕으로써 선린(善隣)의 교의를 맺고 문화적·정치적으로 서로 제휴하여 균등한 발전과 이익을 도모하고 독도나 평화선을 가지고 신경을 날카롭게 하는 일이 있어서는 안 된다는 등의 방안을 제시한 바 있다.(1961. 12, 「日本 文化人에게」, 『全集』6, 382-88). 그리고 1980년대 초의 일본의 교과서 왜곡 사건에 대하여 '침략'을 '진입'으로, '三一運動'을 '暴動'으로 '安重根 의사의 大義擧'를 '暗殺'로, 민족어의 '抹殺政策'을 '韓日兩語의 共用'으로, '創氏改名'을 '自進皇民化運動'으로 날조(捏造)하는 것은 전전(戰前)의 제국주의로 복귀하려는 음모가 태동하는 것이니 만일의 경우에 대비하는 확고한 대책을 세워 놓아야 한다고 말하고 구체적으로 그 방책을 제시하였다(1982, 가을, 「自我覺醒과 克日問題」, 『全集』 9, 467쪽)25).

다음으로 일석은 윤리관의 확립과 현대 여성의 도덕관에 대하여 정

---

23) 이병근 (1992)에서는 일석을 주시경과 같이 어문 민족주의의 반열에 넣었다.
24) 고영근 (2008가: 211, 271, 290)에 그런 해석이 나와 있다.
25) 비슷한 견해는 『全集』9, 581-588쪽에서도 볼 수 있다.

형화(定型化)된 가치관을 지니고 있었다. 남자와 여자는 인격에 있어서 절대 평등을 유지하여야 하지만 그러나 여자는 가정을 다스리기에 알맞은 천분을 타고 났고 남자는 외무에 종사하는 데 알맞은 천품을 타고 났기 때문에 천분에 따라 천직을 다하는 것이 최선의 도덕심이라고 하였다.(1953. 5, 「後半期 女性의 道德觀」, 『全集』6, 32). 일석은 두더지 양주가 해와 구름과 바람과 미륵의 충고에 의하여 딸의 진정한 행복을 평범한 데서 찾았다는 전통 시대의 우리의 우화를 소개하고 진정한 행복의 덕목을 적당한 나이에 결혼할 것 등 9개 항목에 걸쳐 들었다.(1958. 1, 「女子와 幸福」, 『全集』6, 357-361쪽). 일석은 현대 사회에서 "孝"가 지향해야 할 바를 "敬老孝親"이란 한 마디로 표현하였다. 자신을 낳아 주고 길러 준 어버이를 공경하고 효도하는 것은 바로 모든 웃어른을 제대로 보살펴 드릴 수 있음을 뜻한다고 말하고 퇴색된 경로 효친 사상을 되살려야 한다는 것을 강조하기도 하였다.(1985. 4. 13, 「경로효친(敬老孝親)」, 『全集』7, 458-459쪽)

셋째로, 일석은 민주주의와 민족성에 대하여도 일정한 철학을 지니고 있었다. 일석은 우리나라를 후진국가(後進國家)라 비하하는 것을 통렬하게 비판하였다. 역사적으로 우리는 다른 민족보다 우월한 것이 적지 않은데 현대에 와서 과학 문명을 척도로 삼아 선·후진성을 논하고 있다고 반성을 가한 다음, 우리 나라가 역대에 걸쳐 다른 나라를 침공한 일이 없다는 사실을 들어 노벨 평화상은 우리에게 돌아와야 하며 "後進國家"란 말 대신에 "新興國家", "復興國家", "光復國家"라는 말을 쓸 것을 제안하였다.(1956. 2. 6, 「後進性'이란 말」, 『全集』6, 59-61쪽). 일석은 대다수 국민의 복리를 도모하는 것이 민주주의 정치라면 그것은 왕도 정치가 되어야지 패도(覇道)가 되어서는 안된다고 하면서 패도를 일삼는 정치인들에게 일침을 가하였다.(1964. 9, 「民主主義의 岐路에 서서」, 『全集』6, 536-542쪽). 한편 일석은 건강한 지조(志操)는 군주에 대하여는 충의(忠義)로 나타나고 부모에 대하여는 효도로, 부부간에는 절개로, 친우 간에는 신의로 표현된다고 말하고 지조로 마음의 지주로 삼는다면 정의와 정도를 위하여 투쟁할 수 있고 남을 존경할 수 있으며 생명을 홍모와 같이 가벼이 여기는 희생 정신을 지닐 수 있다고 보았다.(1966. 5, 「志操」, 『全集』6, 543-551).

끝으로 일석의 교육에 관한 견해를 보기로 한다. 일석은 실정을 고려하지 않은 교육 제도, 학교의 남설(濫設), 빈번한 학제의 변경 등을 들어 해방 후의 우리의 교육 사업이 출발부터 잘못되었다고 비판을 가한 다음, 교육이 백년대계(百年大計)인 만큼 먼 장래를 바라보며 강인한 인력으로 노력에 노력을 다할 것을 당부하였다.(1972, 「새교육」附錄 「韓國教育四半世紀」(上) 『全集』6, 551-554쪽). 일석은 교육자로서의 초점은 사도를 지키는 일이라고 말하고 교사는 지적 교육보다 교사로서 모범을 보이는 인격 도야에 힘써야 하며(1963. 6, 「새교실」, 『全集』6, 556쪽), 인간적인 이해가 이루어질 수 있도록 정이 앞서는 교육을 실시할 것을 당부하였다.(1962. 6. 30, 「情이 앞서는 교육을」, 『全集』6, 557쪽). 일석은 우리나라에 대학이 많은 것을 "버섯式 교육"이라 표현하였다. 이는 아랫도리 교육은 아주 빈약하고 윗도리 교육만 큰 우리나라의 비정상적인 교육 실정을 풍자한 것이다. 사실 5, 60년대의 우리나라는 의무 교육도 제대로 실시하지 못하면서 대학이 우후죽순(雨後竹筍)처럼 남설되어 식자들이 우려하는 일이 많았다.(1963. 2.1, 『全集』6, 558-559쪽)

3 일석의 민족어 연구
— 실증론과 관념론의 사이 —

3.1. 민족 어학의 체계와 방법론

앞에서 우리는 일석이 주시경의 저술과 접하고 조선어연구회에 입회함으로써 관념론에 근거를 둔 민족어의 수호와 발전에 헌신하였으며 경성제국대학에서 "조선어와 조선문학"을 전공함으로써 실증론에 근거를 둔 민족 어학과 민족 문학 연구에 투신할 수 있는 계기를 얻었고 동경대학에 유학함으로써 민족 어학의 기초 학문인 언어학 지식과 특수 언어에 대한 지식을 깊이 섭취할 수 있었다고 하였다. 그러면 실증론에 기반을 둔 일석의 민족 어학 체계가 어떻게 형성되고 발전되어 왔는가를 보기로 한다.

일석의 민족 어학 체계는 민족어 규범 문제가 일단락된 1930년대 후반에 얼굴을 내밀었다.(1938. 8. 9~8. 14, 「朝鮮語學의 方法論 序說26), 『全集』 1, 467-76쪽.) 이 논문은 일석의 민족 어학 체계가 최초로 선을 보인 업적이다27). 그 내용에 대하여는 필자가 이미 소상히 내용을 소개하고 어학 사 상의 가치를 평가한 바 있기 때문에 그 목차만 보인다.

(8) 머리말/ 언어학/ 언어의 정의/ 음성의 연구-음성학, 음운론/ 어의의 연구-

---

26) 이 논문은 원래 동아일보에 연재되었으나 그 내용이 좋았던지 다시 『한글』7.9 (1938. 10)에 옮겨 실었다. 『全集』에는 「國語學方法論序說」로 바뀌어 있다. 1959년판 『國語學論攷』(을유문화사)를 대본으로 입력하였기 때문이 아닌가 한다. 이 책은 1947년에 『朝鮮語學論攷』란 이름으로 처음으로 출판되었다.
27) 일석의 위의 글에 대하여는 고영근 (1991/ 2001다: 201-217)을 보라.

의의학 어원학, 어휘학/ 어태의 연구/ 어법의 연구/ 결론

우리의 민족 어학사에서 민족 어학의 체계를 처음 세운 사람은 안확이
었고 이를 발전시킨 어학자는 정렬모였는데 일석은 이들 두 사람이 미
치지 못한 방법론적 측면을 공시적 · 통시적 · 비교적 · 보조적 방면에
걸쳐 체계를 세움으로써 민족 어학을 실증적으로 연구할 수 있는 기반
을 조성하였다고 평가할 수 있다. 이 논문은 일석의 『國語學槪說』
(1955)의 메타이론의 역할을 하였을 뿐만 아니라 다른 종류의 민족 어학
개설류도 일석이 세운 체계를 바탕으로 하고 있다는 점에서 그 연구사
적 의의를 부여할 수 있다. 이곳의 '어태'는 문법사를 가리키는 것 같기
도 하나 그 정체를 파악하기가 어렵다[28]. 이런 이유 때문인지는 몰라도
그 뒤의 『國語學槪說』에는 이 부분이 삭제되어 있다. 특히 결론 부분
에서는 "음성, 어휘, 어태, 어법"의 네 분야에 걸쳐 통시적 · 공시적 · 비
교적 · 보조적 방면에 걸쳐 연구할 수 있다고 하였다. 여기서 "통시적"
은 민족어의 역사를, "공시적"은 방언과 언어 지리학을, "비교적"은 민족
어의 계통을, "보조적"은 보조 과학을 뜻한다. 특히 일석이 "통시적"과 "공
시적"에 소쉬르(F. de Saussure)의 "diachronique"와 "synchronique" 를 대당
시킨 것은 그에게 언어학 개론을 가르친 고바야시(小林英夫) 교수나
Cour de Linguistique générale(1916)의 일역본 (1928)의 영향을 입었음
이 틀림없다.

일석의 (8)과 같은 민족 어학의 체계는 당시의 어떤 흐름에서 영향을
받았을까. 물론 일석은, 앞에서 본 바와 같이, 학부 시절에 언어학 개론

─────────────────

28) 이 문제는 필자가 고영근 (2001다: 213)에서 이미 지적한 바 있다.

을 수강하였다. 일석의 학부 재학(在學) 시에 일본에서 나온 일본 어학 개설 중 일석의 민족 어학 체계와 유사한 것으로는 가미타니(神谷敏夫)의 『國語學總說』(1929)을 들 수 있다[29]. 이 책은 "序說(제2편), 國語의 究明(제2편), 國語 研究歷史(제3편), 國語의 特質과 國字問題(제4편)"으로 구성되어 있다. 제2편이 國語學의 중추적(中樞的) 부문이고 나머지는 응용편이다. 앞의 일석의 체계와 비교해 볼 때 큰 공통성은 없으나 응용 분야까지 포괄한 것은 민족 어학 시민 강좌(市民講座)(뒤에 나옴)와 아울러 보면 일석이 이 책으로부터 상당한 영향을 받지 않았을까 하는 생각이 들기도 한다.

그러면 「朝鮮語學의 方法論 序說」(1938)에서 소묘된 일석의 민족 어학 체계가 그의 『國語學概說』(1955)에 어떻게 반영되어 있는가를 보기로 한다.

(9) 서설(제1편)/ 음운론(제2편)/ 어휘론(제3편)/ 문법론(제4편)

"서설"에는 민족어의 정의, 민족어에 대한 자각 및 민족 어학의 성립, 민족 어학의 연구 방법을 다루었는데 특히 "국어 연구의 방법"과 "국어학의 부문"에서는 1938년의 기초 연구가 많이 수렴되어 있다. "공시적·통시적·비교적·보조적"은 "국어 연구의 방법" 및 "연구 자료와 참고문헌"에 용해되어 있다. 1938년의 "음성의 연구"는 "음운론"으로, "어의의 연구"는 "어휘론"으로, "어법의 연구"는 "문법론"으로 대치되었

---

[29] 1928년부터 1937년 사이에 나온 일본의 국어학 개설류에는 몇 가지를 추가할 수 있다.(고쿠고 가구가이, 國語學會, 國語學大辭典, 東京堂, 1982, 年表)

으며 기초 연구에서 나온 "어태"는 삭제되어 있다.(앞에 나옴). 일석의
『國語學槪說』은 그가 해방 후 서울대학교 문리과대학에 자리를 잡으
면서 민족 어학의 개념을 주입시키려고 작성한 강의 노우트를 정리하
여 간행한 것이다[30]. 일석은 유고로『國語學槪說』의 자매편에 해당하
는 언어학개론의 강의 노트도 남겼다. 이 노트가 누구를 대상으로 한
것인지는 분명하지 않으나 일석 민족 어학의 진수를 파악하는 데 있어
이 대한 평가도 뒤따라야 하리라고 믿는다.

3.2. 민족 어학 각론

일석의 주 전공은 학부 졸업 논문을 기준으로 하면 음운론 그 가운데
서도 음운사라고 규정할 수 있다. 그러나 일석은 학부 졸업 후에는 민
족 어학의 전 분야에 걸쳐 관심을 기울였다. 분야 별로 일석 민족 어학
의 면모를 검토해 보기로 한다.

(가) 음운론

일석의 음운론은『國語學槪說』(『全集』 1, 63-142)에 집성되어 있다. 일
석은 "음운론"이란 주제 아래 현대적 의미의 음성학과 음운론을 총괄하
고 있다. 음성학에 관한 지식체계는 다음 7개 부문으로 편성하였다.

(10) 음성/ 발음기관/ 음성실험/ 구체음성과 추상음성/ 화음·어음·통음/

---

30) 서문을 보면 이 강의 노우트가 기구한 운명을 거쳐 활자화되었음을 알 수
있다.『國語學槪說』에 대한 서평으로는 이익섭 (1987)이 참고된다.

음소/ 음운론과 음성학

이곳에서 순수 음성학에 관한 부문은 발음 기관과 음성 실험이다. 나머지는 사실 음운론에 속하는 지식 체계가 들어와 있어 균형이 잡히지 않은 면이 없지 않다. 특히 "음소"의 설명에 있어서는 192, 30년대에 국제 음성학계를 이끌고 있었던 존스(D. Jones)의 소론에 따라 '국어 속에서 독립한 한 요소를 이룰 수 있는 단위로서의 음 관념'으로 정의하였다. 음성학의 대상으로 "話音"을, 음운론의 대상으로는 "음소"를 두었다. 음성학이 실제로 발음되는 상태를 구명하는 것이라면 음운론은 어떻게 발음하는가를 구명하는 것이다. 주시경, 김두봉, 최현배는 "소리"(音) 내지 "소리갈"(音學, 音聲學)로써 음성과 음운을 총괄하였으나 일석은 음성과 음운을 구별하고 음성학과 음운론의 영역을 비교적 분명하게 경계를 그었다고 할 수 있다. 이는 최현배의 "소리갈"의 배경 이론이 독일의 언어학자 피에토르(W. Viĕtor)의 『音聲學小論』(Kleine Phonetik) (1897)와 덴마크의 언어학자 예스페르센(O. Jespersen)의 『音聲學敎本』(Lehrbuch der Phonetik) (1913)이란 점과 무관해 보이지 않는다. 더욱이 일석은 음성학과 음운론을 구별함에 있어 앞의 존스뿐만 아니라 프라그 학파의 태두였던 트루베츠코이(N. Trubezkoy)의 영향을 받았음을 분명히 하였다.(『全集』 1, 71쪽)31). 일석의 1930년대의 영국 음성학 및 프라그 학파에 대한 정보는 1940년의 동경대학 유학을 통하여 얻었을 가능성

---

31) 1930년대에는 유럽의 역사 언어학과 독일의 소장문법학파의 이론은 소개되어도 프라그 학파의 이론은 소개된 일이 없다. 일본은 이미 아리사카(有坂秀世)에 의하여 프라그 학파의 이론이 자세히 소개되어 있었다. 아리사카 (1940)을 보면 그 사이의 사정을 알 수 있다.

이 많다. 일석은 음소를 설명할 때에 아이누어는 어두에서 유성음과
무성음의 구별이 분명치 못하다고 하였는데(『全集』1, 60쪽), 이 역시 동경
유학을 통하여 얻은 지식임에 틀림없다.

일석은 민족어의 음운조직을 다음과 같이 편성하고 있다.

(11) 모음/ 자음/ 유성음과 무성음/ 음의 연결/ 음의 동화/ 사이 ㅅ 소리/
받침 법칙

모음에는 단모음과 복모음을 두고 단모음에는 'ㅏ, ㅓ, ㅗ, ㅜ, ㅡ, ㅣ,
ㅐ, ㅔ, ㅚ, ㅟ'의 10개를 두었다. 최현배의 『우리말본』(1937)에서는
단모음을 'ㅏ, ㅓ, ㅗ, ㅜ, ㅡ, ㅣ, ㅐ, ㅔ, ㅚ'의 9개를 두었지만 일석은
'ㅟ'를 더하여 10개를 두었다. 그러면서도 일석은 'ㅟ'가 경우에 따라서
는 단모음으로 발음된다는 사실을 놓치지 않고 있다. 일석은 모음의
단복(單複)과 문자 상의 단복은 일치하지 않는다고 모음이 복수로 되어
있어도 단모음과 복모음이 있고 문자가 복수로 되어 있어도 단모음과
복모음이 있다는 점을 특히 주의하였다. 민족어의 파열음을 4중 조직으
로 보는 일석은 유형론적 관점에서 일본어, 중국어, 산스크리트어와 비
교하여 그 특징을 언급하였다. 유성음이 과연 독자적인 자음 음운이
될 수 있는가 하는 것은 논의의 여지가 많지마는 다른 언어와 비교하는
관점을 취한 것은 경청의 대상이 된다.

민족어의 음절 조직을 설명함에 있어서도 유형론적 태도를 보여 준
다. 민족어의 음절 유형을 "모음 단독, 자음+모음, 모음+자음, 모음+자
음+자음, 자음+모음+자음, 자음+모음+자음+자음"의 여섯 가지로 세우

는 일석은 그 특수성을 일본어, 영어와 비교하는 관점을 취하고 있다. 일석의 음절 유형이 현대적인 관점에 설 때 어느 정도 수용 가능성이 있는가 하는 것이 문제될 수 있겠지만 비교 음절론을 전개한 것은 유형론적 관점에 설 때 선구적인 측면이 엿보인다. 음의 장단에서도 그러한 태도가 보인다. 음의 동화는 이전의 주시경과 최현배와 비교해 볼 때 진전된 면이 적지 않다[32]. 모음조화에서는 중세어의 자료를 이용함으로써 민족어의 모음조화를 이전의 누구보다도 포괄적으로 다루었다. 이전의 자음접변을 '자음과 자음 사이의 동화'라고 하여 변이의 기제를 일목요연(一目瞭然)하게 표시한 점(『全集』 1, 118쪽)은 주목의 대상이 된다. '사이ㅅ(中間ㅅ) 소리'(『全集』 1, 128-138쪽)에서는 된소리의 제약을 밝히고 역사적으로 표기법이 변화한 과정을 밝히기도 하였다. 이 문제는 뒤에서 다시 논의된다. 받침법칙을 규칙화한 것은 우랄-알타이 어족에서 처음으로 논의되었다는 점(『全集』 1, 138-142쪽)[33]에서 언어유형론적 관점에서 조명될 필요가 있다. 일석은 말음법칙은 다른 언어와는 달리 단어의 최종음뿐만 아니라 단어의 중간에 있더라도 한 개 음절의 말음이면 적용될 수 있다고 하여 통용되는 "末音法則"(law of final, auslautgesetz)란 말 대신에 "받침法則"이란 말을 쓴다는 것을 분명히 하였다. 중세국어의 입성이 '음절 마침'(syllable cut)으로 해석되고 그것이 음장과 깊은 관련이 있다는 견해가 대두되고 있는 이때[34], 일석의 받침법칙은 민족어의 유형적 특성을 가시화하는 데 기여할 점이 많아 보인다.

---

32) 일석의 자음동화에 대하여는 송철의 (1990)에서 자세한 평가가 이루어졌다.
33) 『全集』 1, 482-487쪽에 실려 있는 「朝鮮語의 받침法則」(1947. 8)도 같은 내용이다.
34) 관련 논의는 권경근 (2006)에서 볼 수 있다.

일석은 유포니(euphony)에 대하여도 각별한 관심을 기울였다.(1954. 11, 「國語의 유포니(Euphony)」,『全集』1, 508-518쪽). 먼저 일석은 "유포니"란 말을 "滑音調"로 번역하였다. 일석은 영어, 프랑스어에서 관련 예를 들고 민족어의 유포니의 예로 다음 5개 항목을 들었다.

(12) 모음조화의 현상/ 자음동화의 법칙/ 모음충돌의 회피/ 3개 이상의 연속적 발음이 불가능한 일/ 2개 이상의 초성을 가지지 않는 일

(『全集』1, 513쪽)

그 가운데서도 세 번째 "모음충돌의 회피"에 대하여 중점적으로 다루었다. 고대에는 주격, 목적격, 대조의 특수조사가 단일형인데 후세에 와서 복수형으로 분화된 것을 유포니의 효과를 거두기 위한 것으로 해석하였다. 후세로 올수록 된소리와 거센소리가 되는 것을 막기 위하여 유포니가 생겼다고 보았으며 유포니의 관점에서 현대 민족어를 새로이 평가할 필요가 있다고 하였다.

일석은 몇 년 후, 유포니 문제를 다시 거론하였다.(1962. 3, 「國語의 "유포니" 續稿」,『全集』1, 551-559). 한자어의 어두에서는 'ㄹ'을 피하는 두음법칙이 적용되나 어중에서는 '사람, 기러기'와 같이 'ㄹ'음이 흔하며 홑받침에서도 '돌, 울다'와 같이 'ㄹ' 받침을 가진 어휘가 많고 쌍받침 중에서도 '닭, 삶다'와 같이 'ㄹ' 받침을 가진 어휘가 많음을 들어 유포니와 관련하여 해석하였다. 이를 뒷받침하는 범언어적 예로 영어의 'bl-, kl-, phl-, -lb, -lps'를 들었으며 고려가요에 많이 나오는 '아으 動動 다리, 얄리얄리'와 같은 입타령도 모두 유포니의 정도를 높이려는 우리 민족의 심리적 잠재 의식이 발동된 결과라고 해석하였다.

일석이 2차에 걸쳐 주장한 유포니는 범언어적 뒷받침을 받을 가능성이 많음에 틀림없다. 민족어의 음운 현상에 대한 범언어적인 연구가 진척되면 일석의 견해가 설득력을 얻게 될 날이 오게 될지 예측할 수 없다.

(나) 어휘론과 사전 편찬

일석은 언어가 그 기능을 제대로 발휘하려면 외부적 형식인 음운과 내부적 형식인 의미가 구비되어야 하며 특히 의미를 "意義質"이라고 규정한 다음, 의의질의 최소 단위는 "單語", 단어의 집합은 "語彙"라 불렀다. 그리고 어휘론은 의의의 연구가 중심을 이룬다. 『國語學槪說』 속에 나오는 일석의 어휘론(『全集』1, 145-209쪽)은 다음과 같이 편성되어 있다.

(13) 단어(제1장)/ 어의의 연구(제2장)/ 단어의 구성(제3장)/ 음상과 어의·
     어감(제4장)/ 어의의 계급성(제5장)

일석은 어휘의 개별 구성원인 단어를 정의하였다. 먼저 단어와 품사를 혼동하여 모두 "씨"의 범주 속에 넣은 최현배의 단어론을 비판하고 단어와 품사를 준별할 것을 주장한 다음, 유형론적 관점에서 조사를 단어로 취급할 것을 여러 모로 증명하여 보이었다. 이곳에서는 단어 정립의 기준을 "分立性"에 두었다. 단어에 관한 지식은 품사론 내지 형태론에서 다루어야 하는 지식 체계임에도 불구하고 이곳에서 다룬 것은 단어가 어휘론의 기본 단위가 됨을 인식하였기 때문으로 보인다.

실제로 일석의 『國語文法論』 강의안에는 단어가 품사에 앞서 있다.(全集 2, 545-548쪽). 이어 일석은 단어를 "系統·構成·概念·時代·地域·社會·語法·部門"에 걸쳐 분류하였다.(『全集』1, 154-156쪽). "단어의 생멸·변천"은 어휘사의 영역으로 보이지만 그 내용이 매우 소략하다.(『全集』 156-158쪽). 끝으로 일석은 음운의 변화를 다루었는데(『全集』 1, 158-163쪽), 그 내용을 보면 "음의 탈락, 음의 첨가, 음의 변환, 전화"로 구성되어 있다. 특히 음의 전화에는 "어의의 분화, 유추, 전도, 동음어의 회피, 활음조"를 다루었다. 이곳의 음운의 변화는 언어사의 하위 부분인 음운사에서 다루는 것이 옳지 않았을까 한다. 민족어 연구의 방법론(『全集』 1, 53-55쪽)에서는 공시적 연구와 통시적 연구를 구별하였는데 각론에서는 그 체계가 충실하게 구현되지 못한 점을 지적할 수 있다. "어의의 연구"(『全集』 1, 164-209쪽)에서는 먼저 소쉬르의 시니피앙과 시니피에의 개념을 소개하고 양자의 관계는 필연적이 아님을 실증하였다. 양자의 관계가 필연적이 아니니 변화를 유발할 수밖에 없으며 어의가 변화하는 것은 한 단어의 의미의 본질이 단순치 못하기 때문이라고 말하고 의미 변화를 다음 세 유형으로 나누었다.(『全集』 1, 165쪽)

(14) 가. ① 意義는 變치 않고 音相만이 變하는 일이 있고
나. ② 意義는 변하되 音相은 固定하여 있는 일도 있다. 그리고 또
다. ③ 音相과 意義가 同時에 변하는 일도 있다.

이와 같은 의미 변화의 유형은 언어 유형론의 의미 변화의 유형과 보조를 같이 할 가능성이 많다[35]. 일석은 의미의 세계를 다음 셋으로 보고 있다.(『全集』 1, 165-166쪽)

(15) 가. ① 主意(primary meaning)--(概念 卽 一般的 意義)
　　　나. ② 副意(secondary meanung)--副次的 意味 卽 具體的 特徵
　　　다. ③ 感情價値(emotional value)--卽 情緒內容

(15가)의 "主意"는 일반적 의의이며 사전에 등재된 의미이다. 현대 의미론의 지시적 의미(denotation)에 해당한다. 그리고 부의는 주의에 부수하는 요소로 보았다. 부의는 현대 의미론의 함축적 의미에 해당한다. 일석은 주의는 대개 고정되어 있지마는 부의는 임시로 변하는 유동성이 있다고 하였다. 한편 (15다)의 "감정가치"는 기분과 연상이 수반되는 정서 내용을 가리킨다[36]. 언어의 구체적인 의의로는 위의 세 가지 조건을 갖춘 임시 의의가 되어야 한다고 의의의 실상을 밝혔다. 일석의 세 가지 의미의 세계는 문학 작품의 창작과 평가에 중요한 척도가 된다는 점에서 일단 주의해 두기로 한다.

「어의의 변화」(『全集』 1, 166-69쪽)에서는 프랑스 언어학자 다르메스뜨떼르(A. Darmesteter)의 *La vie de mots*(낱말의 생태)[37]의 내용을 기반으로 하여 단순 변화와 복잡 변화로 나누고 전자에는 제유, 환유, 은유를 두었고 후자에는 방사법과 연쇄법을 두었다. 여기서 주목할 것은 단순한 이론의 소개를 넘어 우리의 민족어를 실례로 삼아 이론의 활용화를 도모하고 있다는 점이다. 어원 탐구에서 민간 어원을 배격하고 과학적인 어원 탐구의 방법론을 제시한 것은 이후의 어원론 연구의 지침이

---

35) 언어 유형론에서 어휘 의미의 변화 유형은 본격적으로 논의되지 않고 있다.
36) "대화상의 함축"(심재기·이기용·이정민 1984: 177-178)이나 "문체적 가치"(이용주 1972: 201-221)와 비슷한 면이 있기도 하나 확실하지는 않다.
37) 이 책은 『낱말의 생태』란 이름으로 1963년에 돌아가신 최석규 교수에 의하여 번역되었으니 일석이 이용한 책은 프랑스어 원전임에 틀림없다.

되었음에 틀림없다[38]. 어원에 관한 문헌(『全集』1, 174-178)은 어원 연구사의 자료로 활용될 수 있다[39].

"단어의 구성"은 단어 형성론에 관한 내용이 주축을 이루고 있는데 일석의 학교 문법류에는 모두 품사론에 들어가 있다. 단어 형성론은 단어를 만드는 절차에 주목하면 형태론의 소관으로 볼 수 있고 새로운 단어를 창조한다는 관점에 서면 어휘론의 소관으로 볼 수 있다. 일석이 『國語學槪說』에서 단어 형성론을 어휘론에 넣은 것은 후자에 준거하였기 때문으로 보인다. "음상과 어의·어감"(『全集』 1, 205-209쪽)에서는 모음과 자음의 음상의 차이로 어감을 달리하는 문제를 다루었다. 이는 흔히 "母音相對法則"과 "子音加勢法則"[40]이라고 하는데 유형론적 관점에서 그 특징을 부각하였다. "어의의 계급성"(『全集』 1, 208-209쪽→※ '쪽' 추가)에서는 평어, 경어, 비어를 들었는데 그의 고등문법류에는 공대법 속에 들어 있다. 일석은 앞의 단어 형성론과 같이 『國語學槪說』에서는 어휘론에서 다루던 문제를 고등문법류에서는 품사론의 대상으로 삼았다. 이는 공대법과 단어 형성론이 어휘론과 접면하고 있다는 사실을 인식한 사실과 관련이 있어 보인다.

앞에서 본 바와 같이 일석의 주저는 『국어대사전』이다. 이 책은 앞에서 본 바와 같이 언어가 민족 및 민족의 문화 창조와 밀접한 상관 관계를 맺고 있다는 언어 철학을 등에 업고 편찬되었다. 1961년에 초판이 나왔고 1982년에 수정 증보판이 나왔다. 후자에는 외국의 자국어 사전

---

38) 김민수 밖에 편 (1997)에는 민간 어원이 더러 소개되어 있다.
39) 일석의 "고전적인 語義 變化"는 심재기 (1964/ 1982: 103-204)에서 울만(S. Ullmann)류의 "구조적 語義 變化"로 발전하였다.
40) 일석은 정인승 (1938)의 연구 결과를 수용하고 있다.

라. 『새문법』(일조각, 1968)(『全集』4, 565-707)(『歷代韓國文法大系』1-151)

마. 『중등문법』(일조각, 1967)(『歷代韓國文法大系』1-131)

이 가운데서 고등 문법류는 (17가, 나, 다, 라)의 네 종류인데 (가, 나, 다)는 체계상의 변동이 없으며 출판사가 바뀜에 따라 책 이름도 조금씩 달라졌다. 단 (17라)는 통일 문법 체계를 지키느라고 이전의 일석 문법에서 보이던 "체언의 활용"을 "서술격조사의 활용"으로 바꾼 것밖에는 내용상의 차이가 없다. 이 가운데서 일석의 문법 체계를 보여 주는 문법서는 (17가)이다. 일석은 위의 교과서 밖에 국어 문법론 강의안과 몇 편의 문법 관계 논문도 남겼다. 그리고 앞에서 살펴본 『國語學概說』의 어휘론과 문법론에도 일석의 문법이론이 전개되어 있다. 이들을 종합하여 일석의 문법 세계를 보기로 한다.

일석의 문법 체계 중 가장 큰 특징은 음성론을 문법 체계에서 과감히 제외한 점이다. 이전의 문법가, 이를테면 유길준, 주시경, 박승빈, 김두봉, 최현배는 음성에 관한 지식을 문법의 도입부로 삼았음에 대하여 일석은 그것이 문법의 고유의 영역이 아니라고 하여 제외하였다.

(18) 지금까지의 우리의 國文法이 대개는 音聲論, 品詞論, 文章論의 部門으로 이루어졌으나, 音聲論은 單語의 單語의 構成을 밝히기 위한 補充的 部門이거나, 그렇지 않으면 音聲學 或 音聲論으로서의 獨立된 分科를 이룰 성질의 것이 아닌가 한다.

(1950년대 國語文法論 강의안, 『全集』2, 544쪽)[43]

---

43) 『全集』2, 539-594쪽에 실려 있는 강의안이 언제 집필되었는가는 단언할 수 없다. 필자는 1960년 제1학기에 일석 선생으로부터 '國語文法論'을 수강하였는데 『全集』에 실린 것과 내용이 같다. 한국 전쟁 때에는 『國語學概說』 강의

일석은 문법 체계를 세움에 있어 덴마크의 언어학자 예름스레우(H. Hejlmslev)의 *Principes de grammaire générale*(一般文法의 原理)(1928)의 일역본과 프랑스의 언어학자 도자(A. Dauzat)의 *La philosophie de langage* (1927)을 참조하면서 문법 체계가 품사론(형태론)과 문장론으로 성립되는 것으로 보았다. 문장론이 궤도 위를 달리는 언어의 열차에 비유할 수 있다면 품사론은 그 열차를 편성하기 위하여 연결된 각 차량에 비할 수 있다고 하였다. 사실 일석 이전에도 문법 체계를 품사론과 문장론으로 한정한 일이 있다. 이를테면 정렬모는 그의 문법에서 음성론을 제하여 2부 체계를 세웠다. 정렬모는 일본의 문법학자 마스시다(松下大三郎)의 문법에 준하였으나 일석은 시야를 넓혀 국제학계의 움직임을 두루 살펴 체계를 세웠다는 차이점이 있다[44].

다음으로 주목의 대상이 되는 것은 단어 형성론이 『國語學槪說』에서는 어휘론에 편입되어 있고 학교 문법서에는 품사론에 소속되어 있다는 점이다. 일석의 학교 문법을 비롯한 당시의 모든 학교 문법서가 단어 형성론을 품사론에 소속시키고 있는데 일석의 『國語學槪說』에서는 어휘론에 편입된 소종래를 구명해 볼 필요가 있다. 사실 단어 형성론은 어근끼리 합쳐서 합성어를 만들거나 어근에 접사가 붙어 파생어를 만드는 과정을 다루는 것인데 그렇다면 이는 마땅히 일석과 같이 어휘론에 배당하는 것이 옳다. 일석의 처리가 당시의 어떤 문법 이론의 영향을 받았는가 하는 것은 현재로서는 알기가 어려우나 이는 확실히

안만 보존되고 나머지는 타 버렸다는 『國語學槪說』의 서문에 기대면 전쟁 후에 작성된 것이 아닌가 한다.
44) 관련 논의는 고영근 (2001다: 127-129)를 보라.

민족어학 체계 전반을 통찰한 끝에 나온 처리로서 앞으로 민족 어학 연구에서 반드시 짚고 넘어가야 할 과제라 믿는다. 더욱이 구조 문법의 영향을 받아 저술된 각종 문법서에도 단어 형성론은 품사론 내지 형태론에 배당되어 있다. 일석이 자신의 학교 문법서에서 자신의 이론을 적용하지 않은 것은 당시의 모든 문법서에 단어 형성의 문제가 품사론에서 다루어져 있다는 사정을 고려하였기 때문이 아닌가 한다[45]. 단어 형성을 포함한 품사론과 문장론이 체계화된 일석의 문법은 지난 해방 후 40여 년 동안 최현배의 고등말본류와 함께 반도 남쪽의 민족어 문법 교육에 큰 영향을 미친 (17가, 나, 다)의 고등문법류임은 자타가 공인하고 있다.

일석의 문법체계 중 후세에 가장 큰 영향을 미친 것은 "어절"(語節)이다. 일석은 품사론의 단위는 "단어"로, 문장론의 단위는 "어절"로 삼았다. 이전의 문법가들, 특히 최현배는 품사론과 문장론을 가리지 않고 "낱말", 곧 단어를 단위로 삼았는데 일석은 두 영역의 단위를 달리 본 것이다. 일석은 "단음"이 모이면 "음절"이 되고 음절이 모이면 "단어"가 되고 다시 단어가 모이면 "어절"이 되고 어절이 모이면 "글월"(文)이 된다고 하였다[46]. 일석이 내세운 "어절"은 현대의 민족어 전산 처리에서 긴요하게 사용되고 있으며 이론적으로도 그 적용 범위를 넓혀 가고 있다. 허웅을 비롯한 많은 문법가들이 "syntax"를 "통어론"이라 부르는 것도 일석의 "어절"을 수용하였기 때문이다[47]. 일석의 "어절"은 원래

---

45) (17가)와 (17나) 사이에는 용어상의 차이가 있다. 전자의 제17장의 "접착어"는 후자에서 "접어"로 대치되어 있다. (17다)도 같다.
46) 필자는 고영근 (1995가: 391-393)에서 이희승의 "단어"와 "어절" 책정이 외솔의 "낱말"보다 설명력이 강하다고 평가한 일이 있다.

일본 문법가 하시모도(橋本進吉)의 「國語法要說」 (1934)⁴⁸)의 "文節"로
거슬러 올라가며 이는 다시 긴다이치(金田一京助) (1942: 232)에서 "語節"
로 대치되었다. 일석이 도입한 "어절"은 직접적으로는 긴다이치와 연결
된다⁴⁹). 사실 일석은, 앞에서 본 바와 같이, 1940~1941년 사이에 동경
대학에서 긴다이치로부터 아이누어를 배웠다.

　일석 문법에서 가장 많이 논의를 불러일으킨 것은 체언의 활용과
존재사의 설정 문제이다. 일석의 체언의 활용⁵⁰)은 일석 이전에 이미
이극로로부터 시작하여 권영달을 거쳐 오늘의 북한 문법의 바꿈토에
연결되어 있다. 일석이 주장한 "체언의 활용"은 60년대 중반에 많은
논의를 거친 바 있으며 1985년의 단일 학교문법에서는 "서술격 조사"로
대체되었다. 일석의 체언의 활용은 현재로서는 지지의 기반을 얻지 못

---

47) 대표적으로 허웅 (1983: 185)을 보라. 남기심 (1985/ 1996: 504-516)에서는
　　"어절"에 문법 단위의 자격을 주는 것을 부인하였다가 다시 긍정하는 쪽으로
　　선회하였다.(남기심 2001: 53-55). 필자는 고영근 (1993: 24), 고영근·구본관
　　(2008: 274)에서 일석의 어절을 발전시켜 통사론의 단위로 어절 밖에 "구절"을
　　세운 바 있다. 필자의 구절은 남기심 (2001)에서도 수용되어 있다.
48) 하시모토의 위의 글은 『國語科學講座』(明治書院, 1934)에 실렸던 것인데 저
　　자의 교정본(校訂本)을 저본으로 하여 『橋本進吉博士著作集』第2冊(岩波書
　　店, 1946)에 실린 바 있다. 필자가 이용한 대본은 1956년에 나온 10쇄인데
　　이는 서울대학교 중앙도서관의 심악문고(心岳文庫)에 간수되어 있다.
49) 민족어 문법연구에서 일석의 "어절"을 하시모도의 "文節"과 연결을 시도한 것
　　은 이남덕 (1963)이 처음이고 강복수 (1972: 253)에서 긴다이치의 일본어 연구
　　에서 "語節"로 바뀌었다고 언급하였다 그러나 강복수의 위의 책에는 출전이
　　밝혀져 있지 않아 필자가 서울대학교 중앙도서관본으로 그 전거를 분명히 하
　　였다는 것을 밝혀 둔다.
50) 일석의 체언의 활용은 그의 문법 (18 가, 나, 다)를 비롯하여 『國語學槪說』(『全
　　集』 1, 274-276쪽), 「體言의 活用에 대하여」(1959. 2, 『全集』 2, 147쪽)에
　　자세히 언급되어 있다.

하고 있으나 문법의 단위를 어떻게 보느냐에 따라 그 타당성을 다시 평가받을 가능성이 없지 않다[51]. 존재사 역시 그 설정을 둘러싸고 논의가 많다.(『全集』1, 269-274쪽). 학교문법에서는 평서형의 활용 양상에 준거하여 형용사로 처리하고 있지만 적어도 이론적으로 존재사를 세우는 것이 문법 기술상의 이득이 많다는 것이 입증되고 있느니만큼 일석의 존재사는 두고두고 음미의 대상이 되리라고 믿는다[52].

일석문법에서 지금까지 제대로 평가 받지 못한 부분이 있다. 이는 (17가, 나, 다)의 제9, 10장에 나오는 "결어법"과 "공대법"이다. 전자는 현행 학교문법의 "문장 종결법"과 "상대높임법"의 두 범주를 포괄하고 있다. 이들은 종횡(縱橫)으로 상관 관계를 형성하고 있기 때문에 한 곳에서 다루어야 하는데 현행 학교문법에서는 분리·처리되어 있다. 후자는 1960년대 말까지만 해도 많은 문법서에서 채택되던 틀이었는데 1985년의 단일 통일문법부터 자취를 감추었다. 필자는 현행 학교문법의 "주체 높임법, 객체 높임법, 상대 높임법"보다 일석과 같이 문체법과 존비법을 "결어법" 안에서 먼저 다루고 이를 기반으로 하여 "공대법"을 기술하는 것이 문법 기술상의 이득이 많다고 생각한다. 일석은 공대법에 "존경법"과 "겸손법"을 두었다. 존경법에는 주어 명사구를 높이는 선어말어미 '-시-'와 존경의 주격조사 '께서'를 비롯하여 존경의 부사격조사 '께', 존경의 접미사 '-님'이 붙은 명사구의 존경 문제를 통합·기술하는 데도 이득이 많다. 현행 학교문법처럼 "주체 높임법"을 수용하면

---

51) '이다'의 기능에 대하여는 지금도 논의가 계속되고 있다. 어학전문 국제학술지 『형태론』에서 그런 기고들을 많이 발견할 수 있다.

52) 최근에 나온 존재사의 통사·의미적인 업적으로 기억할 만한 것은 신선경 (2002), 이안구 (2002)가 있다.

'-시-' 밖의 존경법을 설명할 수 없는 문제점에 봉착한다. 객체 높임법도 같은 문제점을 제기한다. 객체 높임법은 중세 민족어의 선어말어미 '-습-'의 기능을 설명하는 데 어느 정도 설명력을 발휘하여 왔으나 일석의 겸손법으로도 얼마든지 설명할 수 있다. 존경법이 화자 밖의 인물을 높이는 것이라면 겸손법은 화자가 화자 밖의 인물에 대하여 자신을 낮추는 것이다[53]. 현행 학교문법의 "높임법" 체계가 하루 빨리 일석의 "공대법" 체계로 복귀할 것을 제안한다.

일석의 문법이론 중 제대로 평가 받지 못한 것으로 품사 분류의 원리가 있다. 일석은 품사 분류의 기준으로 의의적 범주와 기능적 범주를 들었다. "의의적 범주"란 흔히 "의미"의 기준을 뜻한다. 이곳의 "의의"란 개별 단어의 어휘적 의미가 아니고 단어군의 형식적 의미를 가리킨다. 일석은 이를 "의미의 형식상 단위"라고 하였다. '무게, 묵직하다, 무겁다'는 어휘적 의미는 공통되지만 형식적 의미가 다르기 때문에 '무게'는 명사로, '묵직하다, 무겁다'는 형용사로 다루는 것이다. 기능적 범주란 문장을 구성할 때 다른 말과 맺는 관계를 가리킨다. 일석이 존재사와 접속사를 세우고 수사를 대명사에 넣은 것도 모두 기능상의 특수성을 중시하였기 때문이다. 일석은 의의와 기능을 총괄하여 "문법적 성질"이라 불렀다.(全集 4, 16쪽). 일석은 흔히 품사 분류의 기준으로 삼는 "형식"을 거론하지 않고 있으나 이는 그의 기능 가운데 포괄되어 있다는 것을 언급하여 둔다. 일석이 그의 고등 및 중등 문법류를 통하여 세운 10품

---

53) 현행 학교문법의 "상대 높임법"과 "문장 종결법"의 체계가 파행적이라는 것은 고영근 (1974/ 1999나: 396, 2004: 468-469), 고영근·구본관 (2008: 468-469) 에서 자세히 언급한 바 있다.

사는 바로 위의 두 가지 품사 분류의 기준을 충실하게 응용한 것이 다[54].

(라) 언어사

언어사에 속하는 주제로 일석이 다룬 부문은 음운사, 문법사, 계통론, 문헌사를 들 수 있다.

일석이 민족어 연구에 뜻을 두면서 먼저 손을 댄 분야는 음운사였다. 일석은 앞에서 본 바와 같이 졸업논문 「ᄋᆞ 흡攷」를 통하여 'ᄋᆞ'의 역사 와 그 음가를 밝히는 것이었다. 이를 조선어연구회에서 발표할 때에는 「ᄋᆞ흡의 科學的 考察」이었다. 그러나 이 논문은 한국 전쟁 때 폭격으 로 장서를 비롯한 일체의 가산과 함께 불에 타 버렸기 때문에 그 내용을 전혀 짐작할 수 없다. 필자의 학부 시절 일석으로부터 들은 기억에 의 하면 중세에서 'ᄋᆞ'음을 가진 어휘를 조사해 본 결과, '아'와 '으'음으로 변한 것이 가장 많기 때문에 'ᄋᆞ'의 음가를 '아'와 '으'의 간음으로 해석하 였다고 하였다. 일석의 'ᄋᆞ'음에 대한 음가론은 뒤에 'ᄋᆞ'음의 음가를 '아'와 '오'의 간음으로 본 이숭녕의 견해와는 상치되고 '아'와 '으'의 간음 으로 본 최현배의 견해와 일치한다는 것을 덧붙여 둔다[55]. 일석의 음운 사 연구는 뒤에 이어진 흔적이 발견되지 않는다. 반면 일석의 언어사

---

54) 일석의 문장론도 도해와 함께 언젠가는 평가의 대상에 올릴 필요가 있다. 민족 어 구문의 도해에 대한 종합적인 연구로는 한영목 (1987/ 1992)이 있다.
55) 이숭녕의 견해는 이숭녕 (1935, 1940)에서 볼 수 있다. 최현배는 우리말본 첫째매를 집필할 때부터 주시경의 'ᄋᆞ'음의 복음설에 대하여 회의를 품었으며 『한글갈』에 이르러서야 자신의 최종 견해인 '아'와 '으'의 간음설을 주장하였 다. 관련 논의는 고영근 (1995가: 108-109, 155-166, 519-522)를 보라.

업적은 오히려 문법사에서 찾을 수 있다.

최초의 문법사 업적은 시상법의 선어말어미에 대한 형성에 관한 것이다.(1931. 7,「"때"의 助動詞에 대한 管見」,『全集』1, 456-66쪽). 이곳의 "助動詞"는 현대의 선어말어미를 가리킨다. 일석은 어떤 언어든지 "格, 數, 時" 등의 허사는 그 어원을 소급하여 보면 모두 실사에서 변화하였다고 하면서 고립어인 중국어, 굴절어인 인도 · 유럽어, 교착어인 일본어에서 예를 들었다. 일석의 이러한 견해는 당시의 언어학계를 지배하고 있었던 보프(F. Bopp), 뮐러(M. Müller) 등의 역사 언어학자들의 영향을 받아 형성된 것이지만 현대적인 관점에 서면 통시 유형론의 테두리에 들어올 수 있다56). 일석은 겸손법의 선어말어미 '-습-'이 실사인 동사 '숣다'에서 유래하였다는 그의 스승 오구라의 견해를 수용하면서 현대어 과거시제 '-었-'과 미래시제 '-겠-'의 허사화 과정, 곧 문법 형태화 문제를 다루었다. 일석은 이두의 '爲有'를 'ᄒ야잇-'으로 해독한 마에마의 견해를 수용하고 중세어의 '-어 잇-'이 현대에 와서 과거 시제로 바뀐 과정을 추적하였다. 과거시제 '-ㅆ-'이 바로 존재사 '잇다'의 어원임을 밝혔으며 동시에 일본어의 과거시제도 지정사에서 발달하였고 만주어도 존재의 동사가 접미사화 하였다고 하면서 통시적 유형론의 범언어적 증거를 제시하였다. 일석은 또 중세어의 추측관형사형 '-ㄹ'을 미래시제라 규정하고 그 어원을 '生成, 化成'의 의미를 지닌 '일-'에서 문법 형태화되었다고 하였다. 과거의 '-었-'이 '-어 잇-'에서 나왔다는 것은 의심의 여지가 없으나 전자는 일석 자신도 그 증거가 매우 박약하다는

---

56) 통시 유형론에 대하여는 그린버그 (1978, 1995), 로나타스 (1970)와 고영근 (미발표)를 보라.

것을 인정하였다. 민족어 문법사가 깊이를 더하고 문법형태화에 대한
연구가 지척되면 일석의 견해가 다시금 평가받을 날이 있을지 모르겠
다. '일-'에 生成과 化成의 의미를 준 것이 추측법과 상통하는 면이 있
기 때문이다.

다음으로 일석이 관심의 대상으로 삼은 문법사의 주제로는 인대명사
의 주격 표지의 형성에 관한 것이다.(1931, 「人代名詞의 主格助詞」, 『全集』
1, 343-345쪽). '내가, 제가, 네가'에서 주격 '가'가 대명사 '나, 저, 너'에
바로 붙지 않고 중간에 문자상의 'ㅣ'가 덧붙은 까닭을 구명하는 것이
다. 현대의 공시형태론의 관점에 서면 '나, 저, 너'가 주격조사 '가' 앞에
서 '내, 제, 네'로 교체되는 것이지만 일석은 문법 형태사의 관점에서
'내가' 등이 '나이가'라는 중간 단계를 거쳐 형성된 것이라고 보았다.
경상도 의령과 함경도 일부 방언에서 '이가'형이 사용된다는 증거를 활
용하였다. 이 문제는 일석 이후 아무도 관심을 기울인 일이 없으나 앞
으로 그 형성 과정을 면밀하게 추구해 볼 필요가 있다.

일석은 해방 후에도 문법사에 대한 관심을 늦추지 않았다. 먼저 일석
은 형태소와 형태소 사이에 삽입되는 문법형태를 "挿要語"라 부르고
그 가운데서 특히 명사 사이에 삽입되는 중간 기호의 문법적 기능을
다루었다.(1955. 11, 「挿腰音에 대하여」). 일석은, 중간 기호가 속격 표지라
는 통설 대신에 동화 작용을 방지하는 음운론적 장치의 하나로 보는
김수경 (1947)의 견해를 비판하고 속격의 기능을 표시한다는 통설을 지
지하였다[57]. 이곳에서 일석은 민족어의 속격을 '의/의'와 'ㅅ'의 두 가지

---

57) 김수경의 위의 논문의 내용은 최현배의 『우리말본』고친판 (1955)에 수용되어
   있으며(고영근 1995가: 603), 정우택 (1992)에서 그에 대한 평가를 볼 수 있다.

로 보았다. 전자는 사람이나 사람과 접촉이 많은 가축에 사용되고 후자
는 하등 동물, 무생물, 추상적 개념 등에 사용된다고 하면서 영어의
'-s, of'와의 유형론적 비교도 시도하였다[58].

일석은 이어 존재사 '있다'로부터 주격조사 '이'가 파생되어 문법 형태
로 바뀌는 문제를 다루었다.(1956. 4, 「存在詞 '있다'에 대하여」, 『全集』 1,
519-559쪽). 일석은 먼저 중국어, 인도·유럽어, 민족어를 대상으로 허사,
곧 문법적 형태가 실사, 곧 실질어에서 발달하는 예를 들었으며 존재사
'있다'의 원래의 형태가 '이시-'라는 점을 지적하고 그 어간 '잇'이 주격
조사로 전화하였다는 가설을 세우고 이를 증명하는 데 많은 지면을 바
치고 있다, 알타이 제어에는 주격이 따로 없고 명사가 바로 주격의 역할
을 하니 민족어의 주격은 후세에 발달된 것으로 보지 않을 수 없다고
하였다[59]. 일석은 주격 조사가 3인칭 대명사에서 발달하였다는 람스테
트 등의 견해를 비판하고 존경의 주격 조사 '께서'가 존경 동사 '겨시-'의
활용형에서 발달되었듯이 '있다'도 그런 방식으로 형성되었다는 견해를
제안하였다. 나아가 일석은 피동 및 사동도 존재사에서 발달하였고 존
경의 선어말어미 '-시-'도 같은 방식으로 그 기원을 존재사에 두었으며
일본어와의 유형적 비교를 통하여 그것을 뒷받침하였다. 일석은 앞에
서 과거 시제가 중세어의 완료상 '-어 잇다'에서 발달되었다는 사실을
증명한 바 있는데 미래시제 '-겠'도 같은 논리로 '-게 잇다'에서 발달하
였다는 견해를 제안하였다. 후자는 앞에서 본 이희승 (1931)에서도 비친

최근 최경봉 (2009나)에서 김수경의 월북 이후의 업적에 대한 종합적 평가가
시도되어 있다.
58) 일석의 위의 견해가 발전된 것이 안병희 (1968)임은 이미 알려져 있다.
59) 일석의 견해는 곧 김방한 (1957)에서 비판 받은 바 있다.

바 있다. 이런 해석은 람스테트의 문법에서도 이미 시도된 바 있으나
실증적인 자료가 나타나지 않는 문제점이 있다. 현재로는 '-겠-'이 '-게
흐얏'에서 발달하였다는 견해가 설득력을 얻어 가고 있다[60].

　일석의 언어사에 관한 업적으로는 어휘사, 문헌사, 계통론을 추가할
수 있다. 어휘사는 앞의 어휘론에 많이 수렴되어 있고 고대 지명에 대
한 연구는(1932. 6,「地名 硏究의 必要」,『全集』1, 439-443쪽) 어휘사 연구로
볼 수 있다. 문헌사는 용비어천가 해설(『全集』2, 28쪽)을 비롯하여 각종
영인본의 해설을 쓴 것이 많다. 계통론은 최근에 나타난 강의안[61]을
통하여 볼 수 있는데 앞의 대부분은 계통론 연구사이고 끝 부분에서
일본학자 가네자와의『日韓兩國語同系論』(1910)을 음운과 어법에 걸
쳐 소개하는 것으로 끝맺었다. 이들은 계통과는 관계없이 두 언어의
유형적 특징을 비교하는 자료로 활용될 수 있다. 일석의『국어학개설』
에는 어학사적 지식 체계가 많이 담겨 있다. 「국어에 대한 자각」(『全集』
1, 22쪽 이하), 「국어학의 성립」(『全集』1, 43쪽), 「국문법 발달의 개관 및
품사의 분류」(『全集』1, 213쪽 이하, 220-288쪽)을 들 수 있으며 「조선어학계」
(『全集』2, 33쪽 이하), 「국어학 반세기」(一石李熙昇 딸깍발이선비, 1994, 276쪽
이하) 등도 일석이 남긴 어학사 자료이다[62].

---

60) 관련 논의는 고영근 (2004가/ 2007: 380)에 자세하다.
61) 이 강의안은 고려대학교 김민수 교수가 수강한 노트 (1948~1949년)를 입력하
　　여 2010년 6월 9일 일석 학술상 시상식 때 배부한 것이다.(전광현 교수 후기
　　참조)
62) 일석의 어학사 자료는 김형규, 김완진과의 대담(『一石 李熙昇 딸깍발이 선비』,
　　1994: 327, 276쪽 이하)에도 볼 수 있다.

3.3. 민족 어문운동과 어문교육 및 어문정책

(가) 민족 어문운동

우리는 앞에서 일석이 대학 졸업과 동시에 조선어연구회에 입회하였다고 하였다. 일석은 대학 졸업 이듬해 발표한 2편의 논문(앞에 나옴)만 실증론을 지향하였고 그 뒤로는 모두 민족어의 규범 제정을 이론적으로 뒷받침하는 글을 주로 발표하였다. 「'ㅎ' 받침」(『全集』 1, 479쪽 이하), 「'ㅎ' 받침 問題」(『全集』 1, 363쪽 이하), 「新語濫造問題」(『全集』 1, 395쪽 이하), 「標準語에 대하여」(『全集』 1, 407쪽 이하). 「표준어 이야기」(『全集』 1, 413쪽), 「문자 이야기」(『全集』 1, 419쪽), 「외래어 이야기」(『全集』 1, 425쪽 이하) 등이 그것이다. 일석이 조선어연구회에 입회하였을 때에는 학회의 이름을 조선어학회로 바꾸고 맞춤법을 제정하고 표준말을 사정하여 사전 편찬을 준비할 때여서 조선어학회 핵심 회원이었던 일석으로서는 민족어 규범의 제정을 뒷받침하는 기초 연구를 소홀히 할 수 없었다.

일석이 민족어의 규범 제정을 앞뒤로 하여 남긴 업적 중 가장 돋보이는 것은 『한글』지상에 18회 (1938, 6권 1호~11호, 1939, 7권 1호~8호)에 걸쳐 연재함으로써 한글맞춤법 통일안을 보급하는 데 견인차 노릇을 하였다는 점이다. 한글맞춤법 강의의 연재에 대하여는 『한글』5권 11호 (1937. 12)에 실린 '豫告'를 보기로 한다.

> (19) 統一 綴字法의 全體的인 講義를 新設하여 平易, 詳細, 親切, 實用을 主眼으로 每號에 繼續 揭載하기로 함.(원문대로)

일석은 갑오경장 이후 민족어 정리 운동이 시작된 이후 통일안이 제정되기까지 40년의 세월이 흐른 4년 전(1933)에 철차법이 통일되었다고 말하고 머리말에서 다음과 같이 그 경위를 설명하였다.

(20) 三個年間 이 統一案 制定에 直接 關與한 委員들은 勿論, 적어도 斯學에 뜻을 둔 여러 先輩와 同志들이 或은 多年間의 朝鮮語 教育에서 얻은 實際的 經驗과 或은 精緻한 科學的 研究로부터 抽出한 語學的 理論을, 그 個個의 成果야 크거나 적거나, 數많은 돌을 쌓아 탑을 모으듯 한것이 이 綴字法 統一案이니, 이것이 비록 量으로는 보잘것 없을지라도 우리의 過去 半世紀間 言語 文字에 關한 學術的 努力의 總決算이요, 同時에 光輝 있는 苦心의 結晶體인것을 斷言하기에 躊躇하지 않는 바이다.

(『한글』 6권 1호. 원문대로)

일석은 한글 맞춤법이 반세기에 걸친 민족 어문에 대한 연구 결과의 총결산이요, 동시에 광휘 있는 고심의 결정체라고 표현하였다. 이 통일안의 연재물은 일제 강점기의 우리의 청년들에게 뒤에 나온 최현배의 『한글갈』과 함께 민족적 자긍심을 심어 주는 방향타(方向舵)의 역할을 하였다. 실제로 일석의 문하생이었던 최학근(전 서울대 교수)은 동경의 어느 고서점에서 통일안의 『한글』 연재본을 구하여 읽고 민족어 연구의 동기를 얻었다고 회상한 바 있다[63]. 일석의 통일안 강의는 1946년에 단행본으로 출간되어 『한글 맞춤법 통일안』과 함께 잃었던 민족어를 회복하고 보급하는 견인차 노릇을 하였으며 1959년에는 개정판이, 1989년에는 안병희(전 서울대학교 교수)와 함께 『한글맞춤법』으로 개제(改題)하여 출판하였고 1994년에는 고친판이 나왔다[64].

---

63) 최학근 (1984)에 관련 일화가 소개되어 있다.
64) 1989년판 이후로는 한재영 교수(한신대)의 협력이 컸음을 밝혀 둔다.

앞에서 본 바와 같이 일석은 해방과 함께 조선어학회 동지들과 협심하여 잃었던 민족어를 되찾아 보급하는 일에 동분서주(東奔西走)하였다. 그러는 중에 1949년부터 이승만 대통령의 철자법에 대한 담화가 발표되자 이를 기화로 하여 한글맞춤법에 반기를 드는 기운이 일기 시작하였다. 일석은 이승만의 철자법 담화는 신철자법, 곧 한글맞춤법이 아니라 한자어를 모두 우리말로 바꾸자는 순화론자를 지목한 것이지 결코 신철자법을 번복하자는 것이 아니라고 해석하였다. 신철자법은 한국전쟁 후에도 계속되어 우리의 어학회는 구철자법으로 되돌리려는 정부 및 이에 편승한 일부 어학자들 사이에 열띤 토론이 벌어졌다. 일석은 신철자법 곧, 한글맞춤법을 제정하고 보급하는 데 있어 핵심적인 인물이었기 때문에 구철자법으로 되돌리자는 견해에 쐐기를 박을 것은 당연하였다[65]. 당시의 사정은 일석과 그의 조선어학회 동지였던 김윤경과의 대담을 통하여서도 잘 알 수 있다.(『全集』 9, 491-507쪽)

(나) 민족어 교육

지금은 민족 어학과 민족어 교육이 어느 정도 분리되어 각자의 영역이 확보되어 있지만 해방 직후는 민족 어학자와 민족 문학자는 누구든지 민족어 교육에 관심을 기울이지 않을 수 없었다[66]. 일석 역시 민족어 교육에 일가견(一家見)을 가지고 있었고 중등학교용 문법과 작문 교과서를 저술하였으며 최현배와 함께 각급 학교 민족어 교과서에 민족어문에 관한 글을 단골로 기고하였었다. 일석의 민족어 교육에 대하여

---

65) 관련 자료는 『全集』 2, 82-103쪽을 보라.
66) 민족 문학자 조윤제는 실제로 『國語敎育의 當面한 課題』(1947)란 책을 내었다.

는 민족어 교육 일반과 문법 교육으로 구분하여 논해야 한다.

일석의 민족어 교육에 대한 철학은 『國語敎育』창간호에 기고한 글 (1947. 4, 國語敎育의 當面問題」, 全集』 2, 50-59쪽)에 잘 나타나 있다. 일석은 먼저 언어의 본질을 거론하고 국가와 국어와의 관계를 설명하였다. 우리의 민족어는 우리 민족을 토대로 한 민족 국가의 공유물인 만큼 민족어 교육에 대한 목표와 방침을 정하지 않을 수 없다고 말하고 다음과 같이 민족어 교육의 목표를 설정하였다.

(21) 國語는 國民精神의 表現이므로 國民文化와 國民道德의 育成에 盡力하여야 할 것이요, 國語敎育으로써 어린이나 學生의 理智力 啓導에만 偏重할 것이 아니라, 國語 國文을 通하여 高潔한 情緖를 陶冶하도록 十分 留意하지 않으면 안 되리라 생각한다. 그리하여 國語敎育의 窮極의 目的은 國民的 體驗 卽 國民文化를 充分히 陶冶 向上시키어 國民으로서의 名譽와 幸福을 누릴 뿐 아니라, 나아가서는 人類文化에의 貢獻을 期하는 데 있다고 생각한다.(『全集』 2, 55쪽. 원문대로)

일석은 민족어 교육의 궁극적 목적은 국민 문화를 도야·향상시키어 인류 문화에 공헌하는 것이라고 규정하고 민족어 교육의 주체로 가정·사회·학교를 들었으며 이 가운데서도 중요한 기관은 학교라는 점을 강조하였다[67].

일석은 민족어과, 곧 국어과의 지도 문제로 다음 세 가지를 들었다. (『全集』 2, 58)

---

67) 일석의 민족어 교육애 대한 견해는 『一石李熙昇 딸깍발이선비』 (1994: 346쪽 이하)를 통해서도 알 수 있다.

(22)가. 國語指導의 科學的 方面
나. 國語指導의 藝術的 方面
다. 國語 表現力의 陶冶

(22가)는 철자법을 비롯하여 단어나 문장의 의미를 정확하게 이해·해석하고 발음과 문법 등 언어학적 지식을 충분히 활용한다는 내용이다. (22나)는 생도들의 취미를 환기하는 문제를 다루었다. 곧 감상의 단계를 밟아야만 학습 의욕을 고취시킬 수 있다고 하였다. 감상이란 미를 발견하고 음미하는 행동이요 태도라고 보았다. (22다)는 작문을 통하여 자신의 생각을 말이나 글로 표현하는 능력을 길러 주어야 한다는 내용이다. 일석의 민족어과의 세 가지 영역은 이해력, 감상력, 작문력의 신장을 뜻한다.

일석의 민족어 교육론은 조윤제의 그것과 함께 해방 후의 민족어 교육의 지표 노릇을 하였다[68]. 일석의 민족어 교육 중 특히 심혈을 기울인 분야는 문법 교육이다. 일석은 앞에서 본 바와 같이 수종의 문법 교과서를 저술하였다. 더욱이 일석은 1963년의 학교 문법 통일안 제정에 핵심적인 역할을 하여 우리의 민족어 문법 교육을 정착시키는 데 크게 기여하였다[69]. 일석의 학교문법에 대한 견해는 다음 구절에 표백되어 있다.

---

68) 조윤제의 만족어 교육론에 대하여는 윤희원 (1991)을 보라. 일석의 만족어 교육에 대하여도 체계적인 평가가 필요하다고 생각한다.
69) 1962년 2학기라고 기억한다. 당시 필자는 대학원 석사과정에 재학 중이었는데 한 주일에 한번 있는 일석 선생의 〈국어형태론〉 강의에 참석하면 문교부 주관의 학교 문법 체계의 통일 작업에 참석한 결과를 들려 주시곤 하였었다. 당시 일석 선생은 문법 통일 회의의 사회를 맡으셨기 때문에 그 과정을 비교적 자세히 알려 주셨다.

(23) 고등학교에서 학생들이 문법 공부를 할 때에는 국어에 포함된 言語運用의 법칙을 習得, 이해하여, 일상생활에서 말을 하거나 글을 쓸 적에 올바르고 品位 있는 언어를 사용할 수 있도록 훈련을 쌓지 않으면 안 된다. 이와 같이 하기 위해서는, 문법 중에서 가장 기초적이고 緊要한 부분만을 따서, 상식적 범위 안에서 문법적 지식을 이해하도록 해야 한다. 이것은 마치 국어교과서에서 마치 국어 교과서에서 잡다한 방언을 제외하고 표준어를 사용함으로써 언어 및 국민사상의 통일을 꾀하려는 것과 같은 것이다.(1968. 1,「학교 문법의 성격」,『全集』 2, 157-159쪽)[70]

일석은 언어 생활을 하는 데 필요한 최소 한도의 언어 운용의 법칙을 학교문법으로 규정하였으며 그 내용은 가장 기초적이고 긴요한 부분이어야 한다고 하였다. 그리고 문법을 교수할 때에는 구체적인 언어 생활에서 귀납적으로 법칙을 발견할 수 있도록 유도해야 한다는 점을 강조하였다.(1963. 1,「학교문법의 나갈 길」『全集』2, 192-199쪽)[71].

일석은 학교문법 체계는 반드시 통일되어야 하며 용어는 이름씨 식의 신조어보다는 전통적으로 널리 쓰이는 명사 식의 용어를 선호하는 태도를 지니고 있었다. 일석은 주시경의 저술을 통하여 민족어 연구에 뜻을 세웠는데 민족어를 연구하고 보급하는 데는 한자어 용어를 선호하였다. 이는 일석이 한글 전용보다는 국한문 혼용을 지향하는 어문관과 맥을 같이하는 것으로서 적어도 어문관에 있어서는 실증론을 견지하였다고 규정할 수 있다. 이는 시종일관 한글전용을 지향하고 고유어 식의 용어를 선호하는 최현배 등의 주시경 후계학파와는 취향을 달리

---

70)『全集』2, 159쪽에는 '〈고등국어〉1, 1959. 3. 31로 되어 있으나「一石論著目錄」(『全集』1, 1v)에는 1968. 1. 20로 되어 있어 이를 취하였다.
71) 일석의 학교문법에 대한 견해는『全集』1, 149, 185, 200쪽에서도 볼 수 있다.

하는 것이다.

(다) 민족어 어문 정책

앞에서 우리는 일석이 1969년에 한국어문교육연구회를 창립하였음을 본 바 있다. 일석은 한글전용을 반대하는 인사들과 손을 잡고 정부의 급진적 한글전용에 제동을 걸기 위하여 한글전용 반대 운동을 전개하였던 것이다. 해방이 되면서 최현배 등 주시경 후계학파들은 각급학교 교과서를 한글만으로 편찬하면서 한자를 폐지하고 한글로만 문자 생활을 영위하는 방향으로 어문 정책을 추진하였고 이와 함께 어려운 한자어를 고유어로 순화시키는 운동을 전개하였으며 1970년대부터는 사회의 전 분야에 걸쳐 전면적인 한글 전용을 추진하여 나갔다[72].

일석의 어문 정책에 대한 견해는 1973년에 창간된 韓國語文敎育硏究會의 기관지 『語文硏究』의 창간사에 극명하게 표명되어 있다.

(24) 言語와 文字는 歷史的 所産이기 때문에 그 傳統을 尊重하지 않을 수 없고 또 社會的 成果이기 때문에 社會의 實情과 大衆을 無視할 수 없다. 그뿐 아니라 民族文化의 向上은 隣接民族의 文化와의 交流로 인하여 促進되는 것이므로, 우리 四圍에 있는 民族의 言語·文字 生活과 補助를 맞추지 않을 수 없다. 以上의 與件을 無視하거나 拒否할 境遇에는 우리 文化는 停滯·萎縮하게 될 것이요, 隣接文化와 沒交涉 狀態에 빠지게 되어, 끝끝내는 文化的 孤兒를 免하지 못하게 될 것이다.

(원문대로)

---

72) 해방 후부터 1960년대까지의 한글전용과 국한문혼용의 갈등에 대하여는 고영근 (1995: 535-46, 689-700; 1998가: 8-10, 14-15, 19-20), 안병희 (1978: 78-115)를 보라.

(24)에는 한자·한문에 대한 지식이 없이는 전통 문화는 물론, 동양 문화권의 고아가 된다는 점을 들어 한자·한문 교육을 강화해야 힐 필요성이 극명하게 표현되어 있다. 일석은 평소에 문화 정책은 정치와는 달리, 장기적 계획 아래 서서히 추진해야지 급진적이어서는 안 된다는 소신을 지니고 있었다. 그것이 표면화한 것이 (24)이다[73].

1970년대의, 급진적인 한글 전용에 반대하는, 일석을 대표하는 韓國語文敎育硏究會의 어문관은 어문 교육 정책의 일대 혁신을 촉구하는 건의서에 잘 나타나 있다.(1982. 11, 「語文敎育의 一大 革新을 促求하는 建議書」, 『全集』 2, 249-52쪽)[74]. 일석은 知力과 倫理力에 있어 일본을 앞지르기 위해서는 "漢字敎育이 國語敎育의 지름길이요, 國語를 媒體로 하는 모든 敎育의 效果를 增進하는 要諦"라는 점을 선언하고 그 혁신책을 다음과 같이 건의하였다.

(25) 가. 국민학교부터 한자교육을 할 것과 모든 교과서(1983年度 새 敎科書)를 國漢文 混用으로 할 것
나. 한글 專用에 관한 法律을 폐기할 것

일상 생활에서는 각자의 취향에 따라 한글만 쓸 수도 있고 한자를 곁들일 수도 있다. 그 사이 과도한 한글전용 교육으로 말미암아 새로운 문

---

73) 일석은 해방 후부터 작고하기까지 급진적 한글전용을 반대해 왔다. 관련 자료는 김선기와의 대담(『全集』9, 65쪽 이하)에서도 볼 수 있다.
74) 일석의 한자·한문의 중요성과 그 교육의 강화에 대한 견해는 한국어문회를 실질적으로 이끌어 온 남광우와 노선을 같이한다. 남광우는 "한글전용"보다는 "한글愛用"을 주장한다. 한자를 구축(驅逐)하고 신어를 남조하는 주시경 등의 관념주의자들에 대한 비판은 남광우 (1994)에서 볼 수 있다. 남광우의 국한문 혼용론에 대한 평가는 고영근 (1998나)에 자세하다.

맹층을 형성하여 날이 갈수록 전통 문화와의 단절은 물론, 동북아 문화
권의 고아가 되어 가고 있는 현실을 감안할 때, 비록 30년 전의 어문관
이라 할지라도 현재도 유효하며 앞으로는 (25)와 같은 어문 정책을 추
진해 나가야 한다고 생각한다. 더욱이 일석이 1978년에 기획·주관한
『漢韓大辭典』이 착수 30년 만에 완간되었으니 우리는 앞으로 이를 기
반으로 삼아 한자·한문 교육을 강화하는 일에 전력을 다해야 할 것이
다[75].

이상은 일석의 한자·한문 교육에 대한 견해이지마는 일석은 대국적
인 관점에서 민족어 정책을 그려 다음과 같이 그려내기도 하였다.(1976.
7, 4, 「祖國과 民族 그리고 言語--國語政策」, 『全集』 2, 240쪽)[76]

   (26) 가. 國語統一에 관한 것
      나. 國語圈의 擴大에 관한 것
      다. 國語醇化에 관한 것

(26가)는 주로 표준 발음의 보급에 관한 내용이다. 외국에서는 표준
발음이 정확하지 못한 사람에게는 교원 자격을 주지 않는다는 예를 들
었다. 우리의 경우는 이 문제에 대하여 너무나 관심이 없다고 하면서
그 개선책을 강구해야 한다는 것이다. (26나)는 재외 교민은 물론, 외국
인들에게 우리말을 보급하는 일에 투자와 역량을 경주해야 한다는 것

---

75) 일석의 한글전용에 반대하는 견해는 『全集』 9, 380쪽 이하에 실려 있는 「民族
    文化」에도 표백되어 있다. 필자는 고영근 (2009나)에서 한자 교육의 강화 방
    안을 제시한 일이 있다.
76) 민족어의 부흥 등 어문 정책애 관련된 내용은 이기문, 허웅과의 방담에서도
    엿볼 수 있다.(이희승 1994: 219, 240쪽 이하)

이다. (26다)는 앞에서 언급한 표준 발음의 보급을 비롯하여 경어를
알맞게 사용하고 비어(卑語)를 삼가며 외국어를 남용해서는 안 된다는
내용이다[77]. 이밖에도 일석은 남북한 언어의 이질화를 극복하는 문제
를 제언하기도 하였다.(『全集』 7, 561쪽). 일석이 그려 놓은 "국어권의 확
대"는 그 사이 국력의 신장과 함께 특히 외국인의 민족어 학습열이 날
로 고조되고 있고 세종 학당이 각국에 설립되는 등 우리말의 대외적
보급이 가속화되고 있으며 남북한 언어의 이질화를 극복하는 문제는
지난 세기 80년대 말부터 이 방면 연구가 성황을 이루어 많은 업적을
쌓아 왔다.

여기서 일석의 신어 남조 문제를 검토함으로써 일석의 어문 정책의
일면을 보기로 한다. 일석은 의도적인 신어 창조에 대하여는 일찍부터
원칙이 서 있었다.(1933. 4, 「新語濫造問題」, 『全集』 1, 395-406쪽). 일석은 주
시경으로 말미암아 민족어 연구에 뜻을 두었지만 한자어를 모두 고유
신어로 만든 데 대하여는 반대 의견을 가지고 있었다.

(27) 言語硏究는 科學的이어야 한다. 일부러 自意識을 鼓吹하기 爲하여
    外來語를 驅逐한다는 것은 哲學者, 文豪, 思想家, 政治家들의 할 運動
    이요, 決코 言語를 硏究 整理한다는 科學者의 할 領分이 아니다. 科學者
    는 어디까지나 冷靜 公平하여야 한다. 己有한 言語를 料理하는 데 充實
    할 것이요, 新語를 創制하여서는 안 된다. 제가 말을 지어내서 제가 法則
    을 세우는 矛盾에 빠져서는 안 된다. 外科手術을 하는 醫師가 患者를
    對할 때나, 解剖學者가 解剖對象物에 臨할 때와 같이, 一毫의 私情을

---

77) 이 부분은 위의 연재물에는 빠져 있어 『全集』 2, 208-212쪽에 실려 있는 「言語
   의 醇化」에서 가져왔다. 민족어 순화에 대한 일석의 견해는 허웅과의 대담 『一
   石李熙昇 딸깍발이선비』(1994: 260쪽 이하)에서도 볼 수 있다.

두지 않고 公平 冷靜한 態度로 "메쓰"를 들어야 할 것이다.

(『全集』 1, 399쪽)

주시경은 일제 강점을 전후하여 모든 한자어 용어를 우리말로 만들고 국한문 혼용의 문체를 모두 한글로 대체시키는 작업을 진행하였다[78]. 그런데 용어의 대부분이 수학의 기호와 같이 "表"의 성격을 띠고 있어서 이해하기가 쉽지 않다. (27)은 대중의 승인을 받지 않은 의도적인 조어(造語)는 허용할 수 없다는 내용이다. 일석의 어문 정책론은 신어를 함부로 만든다든지 한글체 문장에 대하여 거부하는 태도를 지니고 있었다는 점에서 실증론자로 분류되어야 한다.

지금까지 필자는 일석의 민족어 연구를 이론적 측면과 응용적 측면에 걸쳐 검토해 보았다. 일석은 민족어의 구조적 측면이나 역사를 밝히는 문제보다는 민족어에 관한 지식을 보급하는 데 심혈을 기울여 왔다. 대표적으로 학부의 대학생을 대상으로 한 국어학 개설과 민족 전제를 대상으로 한 국어대사전의 편찬을 들 수 있다. 여기서 별로 드러나지 않은 업적으로 민족 어학 시민 강좌의 성격을 띤 긴 글을 들 수 있다. (1972. 5~1974. 5, 「올바른 國語를 위하여」(1)~(30), 『全集』 2, 259-349쪽). 이 글은 『女性東亞』에 30회에 걸쳐 연재되었는데 "민족과 국어, 국어 학습의 목적, 주체성과 국어, 한자어, 국어의 특질, 소리 현상, 경어, 국어의 특질, 국어 순화와 국어 존중" 등 일반 시민이 알아야 할 주제를 평이하게 설명하였다. 이 강좌는 언제 어디서나 우리 민족이면 누구나 읽어야

---

78) 주시경의 문법 용어의 고유어화는 고영근 (1995나)를 보고 문장의 고유어화는 대표적으로 「한나라말」 (1910)을 보라. 전자는 고영근·이용·최형용 (2010) 의 머리에 전재되어 있다.

할 내용이라는 점에서 따로 보급책을 강구할 필요가 있어 보인다. 일석
이 전문적인 내용보다는 계몽성을 띤 글을 많이 써 온 것은 탁월한
문장력에도 이유를 찾을 수 있겠지만 언어학 지식을 대중에게 보급해
야 하겠다는 평소의 신념이 드러난 것이 아닌가 한다[79]. 앞에서 필자가
일석의 민족 어학 체계가 가미타니로부터 상당한 영향을 받지 않았을
까 하는 문제점을 제기한 일이 있는데 일석의 바로 위의 체계가 가미타
니와 유사한 점이 많기 때문이었다.

4 일석의 민족 문학론과 민족 문화론

4.1. 민족어 문학론

앞에서 우리는 일석이 이화여자전문학교로 전직함에 따라서 시작(詩
作)에 손을 대었고 우리의 고전 작품의 해석에도 관여하였다고 하였으
며 해방 후에는 민족 문학 작품을 감상하는 방법론을 도입함으로써 민
족 문학 연구에 미학을 접목시키는 역할을 하였다고 하였다. 그러면
그 사정을 구체적으로 검토하기로 한다. 한편 일석은 해방 전부터 손을
대었던 시작(詩作)[80]과 수필에도 손을 놓지 않았으며 중등학교 작문 교

---

79) 필자는 학부 시절 일석 선생의 강의 시간에 언어학의 지식을 일반에게 보급한
19세기의 미국의 언어학자 휘트니(William D. Whitney)를 자주 예로 드시는
것을 들은 기억이 있다. 일석이 주로 읽은 책은 휘트니의 *The life and growth
of language* (1889)로 짐작된다. 실제로 이 책은 서울대학교 일석문고에 소장
되어 있다.
80) 일석의 시작 경위에 대하여는 『全集』 6, 280-285쪽을 보고 일석의 시작 과정

재도 저술하여(『全集』5), 중등학교 문법과 함께 민족어 교육의 균형적
인 발전에 공헌하였다.

(가) 어학과 문학과의 접면

일석은 언어와 문학과의 관계에 대하여 그 나름의 견해를 피력하고
있다.(1952. 11, 「언어와 문학가」, 『全集』6, 188-194쪽). 언어는 문학의 단순한
매개물일까 아니면 인생과 마찬가지로 문학의 소재가 될 수 있을까라
는 물음을 제기하는 일석은 인생이 정신적이요 생명이 있는 것과 마찬
가지로 언어에도 정신력과 심리가 반영되어 있는 이상, "문학"은 "언어
를 표현 매체로 하는 예술" 내지 "언어의 미술품"이라고 볼 수 있다고
규정하고 언어와 문학과의 관계를 다음과 같이 설명하였다.

> (28) 모든 藝術이 精神을 基調로 하지 않는 것이 없지마는, 文學처럼 精神
> 을 主로 한 것은 다시 없다. 우리의 國民精神이나 民族精神이 高麗瓷器
> 나 石窟庵의 四面石佛에도 表現되어 있지 않은 것이 아니다. 그러나 그
> 것에는 外來 要素가 多分히 包含되어 있다. … 그러나, 우리의 文學遺産
> 에는 國民 乃至 民族精神이 가장 濃厚하게 浸透되어 있다. 이러한 遺産
> 에도 外來要素가 全然 섞여 있지 않은 것은 아니다. 그러나 그것은 우리
> 의 常識的인 生活--大衆의 日常生活--混在하여 있는 以上의 것은 아닐
> 것이다.(『全集』6, 189쪽. 원문대로)

일석은 민족 문화 유산 가운데서 문학만큼 민족 정신이 농후하게 침투
되어 있는 것은 다시 없다고 하였다. 일석은 문학의 형식인 언어와 내

과 우리의 민족 시사에서 차지하는 위치에 대하여는 김용직 (1996: 592-599)
을 보라.

용이 되는 인생을 모두 정신적 산물로 보고 있다. 일석이 말하는 "언어의 정신면"이란 "의의"를 가리킨다. 의의에는 앞의 (15)에서 본 바와 같이 주의(主意)와 부의(副意)가 있고 어감이라는 감정 가치를 수반하기도 한다. 일석은 세 가지 의의의 세계를 "具體 意義"로 포괄하고 있는데 문인이나 작가는 이 구체 의의를 잘 이해하고 잘 파악하여야 독자를 매료시켜 신비경으로 이끌 수 있다고 하면서 언어와 문인과의 관계를 다음과 같이 규정하고 있다.

(29) 文人은 온전히 言語에 依存하여야 할 것이요, 言語는 文人의 손을 빌어서 培養되어야 할 것이다. 言語는 文人을 爲하여 씨가 되고 날이 되는 것이요, 文人은 그 씨와 날로 짜내는 文學의 피륙에 獨特한 무늬(紋)를 놓도록 하여야 할 것이다. 言語와 文學은 材料요 製品의 關係를 맺어 가지고 있지마는 言語와 文人의 關係는 물과 生鮮과의 關係라고나 할까.(『全集』 6, 192쪽)

언어와 문인의 관계가 물과 물고기의 관계를 맺고 있음에도 불구하고[81], 일석은 현역 문인들 가운데는 앞에서 든 '지새다'와 같이 뜻을 잘 몰라 그릇되게 사용하는 많다는 사례를 들었다.

일석은 우리 민족이 남다른 고유한 민족성을 지니고 있느니만큼 우리의 민족어 역시 다른 언어와 구별되는 특징을 가졌으리라고 전제한 다음, 음운·어휘·문법에 걸쳐 문학어로서 어떠한 장점을 지니고 있는가를 검토할 수 있다고 하였다.(1960. 2, 「國語의 藝術性」, 『全集』 2, 168-174

---

81) 조윤제 (1984: 32)에서는 국어와 국문학을 물과 물고기에 비유한 일이 있다. 이애 대한 평가는 고영근(1982/ 고영근편 1985: 208-217)를 보라.

쪽). 자음에 있어서 평음, 경음, 격음의 삼중조직을 비롯하여 앞에서 언급한 유포니의 도를 높이기 위한 다음과 같은 工作을 들었다.

(30) 가. 음의 동화작용이 광범위하게 행해짐
    나. 의성어와 의태어에 나타나는 모음조화
    다. 음상의 차이에 의한 평칭 대 지소칭의 대립
    라. 유음의 팽창

위와 같은 유포니 현상은 문학이나 가사의 언어로서 리듬의 효과를 높일 수 있다고 보았다. 문법과 어휘의 문제는 지면 관계상 보류하였으나 다른 글에서도 접할 수 있다[82].

일석은 시와 언어의 관계에 대하여 그 나름의 견해를 지니고 있었다. 우선 언어의 속성을 "뜻"(意義)과 "情調"를 들었다. 전자는 언어의 과학적 측면, 곧 지시 의미를 가리킨다. 후자는 "聯想" 내지 "語感"으로도 부르는데 앞의 (15)에서 본 "感情價値"가 이에 해당한다. 과학과는 달리 문학, 특히 시에 있어서는 정조와 함께 운율이 어울려져야만 작품의 가치를 높일 수 있다고 하였다. 운율의 나열이 단순한 음악이라면 시적 표현은 "의의+정조+운율"로 보아 과학이나 다른 문학의 차별성을 부각시켰다[83].

---

82) 이조년의 시조 '梨花애 月白하고 ~ '에 나타나는 '병인 양하야'의 연결어미 '-야'에 중의적 의미가 파악되는 것이 문법의 예이다.(『全集』8, 472쪽 이하, 고영근 1999나: 123). 어휘는 「우리말의 감칠맛」『全集』 7, 242쪽)에 좋은 예가 많다.
83) 비슷한 견해는 『全集』 8, 455쪽 이하에서도 발견할 수 있다.

(나) 고전작품의 해석과 문학사

일석은 1930년대 후반에 토끼전, 새타령, 소상팔경, 유산가, 매화가를 해설하고 어구 주해를 붙인 일이 있다.(『全集』 8, 5-56쪽)[84]. 30여 년 뒤에는 정음사의 '全 져재'를 '온 져재'라 읽어야 한다는 등의 주석상의 문제점도 제기하였다.(1971. 10, 「井邑詞 解釋의 疑問點 二三」, 『全集』 8, 582-591쪽). 앞에서 본 바와 같이 일석은 개성의 덕물산에서 채집한 무가를 중심으로 시조의 기원을 무가에서 찾기도 하였으며(1933. 11, 「時調 起源에 대한 一考」, 『全集』 8, 61-68), 춘향전이 소설로보다는 희곡(창가)으로 탄생되었을 가능성이 많음을 고증하고 元代의 "元曲"의 영향 관계를 비교 문학적 관점에서 논의하기도 하였다.(1939. 1. 1, 「戲曲春香傳과 元曲과의 對照」, 『全集』 8, 453쪽). 신문학을 올바르게 건설하려면 고전문학을 다시 음미하고 인식할 필요가 있으며(1938. 6. 5, 「고전문학에서 얻은 감상」, 『全集』 8, 67-68), 현대적인 "소설"을 잘 쓰려면 고전적인 "얘기책"을 거름으로 삼아 문학적 전통이 단절되지 않도록 할 필요가 있음을 주장하였다.(1946. 2, 「"小說"과 "얘기책"」, 『全集』 8, 71-73). 실제로 일석은 김소월과 조지훈의 시에 우리 고전 문학의 내용상의 특징인 "은근"과 형식적인 특징인 "리듬"이 어우러져서 우리 문화의 특징인 "멋"이 어떻게 반영되어 있는가를 언급하기도 하였다.(1956. 1, 「現代詩에 미치는 古歌의 影響」. 『全集』 8, 462-471쪽). 그러는가 하면 일석은 시조를 형식이 자유로운 신시와 차별화하여 평시조를 중심으로 현대화시키는 방향으로 발전시킬 필요가 있다고 하였다[85].

---

84) 위의 6편의 가사는 2004년 집문당에서 나온 『고시조와 가사감상』(137-223쪽)에 전재되기도 하였다.

(다) 고전 작품의 감상과 미학

1930년대 후반부터 민족 고전 문학 작품에 관심을 기울이던 일석은 해방 후에는 그 사이 쌓은 민족 고전 작품에 대한 이해를 중심으로 문학 작품을 감상하는 객관적인 틀을 제시하였다.(1949. 1, 「時調鑑賞의 一首」,『全集』8, 472-479)86). 일석은 먼저 당시의 고전문학 연구가 훈고주석에 치우친 나머지, 작품의 미적 가치나 정서를 파악하는 데는 비교적 둔한하였다고 비판을 가한 다음, 감상의 문제를 제기하였다.(1959. 11, 「時調와 新詩의 限界」,『全集』8, 576-581)87)

일석은 작품에서 "美"를 발견하려는 태도나 활동을 감상이라고 정의하였으며 美를 감상하려면 觀照의 세계에 들어가야 한다고 하면서 "觀照"의 개념을 설명하였다. "觀照" 앞에는 천지 만물이 모두 정답게 보이고 아름답게 보인다고 말하는 일석은 관조의 세계가 철저화 되면 "沈

---

85) 일석의 민족 고전 문학의 개별 작품에 대한 평가는 1938년에 초판이 나온 『歷代朝鮮文學精華』(해방 후 『歷代國文學精華』로 개제)를 보면 잘 알 수 있다.

86) 「時調鑑賞의 一首」는 원래 『學風』에 실렸었다. 『全集』에 실린 것은 『고등국어』 3 (1956)에서 옮겨 실은 것이다. 실제로 고등국어본과 학풍본을 비교해 보면 첫 부분과 중간의 군데군데 첨삭이 가해졌다는 것을 알 수 수 있다. 『全集』에는 끝에 『고등국어』 3 (1956)으로 되어 있으나 『고등국어』 3 (1956)으로 수정해야 한다. 1953년의 교과서부터 위의 글이 실렸기 때문이다. 필자는 1990년대 후반에 『텍스트이론』 (1999가)를 집필할 때, 김동준 · 강혜선 교수의 협조로 원문을 다시 입력하고 한자어는 괄호 안에 넣고 한시의 번역을 붙였으며 일석의 증손녀인 이경은 양(서울대 대학원)이 이본(異本) 비교를 도왔다. 교감본은 제7회 一石國語學賞 施賞式 (2009. 6. 9)에서 참석자들에게 배부한 바 있고 이는 고영근 밖에 (2009: 151-163)에 실리기도 하였다, 이곳에서는 교감본을 이용하기로 한다.

87) 이 문제는 이미 필자가 고영근 (1999가: 118-124)에서 상론한 바 있기 때문에 이곳에서는 골격만 논하기로 한다.

潛"의 세계에 들어간다고 하였다. 자연과 자아가 한 덩어리가 되는 상태를 "침잠"으로 표현한 일석은 시조 감상의 예로 고려 시대의 시인 이조년의 "梨花에 月白하고 ~"를 들었다. 먼저 작자 문제와 신위(申緯)의 한역시를 들고 작품의 소재의 하나인 '배꽃'의 성격, '배꽃'과 '달', '두견'과의 관계를 간텍스트성의 관점에서 중국의 역대 한시와 우리나라 역대 시조와 비교를 시도하였다. 일석은 이미 1930년대 후반에 우리나라와 중국의 역대 시가에 나타난 '梨花'를 고찰함으로써 '梨花'를 문학적 감상의 소재로 사는 것은 동양에 국한한다는 견해를 피력한 바 있거니와(1937. 6, 「시가에 나타난 '梨花'」, 『全集』 8, 437-454), 이곳에서는 이를 더 확장하여 시조 감상의 소재로 삼고 있는 것이다. 이조년의 시조의 중장에 나오는 '일지 춘심'과 '자규야 알랴마는', 종장에 나오는 '다정도 병인 양하여'가 바로 해석상의 모호성을 불러일으키는 미의 세계로 보고 있다[88].

일석의 미학은 칸트(E. Kant)를 전후한 독일 미학의 영향을 받아 형성되었을 가능성이 많다. "觀照"(Spekulation)의 개념을 비롯하여 "미는 닫혀 있는 것으로서가 아니라 열려 있는 것으로 보는 전제하에서만 가능하다"라든지, "미는 개별 인간의 안에 갇혀 있는 것이 아니라 개별 인간 간에 놓여 있는 벽을 허물고 개방해 주며 소통해 주는 그 무엇이다."라든지[89] 특히 다음과 같은 칸트의 미학에 대한 평가는 일석이 칸트로부터 상당한 영향을 받았음을 시사(示唆)한다.

---

88) '다정도 병인 양하야'를 중심으로 한 해석 상의 모호성에 대하여는 고영근 (1999: 118-124)를 보라.

89) 칸트의 미학에 대하여는 김광명 (2006: 256, 264)을 참고하였다.

(31) 미학 행동 내지 미적 태도는 완전한 무규정성으로서의 관조의 태도이다. 완전한 무규정성이란 자유로이 열려 있음을 뜻한다. 이런 의미에서 미적 관조와 관련된 미적 무관심성이란 미적 반성 능력을 근거로 하여 늘 전체를 지향하게 된다. 그리고 미적 반성은 자유로운, 무규정성의 영역에서 이루어지고 미의 지평을 열어 주는 인간학적인 조건인 것이다[90].

일석의 "다정도 병인 양하야"에 나타나는 의미의 모호성이 바로 "무규정성" 내지 "미적 무관심성"의 미학과 관련시킬 수 있는 것이다[91]. 일석은 「時調鑑賞의 一首」를 발표한 지 4년 뒤에 '사랑'을 주제로 읊은 시

---

90) 김광명 (2006: 329)에서 인용하였다. 이 글을 씀에 있어서 필자는 미학전공의 김문환 교수(서울대)로부터 많은 정보를 얻었다. 실제로 김문환 (2003: 113-142)에는 칸트 미학에 대한 자세한 정보를 얻을 수 있다. 더욱이 일석의 글을 검토한 김 교수는 칸트를 전후한 독일의 미학에서 영향을 받았을 가능성이 충분하다고 하면서 다음과 같은 소견을 보내왔다(2009. 5. 01일자 메일).
　　(1) 일석의 글 중 "이해 타산이나 권리 의무의 관념을 떠나서 대상을 순전 객관적으로 냉정하게 바라보는 것"은 이른바 미적 무관심성 개념과 상통하는 바, 영국의 새프츠베리로부터 칸트에 의해 미학의 중심개념으로 자리잡았다고 할 수 있습니다.
　　(2) "너무 직접적이요, 명석하면 그야말로 무미간조하다"의 부분은 칸트보다는 미학이라는 학명을 창안한 바움게르텐의 '명석하되 흔연한 지식'을 연상시키는데, 이는 시가 '외연적으로는 분명하지만, 내포적으로는 불분명하다는 특징을 가진 감성적 인식'의 하나임을 뜻합니다.
　필자에게 일석의 시조 감상론이 칸트 미학에서 영향을 받았다는 정보를 제공한 사람은 필자의 〈한국텍스트과학특강〉(2000년 1학기)을 수강한 현대 문학 전공의 김석준 강사였다는 것을 밝혀 둔다.
91) 필자는 일석의 시조 감상론에 나오는 미학사상을 칸트를 전후한 독일 미학사상과 관련하여 해석하였으나 동양 미학의 영향도 배제할 수 없다. 본고의 초고를 읽은 심재기 교수는 이 방면의 천착을 권유하였고 김용직 교수는 일본의 明治, 大正 이후에 팽배해 있었던 동양 미학의 영향이 더 크지 않았겠느냐는 소견을 피력한 바 있다. 이 문제는 동서양 미학 사상의 수용과 함께 깊이를 더할 필요가 있다. 후학들의 분발을 바라마지 않는다.

조를 대상으로 시조 감상론을 전개하기도 하였다.(1953. 1. 「時調鑑賞」,
『全集』8, 457-461). 나아가 일석은 앞의 두 편에서 마련된 고시조 시론을
시조 감상에 응용하기도 하였는데[92], 뒤의 시조 감상에 어느 정도 영향
을 미쳤는가 하는 문제를 구명해 볼 필요가 있다.

　그러면 일석의 미학 사상은 어디에서 어떤 과정을 밟아 형성되었을
까. 일석이 경성제국대학 학부를 다닐 때에는 우에노(上野直昭)를 강좌
장으로 하는 미학 강좌[93]가 이미 1927년부터 설치되어 있었음에도 불
구하고 앞에 보인 그의 학적부에는 수강 사실이 드러나지 않는다. 실제
로는 1929년에 미학 개론 강의가 시작되었는데 수강자 명단에도 일석
의 이름은 나오지 않는다[94]. 일본에는 동경제국대학에 1900년부터 미
학 강의가 시작되었고 1930년대에 칸트의 판단력 비판에 대한 연구가
나온 것을 보면 일석의 미학적 지식이 이런 분위기에서 길러졌을 가능
성이 충분하다[95].

---

92) 「慶州의 暮景」, 「待人難」, 「一片丹心」, 「一般飛鳥」, 「六六峰」, 「淸江馬」,
　　「九折羊腸」, 「어찌살리」, 「林泉閑興」의 제목을 붙인 9수이다. 위의 시조 감
　　상론은 2004년 집문당에서 나온 『고시조와 가사감상』(11-121쪽)에 전재되기
　　도 하였다.
93) 우에노의 미학 강의와 그의 경성제대 강의안 자료에 대하여는 김문환 (2007)
　　을 보라.
94) 김문환 (2007)에는 철학과의 裵相河, 韓悌泳, 문학과의 李在鶴, 崔昌圭, 朴忠
　　集, 盧泳昌, 李鍾洙를 수강자로 기록하였다.
95) 일제 강점기의 일본과 우리나라의 미학 사상의 수용 경위에 대하여는 김문환
　　(1994, 2008)을 보라.

4.2. 민족 문화론

앞에서 필자는 일석이 우리 문화의 특질로 "멋"을 든 것을 보았는데
이제 그 사정을 구체적으로 검토하기로 한다. 일석은 멋을 다음과 같이
정의하였다.(1956. 3, 「멋」, 『全集』 6, 57-58쪽)

> (32) 가. '멋'이란 우리에게 快感 이상의 쾌락을 주는 것이요 쾌감 이하의
>   담백미를 주는 것 임.
>   나. '멋'은 실용적이 아님.

(32가)에서 일석은 먼저 비교 문화론적 관점에서 우리의 "멋"은 중국의
"風流"보다는 諧謔味가 더하고 서양의 "유모어'"에 비하면 풍류적인 격
이 높다고 보았다. 한편 일본의 "사비"는 오종종하고 차분한 때를 벗지
못하였고 "아와레미"는 "멋"에서 볼 수 있는 무돈착성(無頓着成)은 찾을
수 없다고 하였다. "멋"은 주책 없는 듯, 헐게 빠진 듯, 미치광이 같은
면이 있을지라도 소박성·순진성·선명성·첨예성·곡선성 등을 많
이 지니고 있다고 보았다. 일석은 이를 "흥청거림"으로 표현하였다. (32
나)에서는 우리 민족의 옷고름은 필요 이상으로 길어서 거추장스럽게
보이지만 펄렁거리어 나부끼는 그 곡선의 비상(飛翔)이야말로 괴로움을
이기고도 남을 쾌락을 줄 수 있다고 보았다. 일석은 "멋"의 요소를 "흥
청거림"과 "필요 이상"으로 규정하면서 필요와 규격만 아는 과학 만능
의 병을 "멋"으로써 고칠 수 있는 길을 열어 놓기도 하였다.
  우리 민족 문화의 특징이 "멋"이라는 일석의 견해에 대하여 조윤제는
반론을 제기하였다96). 조윤제는 일제 강점기부터 우리 문화의 특징이

"멋"이라는 이야기가 더러 나오기는 하였으나 그 내용만 언급하였지 의미는 생각해 보지 않았으며 일석에 와서 위의 (32)와 같은 의미 규정이 시도되었다고 하였다. 그러나 일석이 말하는 "멋"은 우리 민족의 독점물이 아니요 다른 민족에게서도 발견할 수 있으니 우리 민족의 문화·예술의 특징이 "멋"이라고 하는 견해는 성립될 수 없다고 하였다. 이상과 같은 조윤제의 반론은 바로 일석의 반론으로 이어졌다.(1959. 1,「다시 "멋"에 대하여」(上, 下)(『全集』 9, 227-34, 235-241쪽). 일석은 조윤제의 반론을 하나하나 반박하였다. 조윤제가 말하는 우리 문학의 특징인 "은근"과 "끈기"에도 의미 해석이 안 되어 있기는 마찬가지이며 그것은 바로 동양의 공통된 특징이라고 응수하였다. (32)에서 규정한 "멋"의 내용은 다른 민족에게서는 볼 수 없는 우리 문화의 특징이라는 것을 거듭 강조하였다. 일석의 반론에 대한 재반론은 나오지 않았지만 수년 후에 나온「한국인의 멋」[97]은 일석의 반론을 수용하여 자신의 견해를 정리한 것으로 보인다.

5 마무리

이상과 같이 필자는 일석 이희승의 사회 사상과 학문의 세계를 검토하여 보았다. 일석은 언어가 민족 형성과 문화 창조의 기반이 된다는

---

96) 조윤제의「멋이라는 말」(自由文學 11, 1958)을 가리킨다. 이 글은『陶南雜識』, 을유문화사, 1965, 34-45쪽에 다시 실렸다. 이 곳에서는 후자를 인용한다.
97)『韓國의 發見』(現代人 講座) (1962)에 실렸다. 이 글 역시 앞의『陶南雜識』, 45-52쪽에 다시 실려 있다.

관념론적 언어 철학을 등에 업고 단군 경모 사상 등의 사회 사상을 창출하여 민족 주체성의 확립에 진력하였다. 이러한 관념론적 사고는 민족어 규범 제정을 위한 기초 연구는 물론, 그 보급과 연결시킬 수 있고 결과적으로는 민족어 연구와 민족 문학 연구를 하나로 만드는 메타 이론의 수립을 가능케 하였다[98]. 그렇다고 하여 일석이 실증론을 배제한 것은 아니다. 대학 학부와 동경 유학을 통하여 연마한 언어학에 대한 지식은 실증론에 근거를 둔 민족 어학의 체계 수립과 그 보급을 가능하게 하였고 이는 자연히 국한문 혼용의 어문 정책을 추진하는 메타 이론의 성립을 가져왔다. 특히 일석의 민족 어학 연구의 전반에 걸쳐 확인되는 유형론적 사고는 최근 들어 성황을 이루고 있는 민족어의 유형론적 연구를 활성화시킬 수 있는 중요한 유산임에 틀림없다.

일석의 민족 어문학 연구에서 가장 큰 것은 어학과 문학을 통합하여 한 단위체로 만들 수 있는 바탕을 형성하여 놓은 점이다. 현재 우리나라의 대학의 어문학과 학부에서는 어학과 문학이 합방 거처를 하고 있지만 대학원 과정에서는 완전히 각방 거처를 하고 있다. 정보 교환은 물론, 의사소통마저 이루어지지 않고 있다. 우리의 민족 어문학계에서는 오래 전부터 어학과 문학이 독립된 개별 학문이 아니고 융합된 학문이 되어야 한다고 주장되어 왔다. 민족 문학자 조윤제는 민족과 민족 감정을 잣대로 삼아 "민족어"(국어)와 "민족문학"(국문학)을 물과 물고기의 관계에 비유하면서 "민족 어문학", 곧 "국어국문학"을 하나로 보고

---

98) 일석이 우리의 고전 문학과 시작에 관심을 갖게 된 것이 경성제대 시절 그에게 언어학을 전수하였던 고바야시(小林英夫) 교수를 통한 독일의 언어 미학자 K. Voβler의 관념론의 영향을 배제할 수 없다. 고영근 (2009가)(본서 4쪽)에서 관련 논의를 볼 수 있다.

있다[99]. 도남의 견해는 민족과 민족 감정에 기준을 둔 것이기 때문에 다분히 사변적이요 관념적인 성격을 띠고 있다. 민족 어학과 민족 문학은 "문체론"을 사이에 두고 겹치기도 하고 "문헌학"을 공유하여 문자 그대로 "민족 어문학"의 성립을 가능하게 할 수 있다[100].

그런데 일석은 다른 방면에서 문학 작품을 창작하고 감상하는 방법론을 제안하였다. 문학, 특히 시를 창작하는 데 있어서는 앞에서 본 "의의"의 한 요소인 "감정가치"(또는 정보, 연상, 어감)가 운율과 조화를 이루어야만 작품으로서의 격조가 높아진다고 보았다. 한편 일석은 칸트류의 미학 사상을 수용함으로써 우리 민족의 고유한 서정시인 고시조를 감상하는 틀을 마련하기도 한다[101]. 1954년 쿤(H. Kuhn)은 낱말밭이론을 창시하여 어휘 의미론 연구에 영향을 미친 트리어(J. Trier)의 화갑기념 논문집에 "하나로서의 언어학과 문예학?"(Sprach- und Literaturwissenschaft als Einheit?)를 기고하면서 결론에 붙인 다음 구절은 우리에게 가르쳐 주는 바가 많다고 생각한다.

(30) 언어학과 문예학의 출발점과 공동대상은 우선적으로 언어이고 오직 언어뿐이다. 그러나 그것은 언어학에 대하여는 경험적으로 주어진 언어 관습(Sprachkonvention)이고 문예학에 대하여도 마찬가지로 경험적으로 주어진 "시적"(dichterisch)인 언어 외형(Sprach-gestalt)이다. 혼합될 수도 없고 혼합되어서도 안된다. 물론 하나의 학문에는 다른 학문이 없이는 쓸모가 없는 겹치는 부분이 있다. 곧 문학사가는 작품을 해석하는 데 있어서는

---

99) 관련 논의는 조윤제 (1955/ 1984: 31-32)를 보라.
100) 관련 논의는 고영근 (1982/편 1985: 217)를 보라.
101) 일석의 문학 작품 감상론은 필자가 고영근 (1999나: 115-128)에서 텍스트 과학의 관점에서 평가를 시도한 일이 있다.

언어학 지식을 많이 필요로 하는데 그렇게 함으로써 그는 텍스트를 정확하게 이해할 수 있다. 정확히 보자면 그 이상일지도 모른다. 언어학자는 파롤(Rede)과 텍스트에 대하여는 문학적 범주를 필요로 하고 그런 만큼 그는 '문체'로 짜여진 언어를 정확하게 해석할 수 있다. 이런 점에서 언어학과의 공생(共生)(Simbiose)이 필요하다.(쿤 1954)

본고는 일석 이희승의 사상과 학문을 매우 거칠게 소묘한 것이다. 『全集』이 나온 후 처음으로 시도하는 연구이니만큼 잘못된 곳이 많으리라 생각한다. 일석의 민족 어학과 민족 문학의 세계는 근대 인문학자의 어느 누구보다도 그 폭이 넓고 단단하다. 일석의 업적 가운데는 사회 사상사의 관점에서 조명해야 할 부분도 적지 않게 묻혀 있다. 수필과 시도 민족 문학사의 빈 구석을 메워 줄 있는 부분이 적지 않아 보인다. 민족 어학과 민족 문학을 연결하여 "민족 어문학"이라는 경험적인 범주를 세운 것은 앞으로 계승·발전시켜 나가야 할 위대한 유산이라고 감히 말할 수 있다.(2010. 6. 23 마지막 단추를 누르다.)

[평가 대상의 업적 목록(연대순)]

1931. 7, 「“때”의 助動詞에 대한 管見」, 『全集』 1, 456-466쪽.

1931. 「人代名詞의 主格助詞」, 『全集』 1, 343-345쪽.

1933. 4, 「新語濫造問題」, 『朝鮮語文學會報』 6, 『全集』 1, 395-406쪽.

1933. 11, 「時調 起源에 대한 一考」, 『學燈』 2, 『全集』 8, 61-68쪽.

1937. 6, 「詩歌에 나타난 ‘梨花’」, 『梨花』 7, 『全集』 8, 437-454쪽.

1938. 6. 5, 「古典文學에서 얻은 感想」, 『조선일보』, 『全集』 8, 67-68쪽.

1938. 8. 9~8. 14, 「朝鮮語學의 方法論 序說」, 『全集』1, 467-476쪽.

1939. 1. 1, 「戲曲春香傳과 元曲과의 對照」, 『조선일보』, 『全集』 8, 453쪽.

1946. 1, 「言語와 民族」, 『新天地』 창간호, 『全集』6, 167-168쪽.

1946. 2, 「“小說”과 “얘기책”」, 『博文』 5, 『全集』 8, 71-73쪽.

1946. 3, 「言語와 文化」, 『한글문화』 創刊號, 『全集』 6, 169-170쪽.

1947. 4, 「國語敎育의 當面問題」, 『國語敎育』 창간호, 『全集』 2, 50-59쪽.

1948. 10~1949. 2, 國語系統論, 서울대학교 문리과대학 강의안

1949. 『초급국어문법』, 박문출판사, 1949(『歷代韓國文法大系』1-85, 『全集』4, 1-145쪽.

1949. 1, 「時調鑑賞의 一首」, 『學風』 2-1, 『全集』 8, 472-479쪽.

1952. 11, 「언어와 문학가」, 『民衆公論』 2-1, 『全集』6, 188-194쪽.

1953. 1, 「時調鑑賞」, 時調研究 1, 『全集』 8, 457-461쪽.

1954. 11, 「國語의 유포니(Euphony)」」, 『崔鉉培先生還甲紀念論文集』, 『全集』 1, 508-518쪽.

1955. 8, 『國語學槪說』, 民衆書館, 『全集』 1, 1-335쪽.

1956. 1, 「現代詩에 미치는 古歌의 影響」, 『自由文學』 1, 『全集』 8, 462-471쪽.

1956. 2, 「멋」, 1956. 『現代文學』 3, 『全集』 6, 57-58쪽.

1957. 3, 『새고등문법』, 일조각, 『全集』4, 439-564쪽.

1955. 11, 「揷腰音에 대하여」, 『論文集』 2(人文社會科學), 서울대학교.

1958. 11, 「女子와 幸福」, 『女苑』 11, 『全集』6, 357-361쪽.

1959. 2, 「體言」의 活用에 대하여」, 『국어국문학』 20, 『全集』 2, 147-148쪽.

1959. 2, 「다시 「멋」에 대하여」(上), 『自由文學』 2, 『全集』 9, 227-234쪽.

1959. 3, 「 다시 「멋」에 대하여」(下), 『自由文學』 3, 『全集』 9, 235-241쪽.

1959. 11, 「時調와 新詩의 限界」, 『自由文學』 11. 『全集』8, 576-581쪽.

1960. 3~6, 國語文法論講義案, 서울대학교 문리과대학, 『全集』 2, 540-593쪽.

1960. 2, 「國語의 藝術性」, 『自由文學』 2(35), 『全集』 2, 168-174쪽.

1961. 12, 『국어대사전』(초판), 민중서관.

1961. 12, 「日本 文化人에게」, 『思想界』 12, 『全集』6, 382-388쪽.

1963. 1, 「학교문법의 나갈 길」, 인문계 고등학교『국어』1, 『全集』 2, 192-199쪽.

1971. 10, 「井邑詞 解釋의 疑問點 二三」, 『百濟研究』, 『全集』 8, 582-591쪽.

1972. 5~1974. 5, 「올바른 국어를 위하여」(1)~(30), 『女性東亞』 55호(1972.
   5)~84호(1974. 5), 『全集』 2, 259-349쪽.

1976. 7. 4, 「祖國과 民族 그리고 言語(4)-國語政策」, 『일요신문』, 『全集』 2,
   240-243쪽.

1982. 가을, 「自我覺醒과 克日問題」, 『語文研究』 35, 『全集』9, 467쪽.

1982. 11, 『국어대사전』(수정증보판), 민중서림.

1982. 11, 「語文敎育의 一大 革新을 促求하는 建議書」, 『語文研究』 35, 『全集』
   2, 249-252쪽.

1987. 1. 15, 「檀君精神의 宣揚은 統一의 原動力」, 『光復』 58, 『全集』7, 467-
   470쪽.

2000. 11, 『一石 李熙昇 全集』, 서울대학교 출판부.

2004. 6, 『고시조와 가사감상』, 집문당.

2008. 『이희승전집』(e-book), 서울대학교 출판부

연대 미상, 言語學槪論 강의안, 『全集』 2, 305-337쪽.

[참고자료]

京城帝國大學 學部 學籍簿(소화 2년 4. 1~ 소화 5년 3. 31)

『一石李熙昇 딸깍발이선비의 일생』, 창작과 비평사, 1994.

『一石 李熙昇 딸깍발이 선비』, 신구문화사, 1994.

「일석 선생 문화인물 특집」, 『어문연구』 83(1994. 11)

|5| 양주동의 고대 민족 어문학 연구와 그 특수성

1 들어가기

무애(无涯) 양주동(梁柱東)(앞으로 아호만으로 양주동을 가리키기로 함)은 30여 세까지는 현대 시작과 평론에 잠심(潛心)하였고 30대 전반부터[1] 40여세까지는 향가의 해독과 고려 가요의 해석에 혼신(渾身)의 힘을 기울이면서 고대 및 중세 민족어의 제반 양상의 구명에 노력하였으며 이와 함께 고대 및 중세 민족 문학사의 구성을 위한 기반 구축에도 공헌하였다. 한편 무애는 고대 민족어 연구에서 얻은 수확을 활용하여 민족 고대사의 면모를 밝히는 일에도 주의를 놓치지 않았다.

30대 전반 이후의 행로(行路)에만 국한할 때, 무애는 일차적으로는

---

[1] 양주동의 향가 연구의 시기는 정확하게 1934년 9월, 그의 나이 32세 되던 해였다. 「上代語硏究의 길에서」(1936. 1)를 1935년 11월 10일에 탈고하였는데 여기에서 무애는 '朝鮮古語硏究의 文獻學初步를 시작한 것이 昨年 9月'이라고 하였다. 그 연대는 1934년 9월이다.

민족 어학자로서의 지식 체계를 가장 밀도 있게 유지하고 있었고 다음
으로는 민족 문학자의 면모도 겸하고 있었으며 궁극적으로는 언어 연
구를 고대 민족 역사의 구명에 적용하는 방면으로 시야를 넓혀 나갔다.
이렇게 보면 무애는 "민족 어문학자"라기보다는 민족학자(국학자)라 표
현하는 것이 그의 지적 행로에 어울려 보인다. 무애의 민족학 전반에
걸치는 지적인 활동은 천부의 재능과 앎(知)에 대한 무한한 동경이 민족
학자로서의 무애를 있게 한 거름이었다고 믿는다. 실제로 무애는 자신
의 호 '无涯'의 출전을 『莊子』「養生主」의 첫머리에 있는 "吾生也有
涯. 而知也无涯…"에 두고 있다.(『人生雜記』1962, 72쪽)[2]

　필자가 오늘 이 자리에서 양주동의 달을 맞아 조명(照明)하여 보고
싶은 것은 주로 향가의 해독과 고려 가요의 해석에 관련된 업적을 유기
적으로 검토함으로써 무애의 민족 어학, 나아가서는 무애 민족학의 특
수성을 드러내 보이는 것이다. 먼저 무애의 업적에 대한 서지적 검토를
행한 바탕 위에서 이를 중심으로 문자, 표기/음운, 문법, 어휘·어원,
작품의 해독과 작품의 해석에 걸치는 그의 민족 어문학 세계를 얽어
보려고 한다.

2 무애의 저술에 대한 서지적 검토

　무애의 민족 어문학 세계를 파악함에 있어서 기대야 할 주요 업적은

---

2) 앞으로 무애의 업적을 인용할 때에는 그의 저술과 연대만 들고 자세한 서지
　사항은 이 글 뒤의 「양주동의 민족 어문학 논저 목록」으로 미룬다.

『고가연구』와 『여요전주』이다. 그런데 두 책은 초판 간행 이래 개정과 증보가 이루어진 탓으로 그 소종래가 석연치 않은 면이 적지 않다. 앞의 두 책 밖에도 『國學硏究論考』와 「원왕생가」의 해독, 고려가요의 주석 등에 대하여도 언급을 요하는 부분이 있다. 차례대로 서지적인 문제를 검토하기로 한다.

2.1. 『고가연구』

『古歌硏究』는 1942년 11월 25일에 『朝鮮古歌硏究』라는 이름으로 博文書館에서 간행되었다. 서문을 초(草) 연대는 경진(庚辰)(1940) 小春으로 되어 있다. 무애에 의하면 '경진'이라는 간지를 쓴 것은 일본의 연호를 피한다는 의도와 직접 관련이 있고 '小春'은 원고가 탈고된 11월을 가리키는 말이지만 궁극적으로는 민족 문화의 작은 봄을 함의한다고 하였다. 당시의 지성인들은 민족 문화의 연구와 창달에 잠심함으로써 독립을 희구하는 일이 많았다. 대표적으로 한글학자(어문학자) 이윤재, 이극로, 최현배, 이희승, 김윤경, 정인승 등과, 국문학자 조윤제가 그런 부류에 속하였다. 서문을 초한 연대가 1940년 11월이니 1934년경에 시작한 향가 연구가 6년 만에 완성되었다는 계산이 나온다[3]. 한

---

3) 향가 연구의 동기와 연구 경과, 그리고 출판에 엉킨 이야기는 관련 자료가 많다. 「上代語 硏究의 길에서」(1936. 1)에서는 향가 연구의 동기와 연구 방법론을 베풀었다. 특히 이곳에서는 향가 해독의 방법론으로서 "體系的 方法"과 "凝視法"을 들었다. "응시법"이란 향가 25수를 벽에다 붙여 놓고 자나깨나 들여다보는 방법론을 말한다. 조선일보 1937년 1월 1일자(其六 3)에는 '鄕歌硏究의 革命兒 — 小倉學說을 全面的으로 粉碎, 學界 注視의 그의 業績'이라는 표제·부제와 함께 향가 연구의 경과와 해독의 일부분을 소개하는 대

주제를 붙들고 한 평생을 바쳐도 신통한 결론을 이끌어 내지 못하는
보통 사람들과 비교할 때 무애는 확실히 타고난 천재형 학자라고 하지
않을 수 없다. 책 끝(판권 다음) 본문 종이 크기의 1.5배 되는 지면에
정오표(正誤表)와 색인 보유가 붙어 있다. 정오표는 본문과 색인으로 나
누었는데 대체로 교정의 부주의로 빚어진 잘못을 쪽[頁]과 줄[行]에 걸
쳐 제시하고 바로잡았다. 색인 보유에는 어휘, 인명, 관명, 지명, 건명을
두었다. 일반적으로 정오표는 간지의 형태로 끼워 넣는 것이 보통인데
이렇게 책의 끝에 붙여 놓았다는 것은 책을 내는 데 걸린 시간이 상당하
였음을 알 수 있다. 이를 뒷받침하는 한 증거는 양장본의 표지 빛깔이
황색과 청색의 두 가지로 되어 있다는 것을 예로 들 수 있다[4].

『고가연구』의 재판은 '訂補版'이며 1954년 6월에 博文出版社에서
간행되었다. 초판과 비교하면 책의 이름에서 '朝鮮'이 삭제되고 출판사
가 '박문서관'에서 '박문출판사'로 바뀌었다. 지형이 같고 주소의 번지가
같은 것으로 보아 같은 출판 기관임에 틀림없다. 訂補된 부분은 867쪽
에 '訂補'라는 이름으로 1쪽을 붙인 것이다. 내용은 〈會蘇曲, 山有花
曲, 百濟〉에 대한 본문의 설명을 쪽수를 밝혀 가며 수정된 견해를 붙였
다[5]. 그리고 초판에 붙어 있던 정오표는 재판에서 대부분 바로잡았기

담 기사를 실었다. 그리고 「麗謠, 鄕歌의의 註釋其他—나의 연구테마」 (1939.
3. 7)도 당시의 무애의 연구 성향을 아는 데 도움이 된다. 현재까지는 해방
후에 나온 「향가연구의 회억」 (1958. 7)을 이용하여 왔다.
4) 서울대학교 중앙도서관의 상백문고, 심악문고 등에는 『고가 연구』와 『여요
전주』의 각 시대별 판이 고루 갖추어져 있다.
5) 판을 거듭하는 사이에 생각이 달라지면 지형을 뜯어 고치기보다는 무애처럼
끝에 쪽수를 밝혀 가며 달라진 견해를 보충하는 방식이 가장 좋다. 오구라의
『增訂朝鮮語學史』 (1940)에 고노가 보주(補注)를 붙인 1965년판이 한 전형

때문에 정오표를 삭제하였다. 그러나 색인 보유는 그대로 두었다. 1954
년 중판본의 판권에는 초판의 발행 연대가 1943(4276)년 11월 25일로
되어 있으나 초판의 판권에는 앞에서 본 바와 같이 1942년(昭和 17) 11월
25일로 되어 있다. 중판할 때 저지른 잘못으로 보인다. 초판의 정오표
와 보유가 없어진 것은 재판할 때 이를 본문에 반영하였기 때문이다.

『고가연구』의 3판은 1957년에 나왔다. 1957년판도 1954년판과 같이
재판으로 되어 있으나 이는 단순히 '重版'으로 적는다든지 아니면 '三
版'으로 적어야 한다. 고려대학교 민족문화연구소의 『韓國論著解題』1
(1972)에는 1957년판을 근거로 하여 "조선고가연구(朝鮮古歌研究)"라는
표제어 밑에 "1942년에 출간된 『朝鮮古歌研究』의 增補版"이라고 설
명을 붙였다. 표제어는 "고가연구(古歌研究)"로 바꾸어야 하고 '增補版'
도 표제지를 따라 '訂補版'으로 바꾸어야 한다. 사실 『古歌研究』의 '訂
補版'은 앞에서 본 1954년판이다. 그리고 1942년판 『朝鮮古歌研究』는
독립된 표제어로 세워야 한다. 고려대학교 민족문화연구소의 해제에는
쪽수를 보일 때 앞 부분 17쪽은 계산하지 않고 '867+80면'으로 되어
있으나 책의 쪽수를 보일 때에는 본문의 앞뒤의 기생 텍스트(序, 凡例,
引用書目; 訂補, 索引)의 쪽수도 모두 밝혀서 합산을 하여야 한다.

『고가연구』의 증보판은 1965년 3월에 나왔다. 출판사가 '박문출판사'
에서 '일조각'으로 바뀐 것으로 보아 박문출판사의 지형을 일조각에서
인수한 것으로 보인다. 활자체가 똑같기 때문이다. 본문이 1954년판의

(典型)을 이룬다. 필자도 『중세국어의 시상과 서법』(補正版, 1998)에서 이런
방식을 취해 본 일이 있다. 그런데 허웅의 『우리 옛말본』(1975)는 견해가
달라지면 지형을 고쳐서 수정하고 있어 초판과의 차이가 잘 드러나지 않는다.

964쪽에서 986쪽으로 늘어난 것은 1954년판의 '訂補' 부분을 삭제하고 그대신 '補遺'와 '附錄'을 두었기 때문이다. '補遺'는 다시 '訂補'와 '補注 · 箭疑'로 나누되 전자에서는 1954년판의 '訂補' 부분을 확충하였고6), 후자에서는 『學風』2권 3호 (1949. 4)와 연세대학교 『인문과학』 2(1958)에 발표하였던 「古歌箋箭疑」(고가전차의)의 내용을 가감하여 거두어들인 것으로 보인다7). '附錄'은 '釋詞, 評說, 跋'로 구성되어 있다. '釋詞'는 향가 14수에 대한 현대역이고 '評說'은 이미 1959년에 발표하였던 「新羅歌謠의 文學的 優秀性」을 그대로 실은 것이다8). 그리고 '跋'은 1958년 『思潮』에 발표하고 1962년 『국학연구논고』에 옮겨 실은 「鄕歌硏究의 回憶」을 부분적으로 가감하여 「연구의 回憶」이란 부제를 붙여 실은 것이다. '補遺'와 '附錄'은 본문과는 달리 새로 조판하였다. 표제지에는 이전의 중판본과 같이 【訂補版】, 판권에는 1965年 3月 15日 '增訂初版'(원문대로임) 발행으로 되어 있어 표제지에 국한하는 한, 1954년판과 차이가 없다. 그러나 1965년판은 내용이 증보되었기 때문에 '增補版'으로 바꾸어야 한다. 표제지의 【訂補版】은 재판 이래의 내지를 그대로 따른 것으로 보인다. 1954년판부터 1965년 이전에 나온 판은 본문에 부분적인 수정만 가하였다는 점에서 '訂補版'내지 '補正版'이라고 해야 옳다. 전자는 잘 쓰이지 않는 말이란 점에서 후자

---

6) '訂補'에 대한 1954년 판과 1965년 판은 내용 상의 차이가 있다. 정밀한 대교를 요한다.

7) 『고가연구』의 정보(訂補)는 『學風』, 『人文科學』, 『國學硏究論攷』사이에 차이가 있다. 엄밀한 대교가 필요하다.(뒤에 나옴)

8) 이 글은 『국학연구논고』에 1959년 10월에 발표한 것으로 되어 있으나 그 출전은 알 수 없다. 같은 글이 「新羅鄕歌의 佛敎文學的 優秀性」이란 이름으로 『佛敎思想』에 실렸다.(뒤에 다시 나옴. 「논저 목록」 참조)

가 나아 보인다. 『고가연구』의 최종판은 1995년 동국대학교 출판부에
서 나온 『梁柱東全集』①에 실린 것이다. 梁柱東全集刊行委員會의
林基中의 '刊行辭', '일러두기'를 제외하고는 앞의 1965년의 증보판과
같다. 이 책은 일조각에서 나온 1965년의 『古歌研究』(增補版)의 1983년
중판본을 대본으로 하여 영인하였다. 내용에 차이가 없는 한, 어느 판
을 이용해도 관계가 없으나 증보 초판인 1965년판을 이용하는 것이
좋지 않았을까 한다.

2.2. 『여요전주』

『여요전주』는 1947년 4월에 을유문화사에서 간행되었다. 무애는 이
책이 1946년에 간행되었다고 말하고 있으나[9], 판권에 1947년 4월이라
되어 있으므로 판권의 발행 연대를 기준으로 발행 연대를 결정해야 한
다[10]. 내제를 보면 부제가 '朝鮮古歌研究 續扁'으로 되어 있다. 무애는
사뇌가 연구를 『조선고가연구』의 原扁으로, 『여요전주』를 續編으로
보았던 것이다.

『여요전주』의 재판은 1948년 12월 1일에 '改正版'이란 이름으로 나
왔다. 내지는 초판과 차이가 없고 판권만 다르다[11]. '개정판'이라는 이

---

9) 『국학연구논고』(1962, 90쪽)에 그런 말이 나온다.
10) 외솔 최현배는 그의 단행본 『朝鮮民族更生의 道』(1930)의 서문에서 「朝鮮
   民族更生의 道」의 東亞日報 연재가 66회로 끝났다고 회상하였으나 東亞日
   報 지상에는 65회로 끝난 것으로 나와 있다.(고영근 1995가: 41). 김석득
   (2000)에서는 東亞日報에 기록된 65회를 취하지 않고 외솔의 기억 연대를
   취하고 있다.
11) 필자가 앞의 강연 원고를 작성할 때에는 『여요전주』의 재판 연대를 『學風』

름이 붙게 된 것은 2쪽에 걸친 '訂補'와 1쪽 분량의 '正誤表'를 붙였기 때문으로 보인다. 전자에서는 『學風』 2.2/3 (1949. 3/4)에 기고할 원고를 먼저 집필하고 그 내용을 간략히 하여 반영한 것이고 후자는 주석이 잘못되었거나 교정이 덜된 부분을 삼단으로 구분하여 제시한 것이다. 이를테면 10쪽 10행의 '詩餘'는 잘못이기 때문에 '靑丘永言'으로 고쳤고 313쪽 6행의 '본다'를 '보느다'의 줄어진 형태로 주석한 초판의 잘못을 삭제하고 "旣然疑問法"으로 고쳤다. 내용을 고친 경우는 물론 '訂補'에 자세한 설명을 베풀어 놓기도 하였다[12]. 그러니까 재판은 '訂補'와 '正誤表'를 붙였다는 점에서 판권에서 '개정판'이라고 한 것 같으나 이는 엄밀한 의미의 개정판이라고 하기가 어렵다.

3판은 1954년 10월 20일에 나왔다. 3판은 재판과는 달리 표제지에는 『麗謠箋注』(訂補版), 판권에는 『麗謠箋注』(訂正版)로 되어 있다. 무애는 재판에 붙였던 '訂補'와 '正誤表'를 삭제하고 대신 지형을 부분적으로 손질하여 본문에 모두 반영하였다. 다시 조판을 하지 않았다는 점에서 개정판이라기보다는 앞의 『고가연구』와 같이 '訂補版' 내지 '補正版'이라고 함이 타당해 보인다. 그러니까 진정한 의미의 개정판은 3판에 와서야 이루어진 것이다. 1963년 7판부터는 3판이 1955년에 나온 것으로 되어 있으나 이는 1954년의 잘못이다. 그리고 7판부터는 양주동 앞에 '文學博士'가 붙어 있다[13]. 『여요전주』의 최종판은 1995년 동국대

2권 2호 (1949. 3)의 광고에 근거하여 1949년 3월(?)에 나온 것으로 추정하였는데 그 뒤 연세대학교 도서관에 재판이 있다는 제보를 접하고 실물을 본 결과 1948년 12월에 나왔다는 것을 확인할 수 있었다.
12) 『여요전주』의 보정 사항도 앞의 『고가연구』와 같이 『학풍』, 『인문과학』, 『국학연구논고』 사이에 차이가 있다. 엄밀한 대교가 필요하다.(뒤에 나옴)

학교 출판부에서 나온 ≪梁柱東全集≫② 『麗謠箋注』이다. 간행사, 일러두기를 제외한 나머지는 모두 1957(4290)년 판을 영인 대본으로 삼았다. 이 역시 앞의 『고가연구』와 같이 1954년의 訂補 초판을 이용하는 것이 옳았다고 생각한다.

2.3. 『國學研究論攷』 기타

이 책은 우리의 옛 가요를 연구하는 중에 주운 이삭[落穗]을 정리한 일종의 국학 수상집이다. 그러는 가운데서도 양주동의 국학 체계를 파악하는 데 빠뜨릴 수 없는 필수적인 글들이 다수 포함되어 있다. 이 책은 3부로 구성되어 있다. 제1부에서는 『사뇌가전주』(『고가연구』)와 『여요전주』의 서문을 비롯하여 이미 발표한 「가시리」와 「서경별곡」의 평설을 싣고 일제 강점기에 『靑丘學叢』에 발표했던 일본문 논문 「원왕생가의 해독」을 민족어로 번역하여 실었으며 1949년 『學風』에 싣고 이를 가감하여 1958년 연세대학교 『인문과학』 2에 발표하였던 「古歌箋箚疑」를 다소 수정을 가하여 실었다. 제2부에서는 우리의 옛 역사에 나타나는 차자 어휘와 그 밖에 일상 생활에서 사용되는 어휘의 어원을 밝힌 글들도 포함되어 있다. 제3부에는 「鄕歌研究의 回憶」이 들어 있는데 이는 뒤에 제목을 달리하여 『古歌研究』(증보판)에 수렴되었다.(앞에 나옴). 이 책에 실린 글들은 발표 연대만 표시되어 있고 발표 기관은 전혀 표시되어 있지 않다.

---

13) 무애는, 연보에 기대면, 1957년 연세대학교에서 명예 문학 박사의 학위를 받았다.

「鄕歌의 解讀-特히 願往生歌에 就하여」는 『國學硏究論攷』에 1937년 1월에 발표된 것으로 나와 있으나 발표지인 『靑丘學叢』 19를 보면 1935년 2월 발행으로 되어 있다[14]. 고려대학교 민족문화연구소에 서 편찬한 『韓國論著解題』 1 (1972)을 보면 『靑丘學叢』 6권 1호(통권19 호)에 무애의 글이 실려 있다고 하였으나 원전에는 권과 호의 구별이 없이 '19號'로만 나와 있다. 서지를 작성할 때에는 반드시 원전과 대조 할 필요가 있다. 그리고 이 논문은 이듬해 1월에 『조선일보』에 민족어 로 번역되어 13회 연재되었다[15]. 『조선일보』 1936년(昭和 11) 1월 1일 신년 기념호 其十一의 1면 전면(全面)에 무애의 사진과 함께 기자의 해설을 붙여 발표되었다.

조선일보 발표분은 머리에 기자의 해설이 있고 끝에 무애 자신의 「附記」가 붙어 있다는 점에서 『靑丘學叢』 발표분의 단순한 번역이 아니다. 그런 점에서 이본(異本)의 성격을 띠고 있다고 하겠다. 무애는 「附記」에서 춘원 이광수로부터 향가의 언어가 지금과 크게 다르지 않 다는 의견을 듣고 그의 탁견에 감복하였다는 말을 하였다. 『양주동전 집』 10에는 논문 제목이 「鄕歌의 解讀 硏究」로 되어 있으나 이는 앞에 서 본 바와 같이 잘못이다.

『國學硏究論攷』에 「新羅歌謠의 文學的 優秀性」이 실려 있으나 1959년 10월에 발표되었다고만 적혀 있고 발표지가 밝혀져 있지 않다.

---

14) 무애는 「上代語硏究의 길에서」 (1936. 1)에서 〈원왕생가〉의 해독이 실린 『靑 丘學叢』 19호가 1935년 8월에 나온 것으로 기술하고 있으나 이 역시 잘못되 었다.
15) 『국학연구논고』의 번역은 조선일보 번역과 차이가 있다. 전자는 후자와는 관 계 없이 독자적으로 번역되었음에 틀림없다.

이 글은 뒤에 제목을 조금 달리하여 1962년『佛敎思想』에 게재되었다. 무애는 1960년대에도 어원 풀이나 우리말의 우수성에 관련되는 글을 쓰기는 하였으나 모두『국학연구논고』에 실린 것과 내용상의 차이가 거의 없기 때문에 특별히 언급하지 않는다.

끝으로 제기하고 싶은 문제가 두 가지 있다. 첫째로는 고려가요의 첫 주석이 언제 어디에 실렸는가이다.『여요전주』「序」에는 8·15 이전에 지상에 게재하였다는 말이 나오고「古語法數則」(『正音』32, 1939. 12)에 대하여 편집자가 붙인 말에는「古歌謠의 語學的 硏究」가 당시『東亞日報』에 연재 중이었다고 하였다. 한편『梁柱東博士 프로필』(탐구당, 1973)에 나오는「무애 양주동 박사 약력」에는「古歌今釋」이 1943년『東亞日報』에 연재하였다는 기록이 있으나『東亞日報』의 폐간이 1940년 8월 10일이었던 사실과 관련시켜 보면 근거없는 기록이다. 필자는『正音』의 증언을 기초로 하여『東亞日報』색인집에서 목록에 제시한 바와 같은『東亞日報』지상의 연재 사실을 정확하게 확인할 수 있었다[16]. 둘째로는「가시리」와「서경별곡」의 평설이 언제 집필되어『여요전주』에 실렸는가이다. 후자는『國學硏究論攷』에 1943년이라고 쓰여 있으나 그때 써 두었던 원고를『여요전주』를 낼 때에 실었다는 것인지 아니면 1943년 지상에 발표했던 것을『여요전주』에 옮겨 실었다는 것인지 분명치 않다.「가시리」는 그나마 아무런 기록이 없으니『여요전주』간행에 즈음하여 집필하였는지 모르겠다.「논저 목록」에는「서경별곡」은 1943년에 넣고「가시리」는『여요전주』와 같은 연

---

16) 고려가요의 東亞日報 연재 사실은 김영배 (1984)에서 부분적으로 소개된 일이 있으나 정확하지 않다.

대에 두었다. 독자들의 제보를 바란다.

무애의 민족 어학 관련의 업적은 위의 3권의 저술 밖에도 주로 1930
년대 후반에 발표한 논문·논설류가 있다. 이들은 물론 앞의 두 저술
『고가연구』와 『여요전주』에 수렴되어 있기는 하여도 무애의 학문적
성장 과정을 추적하는 데 있어서는 빠뜨릴 수 없는 자료이다. 이들은
『양주동전집』10에 실려 있어서 원래의 게재지를 찾는 불편을 덜어 준
다. 그러나 개중에는 원전의 일부분을 빠뜨린 것도 눈에 띄기 때문에
원 게재지와 반드시 대조를 해 보아야 한다. 이를테면 1936년 6월 24일
에 東亞日報에 발표한 「정음사」 주석은 특히 매개모음과 모음조화에
관한 설명이 빠져 있다[17]. 그리고 신문의 연재 일자가 잘못된 곳도 보
인다. 168쪽의 '『조선일보』 1937. 1. 5〜1. 8'은 1936. 9. 15일이 아닌
가 한다. 원전과 대조할 필요가 있다. 이들 자료는 다음의 무애의 민족
어학 세계를 구명하는 자리에서 언급하기로 한다.

3 무애의 민족 어문학 세계

3.1. 들어가기

무애는 향가 연구에 손을 대자마자 경성제국대학 교수이며 민족 어
학자였던 오구라 신페이(小倉進平)가 해독한 〈원왕생가〉의 잘못을 지적
하고 대안을 제시하는 데서 연구의 실마리를 찾았다[18]. 무애는 1940년

---

17) 『전집』 219쪽 2절 끝에 바로 관련 내용이 빠져 있다.

『고가연구』를 완성하기까지 당시의 어학 전문 학술지『正音』, 민족학 전문 학술지『震檀學報』, 문예지『文章』, 교양 잡지『朝光』, 일간신문 『東亞日報』와『조선일보』등을 통하여 이전의 일본인 어학자들이 미치지 못하였거나 그들과 생각이 다른 주제에 대하여 그 나름의 견해를 피력하였다.

『여요전주』도 비슷한 과정을 밟았다. 무애는 향가 해독이 일단락되자 1939년 중반부터 고려 가요의 주석에 손을 대어 먼저 東亞日報 지상에 발표하였다. 향가 연구의 후반에는 오히려 여요의 주석을 앞세우고 향가 해독의 원고는 광저(筐底)에 묻어 둔 것으로 보인다. 실제로 무애는「麗謠, 鄕歌의 註釋其他」(1939. 3. 7)에서 향가를 정확하게 해독하려면 여요부터 완전히 해석할 필요가 있다고 말하고 다음과 같이 자신의 연구계획을 세웠다.

> 나의 근간 노력하여 오는 공부의 대상은 제1부 여요, 제2부 향가를 학적으로 체계적으로 면밀히 주석하는 것인데 이것이 아마 원고의 탈고만도 1년쯤은 걸림직하다. 다음으로는 이 '횡적'인 주해를 '종적'으로 정리·체계화하여 古語學, 주로 상대 어휘의 구성, 변천, 및 특히 그 어법 발달사를 논술하는 것, 이것이 또 아무리 부지런히 진행한대도 1년유여의 세월은 요구함직하다.(현대맞춤법으로 고쳐적음).

무애는 향가와 여요의 두 저술에 대한 주석과 이를 종적으로 얽어 매는 문법사의 연구가 완성되면 고대 민족사 관련의 어휘를 정리하여『古文

---

18) 무애의 향가 연구의 평가에 대하여는 동국대학교 한국문학연구소(엮음) (1991)의 3, 4부를 보라.

獻에 나타난 朝鮮語關係語彙解說』을 내겠다는 포부를 펼쳤다. 무애
는 자신의 포부를 실현하는 한 고리로서 1939년 6월 하순부터 1940년
7월 하순까지 거의 1년에 걸쳐 「古歌謠의 語學的 研究」, 「古歌釋注」,
「麗謠釋注」 등의 이름을 붙여 가면서 〈정읍사, 동동, 정과정, 한림별
곡, 처용가, 서경별곡〉 등 6편의 고려가요에 대한 주석을 『東亞日報』
에 연재하였다[19]. 같은 해 8월 10일에 東亞日報가 폐간되어 고려 가요
의 주석은 중단된 것으로 보인다. 이와 같은 추정은 다음과 같은 『여요
전주』의 「서」를 보면 그 사이의 사정이 소연(昭然)해진다.

> 注記의 大部分은 8·15以前에 執筆한 것으로 當時 匆遽히 誌上에 揭載
> 하엿던것이나 이제 舊藁를 詳細히 添削·補訂하고 다시 새로이 若干篇
> 을 添加하야 이에 本著를 編成하였다.(원문대로).

위의 글을 통하여 우리는 고려 가요의 주석이 東亞日報에 연재되다가
완성을 보지 못하였으며 당시 손을 대지 못하였던 10편의 가요에 대하
여는 해방 후에 첨가되었음을 알 수 있다. 원고는 해방 전에 다 완성해
두었던 것으로 보인다. 『여요전주』에 실려 있는 가요는 모두 16수라는
점에서 그러한 추리를 가능하게 한다[20].

지금까지의 무애 연구에서는 『고가연구』와 『여요전주』만을 대상으
로 하였지 1930년대 후반에 발표된 논문·논설류에 대하여는 거의 주

---

19) 자세한 내용은 『東亞日報 索引』 —1938~1940(7), 東亞日報社, 1980에 나오
   는 "양주동"을 보라.
20) 무애의 민족 어학 업적에 대한 분석에는 김영배 (1984), 김완진 (1991), 고영근
   (1987), 최세화 (1988/ 1991), 황패강 (1991), 박병채 (1991)를 들 수 있다.

목을 받지 못하였다[21]. 필자는 먼저 뒤의 「논저 목록」에 나오는 논문류의 업적을 중심으로 하되, 『고가연구』와 『여요전주』의 두 저술에 나타나는 언급을 참고하면서 그의 민족 어학 세계를 들여다보기로 한다.

무애는 향가 해독에 발을 디디면서부터 당시 민족 어학계의 연구 풍조를 매우 회의적인 태도로 바라보았다. 곧 당시 사람들이 신철자법 연구와 조선 어학을 혼동함으로써 결과적으로 과학으로서의 민족 어학에 대한 이해가 부족하였다고 매섭게 비판하였다.(「上代語 硏究의 길에서」, 1936. 1). 향가와 고려 가요에 대한 연구가 깊어지자 무애는 주시경 이후의 어학자들의 업적은 모두 철자법 중심의 상식적·피상적 논의뿐이었고 그 중 어느 것도 전문적이고 체계적인 지식이 뒷받침되어 있지 않다고 보았다. 여기에는 무애의 속단도 작용하지 않은 바 아니었으나 밤낮 어간 책정 문제를 둘러싸고 학회끼리 논쟁만 벌이고 있었으니 무애와 같이 전 민족어의 역사를 꿰뚫어 보는 사람에게는 철자법 문제에 매달리는 당시 학자들의 태도가 긍정적으로 비쳐질 수가 없었던 것이 아닌가 한다[22]. 무애는 현실적 요구를 충족시키는 철자법 문제를 올바로 해결하기 위하여는 음운이나 형태의 변천과 같은 역사적 연구가 선행되어야 한다는 점을 지적하였다.(「語學的 若干의 通俗問題」, 1939. 5). 두 저술의 색인을 대상으로 하면 무애의 우리말에 대한 지식 체계는, 앞에서 언급한 바와 같이, 가시적으로는 문자, 표기/음운, 문법, 어휘·어원

---

21) 김영배 (1984), 최세화 (1988/ 1991)에는 논문·논설류에 대한 조사는 되어 있으나 실제의 연구에 있어서는 『고가연구』와 『여요전주』의 두 저술만 논의의 대상으로 삼았다.

22) [보충주] 이러한 무애의 태도는 다분히 실증론적이라 하겠다. 관련 논의는 고영근 (2009가, 본서 3-27)를 보라.

의 영역에 걸친다. 실제로 무애는 『고가연구』의 「서」에서 어휘, 어법, 음운 내지 차자법에 관한 구체적인 논의는 색인의 형식을 빌어서 그 윤곽만 보인다고 하였다. 색인에 무애의 전 민족어학적 지식 체계가 투영되어 있으니 이를 바탕으로 하여 본문을 찾는 역순식 방법론을 택할 수밖에 없다. 그러나 관점을 달리하면 텍스트 과학에 관련된 비가시적인 인식활동도 추출해 낼 수 있다.

3.2. 문자

문자에 관한 논의는 차자법에 관한 내용이 핵심을 이룬다. 『고가연구』에 사용된 한자 용법은 「序說」(60-61)에 다음과 같이 정리되어 있다.

　一. 義字
　　1. 音讀
　　2. 訓讀
　　3. 義訓讀
　二. 借字
　　1. 音借
　　2. 訓借
　　3. 義訓借

특히 차자(借字)의 경우, 한자 운용의 방식에 따라 "正借, 轉借, 統借, 畧借, 半切, 戱借"의 여섯을 두었다. "義字" 가운데서 가장 관용적인 표기법은 체언과 용언의 어간에 대응되는 한자를 먼저 제시하고 그 받침이나 끝 음절을 한자로 적는 말음첨기라고 할 수 있는데 무애는 이를

"義字末音添記法"이라 부르고 있다. 의미부는 '善化公主'와 같이 음으로 읽기도 하고 '去隱春'의 '去隱'(간)과 같이 훈으로 읽기도 하며 '何如'와 같이 의와 훈을 관련시켜 읽기도 하였다. 고대 민족어의 어휘를 재구하는 데 있어서는 이른바 말음의 흔적이 드러난 자료가 가장 정확하다[23]. 그것은 어쨌든 오구라가 향가를 훈독과 음독으로 나누어 해독에 임하였던 것과 비교해 볼 때[24], 무애의 해독법은 한 걸음 앞섰음이 틀림없다. 실제로 향가 표기법은 위에 보인 바와 같은 무애의 인식 체계를 기다려서야 그 정체가 드러난 것으로 평가되고 있으며[25], 이를 발판으로 하여 남풍현(1981)은 보다 진전된 차자 체계의 기본형을 추출하여 이 방면 연구의 이정표를 마련하였다.

차자 체계는 『고가연구』 끝의 색인을 통하여 그 실례를 볼 수 있다. 색인₁에는 사뇌가 용자례가 있고 색인₂에는 이두와 토(구결)를 두었다. 전자의 용자 예에는 향가에 사용된 개별 한자에 대하여 앞에서 제시한 여섯 가지 용법과 운용 방식을 하나하나 명기하고 있어 초학자라도 쉽게 향가 해독에 접근할 수 있다. 색인2에는 이두와 구결이 붙어 있다. 무애는 사뇌가에 사용된 한자, 곧 향찰과 이두, 구결을 어느 정도 구별하는 태도를 보이고 있다. 그리고 색인₃에는 "人名, 位號·官名"이 마련되어 있다.

---

23) 간노 (1986)에서는 말음의 흔적이 없는 단어는 절대로 훈독할 수 없다는 견해를 피력하였다. [보충주] 옳은 지적으로 보인다.
24) 오구라의 향가 연구에 대한 평가는 서재극 (1990), 박병채 (1992)를 보라.
25) 남풍현 (1981: 7)에서 이런 평가를 내리고 있다.

3.3. 표기/음운

이곳에서 말하는 표기는 한글 자료의 표기법을 가리킨다. 무애는 한글의 표기 자료를 음운에서 다루고 있다. 무애는 정규 철자법에서 벗어난 표기 예들을 모두 "俗綴" 가운데 싸잡아 넣었다. 언급은 하지 않았지만 훈민정음 제정 당시의 표기법, 이를테면 8종성법과 같은 표기법을 정철(正綴)로 전제하고 있는 것이다. 「동동」의 '별해'는 모음조화 규칙, 그의 이른바 해음법(諧音法)을 지키지 않았다고 하여 오철(誤綴)로 다루었다.(『여요전주』107쪽—앞으로『여요』라 줄여부름). 그러나 해음법을 표기법의 문제로 다루는 것은 재고의 여지가 있다. 이 문제는 표기법의 소관이라기보다는 음운사의 영역에 속한다. 그리고 '뎌'(과뎌)와 '져'(고져)의 혼용을 표기의 문제로 보고 있으나(『고가연구』502쪽—앞으로 「고가」라 줄여부름), 우선 현상에 대한 이해가 바르지 못하다는 점에서 문제가 있고 그렇지 않다고 하더라도 이 역시 음운의 문제로 돌려야 한다. 무애는 『樂章歌詞』의 기사법이 전반적으로 속철로 되어 있다고 하는데 이는 15세기의 표기법을 지키지 않았다는 뜻이다. 무애는 어미의 두음이었던 'ㄹ'과 'ㅁ'이 위의 음절로 분열되어 적히는 현상을 속철로 처리하였다. '내 님믈'과 같은 글자가 중철되는 현상을 "重疊記寫"(『고가』804쪽), "上下分裂"(같은 책 724, 860쪽)이라고 하였으며 이를 향가의 표기법에도 적용하였다. 근대 문헌에 나타나는 '인ᄂ니'와 같이 자음 동화에 의한 표기를 "卽音的 記寫"라 하였다. 근대 한글 문헌에서 추출되는 속철론을 향가의 표기법에 그대로 적용하고 있는데 그 옳고그름을 깊이 생각해 필요가 있지 않은가 한다.

무애의 음운론적 인식은 공시태, 통시태, 통공태(방언)의 혼재라 규정할 수 있다. 우선 음운론적 인식에 관련되는 용어를 색인의 "音韻"에서 뽑아 보면 다음과 같다.

가. 古音, 俗音, 理想音, 漢字音
나. 母音, 重(複)母音, 子音, 重子音, 終聲, 鼻音, 雙子音, 揚音, 有氣音, 連音, 默音, 音數律, 諧音法, 音韻互轉, 音轉, 通音, 音便, 子音接變, 音의 脫落, 音縮, 音의 介入

(가)를 통해서는 무애가 중세 및 고대의 이상적 음운 현상과 방언의 음운 현상에 대한 그 나름의 인식 체계를 지니고 있었으며 한자음과 그 역사에 대하여서도 일정한 지식을 지니고 있었음을 알 수 있다. 이와 함께 무애는 신라어가 현대 민족어와 직접적으로 연결되기 때문에 중세어의 지식으로 고대어를 해독하여도 큰 잘못이 없다고 보았다.(『고가』 63쪽). 이런 몇 가지 사실에 의하여 무애의 민족어학 체계에는 현대 구조 언어학에서 확립된 공시태와 통시태의 구분에 관한 지식 체계의 영향을 받지 않았음을 알 수 있다. 오히려 범시태(汎時態) 관점에서 민족어의 역사를 바라보고 있는 것이 아니냐는 생각을 가질 수 있다. 언어의 두 가지 태(態)의 설정에 대한 강한 의문이 표명되는 작금의 언어 연구의 흐름과 관련시킬 때[26], 무애의 태도가 시대 역행적이라고만 단정하기 어렵지 않은가 한다.

(나)를 통해서는 무애가 향가를 해독하고 고려 가요를 주석함에 있어

---

26) 대표적으로 부르첼(Wurzel) 등의 자연 음운론과 자연 형태론이 이런 방향의 길을 걷고 있다. 관련 정보는 최형용 (1999)를 보라.

서 음운론적 지식을 거의 다 활용하였음을 알 수 있다. 이 가운데서 무애가 특별히 드러낸 것은 복자모음, 중모음과 조음소이다.(「어학적 약간의 통속문제」, 1939. 5).

무애는 원칙적으로 重(複)母音과 重(複)子音은 글자의 구조대로 그 음가가 복합적이라고 주장하였다. 중모음 '애, 에, 외'를 현대어에 유추하여 단모음으로 보는 견해27)에 대하여 매섭게 비판을 가하였다. 그런 주장을 펴는 사람이 누구인지는 밝히지 않았지마는 당시의 대부분의 사람들은 그렇게 생각하고 있었다. 이런 견해는 '以今推古'의 태도로서 경청의 대상이 되지 않는다고 하였다. 곧 현대적 편견에 사로잡혀서는 안 된다는 뜻이다. 무애는 문헌 자료와 방언 자료를 이용하여 위의 모음이 글자의 구조 그대로 이중 모음이었음을 논증하였다. '애, 에, 외'는 고대로 소급할수록 두 모음의 복합 정도가 이완(弛緩)하였다는 견해는 경청의 대상이 된다. 무애는 자신의 이중 모음론을 두 저술에서도 반복하여 주장하고 있다.(『고가』 336쪽, 『여요』 60쪽). '애, 에, 외' 등의 이중 모음론은 뒤에 고노, 이숭녕, 허웅의 연구를 거치는 사이에 이중 모음임이 증명되었음은 널리 알려져 있다28). 그러나 위의 모음을 이중모음으로 해석한 학자들의 논저에 무애의 인식 체계가 반영되어 있다는 말을 아직도 듣지 못하고 있다.

무애는 문자론의 관점에서 된시옷과 쌍서에 대하여 자신의 견해를 피력하였다. 당시 위의 두 글자에 대하여 조선어학회와 조선어학 연구회가 논전을 벌이는 것을 보고 자신은 어느 쪽에도 가담하지 않는다고

---

27) 아직도 이런 견해를 주장하는 학자가 있다. 강길운 (1992)이 그러하다.
28) 이 문제는 이미 최세화 (1991)에서 지적된 바 있다.

말하면서 'ㅅ' 등과 'ㄲ' 등은 발음이 다르다고 보았다. 이와 함께 무애
는 지금까지 민족어 음운사 연구에서 평행선을 달리고 있는 'ㅅ' 계열의
합용 병서에 대하여 글자 그대로 중자음이라고 해석을 가하였다. 역사
상에 사용된 'ㅅ' 계열의 합용 병서를 된소리 표시로 해석하는 일부
학자들의 태도 역시 '以今推古'의 발상법이라고 비판을 가하였으며 고
대로 올라갈수록 복합 자음의 복합도가 완만하였고 중세로 내려올수록
긴밀해졌다고 하였다. '애' 등의 중모음에 대하여 적용하였던 변화의
원리를 합용 병서에 대하여도 같이 적용하였다. 무애의 이런 견해가
그 사이 한번이라도 주목을 받았는지 필자는 아직도 모르고 있다.

　무애는 「정읍사」를 주석하는 자리에서 매개모음 'ᄋ'와 '으'가 모음조
화, 곧 그의 "諧音法"에 따라 구별·사용된다고 보고 모음을 다음과
같이 세 갈래로 분류하고 'ㅣ'를 중성모음으로 처리하였다[29].

　　양모음; ㅏ, ㅑ, ㅗ, ㅛ, ·
　　음모음: ㅓ, ㅕ, ㅜ, ㅠ, ㅡ
　　중성모음: ㅣ

오구라 (1929가)에서는 중성모음에 'ㅣ, ㅡ'를 두었으나 무애는 'ㅣ'만을
중성모음으로 보고 있다. 『고가』(257, 740쪽)에서도 모음에 양모음, 음
모음, 중성모음이 있다고 말하고 특히 중성모음에는 'ㅣ'를 두었다. 무
애의 이런 발상이 후대 이숭녕의 「母音調和修正論」 (1946)에 어떤 영향
을 미쳤는지 필자는 아직 모르고 있다. 앞의 이중 모음론과 함께 무애

---

29) 1939년 6월 24일자 東亞日報에 실린 「井邑詞 釋注」(2)에 이런 설명이 나와
　　있다. 이 부분은 『여요전주』 (1947, 43쪽)에도 그대로 반복되어 있다.

의 선구적인 기여를 다시금 평가할 필요가 있어 보인다.

무애는 매개모음으로 일컬어지는 '으/으'를 조음소로 처리하였다. 이 문제는, 음운론자는 음운론에서, 문법론자는 문법론, 특히 형태론에서 다룰 수 있다. 무애의 색인 체계를 보면 조음소는 음운의 색인 대상이 되어 있기 때문에 이를 따라 일단은 음운에서 다루기로 한다. 「語學的 若干의 通俗問題」(1939. 5)에서 무애는 '「으」의 文法的 位置'라는 독립된 장을 마련하여 먼저 주시경 계열에서 품사의 뜻으로 사용하는 "씨"가 원시 추상명사 'ㅅ'에 소급한다는 사실을 지적하고 특히 주시경이 어미 '며, 니, 라, ㄹ세라' 밖에 '으며, 으니, 으라, 을세라'를 더 두는 것이 모순이라고 지적하면서 중세 민족어에 나타나는 '으'와 '으'가 "諧音·連音作用"하는 것이지 어떤 문법적 의의를 표시하지 않는다는 해석을 가하였다. 그렇다면 두 계열의 어미를 두지 않아도 되는 이득이 있다. 모음 '으'의 조음적 기능에 대하여는 일찍이 이규방의 『新撰朝鮮語法』(1923)에서 잘 지적된 바 있고 람스테트(1928), 최현배(1933)을 거치는 사이에 그 정체가 드러났는데 무애는 현대 민족어에서 거두어진 위와 같은 성과를 중세민족어에 적용하였다는 평가를 받을 수 있다[30]. 무애는 보조사 '는' 등과 목적격조사 '를' 등은 물론, 관형사형 어미 'ㄴ, ㄹ'의 형태 분화에 대하여도 조음소의 이론으로서 설명하고 있다. 후자는 이론이 있을 수 없고 전자에까지 확대하는 것은 아직도 때가 일러 보인다.

무애의 음운론적 인식은 「東方文化의 樞軸, 음운 어법의 법칙성」

---

30) '으'에 대한 역대 문법가의 처리는 고영근 (1983: 50, 234. 2001마: 85), 배주채 (1993)을 보라.

(1940. 1)에도 볼 수 있는데 모음조화, 복자음, 'ㄱ' 탈락을 중점적으로 거론하였다. 무애가 강조하는 몇 주제를 중심으로 할 때, 무애의 음운 사적 지식 가운데는 선구적인 측면이 있는가 하면 다시금 반추해 볼 만한 지식 체계가 적지 않은 것으로 보인다. 그 가운데는 그 사이의 학문적인 패러다임의 변화 탓으로 그늘에 묻힌 것도 없지 않는 것 같다. 앞으로 무애의 음운사에 관한 전문가의 엄정한 평가가 내려지기를 바란다. 시대가 바뀌면 낡은 이론도 새로이 조명될 수 있다.

3.4. 문법

무애의 문법은 두 저술의 색인에 기대면 명사, 대명사, 형용사, 동사, 조동사, 조사, 부사, 감탄사의 8품사를 기초로 하였다. 무애의 문법 체계의 특수성은 필자가 이미 소상하게 다룬 바 있기 때문에[31], 이곳에서는 「鄕歌註釋散考 — 上代語法에 關한 若干의 基本的 見解」(1939. 4)를 중심으로 그 개략만 보기로 한다[32]. 「東方文化의 樞軸, 음운 어법의 법칙성」(1940. 1)에서도 중요 주제가 거론된 일이 있다. 중요 주제는 다음과 같다.

---

31) 고영근 (1987/ 2004다: 373-400)에서 두 저술의 색인을 대상으로 무애의 문법 연구를 조명한 바 있다.
32) 이 글은 전문 학술지에 실렸던 만큼 각주가 자세하다. 인용된 문헌을 보면 무애는 마에마와 오구라의 연구를 기반으로 향가 해독에 임하였던 것으로 보인다. 그러나 그의 두 저술 『고가연구』와 『여요전주』에는 인용이 전혀 없기 때문에 항상 학술서로서의 자격에 문제가 되고 있다.

가. 若干의 基本 助詞
　　1 ㄴ, ㄹ
　　2 ㅣ
나. 尊敬辭
　　1 시
　　2 하
다. 原始名詞 二 種
　　1 ㄷ
　　2 ㅅ

(가₁)은 현대 민족어에서는 관형사형 어미로밖에는 기능하지 못하는 'ㄴ, ㄹ'에 대하여 명사적 기능을 부여하고 이를 앞에서 언급한 보조사 '는', 목적격조사 '를'에 확대·적용한 것이다. 이는 형태가 유사하면 같은 기능을 주려고 하는 처소론자[33])의 관점을 대변하는 견해인데 지금도 이러한 방향의 문법사 연구를 지향하는 사람들이 없지 않으나[34]), 문제가 적지 않다[35]). 그것은 어쨌든 무애의 관형사형 어미의 명사적 기능은 람스테트 등의 알타이어 학자들의 견해와 일치되는 점이 있어서 민족어가 다른 알타이 제어와 같이 기원적으로 명사문이었다는 가설을 지지하는 데 크게 이용되어 오고 있다.

(가2)는 체언 아래 사용되는 주격, 설명격, 방위격(처소격), 지격(관형격,

---

33) 19세기 전반기부터 50여년 동안 독일에서는 시간 표시어와 공간 표시어를 중심으로 처소론자, 반처소론자, 준처소론자 사이에 격렬한 논쟁이 벌어졌다. 관련 논의는 고영근 (1980, 1983: 180)을 보라.
34) 대표적으로 서태룡이 그런 사람들이다. 관련 논의는 고영근 (1989/ 1999나: 31)을 보라.
35) 이 문제에 대하여는 고영근 (1987/ 2004다: 394-397)에서 그 부당성을 비판한 바 있다.

속격)과, 용언 아래 붙어 부사화시키거나 용언을 타동사화시는 경우에 나타나는 'ㅣ' 요소를 추출하여 같은 곳에서 서술하고 있다. 이런 방식의 서술이 공통된 의미 속성을 추출하려는 의도에서 비롯된 것은 아닐지 모르나 그렇지 않다고 하더라도 이런 방식의 설명이 문법 기술에 어떤 이득을 가져다 줄 수 있는지 이해가 되지 않는다. 처소론자와 취향을 같이하는 당시의 언어 연구의 흐름과 무관하지 않은 것 같다.

(나₁)은 존경의 어미 '시'의 기원이 존재사 '이시'에 있다는 사실을 전제로 하고 고대어에서는 '시'가 존칭 여부에 관계 없이 범용되었다는 사실을 주장한 것이다. 이 문제는 요즈음도 심심찮게 논의되고 있으나36), 무슨 까닭으로 존재의 '시'가 높임의 '시'로 전화하였는가 하는 문제가 밝혀지지 않는 한, 동의를 받기가 어렵다고 하겠다. (나₂)는 존경의 호격조사 '하'가 고대어에서는 범칭이었다는 사실을 주장한 것이다. 그러나 비존경의 '시'와 함께 범칭의 '하'(몸하)에 대하여도 대안적 해석이 많이 나오고 있다는 사실37)을 고려하면 이 문제도 그냥 넘기기가 쉽지 않다. (다₁, ₂)는 의존명사 '亽, 딕'를 다룬 것이다. 이들 명사를 달리 "원시추상명사"라고도 하는데 "원시"란 말은 그 의미가 형식적·의존적이라는 뜻에서 붙인 것이고 "추상"이란 구체적인 대상을 가리키지 않는다는 뜻으로 보인다. '딕'의 의존 명사성은 마에마가 밝혔지만 '亽'의 의존 명사성은 무애 자신이 발견하였다고 자찬(自讚)을 하였다.(1939. 4, 141쪽). 두 의존 명사를 상관적으로 확인한 것은 그런 대로 의의가 없지 않으나 음상이 조금만 같아도 이 두 명사와 관련시키는

---

36) 대표적으로 임동훈 (2000)이 그러하다.
37) 이 문제에 대하여는 김완진 (1975/ 1979: 1-28), 유동석 (2002)를 보라.

태도는 그것이 아무리 문법사 연구를 지향한다고 하더라도 동의하기가 어렵다. 이 역시 무애가 영향 받은 처소론자의 견해에 다름 아니다.

이 밖에 무애는 고대어에서 형용사와 동사의 구별이 의의가 없다든 지 지정사 '이라'를 설명격으로 처리한 것은 지금도 이런 문제가 심심찮게 논의되는 것을 보면 선구적인 측면이 없지 아니하다. 특히 동사의 관형사형이 형용사에 전이되는 현상을 동적인 관점에서 파악하고 여기에 우리 민족의 세계관이 투영되어 있다는 견해는 당시의 학계를 풍미하고 있었던 딜타이(Dilthey)류의 "삶의 철학"(Lebensphilosophie)과 훔볼트류의 "세계관 이론"의 영향을 받은 것임에 틀림없다. 당시의 많은 학자들, 이를테면 박승빈, 안확, 김윤경, 최현배, 조윤제 등은 이런 영향을 받으면서 민족 어학과 민족 문예학을 연구하였음은 널리 알려져 있다[38].

이곳에서 주목하고 싶은 것은 『고가연구』의 어법 색인이다. 이곳에서는 어법 용어와 어법형태의 색인이 동시에 제시되어 있다. 특히 「附」 (51쪽 이하)의 "動詞와 助動詞·助詞結合諸形"에서 동사 '하'를 가지고 향가 해독에서 드러난 고대어의 어미류와 중세어의 어미류를 가나다 순서로 배열하고 있어 무애의 고대어 어미 체계와 중세어의 어미 체계를 이해하는 데 큰 도움이 된다. 『여요전주』에도 『고가연구』와 같은 방식의 어법 색인이 마련되어 있는데 특히 「附」붙임(17쪽 이하)의 "動詞와 助動詞·助詞結合諸形"에서 동사 '하'를 가지고 중세어의 어미류를

---

38) 관련 논의는 고영근 (1987/ 2004다: 383)를 보라. 딜타이의 사상이 개화기와 일제 강점기의 우리의 학문에 미친 영향이 밝혀질 필요가 있다. 우선 김효중 (1980)을 보라.

제시한 것 또한 도움이 많았으리라 생각한다.

3.5. 어휘/ 어원

무애의 어휘론은 어원론이 대부분을 차지하고 있다. 무애의 옛 어휘에 대한 연구의 동기는 「語義攷 數則」 (1938. 11)[39]의 다음 구절에서 발견할 수 있다. 이글은 「語原 考證 數題－古語에 남은 現代的 意味－」(1936. 9)을 머리말의 끝 부분을 덜고 전재한 것으로 내용은 차이가 없다.

> 朝鮮語 文獻, 특히 古諺解書를 읽는 중에 가다가 알지 못하는 古語를 배우는 것은 매우 愉快한 일이거니와 특히 興味 있는 것은 古語에 의하여서 現代語의 語義를 알게 되는 것이다. 알고 보면 아주 尋常한 쉬운 말도 古語를 알지 못하였기 때문에 그 由來를 모른 것이 한 두 가지가 아니다.(현대맞춤법으로 고쳐 적음).

중세어나 고대어의 어휘 체계를 밝힌다든지 어휘사를 엮기보다는 현대어의 뿌리를 더 정확하게 이해할 목적으로 어휘 연구를 수행하였다. 이러한 목적 아래 논의의 대상으로 삼은 어휘는 '살, 갓, 각시, 마노라, 남진, 어른, 화냥, 함끽, 상긔, 그듸, 씨' 등 11개 어휘이다. 이들 중 '마노라, 화냥'만 무애의 『國學硏究論攷』(1962)에 실려 있다. 나머지는 어원론이 신빙성이 없거나 큰 논의의 대상이 안 된다고 생각하였을 가능성이 많다. 『國學硏究論攷』에는 '입겿, 걸, 서방, 도령, 바보, 건달,

---

39) 이 글은 조선일보 1937년 1월에 실었던 「語原考證數題」를 제목만 달리한 것이다.

문둥이, 년, 놈, 님, 아리랑, 얼' 등의 고유어의 어원을 탐색하는 글들이 실려 있다. 무애는 '얼'의 어원을 논하는 글에서 오늘날 '魂'의 고유어로 널리 사용되고 있는 '얼'이 알고 보면 '迷陷' 곧 '정신 못차리다'의 뜻임을 밝힌 것은 민족어 어휘사 연구에 있어 특기할 만하다. 이 글은 「續古語研究抄--「얼」이란 말에 대하여(訂誤와 存疑)」(1959. 3)를 제목만 바꾸어 그대로 실은 것이다. '얼'은 주시경 학파에서 '얼 빠지다'의 '얼'에 '魂'의 의미를 주어 만든 말인데 요즈음은 일반인은 물론이려니와 철학자들도 이 말을 사용할 만큼 대중 속에 뿌리를 박았다. 무애는 역사적 전거를 대어 가며 그러한 조어(造語)의 부당성을 신랄하게 비판하였다. 이런 점을 통해서도 무애의 민족어 연구의 태도와 목표를 짐작할 수 있다. 무애는 역사 속에서 현재의 문제를 해결하는 단서를 찾는 태도를 지니고 있는 것이다.

무애는 한자로 기록된 전문 어휘, 곧 國名, 地名, 始祖名, 官名이 대부분 借字로 형성되어 있다고 보고 그것을 해독하는 일에 많은 힘을 기울였다. 우선 향가의 갈래를 대표하는 '詞腦歌'에 나타나는 '詞腦'가 'ᄉᆞᄂᆡ'란 옛말의 借字라는 사실을 지적하고 〈詞腦歌〉를 "東土 고유의 노래" 내지 "신라의 노래"로 해석하였다.(「詞腦歌 釋注 序說 — 향가의 原稱과 그 原義」, 1940. 12). 이 글은 당시 완성 단계에 있었던 『朝鮮古歌研究』의 「序說」에서 뽑아 낸 것이다. '하늘'을 '한울'로 해석하는 것도 같은 맥락에서 이해할 수 있다.(「'하늘'의 原義」, 1940. 7). 무애의 어휘·어원론에 대한 중요한 견해는 「東方文化의 樞軸, 음운 어법의 법칙성」(1940. 1)에서도 볼 수 있다.

무애는 향가를 해독하면서 고대의 地名, 人名, 官名을 해독하고 고려 가요에 대하여도 관심을 표명하였다. 무애는 「稽古襍俎」(1937.1)에서 당시 고구려 고분에서 발견된 '牟頭婁墓銘'에 나타나는 '牟頭婁'를 '마루'의 차자라고 주장하였으며 '奴客'은 '신하, 부하'를 뜻한다고 하였다. 이 자리에서 무애는 만주어, 여진어, 몽고어에 대한 연구의 필요성을 역설하고 있는데 실제로 무애는 얼마 뒤 여진어 공부에 힘을 기울였다[40]. 이어 무애는 '朱蒙, 朝鮮'을 비롯하여 나라 안팎의 역사 책에 적혀 있는 나라 이름, 관명 자료를 열거하고 해독을 붙이기도 하였다. 그러면서 무애는 당시 향가 해독을 시도하고 있었던 劉昌宣(국어학자, 유창돈의 실형)의 향가 해독에 대하여는 취할 것이 없다는 극단적인 태도를 취하였다. 끝으로 무애는 고려가요의 한 편인 「動動」의 해석을 가하기도 하였는데 결국 무애는 향가의 해독에 앞서 고려 가요의 해석이 먼저 이루어져야 한다는 점을 강조하였다. 실제로 향가의 해독에서 부딪혔던 문제를 고려가요에서 해독의 실마리를 얻었다는 이야기를 싣고 있다. 앞에서 본 바와 같이 처음에는 향가 해독에 손을 대었으나 중반기에 이르러서는 두 시대의 가요를 동시에 수행하였고 나중에는 향가는 일단 출판을 늦추고 고려 가요의 주석을 지상에 먼저 발표하였던 것이다.

무애는 중국 책과 일본 책에 전하여 오는 우리 민족 고유의 어휘를 탐색하는 작업을 수행하기도 하였다.(「朝鮮古語集錄略攷」, 1940. 3). 중국 측의 『海東釋史』, 『東夷傳』, 『梁書』, 『鷄林類事』, 『朝鮮館譯語』, 프

---

40) 조선일보에 실린 「나의 無休宣言」(1939. 8. 16)을 보면 무애가 여진어를 공부한다는 기사를 볼 수 있다. 실제로 앞의 글에는 한 일본학자의 『만주어사전』의 출간 소식을 기다린다는 언급이 나온다.

랑스측의 『韓佛字典』41), 일본측의 『和漢三才圖會』, 『日本書紀』를 들어 자료를 보이기도 하였다. 무애는 우리 나라에서 나온 훈몽자회류 의 자료보다는 다른 외국어와의 대역 사전이나 자료집이 민족어의 역 사를 밝히는 데 더 중요하다고 믿었다.

『고가연구』의 색인₂에는 향가 연구에서 재구되고 활용된 민족어 어 휘가 20여 쪽(1쪽 4단)에 걸쳐서, 『여요전주』의 색인₁에는 중세어의 어휘 가 10여 쪽(1쪽 4단)에 걸쳐서 역시 가나다 순서로 배열되어 있다. 이 두 어휘 색인은 고어 사전이 없던 해방 전후의 어문학도들에게 실제적 인 고어 사전의 역할을 하지 않았나 한다. 색인₃에는 人名, 位號, 官名, 地名이 마련되어 있는데 이들에 대한 해독이 곳곳에 시도되어 있다. 그 중 중요한 것은 『國學研究論攷』(1962)에 실려 있다. 문제는 借字로 적힌 어휘에 대한 무애의 해독이 정당한 평가를 받기 위하여는 음운사 적 지식이 어느 정도 합리적으로 뒷받침되어 있는가에 달려 있다. 앞으 로 무애가 세운 음운론적 지식과 관련하여 차자 어휘의 해독 결과를 전면적으로 재검토하는 작업이 수행되어야 하리라고 믿는다.

3.6. 향가 해독과 여요 해석, 그리고 텍스트과학

향가는 차자로 적혀졌기 때문에 이를 민족어로 재현하는 해독(解讀, Entzifferung)의 과정과 이에 의미를 부여하는 해석(解釋, Interpretation, Auslegung)의 과정을 밟아야 한다. 반면에 고려 가요는 한글로 적혀 있다

---

41) 『韓佛字典』의 서문은 최근 고길수에 의하여 번역되었다.(『형태론』 4.2, 2002, 박이정).

는 점에서 해독의 과정은 생략하고 그 대신 의미를 부여하는 해석의
과정만 요구된다고 믿는다. 사실은 해독은 해석의 과정을 동반하기 때
문에 두 과정이 뒤섞여 있다. 텍스트의 해독과 해석에서 원용되는 기제
(機制, Mechanismus)로 유용한 도구는 텍스트 과학(Textwissenschaft, science
of text and discourse)의 응집성(심층결속성, coherence)과 응결성(표층결속성,
cohesion)이다[42]. 전자는 닿을 듯 말 듯한 연속적인 의의의 그물망을
가리키고 후자는 그물망을 뒷받침하는 언어적인 장치를 뜻한다.

　무애가 오구라에 비하여 향가를 성공적으로 해독할 수 있었던 것은
현대의 텍스트 과학에 서 말하는 응집성과 응결성의 개념을 비교적 충
실하게 활용하였기 때문이 아닌가 한다. 무애는 오구라가 시가의 형식
을 전혀 도외시하고 있다고 비판을 가하였다. 시가는 형식이 생명인데
오구라는 응집성과 관련되는 대의의 파악에만 몰두하여 형식은 돌보지
않았다는 것이다. 시가의 형식은 시가를 시가답게 하는 가장 중요한
응결 장치이다[43]. 이를테면 「제망매가」의 '去隱春. 皆理米'를 오구라
가 '가는 봄이 다 다스리매'로 해독한 것은 운율에도 파탄을 일으키고
말뜻도 문제가 있다고 보면서 그 대안으로 '가는 봄 그리매'[44]로 해독해
야 두 조건을 만족시킨다고 하였다. 또 도솔가의 '一等隱'을 오구라는
'흔 무리'로 읽지마는 그렇게 해서는 말이 미숙하고 의미도 타당치 않다
고 비판을 가하였다. 전자는 응결성을 지키지 못하였다는 뜻이고 후자

---

42) 텍스트 과학에 대한 전반적인 정보는 고영근 (1999가)를 보라.
43) 음률의 예술적 효과에 대한 한신대학교 중국문학과 김용표 교수의 발표 「古文
　　音律의 예술적 효과에 대한 연구」(한국문학연구회 발표요지, 2003. 2. 6)는
　　향가 해독에 많은 시사점을 던져 줄 수 있다고 생각한다.
44) 『고가연구』에는 '간 봄 그리매'로 고쳤다.

는 응집성을 파악하지 못하였다는 뜻이다.

고려 가요의 해독은 워낙 정체불명의 어휘가 많아 응결성 파악에 걸리는 일이 많으나 그럼에도 불구하고 무애는 그 나름의 탈출구를 마련하여 응집성과의 상관관계를 추적하였다. 특히 무애는 자신의 해석과 상충되는 김태준, 전몽수, 무명씨의 해석을 하나하나 비판을 가하고 자신의 해독이 옳다는 주장을 굽히지 않았다.

무애는 먼저 「古文學의 受難」(1939. 5)에서 당시 향가와 고려 가요에 대하여 주석서를 낸 김태준(金台俊)의 『朝鮮歌謠集成』(1934)와 『高麗歌詞』(1939)에 대하여 매서운 비판의 화살을 당기었다. 특히 후자에는 대하여는 '校註'라는 이름을 붙이고 있으면서도 전자와 마찬가지로 잘못 투성이임을 들추어 내었다. 무애는 김태준을 가리켜 '朝鮮語學의 素人'이라는 극언도 서슴지 않았다. 노래의 뜻을 정확하게 해석하려면 어학적 지식과 문학적 감상력이 갖추어져야 하는데 그렇지 못하니 素人일 수 밖에 없으며 이는 곧 응결성과 응집성을 올바로 파악하지 못하였다는 뜻으로 받아들여진다. 무애의 김태준에 대한 비판은 정읍사의 '全져재'에서 극치를 이룬다.

무애는 「'全'字 小辨--井邑詞·後腔의 一問題」(1939)에서 某氏라고 부르고 이름을 대지 않았으나 이는 앞에서 언급한 김태준을 가리킴이 틀림없어 보인다. 그것은 이미 「古文學의 受難」에서도 '全져재' 문제가 다루어져 있다는 데서도 알 수 있다. 김태준은 『朝鮮歌謠集成』에서는 '後腔 全져재녀러신고요'라 읽었으나 『高麗歌詞』에서는 '腔全 녀러신고요' 읽었다. 무애는 '全'은 '全州'로 읽어야 함을 다각도로 논증하였다. 이 문제는 해방 후에도 논란의 대상이 되어 온 해석상의 쟁점이다45). 다음으로는 전몽수(田蒙秀)의 비판에 대한 답변이다. 전몽수는 「井邑詞 釋注에 대한 약간의 疑問」--梁柱東氏의 古語學的 研究短評(조선일보 1939. 9)46)에서 무애의 「古歌謠의 語學的 研究(1)--井邑詞 釋注--」(1939. 6)을 비판한 일이 있는데 그것이 모두 오해라고 비판을 가하였다. 김태준이나 전몽수의 견해에 대한 비판은 현대적인 관점에 서더라도 큰 흠이 없어 보인다. 문면을 보면 당시에 무애의 고려 가요의 해석에 대하여 이의를 제기한 사람이 많은 것으로 보이는데 앞으로 이 문제도 밝혀져야 할 것이다.

앞으로 텍스트 과학의 성과를 적절하게 운용만 한다면 향가의 해독은 물론, 고려 가요의 해석과 텍스트성의 판정에도 큰 진전이 있을 것으로 기대한다47). 텍스트 과학은 금석문의 해독과 문학 작품의 해석과 감상에 많은 성과를 올리고 있다는 점에서 그러하다.

---

45) [보충주] 이희승은 '좇'을 '온'으로 해석한 바 있다.(본서 299쪽)
46) 1939. 9. 13~9. 22일 사이에 7회에 걸쳐 연재되었다. 이 방면의 정보는 조선일보 독자 서비스 코너에서 일하는 박조경님의 협조가 컸다. 이에 고마운 인사를 표한다.
47) 최근 이 방면에 가시적인 성과가 많다. 우선 한국텍스트언어학회의 기관지 『텍스트언어학』에 관련 기고가 많고 고영근 밖에 (2001, 2002)에 실린 임석규의 〈청산별곡〉, 유동석의 〈동동〉"에 대한 분석을 들 수 있다. 특히 유동석은 〈정읍사〉, 〈서경별곡〉, 〈정과정〉 등을 새로운 각도에서 분석하여 주목을 끌고 있다.

4 마무리

지금까지 필자는 무애 양주동의 민족 어학 세계를 규명하는 선행 작업으로서 개별 업적에 대한 서지적 문제를 제기하되 이를 바탕으로 하여 무애의 민족 어학 관련의 업적을 문자, 표기/음운, 어법, 어휘/어원, 해독·해석에 걸쳐 검토하여 보았다. 논의 사항을 간추리면 다음과 같다.

(1) 무애의 민족 어학 업적은 개별 논문류와 단행본으로 구성되어 있다. 단행본은 그 사이 訂補板과 增補版이 나오는 사이에 사실이 잘못 전해진 것이 적지 않으며 논문류도 서지가 잘못 작성된 것을 바로잡기도 하고 미발견 자료를 더하여 논저 목록을 연대순으로 작성하였다.

(2) 무애의 문자 연구는 借字體系의 확립으로 집약된다. 무애는 오구라의 訓과 音 위주의 체계를 벗어나서 한자를 크게 義字와 借字로 나누고 이를 다시 訓과 借의 관점에서 셋으로 나누는 관점을 취하여 여섯 가지 규칙을 만들어 내었으며 차자의 운용 방식도 또한 여섯 가지를 두었다.

(3) 표기는 한글 표기를 "正綴"과 "俗綴"로 나누는 태도를 취하였다. "정철"은 훈민정음 제정 당시의 표준화된 표기법을 가리키고 "속철"은 후대의 문란해진 표기법을 가리킨다. 무애는 특히 속철에 대한 인식을 향가에 적용하여 해독의 근거로 삼기도 하였다.

(4) 무애의 음운 연구 가운데서 이중모음에 대한 해석, 중성모음 'ㅣ'의 설정과 중세 민족어의 7 모음체계의 수립은 가히 획기적이며 이중모음과 'ㅅ' 계열이 고대 단계에서 이완성을 띠었다는 사실의 인식 또한

평가의 가치가 충분하다. 그리고 매개모음을 인정함으로써 어미체계를 단순화시킨 점도 긍정적으로 평가받을 수 있다. 그밖에도 평가의 대상이 되는 주제를 많이 발굴할 수 있다.

(5) 어법에서는 'ㄴ, ㄹ' 관형사형의 명사적 용법을 밝힘으로써 알타이어 제어와의 공통 속성을 드러내었으며 특히 'ㅅ' 등의 의존명사를 발견하여 그 나름의 체계를 구성한 것 또한 긍정적인 평가의 대상이 된다. 고대어의 형용사에 동사적 속성을 부여하고 이른바 지정사를 "설명격'으로 처리한 것 또한 선구적인 발상으로 평가받을 수 있다.

(6) 어휘 연구는 현대어의 뿌리를 알고자 하는 동기에서 출발하였으며 고대의 전문 어휘나 고유명사를 해독하여 고대 민족사 연구에 새로운 지평을 열기도 하였다.

(7) 향가 해독과 고려 가요의 해석에 텍스트 과학의 기제가 활용되어 있다. 무애의 해독·해석 이론은 우리의 텍스트 과학의 선행 유산으로서 수용의 가치가 충분하며 앞으로 향가의 해독과 문학 작품의 해석에 긍정적으로 응용될 수 있다.

이상과 같은 무애 양주동 선생의 학문적 성과는 안으로는 마에마, 오구라, 가네사와 등의 일본인 학자들과, 주시경, 박승빈, 김태준, 전몽수 등의 민족 어문학자의 업적을 발판으로 삼았고 밖으로는 19세기 전반 이래의 처소론자와 훔볼트류의 세계관 이론을 밑바닥에 깔았으며 사상적으로는 딜타이류의 삶의 철학에서 많은 영향을 크게 받은 것으로 생각한다.

무애는 향가 연구에 손을 대면서부터 하루 아침에 일제 강점기의 古語學의 권위자로 각광을 받았다. 특히 일본인 학자 오구라의 향가

연구를 대신할 수 있는 연구라는 사실이 알려지면서부터 당시의 교양지와 언론 기관에서는 몇 차례에 걸쳐 특집 기사를 내고『朝鮮古歌研究』의 간행에 즈음하여서는 위당 정인보가「詞腦歌證釋題詞」를 써보낸 것 등은 무애에게 거는 당시 우리 조고계(操觚界)의 기대가 어느 정도였는가를 짐작할 수 있다. 해방이 되면서부터는 무애의 두 저술에서 확립된 옛 문법에 지식은 바로 중등학교 상급반/고등학교 고전 교육의 표준문법의 역할을 하였다. 필자가 알기로는 1950년대 중반기까지는 무애의 고전 문법 체계가 중등학교 상급반/고등학교의 고전 교육을 통제하지 않았나 한다. 그리고 중등학교 상급/고등학교 과정의 국어 교과서에는 무애의 글이 이희승, 최현배, 조윤제 등의 글과 함께 단골 메뉴로 실려 있었다.「가시리 평설(評說), 면학(勉學)의 서(書), 노변(爐邊)의 향사(鄕思)」등이 필자가 기억하는 글이다. 무애는 이론적으로는 민족 고전 문학에 대한 주석과 옛 문법에 대한 연구를 통하여 옛 민족어 문법 구조와 민족어의 역사를 밝힐 수 있는 토대를 쌓았으며 이와 함께 민족 고전 문학의 역사를 바로 이해하고 이를 해석·감상할 수 있는 기틀을 세웠다. 실천적으로는 자신의 연구 결과가 바로 교육 현장에 보급되어 민족 고전 교육을 바른 자리에 올려 놓았으며 수필·수상류를 통하여서는 2세들의 교양 형성과 인격 도야에 기여한 점이 적지 않다고 생각한다.

　무애는 자신의 어학적 주석 작업을 발판으로 삼아 민족어 문법사를 엮는 작업에 손을 대고 특히 향가의 해독을 발판으로 삼아 문학적 내지 문화사적인 연구를 시도하겠다고 몇 군데에서 약속을 하였지만 어느것도 완성하지 못하였다. 사실 무애의 이런 발언은 후학들에 대한 주문이었는지 모른다. 어쨌든 무애는 현대의 어문 문제를 푸는 데 있어서는 역사적 천착이 필수적이라는 사실을 염두에 두고 민족학, 특히 민족 어학 체계를 구축하지 않았을까 하는 것이 필자가 형상화해 본 "무애의 민족 어학 세계"라는 점을 강조하고자 한다.

양주동은, 이글의 머리에서 언급한 바와 같이, 초기에는 시인으로서 평론가로서 우리의 현대 문학사에 그런 대로 족적(足跡)을 남기기도 하였으나 30대 이른 중반부터 40대 초에 걸쳐 이룩한 향가의 해독과 고려 가요의 해석은 민족 어학자로서의 자질을 충분히 갖추었으며 나아가서는 민족 문학자로서의 자질도 지니고 있었고 민족 고대사에 관련되는 사색을 남겼다는 점에서 크게는 민족학자의 테두리에 넣을 수 있는 측면을 보이기도 하였다. 무애와 같이 다방면의 학문 영역에 전공이 걸쳐 있는 사람은 잡학자(雜學者)라는 부정적 평가를 받기 쉬우나 21세기와 같이 매체가 통합되고 분화되어 있었던 학문이 통합의 물결을 타는 시대에는 무애와 같은 민족학자를 오히려 더 요구하게 될지도 모른다. 그런 점에서 무애는 21세기가 요구하는 바람직한 민족학의 얼굴(像)을 이미 1930년대에 창출한 선구적인 학자였다고 평가할 수 있지 않을까 한다.

무애의 두 저작은, 육당의 말[48]을 빌지 않는다고 하더라도, 분명히 20세기의 우리 민족이 창출해 낸 고전임에 틀림없다. 『고가연구』에 오히려 그런 가치를 더 줄 수도 있다. 두 저술이 21세기에도 계속하여

---

48) 육당은 "解放 전과 뒤에 刊行된 著書로 後世에 傳할 것은 오직 梁某의 「古歌研究」가 있을 뿐"(『國學硏究論攷』 349쪽)이라는 평가를 참조하라.

생명력을 발휘할 수 있으려면 무애가 생전에 하였던 방식과 같이 편자 보유(編者補遺)를 마련하되 본문의 쪽수를 밝혀 가면서 두 저작 이후에 나타난 해독 및 해석 상의 이설(異說)을 소개하여 독자에게 비교·판단 의 기회를 제공하는 작업이 뒤따라야 한다. 본 책에 붙이기가 어려우면 따로 단행본을 만들어 전집의 부록으로 끼워 넣을 수 있다. 부록에는 어려운 한문 인용문을 현대어로 번역하는 일도 놓쳐서는 안 된다. 사실 『고가연구』에는 많은 한문 인용이 있어 한문에 대한 조예가 깊지 않고 서는 그 뜻을 이해하기가 어려운 곳이 한 두 군데가 아니다. 전집 편찬 자들의 분발을 기대해 마지 않는다.

[양주동 민족 어문학 논저 목록](연대순)*

* 다음 논저 가운데서 『歷代韓國文法大系』③ 23(1986, 탑출판사)와 『梁柱東全集』(동국대학교 출판부, 1995, 1998)에 옮겨 실린 것은 * 표시를 하여 『대계』와 『전집』이란 이름으로 게재 쪽수를 밝혔다.

1935. 2 (昭和 10), 「鄕歌の 解讀 特히に 願往生歌に 就いて」, 『靑丘學叢』 19: 1-45.
  * 『國學硏究論攷』(1962: 45-89)에 "鄕歌의 解讀 특히 「願往生歌」에 就하여"라는 제목으로 민족어 번역이 실리고 『전집』 10(1998: 69-107)에 다시 실림.
1936. 1, 「上代語 硏究의 길에서」, 『朝光』 2.1: 132-136.
1936. 1, 「鄕歌의 解讀에 就하여-特히 願往生歌를 中心으로-」, 조선일보 1. 1~1. 23(13회 연재).
  * 『전집』 10 (1998: 108-156)에 다시 실림.
1936. 9, 「語原 考證 數題-古語에 남은 現代的 意味-」, 조선일보 9. 11~9. 15(5회 연재).
  * 『전집』 10 (1998: 157-168)에 다시 실림.
1937. 1, 「稽古襍俎」(계고잡조-인용자), 『朝光』 3.1: 44-62.
  * 『전집』 10 (1998: 176-194)에 다시 실림.
1938. 11, 「語義攷數則」, 『正音』 27: 4-7.
1939. 1, 「鄕歌와 國風 古詩」-그 時代와 文學的 價値에 대하야(2회 연재), 조선일보 1.1, 1. 8.
  * 『전집』 10 (1998: 195-213)에 다시 실림.
1939, 3, 「麗謠, 鄕歌의 註釋其他」-나의 연구테마, 조선일보 3. 7.
1939. 4, 「鄕歌註釋散考」-上代語法에 關한 若干의 基本的 見解, 『震檀學報』 10: 110-133.
  * 『전집』 10 (1998: 10: 354-382)에 다시 실림.
1939. 5, 「語學的 若干의 通俗問題」, 『朝光』 5.5: 190-203.
  * 『대계』 (1986: 823-835)에 다시 실림.

1939. 5, 「古文學의 一受難」, 조선일보 5. 28~6. 4(5회 연재).
　＊『전집』 10 (1998: 199-213)에 다시 실림.
1939. 6, 古歌謠의 語學的 硏究(1)－井邑詞 釋注－」東亞日報 6. 21~7.
12(19회 연재).
　＊『전집』 10 (1998: 214-2420에 다시 실림.
1939. 7, 「'全'字 小辨－井邑詞·後腔의 一問題－」, 조선일보 7. 3~8. 8(6회
연재).
　＊『전집』 10 (1998: 267-281)에 다시 실림.
1939. 9, 「解疑數語－田蒙秀氏의 疑問에 答함－」, 東亞日報 9. 27~10. 4(4
회 연재).
　＊『전집』 10 (1998: 282-290)에 다시 실림.
1939. 10, 「處容歌 釋注－古, 歌謠의 語學的 硏究－」, 東亞日報 10. 7~11.
16(20회 연재).
　＊『전집』 10 (1998: 291-353)에 다시 실림.
1939. 12, 「古語法數則」, 『正音』 32: 4-7.
1940. 1, 「東方文化의 樞軸, 음운 어법의 법칙성, 東亞日報 1. 9~1. 13(4회
연재).
　＊『전집』 10 (1998: 382-393)에 다시 실림.
1940. 2, 古歌謠의 語學的 硏究(2)－鄭瓜亭篇－」, 東亞日報 2. 8~2. 20(9회
연재).
　＊『전집』 10 (1998: 243-266)에 다시 실림.
1940. 2, 「古歌釋注－翰林別曲－」, 東亞日報 2. 21~2. 25(4회 연재).
　＊『전집』 10 (1998: 394-408)에 다시 실림.
1940. 3, 「朝鮮古語集錄略攷」, 『朝光』 6.3: 280-288.
　＊『대계』 (1986: 852-861)에 다시 실림.
1940. 6. 「麗謠 釋注(1)－雙花店篇－」, 東亞日報 6. 21~7. 7(7회 연재).
　＊『전집』 10 (1998: 409-427)에 다시 실림.
1940. 7, 「麗謠 釋注(2)－西京別曲－」, 東亞日報 7. 9~7. 26(10회 연재).
　＊『전집』 10 (1998: 428-454)에 다시 실림.
1940. 7, 「「하늘」의 原義」, 朝鮮日報 7. 28~7. 30(3회 연재).

1940. 12, 「詞腦歌 釋注 序說-향가의 原稱과 그 原義-」, 『文章』 2.10(통권
21): 128-138.

　*『전집』 10 (1998: 455-467)에 다시 실림.

1942(昭和 17), 11. 25, 『朝鮮古歌研究』, 博文書館, 菊版 洋裝, 定價 拾貳圓.
4(序)+2(凡例)+8(引用書目)+3(目次)+866(본문)+80(索引)=963쪽

1943, ?, 西京別曲 ?

1947. 4. 20, 『麗謠箋注』, 乙酉文化社, 菊版 洋裝, 臨時定價 三百七拾 圓
2(序)+2(凡例)+4(引書目)+3(目次)+436(본문)+27(索引)=473쪽

1947. 4. 20, ? , 가시리 ?

1948. 12. 1, 『麗謠箋注』(改正版), 乙酉文化社[49].

1949. 3, 「古歌箋箚疑(上)」, 『學風』 2.2: 49-57.

1949. 4, 「古歌箋箚疑(下)」, 『學風』 2.3: 63-73

1949. 6, 「續古歌今釋-時調와 麗謠-」, 『白民』 6.

　*『전집』 (1998: 468-480)에 다시 실림.

1954. 6. 25, 『古歌研究』 【訂補版】 博文書館(발행), 博文出版社(총판), 재
판 발행, 定價 3000圜.
4(序)+2(凡例)+8(引用書目)+3(目次)+866(본문)+1(訂補)+80(索引)=964쪽

1954(4287). 10. 20, 『麗謠箋注』 【訂補版】, 乙酉文化社, 臨時定價 1300圜.
　* 전집 2(1995)의 대본과 같음.

1957(4290), 3.10. 『古歌研究』 【訂補版】 博文出版社, 재판(4판의 잘못) 발
행, 定價 3800圜.

1958. 7, 「古歌箋箚疑」, 『人文科學』 2: 3-29
　*『國學研究論攷』 (1962: 90-126)와 『전집』 10 (1998: 481-513)에 실림.

1958. 7, 「鄕歌研究」의 回憶, 『思潮』 1.2: 262-271.
　*『國學研究論攷』(1962: 343-353)에 실림.

1958. 10/11/12, 「古語 研究 抄」, 『思潮』 1.5/1.6/1.7.
　*『전집』 10 (1998: 514-535)에 그대로 실리고 『國學研究論攷』(1962: 200

---

49) 『學風』 2.2, 48쪽의 광고에 기대면 국판 500頁, 定價 800圓, 送料 20圓으로
되어 있으나 쪽수는 앞에서 본 바와 같이 초판과 다름이 없이 473쪽이고 정가
는 같다.

-285)에도 중복되어 실린 것이 있음.

1959. 3, 「님, 년, 놈 考」, 『民族文化』 4.3: 4~6+20

　* 『國學研究論攷』 (1962: 245-253)에 다시 실림.

1959. 3, 「續古語研究抄, ─「얼」이란 말에 대하여(訂誤와 存疑), 東亞日報 3.
　27.

　* 『國學研究論攷』 (1962: 279-286)와 『전집』 10(1998: 536-542)에 실림.

1959. 10, 「新羅歌謠의 文學的 優秀性」─ 주로 찬기파랑가에 대하여(출전?)

1962. 6. 20, 『國學研究論攷』, 을유문화사,

1962. 9. 30, 「新羅歌謠의 佛敎文學的 優秀性」─ 주로 찬기파랑가에 대하여,
　『불교사상 11: 36-41.

1965. 3. 15, 『古歌研究』【增補版】, 一潮閣, 菊版 洋裝, 값 1,500원.
　4(序)+2(凡例)+12(引用書目, 目次)+898(본문)+80(索引)=986쪽.

　* 전집 1(1995)의 대본과 같음.

1995. 4. 10, 『梁柱東全集』 ① 古歌研究, 동국대학교 출판부

_____, 『梁柱東全集』 ② 麗謠箋注, 동국대학교 출판부.

1998. 11. 30, 『梁柱東全集』 ⑩ 論文, 동국대학교 출판부.

제4부

서양인의
우리 민족어 연구

민족어학의

건설과 발전

|11|
19세기 전반기의
서양인의 우리 민족어 연구 자료

1 들어가기

언어 연구의 동기는 한 언어가 외국어로 의식되거나 인식될 때 유발
(誘發)되는 일이 흔하다. 우리 민족어가 외국어로 인식된 것은 신라 때
부터 비롯되며 역대에 걸쳐 중국과 일본에서 우리는 관련 사실(史實)과
자료를 많이 접할 수 있다[1]. 우리 민족어가 서양인에게 관찰·인식된
것은, 주지하는 바와 같이 하멜(Hamel)의 표류기 (1653~1677)에서 시작된
다. 그 이후 우리 민족어는 서양의 여행가·항해가·지리 연구가들의
꾸준한 관심의 대상이 되어 어휘 수집이 행하여졌고 19세기로 들어와
서는 선교사·외교관들에 의하여 문자·음운·문법 등이 본격적으로
연구되기에 이르렀다[2]. 필자는 이러한 서양인들의 우리 민족어 연구의

---

1) 이 문제는 고영근 (1974/ 1994: 359-360)에서 제기되었다.
2) 초기 서양인의 우리 민족어 연구에 대한 대체적 서술은 로우니 (1864), 그리피

동향(動向)을 체계적으로 사술(史述)하기 위한 예비 작업으로 우선 1820
년에서 1882년 사이에 나온 그네들의 업적을 서지(書誌)·문헌적(文獻
的)인 관점에서 정리해 보려고 한다. 이 시기의 우리 민족어 연구의
서지는 몇몇 학자들의 업적을 통하여 대충 파악할 수 있다[3]. 이런 기왕
(旣往)의 업적을 발판으로 하고 필자의 직접적인 검색 결과를 더하여
서양인의 우리 민족어 연구사의 서술(叙述)에 공헌할 수 있는 방향으로
작업을 행해 보려고 한다.

필자가 문헌 정리의 범위를 1820년에서 1882년까지 잡은 것은 그럴
만한 이유가 있다. 서양인에 의한 우리 민족어 문법 연구의 사적(史的)
흐름을 더듬는 자리에서 필자는 제1기를 귀츠라프(Gützlaff) (1832)로부터
로쓰(Ross) (1882)까지 잡은 일이 있다[4]. 본고의 시기 획정(劃定)도 여기
에 따른 것이다. 이 시기의 서양인의 전반적인 연구 경향은 반도 바깥,
곧 중국, 만주, 일본 등의 재외(在外)에서 우리 민족어 연구를 시도했었
다는 점이다. 쇄국 정책에 묶이어 출입이 어려웠기 때문에 그들의 연구
무대는 중국과 일본 등지에 국한되어 있었다. 앞서 든 Ross의 저술을
끝으로 하여 재외 서양인의 우리 민족어 연구는 종언(終焉)을 고(告)하고

스 (1882), 오구라 (1927, 1929나)를 보라.
3) 언더우드 (1931), 오구라 (小倉進平 1940/ 1964), 로센 (Rosén 1970)를 가리킨
   다. 언더우드 (1931)은 당시까지의 서양인의 우리 나라의 연구에 대한 서지
   목록이고 오구라 (1964)는 1940년 판의 끝에 실린, 고노(河野六郎)에 의해 보
   주(補注)된 문헌 목록을 가리킨다. 이 보주에는 외국인뿐만 아니라 우리나라
   학자들(남북한)의 업적도 나와 있다. 소련에서 나온 것은 러시아 문자로 표기되
   어 있다. 로센 (1970)은 언어·문학을 비롯하여 고고(考古)·역사, 예술, 서지
   학, 학술지, 철학·종교, 여행기 등에 걸친 한국학 서지인데 서구어(西歐語)로
   쓰인 업적만 대상으로 했다. 러시아어로 된 것은 로마자로 바뀌어 있다.
4) 고영근 (1978가/ 2001마: 5)을 보라.

이후부터는 우리 나라에 자유로이 입국하여 연구한 업적이 나오게 된
다[5]. 1882년까지를 하한(下限)으로 정한 또 다른 이유는 바로 이 해에
Griffis에 의해 그때까지의 서양인의 우리 민족어 연구사가 종합·서술
된 데에 있다[6]. 상한선을 1920년까지 끌어올린 것은, 이전의 Witsen
(1705)[7], Pallas (1786), Broughton (1804), Hall (1818)[8]의 연구는 어휘 수집
과 대역(對譯) 이상의 수준을 넘어서지 못한 데 대해, Rémusat (1820)부
터는 민족 문자 및 음운에 대한 구체적인 서술을 접할 수 있기 때문이다.
　본고는 이 시기에 나온 자료들을 양분하여 1850년까지를 고찰의 대
상으로 삼는다.

2 | 1820~1850년 사이의 서양인의 우리 민족어 연구 자료

　Rémusat (1820)은 서명(書名)이 보여 주는 바와 같이 타르타르(Tartare)
제어(諸語), 곧 만주(Mandchou), 몽골(Mongol), 위구르(Ouigour) 및 티벳
(Tibetain)의 문법과 문학에 관한 연구서다. 2권으로 되어 있다. 제1권에
는 문법, 어원, 문학사에 관련된 타르타르어의 일반 사항이 7개 장으로
나뉘어 서술되어 있다. 제2권은 부록의 성격을 띤 것으로서 어휘, 인용
서적, 번역 붙인 원문(text) 등 제1권의 이해에 필요한 부대 설명이 베풀

---

5) 대표적인 예가 스코트 (1887)와 언더우드 (1890)이다.
6) 그리피스 (1882)를 가리킨다.
7) Witsen의 우리 민족어 어휘 수집에 대하여는 보스 (Vos 1975)을 보라.
8) Hall의 어휘 수집에 대하여는 이응호 (1977)를 보라.

어져 있다고 한다.(「서문」참조)9). 제1권은 26cm×19.5cm의 피혁(皮革) 양
장으로 fj＋398면이다. M. Abel-Rémusat (1788~1852)가 우리 민족어에
대해 언급한 것은 한글의 구조와 기원이다. 이는 제2장 「타르타르족의
고대문자」(de quelques Écritures anciennement usitées chez les Tartares)
(pp.64~88)에 들어 있다10).

Klaproth(1823)은 1831년에 재판(再版)이 나오기는 했는데 아세아 언
어지(言語誌)이다. 본서는, 그 이름이 보여 주는 바와 같이, 언어의 친근
성에 따라 민족을 분류하고 동시에 이들 언어의 어휘 비교를 시도한
것이다. 본서에는 400에 가까운 독역(獨譯)을 붙인 우리 민족어 어휘가
제시되어 있다. 이들 어휘의 출처는『계림유사』(鷄林維事)로 알려져 있
다11). Julius von Klaproth(1783~1835)는 이미 1810년『아시아의 문학,
역사 및 언어학에 대한 기록』(Archiv für Asiatische Literatur, Geschichte und
Sprachkunde)를 St. Petersburg에서 낸 바 있는데 그는 여기서 코오카사
어(Kaukasische Sprachen)와 유구어(琉球語)에 관한 연구를 시도했었다.

Balbi (1826)에는 26개의 우리 민족어 어휘가 나오는데 Klaproth(1823)
을 참조한 것이다. 앞의 Klaproth는 1832년『구세계(舊世界)의 각종 문
자의 기원에 대한 소견』이란 책자를 통해 한글 기원론을 전개하기도

---

9) 필자는 제2권을 아직 보지 못했다. 이에 대한 출판 여부도 확인을 하지 못하고
   있다.
10) 본서의 한글 기원론에 대한 소개와 이에 대한 논평은 헐벗 (Hulbert, 1901)에
    서 볼 수 있다.
    [보충주] 최근 Abel-Rémusat (1820)에 대한 내용 평가가 이기문 (2000)에서
    이루어진 바 있다
11) 오구라 (1927)를 보라. 필자는 Klaproth의 책을 아직 보지 못하였다. 오구라
    (1940/ 1964: 70, 1929나: 54-58)를 보라.

했으며[12], 이 해[13], 그는 또 林子平의 『삼국통람도설』(三國通覽圖說) (1786)을 불문(佛文)으로 증보·의역했다. Klaproth의 『삼국통람도설』의 번안(飜案)은 우리나라(Corée), 유구(流球, Lieou Khieou 또는 Riou Kiou) 및 아이누(Yeso)의 역사·풍물을 설명한 책이다. 26.5cm×16.5cm 양장으로서 Ⅵ+286면이다. pp.19~21에 언문의 기원과 조직이 설명되어 있고 pp.123~144에 불역(佛譯) 붙은 450개의 어휘가 제시되어 있다. 이 부분은 원문에는 없었던 것인데 Klaproth가 특별히 넣었다고 한다.[14]. 본서의 우리 민족어 어휘는 *kou kin thou chou* (『古今圖書』)에 실린 *ki lin loui szu* (『鷄林類事』)에서 일차적으로 선정되었고 그 옆에 한글 문헌, 일본의 『大百科辭彙』를 통해서 얻은 어휘와 Witsen과 Siebold(뒤에 나옴)에 의해 수집된 어휘들을 불역(佛譯)하고 있다. 책 후미 (後尾)에 붙은 팔도의 지명 등의 로마자 표기(pp.269~280)도 우리 민족어 연구의 자료로 이용될 수 있다.

이 해 1832년에는 또 지볼트(Fr. von Siebold)의 저 유명한 『일본의 기술에 관한 기록』 (*Nippon. Archiv zur Beschreibung von Japan*)가 나왔다[15].

---

12) 필자는 본서를 아직 보지 못하였다. 오구라 (1964: 160) 참조.
13) 내지에는 M. DCCC. XXXII.(1832)로 나와 있고 「序文」(「Préface」)을 쓴 것은 12 mai 1832(1832년 5월 12일)로 되어 있다.
14) 오구라 (1940/ 1964: 353)를 보라.
15) 1852년 Leyden판에 의하면 서문을 쓴 연대는 im Februar 1832(1832년 2월)로 되어 있다. 앞의 Klaproth 보다 2개월 먼저 나온 셈이다. 이로써 Klaproth가 Siebold를 참조했다는 사실을 확인할 수 있다.(앞에 나옴)
[보충주] Siebold가 1832년에 『일본의 기술에 관한 기록』을 출판하였다는 것은 잘못된 진술이다. 이 책의 제1권이 나온 해가 1832년이며 이 책은 1832년부터 1851년 사이에 20권으로 분책·간행되고 1852년에 합책·간행되었다. 지볼트의 일본 기록의 출판은 6차에 걸쳐 있으며 그 내용은 러시아어와 일본어로 반역되었다. 관련 정보는 고영근 (1989: 4-6, 1998가: 282-285)를 보라.

그리고 그는 계속해서 우리 민족어 어휘집을 정리·발표했다. 현재 필자는 1832년판은 물론, 이후 발표한 어휘집류의 초판도 가지고 있지 않다. 그 이후의 세 차례에 걸친 중판만 가지고 있다. 중판들의 비교를 통하여 초판의 모습을 어렴풋이나마 짐작할 수 있고 어휘집들도 뽑아 낼 수 있다.

Siebold의 우리 민족어에 관한 지식은 나가사키에서 전라도 출신 '허스첨'(許士瞻), '금치윤'(金致潤) 등의 선원, 어부, 상인과 접촉함으로써 얻어진 것이다. 저간(這間)의 사정은 Siebold(1852)의 *Nippon* Ⅶ. *Die Neben-und Schutzländer von Japan*(일본의 인근 국가 및 보호 국가)의 「일본 해안에서 난파한 몇 한인들과의 교섭에서 얻은 한국에 관한 보고」(Nachrichten über Koorai aus dem Umgänge mit einigen an die japanischen Küsten verschlagenen Kooraiern)의 한 조항인 「일본 해안에서 난파한 한국 상인들을 찾음」(Besuch bei einigen kooraischen Kaufleuten, welche an den Küsten von Japan Schiffbruch gelitten)에 구체적으로 보고되어 있다.(SS. 6~9). 이 조항에 바로 이어 「언어와 문자」(Sprache und Schrift) 항이 베풀어져 있다.(SS. 10~17). 이곳에는 Hamel 이후의 서양인의 우리 민족어 관찰 및 어휘 수집의 역사가 개관되어 있다. 이어 품사 중심의 문법 개설, 문자 및 음운에 관한 이야기가 베풀어져 있다. 끝에는 앞에서 본 우리 민족과의 접촉에서 얻은 우리 시가 한 구절과 허사첨, 김치윤으로부터 받은 글귀를 소개하고 있다. 본문에서 *kooraisches Liedchen*(한국 시가)이란 제목 아래 독역(獨譯)을 시도하고 각주에서 그 로마자화와 일역(日譯)을 제시하고 있다. 한편 권말의 부록에는 「朝鮮歌」라 하여 한글로 된 원문이 소개되어 있다.(S. 6)[16]. 계속해서 허사첨, 김치윤의 칠언(七言) 율시와 오언(五言) 절구의 독역(獨譯)이 제시되어 있다. 각주에는 각 글자의 우리 훈과 음, 그리고 일본음을 붙였으며 끝 줄에 각 글자의 뜻을 라틴어로 대역(對譯)하였다. 부록에는 원시(原詩)와 한글의 음·훈을 단 원문을 붙였다.(SS. 7~8)[17]. 우리나라의 지리를 서술한 곳에는 팔도의 이름에 대한 로마자 표기가 나온다. 이것도 우리 민족어 자료로 이용될 수 있다.(SS. 20~21)

「어휘 목록」(Wörterverzeichnis)(SS. 29~44)은 저자가 한국인과 직접 접촉하거나 『千字文』[18]과 Klaproth의 어휘 목록을 참조하여 작성한 것으로 언어 연구가와 여행가를 염두에 두고 만든 것이다. 등록 어휘수는 455개이다[19]. 부록의 원문(SS. 1-6)에 따라 한자가 있던 자리에 독어 단어를 넣고 이어 우리의 훈·음과 일본의 훈·음을 두고 있다. 부록의 끝에 'Ⅰ東國通鑑, Ⅱ 朝鮮物語, Ⅲ 三國通覽圖記, Ⅳ 朝鮮太平記,

---

16) 오구라 (1940/ 1964: 363-364)에서 원가(原歌)의 로마자화와 일역과 독역이 이미 공개된 바 있다.
   [보충주] "朝鮮歌"에 대한 자세한 정보는 고영근 (1989: 28, 1998가: 319)을 보라.
17) 오구라 (1940/ 1964: 364-365)에 독역, 우리의 훈·음 및 라틴어 대역과 한문 원시가 이미 공개되었다.
   [보충주] 허사첨과 김치윤의 한시와 그 우리 민족어 번역은 고영근 (1989: 28-29, 1998가: 320-321)을 보라.
18) 『千字文』은 1833년에 간행되었고 그 독역은 1840년에 되었는데 이곳에 『千字文』이 언급된 것은 1852년 중판할 때 상당한 손질이 있었음을 알려 준다.
   [보충주] 1852의 중판시에 손질이 가해졌다는 것은 잘못이다. 1832년판이 제1 분책이라는 것을 알지 못하였기 때문에 저지른 잘못이다.
19) 오구라 (1940/ 1964: 71)에는 454개로 보고되어 있다. 이 숫자가 혹시 1832년 판을 대본으로 한 데서 빚어졌는지 알 수 없다. 초판과 중판과의 엄밀한 대교가 요망된다.
   [보충주] 지볼트의 어휘 목록에 대한 정보는 고영근 (1989: 23-24, 1998가: 311-313)을 보라.

V 千字文, VI 倭語類解目錄'(s. 6)이 열거되어 있다. 이는 그가 위의 어휘목록을 작성할 때 참조한 서목(書目)으로 보는 편이 온당해 보인 다[20].

Siebold (1833)는 Siebold (1930)에 실린 것이다. 본서는 일본 한자의 음석(音釋)도 붙인 한글로 된『千字文』을 라틴어 서문을 붙여서 간행한 것이다. 본서는 Siebold와 그의 조수였던 고칭장 (Ko Tsching Dschang)(郭成章)의 협력으로 이루어진 것이다.

Siebold (1838)는 제목과 출판지만 알고 있을 뿐 실물은 접하지 못하고 있다. Underwood (1931)에는 1838년 Batavorum에서 나온 것으로 되어 있으며 제목은 라틴어로 나와 있다. 그러나 필자가 본 것은 Siebold (1852)에 실린 *Luihŏ*, eine schinesishe Wörtersammlung mit koraischer Übersetzung und Angabe des koraisch schinesischen Dialekt(類合, 우리 민족어의 음과 훈을 붙인 한자 어휘집)로서 J. Hoffmann에 의해 비정(批正)되고 독역(獨譯)되었다는 단서가 붙어 있는 글이다. 1838 년판을 1853년에 집성할 때 라틴어제목을 위와 같이 독어(獨語)로 바꾸 었는지는 1838년판이 현재 없는 이상 무어라 속단할 수 없다[21]. 우선 양자가 같다고 간주하고 Siebold (1852)에 실린 것으로써『類合』의 독 역본(獨譯本)을 검토하기로 한다.(SS. 61~86)

---

20) 오구라 (1929나)에 기대었다. 필자의 앞의 논문에 자세히 언급되어 있다. [보충주]『千字文』의 발간에 대하여는 고영근 (1989: 24-26, 1998가: 313-316) 을 보라.
21) 오구라도『유합』번역본의 초판은 보지 못한 것 같다. 권7 운운하고 있기 때문이다.(1964: 71). 그가 본 것은 1852년판도 아닌 1930년판일 가능성이 짙다.(뒤에 나옴)

전술한 어휘 목록이 인쇄에 넘어 갔을 때, Schilling-Candat 남작(男爵)을 통하여 지볼트는 『類合』을 보았다. 이 책은 남작이 1832년 러시아 정부의 명령으로 Kiachta 지방으로 여행 도중 얻은 것인데 이는 또 북경 주재 선교사 Hyacinth가 한국 사신들로부터 구입한 것이었다[22]. 그러나 Siebold가 입수한 『類合』은 지질(紙質)과 자체(字體)가 매우 불량했던 모양으로 글씨는 Siebold의 중국인 조수 고칭장(郭成章)이 깨끗이 다시 쓰고 교정과 독문 번역은 독일인 조수 Hoffmann이 담당하였다. 『유합』을 교정하는 마당에 있어서는 1832년의 어휘목록과 그 사이 얻은 *Wei jü lui kiài*(倭語類解)를 참고하였다[23]. 왜어유해의 성격과 이를 통한 우리의 문자 및 음운 일반에 대한 설명이 자세하게 베풀어져 있다. 『유합』독역은 우리 한자음(Schinesisch), 의미 독역, 훈(koraisch)의 순서로 제시되어 있다. 「부록」에, 한자에 우리의 훈과 음을 단 『類合』이 붙어 있다.(SS. 9~18)

Hoffmann (1840)은 Siebold (1833)를 독역한 것이다. 본서는 Siebold (1852)의 *Nippon* IV 다음에 삽입된 것(SS. 165~191)을 이용하기로 한다[24]. 본서는 이미 알려진 바와 같이[25], 『천자문』훈의 로마자화 제시

---

22) Siebold의 『類合』 구입에 관한 이야기는 이미 오구라 (1927)에 의해서도 간단히 소개되었다.
[보충주] Siebold의 『類合』의 정보에 대하여는 고영근 (1989: 26-28, 1998: 316-319)를 보라.
23) 「倭語類解」는 Philosinensis (1835)에서 서구인에게 주목되었다고 한다.(S. 62 각주(1) 참조)
24) 필자는 Bochum大學 東亞學部 中國學圖書館에서 Hoffmann의 1840년의 獨譯本을 본 일이 있다. 오구라는 천자문 독역이 Nippon VII에 실려 있다고 한다.(1964: 71~72). 그러나 필자가 본 3종의 중판본(重版本) 가운데서 천자문 독역이 실린 것은 1852년판과 1930년판이다. 전자에는 Nippon IV 다음에

(Vocabulärmässige Uebersetzung ins Kôraische), Medhurst의 영역(Medhurst's Uebersetzung des Schinesischen Textes), 일본 천자문 훈의 로마자화 제시, 독역의 순서로 구성되어 있다[26]. 1833년『천자문』을 간행할 당시만 해도 그것은 우리 민족어 지식을 위한 유일한 자료였는데 그 후『類合』, 『倭語類解』등을 손에 넣음에 따라 Siebold의 초기의 우리 민족어 어휘에 대한 지식이 매우 불완전함이 드러났다. 이리하여 Hoffmann은 Philosinensis (1835)을 중심으로 하고『유합』,『왜어류해』등을 참조하여『천자문』의 독역을 시도했던 것이다.

다시 관점을 바꾸어 Siebold의 *Nippon. Archiv zur Beschreibung von Japan*의 중판본에 대해 살펴보기로 한다[27].

1852년판은 Leyden에서 저자 자신에 의해 출판되었다. 2책, 크기는 둘 다 28.5cm×38cm 피혁 양장이다. 우리 민족어 관계 자료는 둘째책 (Texte II), *Nippon* IV 다음에 Hoffmann(1840)이 삽입되어 있고 (SS. 165~191), *Nippon* VII에「언어와 문자」(Sprache und Schrift)(SS.10~17),「어휘목록」(Wörterverzeichnis)(SS. 29~44),『類合』(Luihŏ)(SS. 61~86)와「부록」(Appendix) (SS. 11~18)이 있다.「부록」은 VII에 나온 우리 민족어 자료들의 원(原) 자료를 묶어 놓은 것이다.

1897년판은 Würzburg의 Verlag von Leo Woerl 출판사에서 나왔는

삽입되어 있고 후자에는 Nippon VII에 들어 있다. 이런 점을 고려할 때 오구라 는 1930년판을 본 것임에 틀림없다.(각주 20을 보라)
25) 오구라 (1940/ 1964: 22)를 보라.
26) Hoffmann의 천자문 독역은 이미 오구라 (1927)에 소개된 바 있다.
[보충주] 천자문 독역에 대한 자세한 정보는 고영근 (1989: 25-26, 1998가: 314-315)를 보라.
27) [보충주] 1852년판은 중판이 아니고 앞에서 언급한 바와 같이 합본 초판이다.

데 그의 아들들에 의해 편찬된 것이다. 일종의 보급판의 형태를 띠고 있다.(보충). 초판본의 부족한 점을 보정하는 뜻으로 1897년판을 낸다고 Siebold의 두 아들은 적고 있다.(Vorwort zur zweiten Auflage 참조). Ph. Fr. von Siebold(1796~1866)는 원래 Würzburg 태생으로서 1896년 그의 100회 탄생을 맞아 장남 A. Fr. von Siebold에 의해 『기념회상록』까지 나왔었다.(1897년판의 Siebold의 전기 참조). 1897년판은 2책, 크기는 18cm×25cm 양장이다. 첫째 책의 제2부 「민족과 국가」(Abteilung II, Volk und Staat)에 우리 민족어의 명사, 조사, 대명사, 수사를 일본, Mantschu-Tattan 및 Jezo와 비교한 것(Übersicht der Etymologie der Sprachen von …) (SS. 290~291)과 '해, 달 … ' 등 100여 개의 우리 민족어 단어를 중국, 일본, Mandschu(Sandan), Sachalin 및 Jezo, 유구어와 비교한 것 (Vergleichende Tafel der Sprachen von …)(SS. 294~298)이 실려 있다. 이 부분은 1852년판과 1930년판에는 보이지 않는다. 이들 자료는 오구라도 주목하지 못하였다[28]. 1832년판의 문법 기술과 어휘목록, 그리고 그 이후의 우리 민족어 관계 어휘집 정리를 바탕으로 종합한 것을 1897년판에 넣은 것이 아닌가 한다[29]. 둘째 책에는 「언어와 문자」(Sprache und Schrift)와 「우리 민족어 어휘 목록」(Koreanisches Wörter-verzeichnis)가 나온다. 그러나 1852년본보다 많이 소략(疏略)해진 반면 추가된 것도 있다. 1852년본에 있던 문법부가 없어지고 1852년본의 각주(11)을 본문에 편입시키되 자모표(Scriptura Cooraina)가 추가되어 있다. 「민족 어휘 목록」에 나온 어휘는 70여개, 1852년판의 455개에 비교하면 상당한

---

28) 오구라 (1940/ 1964, 1927)를 비교하여 보라.
29) 이에 대해서는 보다 자세한 검토가 요망된다.

양이 줄어져 있다. 이리하여 상세한 것은 *Nippon* Ⅶ 초판을 보라고 각주에서 주의를 환기하고 있다. 1852년판에 있었던 일본 한자음과 일본어 대역은 생략되었고 우리의 훈과 한자음이 로마자화하여 제시되고 있을 뿐이다. 1852년판에 있었던 한글과 한자 자료 등은 일절 제외되어 있다.

1930년판은 Siebold의 1823~1830년간 일본에서의 활동을 기념하기 위하여 베를린 일본연구소(伯林日本硏究所)(Japan Institut Berlin)에서 발행한 것이다. 셋째 책은 보충·색인편인데 F.M. Trautz 박사의 도움으로 마련된 것이다. 셋째 책 모두 크기는 26.5cm×36.5cm 피혁 양장이다. 1852년판과는 달리 〔 〕 안에 총 면수가 기록되어 있다. 우리 민족어 자료는 모두 둘째 책 *Nippon* Ⅶ에 실려 있다. 원본 면수와 총 면수를 동시에 제시한다.

(1) Sprache und Schrift: SS. 10-17 〔SS. 1048~1055〕
(2) Koraï Wörterzeichnis: SS. 29-44 〔SS. 1067~1082〕
(3) Luihŏ, ⋯: SS. 61~86 〔SS. 1099-1124〕
(4) Das 千字文 Tsiän dsü wen ⋯ : SS. 1-7 〔SS. 1371~1397〕
(5) 千字文 Tsián dsü wên(1833) 〔SS. 1400-1422〕
(6) Appendix SS. 1~18 〔SS. 1423-1440〕

1930년판의 특징은 1852년판에 빠져 있었던 (5)가 삽입되었고 1852년판의 *Nippon* Ⅳ 다음에 삽입되어 있었던 (4)가 *Nippon* Ⅶ로 옮겨진데 있다.(앞에 나옴). 1930년판은 Siebold의 우리 민족어에 관한 모든 자료를 다 포함하고 있다고 할 수 있다30).

---

30) [보충주] 지볼트의 『일본』은 1975년 동경의 講談社에서 5책으로 출판되었으며

1832년에는 Klaproth와 Siebold의 업적에 이어 또 Gützlaff (1832)가 발표되었다[31]. 이때까지의 우리 민족어에 관한 연구 업적은 모두 단행본에 삽입·서술된 것이 고작이었으나 Gützlaff의 업적을 계기로 하여 우리 민족어를 전문적으로 고찰한 업적이 전문 학보를 통해 나오게 된다. Charsles Gützlaff (1830~1851)는 중국 등지에서 선교활동을 하던 독일계의 화란 선교사로서 1832년 여름 군산 등지에서 성경을 전파시킨 최초의 개신교 선교사였다[32]. 이 글은 *Chinese Repository* Ⅰ (pp.176~179)에 발표된 것인데 주로 한국 여행 도중에 견문한 것을 중심으로 서술한 것이 아닌가 한다. 이전의 서양인, 이를테면 Rémusat (1820)을 보았다든지 서양인의 어휘 수집 책자를 참고했다는 언급은 찾을 수 없다. 일본을 거쳐 서양인의 손에 들어온 우리 책자를 보았다는 구절이 나오는데(p.179), 오히려 이런 책들을 참조했을 가능성이 더 많다.

Morrison(1834)은 *Chinese Repository* Vol. Ⅱ (pp.135~139)에 실린 것

1977~1979년 사이에 일본어로 전 권이 번역되었다. 한국 기술은 1854년에는 러시아어로 번역되었으며 한국 기술의 일역본이 우리말로 번역되기도 하였다. 자세한 정보는 고영근 (1989; 1998가: 282-85, 345-346)을 보라.

31) Gützlaff의 글은 종전에 1833년에 발표되었다고 말해 오기도 했으나 (오구라 1940/ 1964), 게재지 *Chinese Repository*를 자세히 보면 1832년임이 분명하다.(김민수·고영근 2008 ②04 해설 및 이응호 1978 참조)
   [보충주] 지볼트의 한국 기술의 집필 연대는 1840년 이후로 잡았고 (고영근 1989: 4, 1998가: 283), 이기문 (2000)에서는 1850년 전후로 보고 있는데 오스터캄프 (2009)에서는 언어 문자에 대한 기술은 일시에 된 것이 아니고 3단계에 걸쳐 있다고 하면서 특히 언어·문자와 어휘 목록은 1833년이라고 하였다. 20권 분책은 모두 연대가 표시되어 있는데 괴팅엔 대학 소장의 '한국기술'에서는 연대가 적혀져 있지 않다.

32) 백낙준 (1929)를 보라.
   [보충주] 이기문 (2000)에서 귀츠라프의 한글에 대한 언급을 지적하였다.

이다33). 이 글은 별도로 붙인 한글 자모표(字母表)(The Corean Syllabary)를 통하여 인도유럽어적인 관점에서 우리 민족어 자음의 음가를 설명하고 있다.

Philosinensis (1835)34)는 한글 자모표와 로마자 전사법이 권두에 마련되어 있고 다음으로 한영 어휘집 목록을 두고 있다. 「부록」으로 『왜어유해』, 『천자문』을 실었는데 한자에 대해 우리 음과 일본음을 붙이고 아울러 영역도 붙이고 있다. 이 책이 발판이 되어 Hoffmann의 천자문 독역이 이루어졌음은 앞에서 이미 살펴보았다35). Morrison (1835)36)에는 본서 역자의 서문이 인용되어 있고 이전에 발표된 Gützlaff (1832)와 Morrison (1834)에 대한 주의를 환기시키며 본서가 우리 민족어를 배우려는 사람에게 큰 도움이 될 것이라고 말하기도 했다.

Xylander (1837)는 우리 민족어어휘 25개를 들고 우리 민족어의 계통을 추적한 것이다.(SS. 458-460)

Belcher (1848)에는 약 600개의 우리 민족어 어휘가 수집되어 있으나 이는 전술한 Medhurst (1835)에서 뽑은 것이다37).

---

33) 언더우드 (1931: 26)에는 이 글의 발표 연대와 집필자가 '1833'년과 'Gützlaff'로 되어 있으나 전자는 1834년의 잘못이다. 후자는 이 글 가운데 "우리는 전호에 Gützlaff의 글로부터 지금까지 거의 알려지지 않은 한반도의 언어에 대한 정보를 삽입했다"라는 구절이 있음을 보아 Gützlaff는 아닐 시 분명하다. Rosén (1970: 81)에는 J.K. Morrison으로 나와 있다. 이 글은 편집자의 손으로 써진 것이 틀림없으므로 Rosén을 따라 Morrison으로 처리하기로 한다.

34) Philosinensis는 아명(兒名)이다. 본명은 W. H. Medhurst이다.

35) 필자는 본서를 아직 보지 못하였다. 오구라 (1964: 73; 1929나: 61~63)에 의지하였다.

36) 이 글은 필자가 밝혀져 있지 않다. 전례에 따라 Morrison이라고 했다.

37) 필자는 본서를 아직 보지 못하였다. 오구라 (1929나: 293)에 의지하였다.

3 마무리

필자는 1820년부터 1850년 사이에 나온 서양인들의 우리 민족어 연구 업적을 대체로 발표연대에 따라 검토해 보았다. 다루어진 영역은 문자, 음운, 어휘, 문법, 계통이었다. 이 가운데서도 어휘를 수집하여 불역, 독역, 영역을 시도한 것이 주류를 형성하고 있었다. 이러한 어휘 연구는 우리나라 사람과의 직접적 접촉에 의한 것도 있지만『鷄林維事』,『三國通覽圖說』,『千字文』,『倭語類解』,『類合』과 이전의 서양인들의 어휘 수집을 발판으로 행해졌던 것이다. 적극적인 활동을 편 사람은 Remusat, Klaproth, Siebold, Gützlaff, Philosinensis, Hoffmann이었다. Balbi, Xylander, Belcher 등의 연구는 앞서 든 사람의 업적에 의존하여 서술한 것이다.

이 시기의 서양인들의 업적 가운데서 괄목할 만한 것은 Siebold의 연구라고 할 수 있다. 그의 업적들은 서지 · 문헌상으로 얽혀 있는 점이 없지 않았다. 그것은 그의 저술이 판을 거듭할 때마다 부단한 손질을 받았기 때문일 것이다. 이런 문제는 앞으로 그의 초창기의 저술을 입수하면 해결될 줄 믿는다. Siebold의 어휘 수집과 그 대역은 이미 과거에 언급된 바 있었으나 우리 민족어 문법에 관한 서술은 필자의 자료 검토를 통해서 확인된 것이다. 이리하여 우리는 19세기 전반기의 우리 민족어 문법 연구 자료로서 지금까지 알려진 Gützlaff의 업적 이외에 Siebold의 업적을 추가할 수 있게 되었다.

본고에 이어 19세기 후반기의 서양인의 우리 민족어 연구 자료들이 일목요연(一目瞭然)하게 정리되면 19세기 서양인의 우리 민족어 연구의 제반 동향이 체계적으로 사술(史述)될 수 있을 것이다.

[서양인의 우리 민족어 연구 자료 목록(1820~1850)]

Rémusat, A.M. (1820), *Recherches sur les langues tartares ou Mémoires sur différens points de la grammaire et de la littérature des Mandchous, des Mongols, des Ouigours et des Tibetains*, Tome Ier, Paris: de l'Imprimerie Royale.

Klaproth, H.J. (1823), *Asia Polyglotta*, ou Classification des peuples de l'Asie d'après l'affinité de leur langues avec d'ample vocabulaires comparatifs de tous les idiomes asiatiques, Paris, 2nd Ed.(1831).

Balbi, A. (1826), *Introduction á l'atlas ethnographique du globe*, contenant un discours sur l'utilité et l'importance de l'étude des langues... un aperçu sur les moyens graphiques employés, par les différent peuples de la terre, Paris.

Gützlaff, Ch. (1832), Remarks on the Corean Language, *Chinese Repository* Vol, I.

Klaproth, H.J.(1832), *Aperçu de l'origines des diverses écritures de l'ancien monde*, Paris.

Klaproth, H.J. (1832), 三國通覽圖說 *SAN KOKF TSOU RAN TO SETS, ou Aperçu général des trois royaumes*. Traduit de l'original japonais-chinois. Ouvrage accompagné de cinq cartes, Paris: Printed for the oriental translation fund of Great Britain and Ireland.

von Siebold, Ph. Fr. (1832~1851), *Nippon*. Archiv zur Beschreibung. Leyden(20책 분 책 발행).

von Siebold (1852), *Nippon*. Archiv zur Beschreibung von Japan und dessen Neben-und Schützländern: Jeso mit dem südlichen Kurilen, Krafto, Koorai und den Liukiu-Inseln, nach japanischen und europaïschen Schriften und eigenen Beobachtungen, Leyden: Bei dem Verfasser(2권 합책).

von Siebold (1897), *Nippon*. Archiv zur Beschreibung von Japan und dessen Neben-und Schützländern Jezo mit den südlichen Kurilen,

Sachlin, Korea und den Liu-Kiu-Inseln. Herausgegeben von seinen Söhnen. Zweite Auflage, Würzburg: Verlag Leo Woerl.

von Siebold (1930), *Nippon*. Archiv zur Beschreibung von Japan, Vollständiger Neudruck der Urausgabe. Zur Erinnerung an Philipp Franz von Siebolds erstes Wirken in Japan 1823~1830, In zwei Text-und zwei Tafelbänden. Dazu ein neuer Ergänzungs-und Indexband von Dr. F. M. Trautz. Herausgegebem vom Japan Institut Berlin. Berlin: Verlag Ernst Wasmuth AG(3권 합책).

von Siebold (1833), *Tsián dsü wên,* sive mille literae ideographicae, opus sinicum origine cum interpretatione kooraiana, in peninsula Kooraï impressum, Lugduni, Batavorum.

Morrison, J.K. (1834), The Corean Syllabary, *Chinese Repository* II.

Philosinensis(W. H. Medhurst) (1835), *Translation of a Comparative Vocabulary of the Chinese, Corean and Japanese Languages*: to which is added the thousand character classic, in Chinese and Corean. The whole accompanied by copious indexes, all the Chinese and English words occurring in the work, Batavia, Printed at the Parapattan Press.

Xylander, K.A. (1837), *Das Sprachgeschlecht der Titanen*, Darstellung der ursprünglichen Verwandtschaft der tatarischen Sprachen der Hellenen, und Andeutung der zu nächst deraus hervorgehenden Folgen für die Geschichte der Sprachen und Völker, Frankfurt am Main: Bei Johann David Sauerländer.

von Siebold (1838), *Lui Ho* sive vocabularium sinense in koraianum conversum, opus sinicum origine in peninsula koraï impressum annexa appendice vocabulorum koraianorum, japonicorum et sinensium comparatica, Lugduni Batavorum.

Hoffmann, J. (1840), *Das 千字文 Tsiän dsu wen* oder Buch von Tausend Wörtern, aus dem schinesischen, mit Berücksichtung der koraischen und japanischen Übersetzung, ins dentche Übertragen.

Belcher, E. (1848), *Narrative of the Voyage of H.M.S.* "samarang" during the years 1843~46, Vol.2, London.

|2| 19세기 중엽의 프랑스 선교사들의 우리 민족어 연구

1 들어가기

필자는 근대 민족 어학사 서술의 정밀화를 위하여, 또 오늘날의 민족어 문법 연구의 좌표 설정을 위하여 주로 1881년 리델(F. Ridel) 등의 프랑스 외방(外邦) 전도회 신부들이 저술한 *Grammaire Coréenne* (이하 Gr. Co.라 약칭함)로부터 1939년의 람스테트(G. J. Ramstedt)의 *A Korean Grammar*에 이르기까지 서양인의 손으로 저술된 우리 민족어 문법서의 내용을 검토하고 아울러 그들 상호 간의 종적(縱的) 계보를 면밀하게 추구한 일이 있다[1]. 전일(前日)의 연구에서는 프랑스 외방 전도회 신부들의 우리 민족어 연구에 대해서는 Gr. Co. 이전으로는 소급하지 않았었는데 본고는 1845년 다블뤼(Daveluy)의 입국으로부터 Gr. Co. 이전까

---

1) 고영근 (1976가/ 1983: 244-252)를 보라. 본서 429-482쪽에 다시 실려 있다.

지의 저네들의 우리 민족어 연구에 대한 자세한 사정을 검토하고자
한다.

이미 확인된 바와 같이[2], 우리 민족어 연구의 실질적 개척자는 프랑
스 선교사들이다. 이들의 업적으로 잘 알려진 것은 「한불ㅈ뎐」(韓佛字
典, Dictionnaire Coréen-Francais)과 전술한 Gr. Co. 이다[3]. 이들에 대하여는
즉시 서평이 나왔고[4], 이후의 서양 문법가의 우리 민족어 연구의 출발
점이 되기도 하였으며 더욱이 러시아어로까지 번역된 사실을 감안할
때[5], 그 중요성을 다시 인식할 필요가 있다. 더욱이 Gr. Go.와 유기적
관련이 있어 보이는 달레의 「민족어」는 우리 민족어에 대한 지식이
전혀 없는 유럽인을 상대로 한 계몽적인 글의 짤막한 요약에 지나지
않지만 저자의 말대로 그것은 "우리 민족어 기초 문법의 대강"(1' exposé
de notions grammaticales élémentaires sur la langue coréenne)[6]이며 그리피스
(W.R. Griffis)의 지적과 같이 "a small Korean grammar"[7]인 것이다.

그런데 지금까지 우리의 어학사에서는 이 땅 최초의 문법서는 1877
년에 나온 로스(J. Ross)의 *Corean Primer*라 말하여 왔다[8]. 사실 로스의
것은 체계가 불완전하며 회화를 익히기 위한 도입적인 서술에 지나지
못하므로 엄밀한 의미의 문법서라고 할 수 없다[9]. Gr. Co.가 연대상으

---

2) 그리피스 (1882/ 1902: 476)와 오구라 (1940/ 1964: 33)를 보라.
3) 사전은 「한불ㅈ뎐」 아래에 프랑스어 명칭이 병기되어 있으나 문법은 프랑스어
   명칭 이외에는 어떠한 이름도 없다. 종종 「조선어문법」 내지 「한어문법」이라
   함을 보는데 이는 번역어일 따름이다.
4) 애스턴 (1881)을 가리킨다.
5) 프랑스 한국 선교단(Frantsuskie missionery 1908)를 가리킨다.
6) 달레 (1874가: ix)를 보라.
7) 그리피스 (1882/ 1902: 477)를 보라.
8) 오구라 (1940/ 1964: 77), 김민수 (1955/ 1960: 233)를 보라.

로 몇 년 뒤진다고 하더라도 이는 1840년대 뤼 등의 프랑스 선교사의 입국 이래, 30여년 간 팽배(澎湃)하게 지속되어 온 우리 민족어 연구의 총결산이며 이미 이의「요약」이 달레의『조선 교회사』10)에 끼어 있으므로 이 땅 최초의 문법서는 프랑스 외방 전도회 신부들의 업적을 들어야 할 것이다. 이제 그 사정을 구체적으로 살펴보기로 한다.

2 프랑스 선교사들의 우리 민족어 연구 상황11)

프랑스 선교사가 우리 나라에 최초로 들어온 것은 1836년 모방 (Maubant) 등 3인의 신부이었으나 이들은 기해(己亥) 교난(1839) 때 순교하고 말았으며 1845년에 입국한 다뷜류로부터 우리 민족어 연구가 시작된다. 그는 충청도 내포(內浦)(牙山)에서 20여년 간 선교 활동을 하는 도중, 순교 자료 수집에 전력하면서「한중불사전」의 편찬에 노력하였고 1851년『羅韓辭典』12)을 편찬함으로써 우리 민족어 연구의 기틀을

---

9) 고영근 (1976가)을 보라, 로센 (1970)에도 본서는 〈Primers and Study Program〉 항목에 넣고 있다.
　[보충쥐] 이 책은『歷代韓國文法大系』②02에 실려 있고 이 책에 실린 평안도 자료를 중심으로 한 연구가 많이 나왔다.
10) 달레 (1974가)를 보라.
11) 이 부분은 유홍렬 (1962: 1-356), 달레 (Dallet 1874가: 242-592), 리델 신부의 전기 및 최석우 신부와의 대담을 기초로 하여 외방 전도회 신부들의 우리 민족어 연구를 종합한 것이다. 이에 대하여 종래의 어학사에는 단편적으로만 서술되어 있다.
12) 1931년(소화 6년)까지 경성천주공교회(京城天主公教會所)에 사본(寫本)으로 전래되고 있었으나 (오구라 1940/ 1964: 32-33), 최석우 신부에 의하면 그 사이 분실되었다고 한다. 본서에 대한 구체적 서지 사항은 오구라 (1964: 32)를 보라.

잡았다. 더욱이 1866년 충청도 제천(堤川)에 배론(舟論) 신학교가 설치됨으로써 우리 민족어 연구가 본격화되었다.

푸르티(Pourthie)는 1856년에 입국하여 배론 신학교에서 매우 해박한 한 권의 문법(une grammaire assez etendue)과 한 권의 『나한중사전』(un dictionnaire-latin-coréen-chinois)[13]의 원고를 완성했으며[14], 프띠니콜라 (Petitnicolas)는 5년 간 위의 신학교에서 푸르티를 도와가면서 사전 편찬의 일을 보아 왔고[15], 특히 『나한사전』까지 편찬하였다[16]. 이들 여러 종류의 사전과 문법은 그 원고가 병인 교난때 소실되고 말았다.(뒤에 나옴)

1861년에 입국한 리델은 병인교난 때 공주 태생의 유식한 신도 최요안(본명 智爀) 등과 함께 탈출에 성공하였으며 1868년 말부터 깔레 (Calais), 블랑(Blanc), 리사르(Richard), 마르띠노(Martineau)의네 신부 및 조선 교인들과 함께 만주 장하(莊河) 가에 있는 차코우(岔溝)(Tchakou)에서 1874년 12월 8일까지 회의를 열며 조선 전교(傳敎)를 위한 방안을 토의하였다[17].

그동안 그는 위의 최지혁과 함께 『한불ㅈ뎐』과 Gr.Co.을 편찬하였다[18]. 이들 사전과 문법의 편찬 경위에 대해서는 달레의 다음 구절이

[보충주] 한국정신문화연구원의 『민족문화대백과사전』의 '나한소사전'(권 5) (고영근 집필)에서 자세한 정보를 얻을 수 있다.

13) 유홍렬 (1962: 97)에는 '한중불 사전'으로 되어 있으나 이는 '나한 중사전'의 잘못이다.

14) 달레 (1974나: 542)를 보라.

15) 위의 책을 보라.

16) 달레 (1974가: p.Lxxix)를 보라.

17) 유홍렬 (1962: 352)을 보라.

18) 김민수 (1955/ 1960: 234)에는 Gr. Co.이 우리 나라에서 저술되었다고 말하고

큰 참고가 된다[19].

    이 역사책을 읽어 가면 선교사들이 열렬히 조선어 연구에 골몰하였다는
것을 보게 되리라.
    … 이들 여러 사전은 공동으로 엮은 문법과 더불어 완성되었으며 전도회
에 각각 한 부씩 보관하고 또 한 부씩은 프랑스에 보내어 인쇄하기 위하
여, 전도회에서 그것들을 베껴 쓰느라고 애 쓰고 있던 중, 1866년의 박해
가 터졌다. 모든 것이 압수되어 불에 던져졌다. 그때부터 조선 주재 교황
대리 리델 주교와 그의 새 동료들은 그들의 선임자인 순교자들의 일을
대부분 다시 시작하여, 몇몇 매우 유식한 본토의 기독교도들의 도움을
얻어, 『조선어 문법』과 『사전』을 준비하였다. 이 저작들은 사정이 허가하
면 근근 출판될 것이다[20].

위의 글을 보면 달레의 교회사에 나오는 「조선어」편이 리델 등의 Gr.
Co.와 어떤 관련이 있음을 추상(推想)할 수 있다. 리델은 1877년에 재입
국의 기회를 얻었으나[21], 이듬해 추방되어 다시 차코우로 되돌아갔으
며 뒤에 코스트(Coste) 등과 함께 일본으로 건너가서 사전 (1880)과 문법
(1881)을 출판하였다[22].

    있으나 이후의 우리 근대사 연구(유홍렬 1962)는 이상과 같은 편찬 경과를
    밝힐 수 있었다.
19) 달레 (1974가: p.Lxxix)를 보라.
20) 이 부분은 전적으로 달레/ 정기수(역) (1966: 130-131)에 의존하였다.
21) [보충주] 리델(F. C. Ridel) (1901)/ 유소연(역) (2009)를 보라.
22) 리델의 도일(渡日)과 사전·문법의 자세한 출판 경위에 대해서는 유홍렬 (1962
    : 356)을 보라.

3 달레의 「민족어」와 *Grammaire Coréenne*의 비교

우리는 앞에서 달레의 「민족어」와 Gr. Co. 사이에는 어떤 유기적 관련이 있음을 시사(示唆)한 바 있었는데 이제 양자를 구체적으로 대비해 보기로 한다.

달레의 「민족어」를 중심으로 내용을 간추리면서 Gr. Co.와의 차이점을 들기로 한다. Gr. Co.는 지금까지 몇 차례에 걸쳐 그 내용이 소개·검토된 일이 있으나[23], 달레의 것은 우리 민족어의 계통에 관한 부분(뒤에 나옴)만 알려졌을 뿐[24], 나머지는 전혀 알려져 오지 않았음을 고려했기 때문이다[25].

Dallet의 "a langue coréenne"의 전반적 구성은 다음과 같다.

조선어와 한어(漢語)의 이중 언어생활 및 우리 나라 사람들의 한자 학습법과 선교사들의 우리 민족어 연구의 전말(顚末)을 포함하는 설명이 머리에 얹혀 있고(3.5면 정도), 이어 다음 4부로 구성되어 있다.

---

23) 오구라 (1940/ 1964: 79), 김민수 (1955/ 1960: 238-247), 이숭녕 (1965/ 1981: 2부), 고영근 (1976가/ 1983: 207-213)를 보라.
   [보충주] 지난 80년대 이후 심재기 (1985), 송민 (1987), 장소원 (2005가, 나)의 4 편이 나와 리델 등의 프랑스 선교사들의 우리 민족어 연구가 더 정밀하게 밝혀졌다.
24) 오구라 (1940/ 1964: 75)를 보라.
25) 박상일(朴相一)수녀(서울 계성국민학교 교장)는 4282(1949)년도 국립서울대학교 사범대학 졸업 논문으로 『프랑스의 조선어 연구』-특히 *Grammaire Coréenne*의 국어학사적 가치-를 제출한 일이 있었는데(400자 원고지 216+ viii), 그는 이 논문에서 처음으로 Gr. Co.의 내용을 자세히 공개하였으며 또 달레의 「민족어」편과의 내용의 동일성도 말한 일이 있다. 그러나 양자가 동일하게 된 경위는 밝히지 않고 있다. 이 원고는 샬트르 성바오로 수도회 도서관에 보관 중인데 오숙영 수녀의 호의로 열람하였다.(1976. 7. 2)

§ 1. LETTRES, ECRITURE, PRONONCIAT10N

§ 2. GRAMMAIRE (PARTIES DU DISCOURS)

§ 3. GRAMMAIRE (SYNTAXE)

§ 4. À QUELLE FAMILLE APPARTIENT LA LANGUE CORÉENNE

Gr. Co.에 들어 있는 서문과 부록 및 난이도에 따른 연습문제를 제외하면26), 양자 사이에 큰 차이가 없다. 달레의 §1과 §4가 Gr. Co.의 서설부(introduction)에 배당되어 배열 상의 차이가 약간 보일 뿐이고 문법의 핵이라 할 수 있는 품사론(§2)과 통사론(§3)이 설정되어 있는 점은 양자가 완전히 일치한다.

전반적 구성과 세부의 장·절이나 품사 체계 및 그 설명에 있어서도 큰 차이가 없다.

첫머리 부분(앞에 나옴)(p. LxxxvIII-Lxxix)은 Gr. Co.의 서설부의 제1장(Rapports et differences avec le chinois)의 요약으로 보아도 무방하다. 예시(例示)의 자료로는 Gr Co.와는 달리 그림(planche)을 이용하고 있다.

다음은 Gr. Co.의 서설부의 제3장과 대체로 동일하다. 이곳에서도 예시를 위하여 그림을 이용하고 있다.

§ 1. LETTRES, ECRITURE, PRONONCIAT10N (p.Lxxix-Lxxxi)

다음은 Gr. Co.의 제1부 제2장의 요약이다. 제목으로 Gr. Co.에서 "substantif"로 되어 있던 것이 이곳에서는 "nom"으로 바뀌었고 설명은

---

26) Gr. Co.의 자세한 서지 사항은 김민수 (1955/ 1960: 238)를 보라.

거의 일치한다. 곡용 체계에서 약간의 차이점이 있다. Gr. Co.에는 이른바 조사가 붙지 않는 명사 형태에 대해 "radical"이란 이름을 붙이고 있음에 대해 이곳에는 명사 형태만 제시하고 있다. 특수 조사 '은/는' 등을 Gr. Co.에서는 "oppositif"라 되어 있음에 대하여 이곳에서는 "determinatif"로 되어 있다. '에셔' 등을 본서에서는 "ablatif"라 부름에 대해 Gr. Co.에서는 "second locatif"를 병기하고 있는 점도 차이점의 하나이다. 9격(格)의 설정에는 변동이 없고 명칭만 조금씩 달라져 있다.

§ 2. GRAMMAIRE (PARTIES DU DISCOURS)

Noms, declinaisons (p.LXxxi-Lxxxiv)

다음은 Gr. Co.의 제1부 제2장과 거의 비슷하다.

Adjectif (p.Lxxxiv~LXXXV)

다음은 Gr. Co.의 제1부 제3장 제4절의 내용과 동일하다. 차이점은 Gr. Co.에는 수사에 해당하는 항목이 adjectif에 소속되어 있음에 대해 본서에는 독립되어 있는 것이다.

Noms de nombre (p.LXXXV-Lxxxvi)

다음은 Gr. Co.의 제1부 제4장과 대체로 동일하다.

Pronoms (p.Lxxxvi-Lxxxvii)

다음 동사 부분은 배치에 약간의 이동은 있지만 Gr. Co.의 제1부
제5장의 내용을 요약하거나 그대로 옮긴 곳이 적지 않다. 차이점은 Gr.
Co.의 "verbe facititif"(p.121)를 본서에서 "verbe causatif"라 한 것 등의
용어상의 변개가 눈에 뜨이고 Gr. Co.에서 제2부 통사론에서 처리했던
구두점에 관한 부분(p.176-177)이 본서에서는 동사 편에서 처리되어 있다.

Verbs conjugaison (p.Lxxxvii-XCiV)

다음 부분은 Gr. Co.의 제1부 제6, 7, 8, 9장을 상당히 요약하고 있다.
용어의 변개가 약간 눈에 띈다. "postposition"은 Gr, Co,에서는
"préposition"으로 나와 있다.(p.142-45). 그러나 실제의 내용은 조금도
차이가 없다[27]. Gr. Co.에는 "interjection ou exclamation"으로 두 용
어가 병기되어 있었는데 본 편에는 "interjection"만 취하고 있음도 용어
면의 차이라 할 수 있다.

Adverbes Postposition Conjonction Interjections (p.XCLV-XCV)

이상은 품사 체계 상의 유사성에 입각한 대교인데 양자 사이에는
품사의 설정에 차이를 보이는 것도 있다. 곧 Gr. Co.에는 관사(de

---

27) 고영근 (1976/ 1983: 208, 본서 433쪽)을 보라.

l'article) 항목이 들어 있으나 「조선어」편에는 제외되어 있다.

통사론에서는 문장 구성의 기본 원리를 들고 그것을 보충·설명하는 정도로 끝나고 있다. Gr. Co.에서 보는 바와 같은 격조사 용법의 세밀한 기술 등은 생략되어 있다. 곧 이 부분은 Gr. Co.의 제2부를 상당히 요약했다고 할 수 있다.

§ 3. GRAMMAIRE (SYNTAXE) (p.xcv-xcvii)

다음은 Gr. Co.에는 이 부분이 서설부 제2장에 배치되어 있는데 본편에는 끝으로 와 있다. 그런데 Gr. Co.의 저자들은 이 부분을 달레의 저술에서 인용하였음을 명백히 하고 있다.(뒤에 나옴)

§ 4. A QUELLE AFPARTIENT LA LANGUE CORÉENNE

이상의 논의를 기초로 할 때 구성·용어, 품사 체계 상으로 다소의 차이가 없는바 아니나[28], Gr, Co.와 달레의 「민족어」편은 그 내용이 거의 일치함을 확인할 수 있다. 더욱이 후자는 전자의 요약이라는 인상이 매우 짙음을 부인할 수 없다. 달레의 것이 Gr. Co. 보다 뒤에 나왔으면 후자의 요약이라고 단언할 수 있지만 연대 상으로 7년이나 앞서기

---

28) 이러한 차이는 본편의 텍스트인 첫 원고와 Gr, Co.의 차이점일 수도 있고 달레가 요약할 때 가한 변개로도 볼 수 있다. 특히 관사의 제외와 "préposition"을 "postposition"으로 바꾼 것은 달레의 소위(所爲)일 가능성이 많다. 그러나 이 문제는 리델 등의 첫 원고가 발견될 때까지는 속단할 수 없다.

때문에 문제가 있는 것이다. 달레가『조선교회사』를 쓸 때 리델 등과
교섭이 있었던 것만은 사실이나 어떤 경위를 밟아「민족어」편을 쓰게
되었는지는 밝혀 주지 않고 있으므로 양자의 체계를 구명하는 일이 쉽
지 않을 것이다.

연대 상으로 달레의 것이 먼저 나왔으므로 Gr. Co.이 그것을 참조했
을 가능성을 고려할 수 있다. 최석우 신부는 필자와의 대담[29]에서 다빌
류가 1862년 조선의 순교 자료를 파리로 보낼 때 배론 신학교에서 편찬
한 문법원고의 요지를 보냈을 가능성을 타진하면서 교회사 집필 당시
(1871~1872)[30], 아직도 완성되지 않은 리델 등의 저서[31]를 보았을 가능
성이 희박한 점을 든 일이 있다. 그러나 사전과 문법이 곧 출판된다는
달레의 시사(앞에 나옴)와, 체재와 내용에 있어 양자가 거의 일치하는 점
등을 고려할 때 리델 등이 달레의『조선 교회사』의 집필에 즈음하여
모종(某種)의 유기적 연락이 있었음을 추측할 수 있다. 이러한 추측을
뒷받침 하는 것이 다음과 같은 Gr. Co.의 총설부「민족어는 어느 어족
에 속하는가」에 붙여진 각주의 내용이다.

---

29) 필자는 Gr. Co.와 달레의「민족어」편에 얽힌 사정에 관한 자료 수집을 위하여
   1976년 6월 8일 오후 5시에 조선교회사연구소(마포구 합정동 소재)로 최 신부
   를 찾은 일이 있다.
30) 최신부는 *Séminaire des Lettre Commune Missions Étrangères* No.9, Paris,
   1878, p.77에 근거하여 달레가 다빌류의 원고와 수집된 문서를 정리·수정하
   는 데 불과 수 개월밖에 요하지 않았다고 한다. 조선 교회사의 대부분은 다빌
   류의 것을 정리한 것이나 서론부만은 그 자신의 창작이라는 것이다. 최 신부는
   집필 연대를 대체로 1871~1872 사이로 잡고 있다.
31) 사전과 문법 원고의 작성은 대체로 1875년 경으로 추산하고 있다.(유홍렬
   1962 :352-356)

우리는 본장에 대해서는 완전히 언어학에 조예가 깊고 인도의 중요 언어
를 잘 알고 있는 우리의 벗 달레 씨의 도움을 입었다. 그에게 우리의 첫
원고(premier travail)를 빌려 주어 『조선교회사』의 서론에 요약(résumé)을
삽입하게 되자 그는 심사숙고한 끝에 우리 민족어가 소속되는 어족에 대
해 다음과 같은 결론을 이끌어 낼 수 있다고 생각했던 것이다[32].

위의 진술에 의해 달레는 리델 등으로부터 그들의 첫 원고를 입수하여
그것을 읽고 요약함으로써 조선어의 귀속 문제를 단정하게 된 것이다.
이런 사정 때문에 이 부분이 「민족어」편의 마지막에 실려 있는 것이
아닌가 한다.

리델 등의 문법과 사전은 그들의 독창에 속하는 것일까? 그렇지 않다
고 생각한다. 리델 일행이 처음 입국하여 서울에 잠입했을 때 그는 베
르뇌(Berneux)와 다빌류를 만나 4개월 간 우리 민족어를 습득했다는 사
실이 드러나는데[33], 이때 그는 오래 전에 입국한, 우리 민족어에 상당
한 조예가 있었던 다빌류 등(앞에 나옴)으로부터 우리 민족어 문법에 대
한 대체적인 지식을 전수 받았을 것이고 그가 선교하는 4, 5년간(1866년
박해까지) 서신 등을 통해 제천에 자리잡고 있었던 푸르티, 프띠니콜라로
부터 우리 민족어 문법에 대한 정보를 얻었을 가능성을 충분히 짐작할
수 있다. 그런 바탕 위에서 그는 사전과 문법을 편찬한 것이 아닌가
한다.

---

32) 이 부분의 독해에 대해서는 서울대학교 불문과 기유모즈(A. Guillemoz) 선생
　　의 도움이 컸다. 사실 이 부분은 필자가 최신부를 만난 뒤 찾은 것이다.
33) 유홍렬 (1962: 23-26)을 보라.

4 마무리

　우리는 근대 민족 어학사의 서술에서 이상과 같은 프랑스 외방 전도회 신부들의 우리 민족어 연구를 특기할 필요가 있으며 문법 연구사에 있어서는 리델 등의 첫 원고가 요약된 달레의 「조선어」편에까지 소급할 필요가 있음을 강조하고자 한다. 특히 계통론 연구사에서는 달레의 소론이 중시될 필요가 있다.

민족어학의
건설과 발전

|3| 로우니의 우리 민족어 연구

1 들어가기

초기 서양인의 우리 민족어 연구의 제반 동향을 유기적으로 서술하기 위해서는 각 자료에 대한 서지·문헌적인 정리 작업이 일차적으로 수행되어야 한다. 논의의 대상이 될 만한 자료일수록 중판(重版) 과정에서 첨삭(添削)이 행해졌고 번역이 되었는가 하면 서평까지 결부되어 있다. 종전의 어학사에는 이런 복합적 사정이 크게 고려되지 않았다[1]. 대체로 논저의 이름을 들고 내용을 소개하는 정도로 끝나 있다고 할 수 있다. 초기 서양인의 업적이 현대적인 관점에 설 때, 별로 주목의 대상이 될 만한 것이 없다고 하여 이 방면에 대한 집중적 연구에 회의적인 태도를 취할 수도 없지 않을 것이다. 그러나 서양인들의 우리 민족

---

[1] 오구라 (1940/ 1964: 74-75쪽)를 가리킨다.

어에 관한 관찰 및 인식에 대한 체계적 연구는 근대 민족 어학사의 많은 면을 보충해 줄 수 있고 민족 어학의 형성 및 발전 과정에 얽힌 숱한 과제를 풀어 줄 수 있다. 이러한 목적 수행의 준비 작업으로서 필자는 19세기 전반기의 서양인의 우리 민족어 연구 자료들을 정리한 바 있다[2]. 본고는 19세기 중반, 주로 1850년대에서 시작하여 1882년 사이에 나온 저네들의 우리 민족어 연구 자료를 정리하기 위한 일환으로 진행되는 것이다.

19세기 후반기에 적극적 활동을 편 서양인으로서 특별히 주목할 만한 사람은 로우니 (L. de Rosny), 달레 (Ch. Dallet), 로스 (J. Ross), 애스턴 (W. G. Aston), 머킨타이어 (J. MacIntyre), 리델(F. Ridel) 등을 들 수 있다. 달레와 리델의 업적에 대해서는 이미 관견(管見)을 베푼 바 있으므로[3], 본고에서는 로우니의 업적을 대상으로 작업을 행해 보려고 한다.

2 로우니의 우리 민족어 연구 자료

로우니의 우리 민족어에 관한 업적으로 어학사에서 자주 거론되었던 것은 Aperçu (1864)이다[4]. 이 글은 이듬해(1865) 영어로 번역된 일이 있고 1866년 그 속편이 나오기도 했다. 3편의 상관 관계에 대해서는 다음 장에서 상세히 논할 것이므로 이 곳에서는 나머지의 자료만 언급

---

2) 고영근 (1979가)와 본서 355-369쪽을 보라.
3) 고영근 (1976가, 나)를 보라.
4) [보충주] 평가 대상의 업적의 서지 사항은 끝의 〈Rosny의 우리 민족어 연구 자료 목록〉을 보라.

하기로 한다.

Introduction(1856)은 제1장의 「일본어의 기원」(L' origine de la langue japonaise, p.1-8)에서 우리 민족어에 대해 언급하고 있는데 일본어와 우리 민족어와의 친연성 및 문법 구조에 대한 약술(略述)을 보여 준다.(특히 p.4를 보라). 본서는, 서명이 보여 주는 바와 같이, 일본어 학습 입문서이다. 내제 왼쪽에는 한자로 저자, 저서명, 출판지, 출판사에 관한 사항이 적혀 있다. 저자의 한자 이름은 '囉尼'(뒤에 나옴)이고 저서의 이름은 『日本語考』이다.(뒤에 나옴). 본서는 1865년 『日本語考: Grammaire Japonaise … 』로 개제·출판된 일이 있으나 1856년 판과 내용상의 차이를 발견할 수 없다. 본서가 지니고 있는 우리 민족어에 관한 서술은 얼마 되지 않지만(앞에 나옴), 서문(préface)에 나타나 있는 본서의 저술상의 경위를 이해하는 일은 로우니의 우리 민족어 연구의 자세한 사정을 밝히는 작업과 밀접한 관계가 있다.

일본어에 관해서는 로드리그(Rodriguez)[5]의 업적이 없는 바 아니나 그것은 시대적 요구에 맞지 않는다고 하여 일본어에 관한 연구의 절실함을 강조하는 저자는 지볼트(Siebold)의 업적을 바탕으로 본서를 쓰게 되었다고 하였다. 대다수의 중국학자와 동양학자들이 다른 나라의 말과 문학에 시선을 집중하고 있을 때, 지볼트는 일본을 편력(遍歷)하였으며 그에게서 자연과학을 배운 학자들과 교분을 두터이하면서 많은 자료를 모아 유럽에 돌아와서 일종의 백과사전을 출판했다고 하였다. 이는 다름 아닌 지볼트의 저 유명한 『일본의 기술에 관한 기록』(Nippon: Archiv

---

[5] 1604~1608년에 *Arte da Lingoa de Iapam*(일본문법)을 저술한 포르트칼 선교사 João Rodriguez (1561~1634)를 가리킨다. 고쿠고 가쿠가이(1955)를 보라.

zur Beschreibung von Japan, Leyden, 1832)를 가리키는 것이다[6]. 그는 또 M. J. Hoffmann(Leyde[7])과 M. Aug. Pfizmaier(Vienne[8])의 저술도 큰 도움이 되었다고 하였다[9].

Vocabulaire (1861)는 종전의 어학사에서는 '筆者不明'으로 되어 있으나[10], 이 글의 게재지인 *Revue orientale et américaine*가 당시 로우니에 의해 편집되었음을 참작하면(뒤에 나옴), 로우니의 글임이 틀림없다[11]. 한자, 한글, 아이누(Yéso) 문자의 성질을 베풀고 중국어, 우리 민족어, 아이누어의 어휘를 프랑스어로 설명한 것이다. 오구라의 해설에 따르면 이 글의 우리 민족어 어휘의 출처는 Medhurst의『倭語類解』(1835)[12], Siebold의『類合』독역본 (1838)[13], 한로어(韓露語) 대조 어휘, 런던의 아시아협회 소장(所藏)의 우리 민족어에 관한 한 권의 어구집(語句集), 동인도회사 소장의 한 권의 한·영어 대조 어휘집, Stürler 수집의 언문(諺文) 붙은 선본(善本)『千字文』등이라고 한다. 내용의 성격으로 볼 때 Aperçu(1864)의 첫 머리(avertissement)와 유사한 점이 많다.(뒤에 나옴)

---

6) 고영근 (1979나)와 본서 360쪽을 보라.
7) 'Leiden'의 프랑스어 식 철자이다.
8) 'Wien'의 프랑스어 식 철자이다.
9) 로우니가 참조한 Hoffmann과 Pfizmaier의 저술이 무엇인지 알 수 없다. 전자는 1867년에 일본어 문법을 썼고 후자의 일본어에 대한 업적은 아직 알려진 것이 없다. 후고(後考)를 기다린다.
   [보충주] 호프만의 저술은 천자문의 독역을 가리킴이 틀림없어 보인다.(고영근 1979 및 본서 364쪽)
10) 오구라 (1940/ 1964: 74)를 보라.
11) 필자는 아직 이 글을 보지 못하였다. 오구라 (1942/ 1964: 74)에 의존하였다.
12) 고영근 (1979나)와 본서 368쪽을 보라.
13) 자세한 내용은 고영근(1979나)와 본서 362쪽을 보라.

Études (1964)는 서명(書名)이 가리키는 바와 같이 아시아의 지리·역사를 서술한 책이다. 우리 나라(Corée)를 비롯하여 일본, 아이누 (Yéso), 베트남 (Annam), 캄보디아 (Kamboje), 샴 (Siam), 유구 (Lou-tchou), 티벳 (Tibet), 버마 (Barman), 라닥 (Ladâk), 페르시아 (Perse) 등의 나라에 대한 역사·지리는 물론, 인종, 사회, 종교(불교, 유교), 교역, 산업에 대한 내용을 담고 있다. 일본에 대해서는 Siebold의 『日本의 記述에 관한 記錄』의 내용을 소개하고 관련 사항을 중점적으로 서술하였다. 우리 나라(La Corée)에 대해서는(p.107~122) 지볼트와 크라프로트(Klaproth)의 San-kokt-sou- ran(三國通覽圖說)에 따라 우리의 국명(國名)을 표기하고 그 의미를 설명한 것(예. kao-li, Tchao-sien 등)과 팔도(八道)의 이름에 대한 프랑스 식의 표기(예. kang-uoen)가 우리 민족어 연구 자료로 간주될 수 있다. 우리는 본서를 통해서도 로우니가 지볼트의 저술을 어느 정도 많이 참조했는가 하는 것을 확인할 수 있다.

Variété (1872)도 동양의 지리·역사·과학·서지 및 문학에 관한 책이다. 하멜(Hamel)과 그 억류에 관한 장이 따로 마련되어 있고 (XV. — Hendrik Hamel et sa captivité en Corée, p.157-162), 우리의 지리와 역사에 관한 사항 역시 독자적으로 베풀어져 있다.(XXV. — Sur la géographie et l'histoire, p.313~336). 현행 지리부 (I. Géographie physique)에서는 păik-tô-san, Tsyang-păik-san, Tou-man-kang 등의 소수의 지리명이 우리의 발음에 따라 적혀져 있고 65개의 산과 크고 작은 섬의 이름이 중국 발음에 따라 알파벳 순서로 배열되어 있다.(p.316~328). 역사지리부(II. —Géographique historique)에서는 우리의 역사 상의 지명·국명·왕의 이름이 우리 발음 또는 중국 발음(표시 예가 그러함)에 따라 프랑스어 식으로 표기되어 있다.(p.329-336)[14].

Idiom e(1878)은 이전의 서양인들에 의해 연구된 우리 민족어의 음운 및 그 로마자 표기법[15], 로쓰의 책자[16]에 나오는 동사의 활용법 등에 비평을 가한 것인데 끝에 지볼트가 나가사키에서 난파한 우리 나라 사람들과의 접촉에서 얻은 한글 시가(詩歌) 일구(一句)의 원문[17]과 그 일역 (日譯)을 붙여 놓고 있다[18].

Critique littéraire(1878)은 로쓰의 우리 민족어 입문서 (1877)에 대한 서평이다. 이 글은 로쓰 저술에 대한 가치를 이해하는 데도 필수적 자료가 되지마는 당시까지의 우리 민족어 연구와 그것이 당면해 있었던 문제점을 인식하는 데에 크게 도움이 된다[19].

이 밖에도 Affinités (1861), Écritures (1870), Essai (1876)에 우리 민족어에 관한 언급이 있다고 하나[20], 자료를 아직 입수하지 못했으며 Congrès des orientalistes T.I의 13개 면의 여기저기에「한국에서의 한자어에 관하여」(Sur les langues chinoise en Corée)란 글이 실렸다고 하나[21],

---

14) 본서의 지리·역사부는 *Revue orientale* p.155~174에도 그대로 실려 있는데 (서울대학교 중앙도서관 소장의 별쇄본에 의함), 자세한 서지 사항은 아직 모르고 있다.
15) 달레 (1874가, 나)에 대하여는 고영근 (1976나, 본서 378-384쪽에 다시 실림), 지볼트 (1832)에 대하여는 고영근 (1979나, 본서 359-363쪽에 다시 실림), 로스 (1877)에 대하여는 고영근 (1978가)과 김민수 밖에 (1977~1986 ②1 해설), 푸칠로의 우리 민족어 자료에 대하여는 최학근 (1976)를 보라.
16) 로스 (1877)를 가리킨다.
17) 자세한 내용은 고영근 (1979나, 1998가: 319)를 보라.
18) 필자는 아직 이 글을 보지 못하였다. 오구라 (1942/ 1964: 366)를 보라.
19) 고영근 (1978가/ 1983: 10, 2001마: 15)에서 그런 점을 지적하였다.
20) 오구라 (1940/ 1964: 補註 p.28)를 보라.
21) 오구라 (1940/ 1964: 補註 p.43)를 보라.

정확한 연대조차 알려져 있지 않다. 끝으로 로우니의 우리 민족어 연구
자료 가운데 특기할 만한 것으로 Les Coréens (1886)이 있으나 본서는
필자의 현재의 자료 정리의 범위를 넘어서므로 다음 기회에 언급하고
자 한다.

　이상과 같은 저술을 남긴 로우니(L. Rosny)는 어떤 인물이었을까? 동
아문화연구소에서 나온 국어국문학사전[22]에는

　　로스니 … 1837~1914 프랑스의 동양학자, 민속학자, 일본어학자. 19세기
　　후반에 한국에 와서 …

와 같이 기술하고 있다. 필자는 그가 일본에 관한 많은 저술을 남긴
점에 근거하여 일본에 주재하던 프랑스 외교관이었다고 쓴 적이 있
다[23]. 그러나 본고의 집필에 즈음하여 그의 이력 사항을 조사해 보니
그는 우리 나라에는 물론 온 적이 없고 일본에 주재한 일도 없었다[24].
　라루스 (1928), 이와나미 (1956), 아메리카나 (1963)을 중심으로 그의
이력을 다시 편성해 보기로 한다.

　　자세한 성명은 Léon-Louis-Lucien Prunol de Rosny, 漢名은 囉尼(이와나
　　미 1956에는 '羅'로 나와 있음), 프랑스의 동양학자, 민속학자. 1837년 8월
　　5일 Loos(Nord)에서 태어나서 1916년 8월 28일[25] Fontenay-aux-Ross에

---

22) 동아문화연구소 (1973)의 해당 표제어를 보라.
23) 고영근 (1978가)를 보라.
24) 동아문화연구소 (1973)의 '로스니'란 표기는 로우니의 잘못이며 서거 연대도
　　정확한지 의문이다.(뒤에 나옴)
25) 서거 연대에 차이가 있다. 라루스 (1928)와 아메리카나 (1963)에는 1916년이

서 서거(逝去)하다. 처음에는 식물학을 전공했고 이어 중국어와 일본어를 공부하다. 특히 프랑스의 중국학자 Stanislas J. Julien (1799. 9. 20~1873. 2. 14)로부터 중국어를 배우다. 1858년 민족학회(Société d'ethnographie) 창립. 1862년 통역관의 자격으로 일본(shogoun) 사절과 접촉. 1863년 동양어학교 일본어 강사 피임. 1868년에 창립한 같은 학과 일본어강좌 정교수 취임. 1873년 국제동양학자회(Congrès internationale des orientalistes) 창립. 1886년 소로본느 고등연구학원(École des hautes études) 교장보(校長補)26). 1858~1865, 1876~1879년 간에 *Revue orientale et Américaine*의 편집. 중국 · 일본 · 우리 민족어와 중앙 아메리카 및 Yucatan 지역의 고고학의 권위. 특히 일본에 많은 관심이 있어 일본어 교재와 사서(辭書)를 많이 저술했고 일어신문《よのうわさ》를 발간했으며(1868년), 福澤諭吉, 福地源一郎, 栗本鋤雲 등의 日人과 交友를 맺었음.

이상의 이력검토에 의하면 동양에는 온 일이 없고 파리에서 동양어를 학습 · 연구했음을 확인할 수 있다. 앞의 우리 민족어 연구 자료 검토의 결과와 그의 이력 사항을 관련시켜 보면 우리 민족어 연구의 동기가 중국어 · 일본어의 연구에서 비롯되었으며 지볼트의 업적이 그의 우리 민족어 연구의 중요한 자료적 원천이 되었음을 확인할 수 있다.

나 이와나미 (1956)에는 1914년 8월 28일로 나와 있다. 필자는 서거한 해는 전자를 취하고 월일(月日)은 후자를 택했다. 정확한 것은 후일로 미룬다.
26) 이와나미 (1956)에는 '高等研究院の校長', 아메리카나(1963)에는 " … director of the École des Hautes at the Sorobonne … "으로 되어 있으나 라루스 (1928)에는 " … il fut nommé directeur adjoint de l'École des hautes ètudes."와 같이 교장보로 나와 있다. 라루스 (1928)에 실린 로우니의 이력 내용의 독해에 대해서는 원윤수 · 홍승오 두 교수의 힘이 컸다. 사의를 표한다.

3 Aperçu(1864)의 내용과 그 영역(英譯) Sketch(1865)와의 비교

로우니의 우리 민족어에 관한 중요 업적은 Aperçu (1864)이다. 이 글에 대한 영역 Sketch (1865)가 이어서 나오고 전자의 속편이 1866년에 같은 지상에 발표되었다.(앞에 나옴). 속편의 제목은 전편(前篇)과 다름없이 「우리 민족어에 관한 소견」이나 내용은 우리 나라의 역사·민속을 다루고 있다. 그러나 양편(兩篇)이 같은 제목 아래 씌어졌으며 연재의 형식을 취하고 있기 때문에 우선 양편의 내용을 장별로 살펴보기로 한다[27].

Aperçu(1864)의 내용

머리말(Avertissment)
Hamel 이후의 서양인에 의한 우리 민족어 관찰 및 연구—구체적으로 N. Witson, Rob. Broughton, B. Hall, M. Maxwell, J. Mac-Leod, Klaproth, M. de Siebold, M. Medhurst 등의 업적들—와 단편 자료들—구체적으로 한로(韓露) 원고본, 런던의 아세아학회 도서관 소장의 우리 민족어 자료, 동인도회사 도서관 소장의 한영 어휘집, Stürler가 수집한 『千字文』 등—을 바탕으로 서지학과 일반 언어학의 관점에서 우리 민족어와 문법에 대한 최초의 개관을 시도함[28].
ⅠⅠ. 민족 문자에 관하여(De l'écriture coréenne): 한글 자모의 특성과 구조, 기원의 서설[29].

---

27) 원문과 번역문은 김민수 밖에(공편) (1977~1986)과 김민수·고영근(제2판) (2008) ②20)에서 쉽게 참조할 수 있다.
28) 머리말의 내용은 Vocabulaire (1861)과 큰 차이가 없지 않은가 한다.(앞에 나옴)
29) [보충주] 로우니의 민족 문자에 대한 언급은 이기문 (2000)에서 내용이 소개되

Ⅱ. 한자어에 관하여(Du sinico-coréen): 민족 한자의 음성상의 특징을 일본, 월남, 北京官話, 복건·광동음과 비교·설명함.

Ⅲ. 우리 민족어에 관한 일반 관찰(Observations générales sur la langue & coréenne): 주로 민족어의 계통 문제를 중국어, 일본어 및 타르타르 (tartare) 제어와 비교함.

Ⅳ. 우리 민족어의 문법에 관하여(De la grammaire coréenne): 명사, 곡용, 형용사, 대명사, 동사, 후치사, 접속사 등에 걸쳐 우리 민족어 문법을 일본어 및 타르타르 제어와 비교하여 서술함.

Aperçu (1866)의 내용

제2편(Deuxième article): 제1편의 내용을 요약하고 본편의 논술 범위를 한정하고 있다. 역사와 문헌학적 입장에서 한국을 극동과 중앙 아시아의 문명권과 관련시킬 것을 천명함.

Ⅴ. 불교의 전래가 민족 문화에 미친 영향(De l'influence des migrations bouddhiques sur le développement de la littérature en Corée): 한글과 티벳 문자와의 관련성을 불교 전래와 결부시키면서 민족 문화에 있어서 불교의 영향을 논의함.

Ⅵ. 우리 반도의 민족지(民族誌)에 관한 관견(Aperçu sur la l'ethnographie de la presqu'ile coréenne): 우리 반도의 민족지에 대한 Klaproth, Siebold, Callery의 의견을 종합하고 한국의 역사를 서술함.

속편에서 우리 민족어 연구의 자료로 간주할 수 있는 것은 한글의 기원을 티벳 문자에서 찾은 Ⅴ장이다. Ⅵ장에도 국호 등을 프랑스 식으로 표기한 예가 많으나 대부분 일본 발음을 옮긴 것이다.

다음으로 Aperçu (1864)와 그 영역문(英譯文)과의 관계를 비교해 보기

고 평가된 바 있다.

로 한다.

영역문은 1965년 2월 1일 *The Chinese and Japanese Repository* No. ⅪⅩ 의 pp.49~56과 pp.182~184에 게재되었다. 역자는 명시되어 있지 않다. p.51에 〔J. S.〕에 의한 역주가 붙어 있는데 (뒤에 나옴), J. S.가 바로 역자일 가능성이 짙다. 로우니의 Aperçu (1864)가 당시까지 나온 우리 민족어에 대한 가장 체계적인 기술이었던 만큼 영·미의 독자들을 위하여 J. S.라는 사람이 영역을 시도하지 않았는가 한다[30]. 영역문은 원문의 축자역이 아니다. 우선 체제가 바뀌었고 빠뜨린 것, 추가된 것, 요약·번역된 것 등 변화가 상당하다. 그러한 차이점을 상호 비교해 보기로 한다.

3.1. 체제가 달라진 것

원문에는 Avertissement(머리말)이란 말이 나오는데 영역문에는 이에 해당하는 말이 보이지 않는다. 원문은 전편을 64개 항목으로 구분하고 있는 데 대해 영역문은 이러한 구분을 두지 않고 있으며 원문의 장 표시(Ⅰ~Ⅳ)(앞에 나옴)만 지키고 있을 뿐이다. 원문은 각 페이지 아래에 '1, 2, 3 …' 등으로 각주 번호를 따로따로 매기고 있는데 대해 영역문은 '＊, †, ‡' 등의 부호로써 번호에 대신하고 있다. 이 밖에 구체적 체재 변화를 더 들어 보기로 한다.

---

30) 〔J. S.〕는 이 학보의 편집자일 가능성이 있다. 필자가 이용할 것은 서독 보훔 대학교 동아학부 중국학 도서관 소장본이다. 이 학보의 전모를 볼 수 없는 현재의 필자로서는 편집자가 누구인지 단언할 수 없다. 후일을 기약한다.

Aperçu(1864)	Sketch(1865)	소 견
• p.289, l. 3 Vers la même époque, …	줄바꿈 (p.56, l. 6 참조)	
• p.291, l. 8 이하, 모음자의 상하 배열	좌우 배열 (p.51, l. 3~4 참조)	
• p.309, 각주 1(Il en de même en japonais)	본문에 들어옴 (p.56, l. 22~ 23 참조)(This also agrees …)	

3.2. 빠진 것

번역을 빠뜨린 것과 한글 자료가 제시되지 않은 것으로 구분한다.

(1) 번역을 빠뜨린 것

Aperçu(1864)	Sketch(1865)	소 견
• p.280, l. 28, 'J ai en …' ~p. 290, l. 19, '…27 September 1859' p.290 각주 1	빠짐 (p.50 참조) 빠짐 (p.50 참조)	서술방법 등이 기술된 것임. 해당 본문의 결역으로 각주 빠짐
• p.291의 voyelles의 일본 (japonais) 모음자 ア 등 9개자 (字)와 독일어(allem)의 ö, yö, 프랑스어(fr.)의 yeu	빠짐 (p.51 참조)	
• p.290-291 각주 2 'et une autre … fautive'(p.291 부분)	빠짐 (p.50 각주 † † 참조)	
• p.293, l. 10 'Les Coréen … les Cochinchinois'	'les Cochinchinnis'를 빠뜨림 (p.51, l. 30 참조)	빠진 말은 오늘의 '베트남'임
• p.293, l. 12~l. 14 'les Coréen … l'Asia orientale' p.293의 각주 1 p.293의 각주 2 p.293의 각주 3의 Klaproth (1832)	번역 안됨 (p.51, l. 30 참조) 빠짐 (p.51 참조) 빠짐 (p.51 참조 빠짐 (p.51 참조)	동아시아에서 우리나라만이 알파벳 문자를 가졌다는 이야기임. 해당 본문 결역이므로 각주 빠짐.

・p.294 각주 1의 한글 'ㅅ', 'ㅁ' 과 히브류 문자의 'ㅁ'와 일본 가나의 ㅈ	문자 예 빠짐 (p.52 각주 참조)	후자에는 자 례(字例)가 빠졌기 때문에 음가만으로는 문자의 상사성을 모름.
・p.294 각주 2의 Rémusat(1820)	빠짐 (p.52 참조)	
・p.295 각주 1의 le Rapport de Son Exc … (1862)	빠짐 (p.52 참조)	
・p.298. l. 10, 'La prononciation … ' ・p.299. l. 24 … le son ni ・p.298 脚註 1, 2 ・p.299 脚註 1	빠짐 (p.53-54 참조) 빠짐 (p.53-54 참조) 빠짐 (p.53-54 참조)	ngi에 대한 한・일・중・베트남 음의 비교임. 해당 本文 결역이므로
・p.300 l. 2~ l. 4 'Ces même … sinico-japonais' p.300 l. 5~l. 8 'Sinico-japonais siv'(シフ) 등	빠짐 (p.54 참조) 빠짐 (p.54 참조)	일본 한자음의 음절말 p에 관한 이야기임. 해당 설명이 빠졌으므로
・p.300 l. 9(§ 18), 'Le Tableau …'~ p.301 l. 21 'a Linguodentales …'	빠짐 (p.54 참조)	관화와 민족 한자음을 비교한 것임.
・p.302 l. 2~l. 3의 '디도, 로뎡'	빠짐 (p.54 l. 8 참조)	
・p.302 l. 4~l. 14, 'Ces variations… Nippon' p.302 각주 1	빠짐 (p.54 참조) 빠짐 (p.54 참조)	민족 한자음의 발음변이를 일본어와 비교한 것임. 해당 본문이 빠졌으므로
・p.303 l. 17, 'Lorsqu'on…'~ p.304 l. 8 '… pour le lire'	빠짐 (p.54 참조)	
・p.304 l. 16~l. 24, '23. La situation…complétement'	빠짐 (p.54 참조)	우리 민족어가 중국어의 한 방언이라는 통설 비판.
・305 l. 8~l. 11 'de même… distinct' p.305 각주 1	빠짐 (p.54 참조) 빠짐 (p.54 참조)	우리 민족어는 중국어와는 다른 언어라는 이야기임 해당 본문이 빠졌으므로

• p.307 l. 4~l. 9, '(ils) et prêtent … la linguistique'	빠짐 (p.55 참조)	
• p.307의 각주 1의 Rosny (1856)과 Siebold(1832)	빠짐 (p.55 참조)	
• p.307 l. 14~l. 21, 'nous avons…Examions'	빠짐 (p.55 참조)	한일어의 동원설(同源說)을 논의한 것임.
• p.308 각주 1의 Remusat (1820)과 Maury의 저서	빠짐 (p.56 참조)	
• p.309 각주 2, 3	빠짐 (p.56 참조)	
• p.312 l. 7~끝 'je … etc.'	빠짐 (p.182. l. 10 참조)	우리 민족어 속격의 tartare어와의 비교가능성 시사
• p.313 l. 2~l. 10 'Si l'on … tour mongol'	빠짐 (p.182. l. 11 참조)	우리 민족어 여격의 tartare어와의 비교시도임
• p.313 각주 1	빠짐 (p.182 참조)	
• p.313 l. 19~끝 'Dans son voyage … philologiques' p.313 각주 2	빠짐 (p.182 참조) 빠짐 (p.182 참조)	탈격의 비교시도임. 해당 본문이 빠졌으므로
• p.317 각주 1, 2	빠짐 (p.182 참조)	
• p.319 l. 5~ l. 7, 'Les pronoms … de la langue manderinique'	빠짐 (p.183 참조)	우리 민족어 대명사의 용법이 북경관화와 일치한다는 이야기
• p.319 각주 1	빠짐 (p.183 참조)	
• p321 각주 1	빠짐 (p.183 참조)	
• p.322 각주 1	빠짐 (p.184 참조)	
• p.323 l. 4~l. 7, 'd'autant plus … en japonais'	빠짐 (p.184 l. 28 참조)	
• p.324 l. 6 'Tels sont …'~ p.325 l. 4 ' … de Corée'	빠짐 (p.184 참조)	자료 부족으로 기술이 충분치 못하다는 내용임.

(2) 자료 제시가 안 된 것

번역문에는 원문에 있던 한글 자모(字母)가 빠진 것이 많다. 이 경우는 반드시 'see litho A B C … '를 괄호 안에 표시하고 있다. 인쇄상 등의 이유로 석판(石版) 인쇄를 해서 따로 붙이려고 했던 것 같으나 번역문의 어디에도 이런 자료가 붙어있지 않다[31]. 빠져있는 자료들을 정리해 보기로 한다.

Aperçu(1864)	Sketch(1865)	소 견
· p.292 l. 6의 외래어 유성자음 표기자음이 'ㆆ ㄴㄷ ㅁㅂ ㅿ' 등으로 나와 있음 g d b z	한글 자모는 빠지고 음가만 제시되어 있으며 'See litho, A.'를 붙이고 있음 (p.51 l. 15 참조)	
· p.292 l. 17의 각자병서가 'ㄲ kk ㄸ tt ㅆ ss'로 나와 있음.	한글 자모는 빠지고 kk, tt, ss만 제시되어 있고 'See litho, 13'를 붙이고 있음 (p.51 l. 20 참조)	
· p.292 l. 20의 합용병서가 'ㅁ nk ㄴㅂ np' 등으로 나와 있음.	한글 자모는 빠지고 'nk, np' 등만 제시되어 있고 'See litho, C'를 붙이고 있음 (p.51 l. 22 참조)	
· p.293 l. 3 이하의 음절 구성법의 예가 '븍 p '등으로 나와 있음. ou k pouk	puk 등으로 발음만 나오고 'See litho, D.'를 붙이고 있음 (p.51 l. 27-8 참조)	

31) 이 글의 게재지의 다른 지면에 혹시 실려 있을 가능성도 있다. 후일을 기다린다.

· p.294 l. 5~6의 한글과 티벳 문자(Tibétain)와의 유사 예 제시	한글과 티벳문자 예가 빠지고 대신 'See k, t, l, m, p, compared with the Tibetan on the lithographed page, - E'를 붙이고 있음 (p.52 l. 4 참조)	
· p.301 l. 25~p.302 l. 3의 한글 한자 제시	한글과 한자가 빠지고 'See litho, F.'를 붙이고 있음 (p.54 l. 8 참조)	
· p.303 도표의 '天' 등에 대한 음과 훈을 한글로 제시	한자만 남아 있고 한글은 빠졌으며 대신 'See litho, G.' (p.54 l. 17 참조)	
· p.309의 '口' 등에 대한 한글로의 훈과 음 제시	한글 훈과 음이 빠지고 대신 '(See litho. H.)'를 붙이고 있음 (p.56 l. 19 참조)	
· p.310 l. 6~l. 9 '皇帝' 등에 대한 한글로 음 제시	한글 음이 빠지고 대신 '(See litho. I.)'를 붙이고 있음 (p.56 l. 28 참조)	

3.3. 요약하여 번역된 것

Aperçu(1864)	Sketch(1865)	소 견
· p.305 l. 12~l. 16 'Le vocabulaire ⋯ détroites limites'	p.54 l. 30~l. 31 'A few words ⋯ between them'	전자의 설명을 일본어까지 포함시켜가며 다름을 설명하고 있다.
· p.314 §35, §38, §39, 40	p.182 l. 15~l. 22와 같이 복수 설명을 한 곳에서 요약함	

3.4. 추가한 것

Aperçu(1864)	Sketch(1865)	소
· p.51 l. 3 '(Fr. eu*)'에 대한 각 주가 [J. S]에 의해 추가되었음.	p.291 l. 9 'français eu' 참조	
· p.54~5의 한중어휘 대조표 (vocabulaire coréen-chinois)에 일본어 예가 추가 되었음	p.305-306의 'vocabulaire coréen-chinois' 참조	
· p.182 l. 29의 합성어 형성 시의 속격의 생략 현상이 일본어와 중국어에도 나타남을 추가하고 있음('The same takes place in japanese and chinese' 참조)	원문에는 일본어에 같은 현상이 있다고 했음('Il en est de même en japonais' p.316 §42 참조)	

추가된 것들이 일본어와 중국어에 관한 사항임을 고려할 때 역자는 두 언어에 대해 상당한 조예(造詣)가 있었음을 짐작할 수 있다.

3.5. 전사법(轉寫法)이 달라진 것

우리말을 비롯하여 일본어와 중국어를 로마자화 내지 발음표기할 때 차이나는 점이 많다.

Aperçu(1864)	Sketch(1865)	소 견
· p.292 l. 3의 'ㅋ, ㅌ, ㅍ, ㅊ'의 발음 표기가 k', t', p', ts'와 같이 기성(氣性)이 ' 로 표시되어 있음.	k'. t', p', ts'와 같이 기성이 ' 로 표시되어 있음.	

· p.295의 발음 대조표 ①관화의 음절말의 h 표기 　(예. jǐh) ②Sinico-Annamique와 　Fokkien의 Nais ñ 표기 ③Fokkien-Nais의 tch 표기記 　(예. t)	p.52의 발음 대조표 h 삭제(예. jǐ) ng으로 바뀜 ch로 바뀜	
p.298 l. 4~ l. 9의 '二, 耳, 而의 중국음 표기를 oell로 단일화 하고 있음	원문의 oell을 ar, öl, urh 의 세 갈래로 구분하고 있음 (p.53 l. 32 참조)	
p.309 l. 4, 6의 '입, 음'에 대한 표기를 'ip, 'oum으로 함.	'대신 hip hūm와 같이 h 로 표기하고 있음 (p.56, l, 17, 19참조)	

전사체계를 통하여도 역자는 중국어에 관한 지식이 탁월하여 역자
나름의, 영미(英美) 발음체계에 입각한 전사체계를 이미 확립하고 있었
음을 확인할 수 있다.

3.6. 잘못이라고 인정되는 것

Sketch(1865)의 p.50, l. 22의 'Captain Basil Hall, 'Ⅱ'의 'Ⅱ'가 Murray
Maxwell의 뒤로 가고(예. … Maxwell, 'Ⅱ), 그 자리에 Ⅱ이 와야 한다.
번역문의 p.51, l. 6의 한글자모 'ㅔ'는 'ㅖ'의 잘못이다.(Aperçu, 1864의
p.291, l. 15 참조). Aperçu (1864)(p.291 l. 21)의 한글 자모 'ㅇ'을 Sketch (1865)
에서 '乙'로 적고 있고(p.51 l. 10) 또 전자의 '(p.291 원편)가 후자에서'로
표시된 것은 역자의 우리 민족어에 대한 무지를 증명하는 예라 하겠다.
원문의 '수저'(p.311 l.9)는 '수즈'의 잘못인데도 번역문에 그대로 답습
되고 있는 것(p.56 l.28) 또한 역자의 우리 민족어에 대한 소양 부족을

의미한다. 번역문의 *muku*(p.183. l.29)는 원문의 '누고 noukou'를 고려하면(p.321 l.2) 'nuku'의 오식(誤植)이라 할 것이다.

이상 몇 항목에 걸쳐 원문과 번역문을 대조해 보았다. 역자는 일본어와 중국어에는 밝았지만 우리 민족어에 대해서는 거의 소양이 없었음을 알 수 있다. 번역문은 번역상의 오류도 문제가 되겠지만 빠뜨린 부분이 상당하고 요약된 것이 있기 때문에 보조자료 이상의 가치를 띠기는 힘들지 않은가 한다. 곧 로우니의 견해의 개요를 파악하고 원문 이해의 보조 수단으로 삼을 수 있는 정도의 가치를 부여할 수 있을 것이다.

4 마무리

본고는 로우니(L. de Rosny)의 이력과 그의 우리 민족어 연구에 대한 업적을 종합적으로 검토하는 범위에서 주로 머물렀다. 로우니의 우리 민족어 및 우리 민족어 문법의 서술 내용에 대한 평가는 가급적 삼갔다. 로우니의 우리 민족어 연구 전반에 관한 엄정한 가치 평가와 민족어학사에서 차지하는 위치 계정에 관한 문제는 서양인들의 우리 민족어 연구를 총괄하는 자리에서 구체적으로 추적될 것이다.

[Rosny의 우리 민족어 연구 자료 목록(연대순)]

Introduction (1856), *Introduction à l'étude de la langue japonaise*, paris; Maisonneuve et Cie, Libraires-Éditeurs.[32]

Vocabulaire (1861), "Vocabulaire chinois-coréen-aino, expliqué en français et précéde d'une introduction sur les écritures de la China, de la Corée et de Yeso," *Revue orientale et américaine* vol. Ⅵ.

Affinités (1861), *Des affinités de japonais avec certains langues du continent asiatique*, Paris.

Études (1864), *Études asiatiques de géographie et d'histoire*, Paris.

Aperçu (1864), "Aperçu de la langue coréenne," *Journal Asiatique* 6-e Sér Paris, p.287-325.

Sketch (1865), "A sketch of the Corean language and grammar" 〔Translated from the French of M. Leon de Rosny〕, *The Chinese and Japanese Repository* No. XⅨ. February 1 pp.49-56, pp.182-184.

Aperçu (1866), "Aperçu de la langue coréenne," *Journal Asiatique* 8, Paris, p.442-472.

Écritures (1870), Écritures figuratives, Paris.

Variétés (1872), *Variétés orientales, historiques, géographiques, scientifiques, bibliographiques et littéraires*, Paris; Maisonneuve et CIE, Éditeurs.

Essai (1876), *Essai sur le dechiffrement de l'écriture hieratique de l'Amérique*, Paris.

Idiome (1878), "L' idiome vulgaire de la Corée," *Congrès international des sciences ethnographiques*, Paris, oct.

Critique littéraire (1878), "Corean Primer by John Ross," *Revue orientale*

---

32) 한자로 적힌 서지 사항도 참고 삼아 적어 둔다.
囉尼小儒輯著, 日本語考 全一本, 巴里城: 尼科瑚聚珍房印, 里頌訥佛書肆 發客

et américaine N.S.L, p.265-269.

Coréens (1886), *Les Coréens, Aperçu ethnbgraphique et historique*, 〔*Bibliotheque éthnographique* 6〕.

민
족
어
학
의
건설과 발전

| 4 |
19세기에 있어서 서양인의
우리 민족어 문법 연구

1 들어가기

서양인의 우리 민족어 연구는 한글의 기원론을 전개한 Rémusat (1820)으로부터 시작된다고 할 수 있다. 그 이전에도 하멜(Hamel) 표류기 (1653~1677)로부터 시작하여 19세기 10년대에 이르기까지 우리 민족어 가 서양인들의 관심의 대상이 되지 않은 바 아니었으나[1], 어휘의 수집 과 대역(對譯) 이상의 수준을 넘어서지 못하였다.

필자는 19세기에 있어서 서양인의 우리 민족어 연구 자료를 정리함 에 있어서 Rémusat (1820)으로부터 Griffis (1882)까지를 제1기로 잡은 일이 있다[2]. 제1기의 특징은 연구 무대가 대부분 반도 바깥이라는 점과

---

1) Rémusat (1920) 이전의 서양인의 우리 민족어 관찰에 대하여는 지볼트 (1832), 로우니 (1864), 그리피스 (1882), 오구라 (1964), 보스 (1975), 이응호 (1977)를 보라.

[보충주] 하멜 이후의 유럽 학자들의 한글 연구는 이기문 (2000)을 보라.

Griffis에 의해 이전까지의 서양인의 우리 민족어에 대한 관찰 및 인식의 성과가 종합된 사실이다. 필자가 본고에서 의도하는 것은 제1기의 서양인의 우리 민족어 연구를 문법 방면의 업적을 중심으로 계보를 추적하고 연구의 동향을 유기적으로 서술하려는 것이다. 이 방면에 대한 대체적 정보는 오구라의 어학사에서 얻을수 있다3). 그러나 이것만으로는 초기 서양인의 우리 민족어 연구를 체계적으로 파악하거나 그들의 연구가 우리들 자신의 연구에 미친 영향 관계를 구명하는 데 있어 만족스럽다고 할 수 없다. 갑오경장 이후의 민족 어학의 형성과 그것의 발전 과정에 얽힌 숱한 과제를 유기적으로 해명하기 위하여는 초기 서양인의 업적에 대한 집중적 연구와 올바른 평가가 이루어져야 한다고 필자는 믿고 있다4).

19세기 서양인의 우리 민족어 연구와 제반 동향을 체계적으로 서술하려면 개별 연구 업적에 대한 서지·문헌적 정리 작업이 우선적으로 수행되어야 한다. 논의의 대상이 될 만한 업적일수록 중판(重版) 과정에서 첨삭(添削)이 일어났고 번역이 되었는가 하면 서평까지 결부되어 있다. 종전의 어학사, 이를테면 오구라의 어학사에는 이런 복합적 사정이 크게 고려되지 않았다. 필자는 이런 점에 착안하여 Siebold와 Rosny의 업적을 정리한 바 있다5). 최근 우리 나라에는 이 시기의 서양인의 우리

---

2) 고영근 (1979나)를 보라.
[보충주] 필자는 고영근 (1978가)에서 서양인의 우리 민족어 문법 연구의 제1 기를 Siebold (1832)로부터 Griffis (1882)로까지 잡았다고 하였는데 이는 Rémusat (1820)의 잘못(고영근 1979나/ 본서 357쪽)이라는 것을 밝혀 둔다.
3) 두 번에 걸쳐 나온 오구라 (1940, 1964)를 가리킨다.
4) [보충주] 개화기의 민족 어학 연구에 대한 총체적 고찰은 고영근 (2001가)과 본서 85-112쪽을 보라.

민족어 연구에 대한 관심이 고조(高潮)되어 개별 업적에 대한 집중적 연구가 속출(續出)함을 목격할 수 있는데[6], 본고는 이러한 성과에도 크게 의존하였다. 뒤에 붙인 「서양인의 우리 민족어 논저 목록」(연대순)의 저술명을 사용하여 서술하기로 한다.

2 우리 민족어 연구의 갈래

19세기에 있어서 서양인의 우리 민족어 연구는 다음의 3갈래로 나누어진다.

가. Siebold의 연구
나. Ross의 연구
다. Ridel의 연구

직접 우리 민족어를 관찰하여 문법 체계를 수립하거나 언어학적 해석을 가한 업적을 남긴 사람을 대상으로 분류한 것이다. 어휘집을 번역하거나 간접적 자료에 의거하여 문법체 계를 논의한 사람들은 제외하였다. 이들은 위의 3계열의 연구에 통합시켜 다루기로 한다.

가. Siebold의 연구
주지하는 바와 같이, J. Philipp Franz von Siebold (1796~1866)는

---

5) 고영근 (1979나, 다)(본서, 359-367쪽)에서 그런 작업을 수행하였다.
6) 이응호 (1977, 1978, 1979)가 대표적이다.

1823~1830년간 일본의 나가사키(長崎)에 있는 네덜란드의 동인도회사
파견원으로 와서 일본의 문화 일반을 연구했던 독일 출신의 의사였다.
그는『일본의 기술를 위한 기록』(Nippon : Archiv für Beschreibung von Japan)
를 1832년 네덜란드에서 출판하였는데7), 제7장에서 우리 나라의 언
어·문자에 관한 기술을 행하고 있다. 우리 민족의 문자에 대해서는
Rémusat (1820)이나 1832년에 나온 H.J. Klaproth의『三國通覽圖說』
(1832)에서 목격할 수 없는 바 아니나 언어에 관한 기술은 Siebold로부
터 시작된다. Siebold의 우리 민족어에 관한 정보는 1828년 3월 17일
나가사키에 머물고 있었던 전라도 출신의 난파(難破) 선인이었던 허사
첨(許士瞻), 김첨윤(金致潤)과 접촉함으로써 얻는다. 그는 Hamel이후의
서양인의 우리 민족어 관찰을 개관하고 우리 민족에게는 고유한 언어
가 있음을 확인하면서 문법 사항 전반에 관한 기술을 시도하였다. 그
내용의 개략을 보이고 원문을 붙임으로써 참고 자료로 이용하게 한
다8).

1. 한국의 토착 단어는 2음절 및 그 이상으로 구성된 것이 많다.
  (/ Die rein kooraischen Worte sind häufig zwei und mehrsilbig …)
2. 명사는 문법적 성이 없으며 복수 형태보다 단수 형태가 쓰일 적이 더
  많다. 복수는 다른 말을 이거나 반복함으로서 형성된다.

---

7) [보충주] 원 논문에서는 "Archiv"를 "연구"라고 번역하였으나 이 곳에서는 "기록"
  으로 바꾸었다. 1832년은 위의 책 첫째 권이 출판된 연대이며 완간은 1851년
  까지 모두 20책으로 완간되었다. 관련 논의는 고영근 (1989/ 1998가: 282-283)
  을 보라.
8) Siebold의 문법 기술은 지금까지의 어학사에서 언급된 일이 없다.(뒤에 나옴).
  이러한 점을 감안하여 그 내용을 자세히 소개하는 바이다.

(/Die Substantiva sind geschlechtslos, werden häufiger in der einfachen als in der Mehlzahl gebraucht und bilden letztere durch einen Zusatz oder durch Wiederholung …)

3. 명사의 격표지(Namfälle)는 단음절로 되어 있으며 단어의 끝에 놓인다. 속격은 *na, kal*, 여격은 *i*, 조격은 *ru*, 탈격은 *isja*이다[9].

(/ Die Namfälle, die übrigens selten bezeichet werden, kommen meistens als einsilbige Partikeln am Ende der Wörter vor, als Genitiv, *na, kal* (im Japanischen: *no, ka*), Dative, *i* (im Jap *he, ni*), Acc. *ru*, Abl. *isja.*)

4. 속격과 형용사는 그것이 소속하는 명사 앞에 놓인다.

(/Der Genitive sowie die Adjektiva stehen dem Hauptworte, zu dem sie gehören, vor; …)

5. 비교급은 명사 또는 대명사에 *isja*라는 Partikel을 붙임으로써 표시된다. 최상급은 형용사 앞에 *idsieil*[10]을 놓음으로써 형성된다.

Ji sûl-tsan ji tiung-pal isja kunta 'diese Weinschale ist in Hinsicht auf diese Theeschale gross, d.i. grösser als die Theeschale'

Ji moi idsiêil nopta 'dieser Berg ist sehr hoch' (/ Der Comparativ wird durch Anhängung einer Partikel an das Nenn-oder Fürwort, womit die Vergleichung statt hat, ausgedrückt; es ist die Patitikel *isja*, von, vor, in Hinsicht auf; … Der Superlativ wird durch eine Partikel, welche der Bedeutung von sehr entspricht und dem Adjektiv vorgesetzt wird, gebildet; …)

6. 수사는 토착계와 중국계가 있다.(/ Die Grundzahlen sind ursprüngliche von 1-10 … Man hat rein-kooraïsche und schinesisch-kooraïsche, welche letztere allgemein im Gebrauch sind, und ihre Zusammensetzung

---

9) 속격 'na'는 무엇을 표사(表寫)한 것인지 확실치 않다. 'kal'은 한자 '之'의 훈을 적은 것이며 여격 'i'는 처격 '에', 대격 'ru'는 '을/를'을 각각 가리킴에 틀림없어 보인다. 탈격 'isja'는 무슨 어형과 관련되는지 속단을 불허한다. '보다'를 의미하는 19세기의 전라도 방언이 아닐까 한다.
10) *idsiel*은 *dsieil*의 오사(誤寫)로 보인다. 곧 '제일'을 적은 것이다.

geschicht nach den Regeln der schinesischen Sprache ⋯⋯)

7. 대명사는 계층에 따라 분화된다. 3인칭은 '저 사람'과 같이 다른 말로 표현된다. 명사 앞에 놓이는 인대명사는 소유의 의미를 표시한다.

(/Die Fürwörter sind zwei und mehr silbig, und werden mit Beobachtung des Ranges der Personen angewendet; die dritte Person besteht in einer Umschreibung, welche dem Ausdrucke: *jener Mensch*, entspricht. Die persönlichen Fürwörter, einem Substantiv vorgesetzt, dienen als zueignende: Z. B. *nai tsip*, mein Haus.)

8. 능동사는 과거, 미래, 현재의 3시제의 변화형을 보여 준다. 현재형의 끝 음절을 확대함으로씩 과거와 미래가 형성되는데 과거는 *a*, 또는 *ta*로, 미래는 *o*로 끝난다.

Tsidsia 'schlage, ich schlage'

Tsinda 'geschlagen haben'

Tsirio 'schlagen werden'

(/ Die Verba, als activa, können durch Veränderung der Ausgänge die drei Zeiten andeuten. Das Praeteritum endet meistens in *a* odor *ta*, das Futurum in *o*, durch eine Verlängerung der Endsilbe des Praesens gebildet.)

이밖에도 피동법, 명령법, 부정법(否定法)에 대해서도 언급하고 있다. Siebold는 문법 이외에도 문자와 음운에 대해 자신의 관찰을 중심으로 기술하고 있다. 또 그는 우리 나라 사람과의 실제 교섭을 통하여 수집한 어휘와 천자문, 그리고 Klaproth의 어휘 목록을 참조하여 언어 연구가와 여행자를 위한 어휘 목록을 만들기도 하였다[11].

Siebold의 문법 기술은 동사의 활용 체계의 인식에 관한 부분적 오류를 제외하고는 크게 잘못이 없어 보인다. 동사의 시제가 'a' 또는 'ta'(과

---

11) 관련 논의는 고영근 (1979나)를 보라.

거), 'o'(未來)로 표시된다고 한 것은 그것이 아무리 방언 자료라 하더라
도 신빙성이 희박하다. 이전에 이 방면에 관한 서술이 전무했던 당시의
상황에서 언어 연구가가 아닌 그에게서 복잡한 우리 민족어의 동사체
계의 올바른 인식을 기대하기는 어렵다. 인도-유럽어적 관점이기는 하
지만 우리 민족어 문법의 대체적 윤곽을 제시한 것은 높이 평가되어야
한다.

Siebold의 우리 민족어 문법 기술은 종전의 어학사류의 논저에서 거의
주목되지 못했다[12]. 어휘집 간행과 그 번역만이 부각되었다. 1833년에는
그의 중국인 조수 고칭장(郭成章)의 협력으로 『千字文』을 Batavorum[13]
에서 간행했으며 이어 1838년에는 『類合』이, 1840년에는 『千字文』이
그의 조수였던 J. Hoffmann에 의해 독일어로 번역되었다. Hoffmann은
1835년에 간행된 Medhurst(달리 'Philosinensis'라 부름)의 『朝鮮偉國字彙』
를 참조하여 독일어 번역을 시도했던 것이다.

이상과 같은 Siebold의 문법 서술과 어휘 번역을 토대로 하여 우리
민족어 연구를 시도한 사람은 L. de Rosny (1837~1916)였다. Rosny는
일본어와 중국어에 능통했던 프랑스의 동양학자로서 1856년에 『일본
어 연구 서론』(Introduction à l'étude de la langue japonaise)을 저술한 바 있고
이어 우리말에 관심을 가져 1864년과 1866년에 『한국 민족어에 관한
소견』(Aperçu de la langue coréenne)을 집필하였다. 이 밖에도 Rosny는 단
편적 내지 종합적으로 우리의 언어를 비롯하여 문화 일반에 대한 접근

---

12) 그리피스 (1882 : 476)에 Siebold는 우리 민족과 접촉하여 우리 민족어를 배운
   최초의 서양인으로서 문법을 연구하고 어휘를 수집했다고 언급되어 있을
   뿐이다.
13) [보충주] 'Batavorum'은 현재의 인도네시아의 자카르타를 가리킨다.

을 많이 시도하였으나[14], 포괄적인 것은 1864년과 1866년의 논문이다. 제목은 「민족어에 관한 소견」으로 되어 있으나 '64년의 글만 우리 민족 어를 다룬 것이고 '66년의 글은 불교가 우리 문화에 미친 영향과 한반도 의 민족지에 관한 내용을 담고 있다. Rosny의 글이 Ridel의 우리 민족 어 문법의 원고를 중심으로 집필되었다는 의견이 있으나[15], 이는 잘못 이다. Ridel 문법의 초고가 완성된 것은 1870년 이후이기 때문이다[16]. '64년의 글은 이듬해(1865) 영어로 번역되기도 하였다.(뒤에 나옴)

'64년의 글은 Hamel 이후의 서양인의 우리 민족어 관찰 및 연구를 개관하고 그의 표현대로 문헌학과 일반 언어학의 관점에서 우리 민족 어와 우리 민족어 문법에 관한 최초의 기술을 시도한 것이다. 우리의 민족문자, 한자어, 우리 민족어에 관한 일반 관찰을 먼저 서술하고 이어 우리 민족어 문법을 구성하고 있다. 그의 문법은 명사, 곡용, 형용사, 대명사, 동사, 후치사, 접속사에 걸쳐 있는데 우리 민족어의 문법 현상 을 타르타르(Tartare) 제어와 비교하는 입장에서 출발하고 있다. Rosny 문법은 일본어 및 타르타르 제어의 지식을 삽입한 것 이외는 Siebold의 문법 서술에서 크게 나아가지 못했다고 할 수 있다. 문법 현상의 특징 적인 것은 이미 Siebold가 인식한 것이며 예문마저 반복되고 있기 때문 이다. 그의 우리 민족어에 관한 지식이 빈약하다는 점은 Siebold가 범 한 오류를 답습하고 있다는 데서도 잘 드러난다. Siebold가 인식한 속 격 표지 *na, kal*은 사실과는 거리가 먼 데도 불구하고(앞에 나옴), 그대로

---

14) Rosny의 우리말 연구는 고영근 (1979다, 본서 387-407쪽)에 자세하다.
15) 그리피스 (1882)에 그런 내용이 보인다.
16) [보충주] Ridel 문법의 초고와 Dallet의 「조선어」(1874), *Grammaire coréenne* (1881)의 상호 관계는 고영근 (1976나, 본서 373-385쪽)를 보라.

채택되어 있다. 더욱이 『千字文』 등의 어휘집에 나타나는 용언 표지 '-(으)ㄹ'을 직설법 현재 내지 부정법(不定法)의 형태로 간주하여 다음과 같은 천자문의 훈을 하나의 문장으로 인식한 것은 그의 조선 우리 민족어에 대한 무지를 단적으로 증명한다.

hanăr sta kamour nourour 'le ciel et la terre sont (l'un) bleu et (1'autre) jaune'

Rosny의 한국어에 대한 인식이 잘못되어 있었다는 것은 Ross의 *Corean Primer*(1877)에 대한 그의 서평에서 솔직하게 고백되지만(뒤에 나옴), 우리 나라 사람과 실제로 접촉함으로써 우리 민족어를 관찰할 기회가 주어지지 않았던 그에게서 Siebold가 남긴 이상의 것을 기대한다는 것은 무리인지도 모른다. 비언어학자인 Siebold의 문법 기술을 언어학적 관점에서 체계화시킨 데서 그의 공로를 찾는 것이 타당해 보인다.

Siebold의 우리 민족어와 우리의 민족 문자에 관한 서술은 대원군 조부의 분묘 도굴 사건에 관련된 독일인 오페르트(E. Oppert)의 『금단의 나라 한국기행』(Ein verschlossenes Land, Reise nach Corea) (1880)에서도 그대로 인용되어 있다. 단어를 바꾸고 배열을 달리하는 등 손질이 가해졌으나 기본적인 것은 Siebold의 서술 체재를 극복하지 못하고 있다. 천자문류의 용언 표지 '-(으)ㄹ'을 종결어미로 간주하여 자기 나름의 문장을 만든 것은 Rosny보다 한층 더 한국어의 구조를 왜곡시켰다 할 것이다.

ji atur ji kjötsip isja aramtaŏr 'dieser knabe ist schöner als dieses Mädchen'

Rosny와 Oppert가 Siebold의 우리 민족어 관찰 및 문법 서술을 계승하기는 했어도 그것을 수정·발전시키지 못한 것은 우리 나라에의 입국이 허용되지 않았거나 우리 나라 사람과 접촉할 기회가 주어지지 않았던 데 원인이 있을 것이다.

나. Ross의 연구

이곳에서는 J. Ross의 *Corean Primer*(『한국어 초보』)를 중심으로 개신교 선교사들의 우리 민족어 연구의 제반 사정을 검토해 보고자 한다. Siebold (1832)[17]와 같은 해 한국에 최초로 성경을 보급시킨 독일계의 네덜란드 선교사 Ch. Gützlaff는 "Remarks on the Corean Language"(「우리 민족어에 관한 소견」)이란 논문을 *Chinese Repository*에 기고했다. 그는 이 글에서 비교적 간명하게 우리의 문자, 음운, 문법에 관한 기술을 행하고 있다. 동부 아시아의 다른 언어들과 같이 곡용과 활용이 없다는 정도의 막연한 기술만 보여 줄 뿐 Siebold의 기록에서는 보는 바와 같은 구체적 언급은 찾아볼 수 없다. 우리 민족어에 관한 그의 소견은 우리 나라 여행 도중에 견문한 것을 토대로 했을 것이지만 이전의 서양인의 저술을 어느 정도 참고했는지는 알 수 없다. 일본을 거쳐 서양인

---

17) [보충주] Siebold의 우리 민족어 기술을 '1832'로 보아 왔으나 이는 지볼트의 일본 기록이 나오기 시작한 해이지(앞에 나옴), 우리 민족어 기술이 나온 해는 아니다. 우리 민족어 기술은 1840년대에 이루어진 것으로 보인다.(고영근 1998가: 283)

의 손에 들어온 우리의 책자를 보았다는 언급이 있는데 오히려 이런
책들에 의존했을 가능성이 많다. 이어 1833년에는 Gützlaff의 글을 뒷
받침하기 위해 Morrison에 의해 우리 민족 문자의 자모표가 소개·해
설되고 1835년에는 Medhurst (1835)가 소개됨으로써 *Chinese Repository*
를 통한 우리 민족어에 대한 인식은 제 자리를 잡아갔다. 중국을 무대
로 하던 영국계의 개신교 선교사들의 우리 민족어 대한 관심은 일단
가라앉았다.

1864년 J. Edkins의 "Notes on Corea and Corean Language"(「한국과
한국 민족어에 대한 언급」)이 *The Chinese and Japanese Repository*를 통해
나옴으로써 한동안 뜸하였던 영국계 사람들의 우리 민족어에 대한 관
심이 다시 고조되기 시작하였다. 이 글은 쇄국 정책을 쓰던 당시의 우
리 나라의 실정과 언어에 관한 단편적 서술인데 Medhurst (1835)를 중심
으로 우리 민족어를 이웃 언어들과 비교하고 있다. 이곳에 인용된 문장
도 앞의 Rosny, Oppert와 같이 문장의 어미가 『千字文』 등의 용언
표지 '-(으)ㄹ'로 끝나 있다.

I kutul tul chang isir 'This room two windows has'

앞에서 우리는 Rosny(1864)가 발표되었음을 언급하였는데 1865년에
Rosny (1864)가 영역되어 역시 *The Chinese and Japanese Repository*에
실렸다. 역자는 밝혀져 있지 않다. 당시 영미인들이 참조할 수 있는
책자라고는 Medhurst (1835) 밖에 없으므로 이것만 가지고는 우리 민족
어 전반의 구조를 이해하기가 어렵다고 생각되어 Rosny의 글을 번역한

것이 아닌가 한다. 이 글은 축자역이 아니다. 빠뜨리거나 요약된 부분
이 상당하기 때문이다[18]. 역자는 중국어와 일본어에는 능통하지만 우
리 민족어에는 거의 소양이 없었음을 확인할 수 있다. 원문의 한글 자
모를 잘못 옮기거나 원문의 잘못을 답습하는 사례가 한 두 군데가 아니
기 때문이다.

1865년까지의 서양인의 우리 민족어에 관한 지식은 Siebold의 서술
에서 조금도 발전된 것이 없으며 오히려 그것을 왜곡시키기까지 하였
다. 이러한 일은 쇄국 정책으로 말미암아 서양인의 출입이 저지되었던
당시의 조선 실정과 관련시켜 이해해야 할 것이다. 서양인들의 우리
민족어 연구는 J. Ross에 의하여 새로운 전기를 맞이하게 된다. Ross는
그의 매부 J. MacIntyre와 함께 만주에 우거(寓居)하면서 조선인 이응찬
(李應贊)으로부러 우리 민족어를 배워 성경 번역을 시도하던 영국계의
개신교 선교사였는데[19], 평안도 방언을 중심으로 1877년 *Corean
Primer*(『조선어 초보』)를 저술하였다. 이 책은 번역된 어휘집밖에 구할
수 없었던 당시의 서양인에게는 중요한 자료적 원천이 되었다. Ross는
명사와 동사 중심의 문법을 구성하고 이어 회화 스타일의 문장을 한글
로 제시함과 아울러 로마 문자로의 전사(轉寫)도 곁들였다. 한글의 자체
(字體)와 발음을 동시에 알려 주고 문법 규칙을 추론할 수 있는, 살아
있는 문장을 제시한 것이다.

우리 민족어 문법을 처음 쓴다고 말했던 Rosny는 본서에 대한 서평

---

18) 원문과 번역문의 구체적 대교는 고영근 (1979다, 본서 395-405쪽) 참조.
19) Ross의 선교 활동과 우리 민족어 학습에 대하여는 백낙준 (1929: 46), 이응호
   (1979)를 보라.

에서 다음과 같이 자신의 견해를 피력하고 있다.

우리는 John Ross 목사의 소책자를 통해서 지금까지 조선어에 대해 출판
된 정보들이 얼마나 신빙성이 결여되어 있었는지를 알 수 있다. 이 언어에
대한 우리의 관념은 전적으로 바뀌어야 한다. (/La lecture du petit
Manuel du Rév. John Ross nous montre combien il fallait accorder
peu de confiance aux renseignements publiés jusqu'a présent sur la
langue coréenne. Nos idées, au sujet de cette langue, doivent être
modifiée sensiblement: …) (Rosny 1878: 267)[20]

위의 진술을 통해서도 우리는 Ross의 저술이 서양인의 우리 민족어 연
구에서 차지하는 위치가 어느 정도인가를 측정할 수 있다. 이 책은
1882년 *Korean Speech*란 이름으로 개정·출판되기도 하였는데 이후
의 서양인의 우리 민족어 연구에 큰 영향을 미쳤다[21].

영국계 우리 민족 어학자였던 W.G. Aston의 업적도 특기할 필요가
있다. 그는 일본 주재 영국 외교관으로서 일본의 언어·문학을 연구하
던 사람이었는데 1879년 Dallet (1874)의 문법 서술과 일본 역관들의
우리 민족어 편람집을 이용하여 한일어의 비교 연구를 시도하였다. 그
동안에 이루어진 우리 민족어와 일본어에 관한 연구 성과에 기초하여
한·일어의 구조적 친근성과 계통적 친연성을 다룬 것이다. 서양인의
우리 민족어 관찰 및 연구의 부수적 성과라 할 것이다.

---

20) Rosny의 서평에 대한 독해는 서울대학교 인문대학 대학원 강성영 군(불어학
　　전공, 현재 전남대 교수)의 협조가 있었음을 밝혀 둔다.
21) 보다 자세한 논의는 고영근 (1976가, 2001마: 10-11), 이응호 (1979) 참조.

다. Ridel의 연구

Griffis (1882)에 의하면 프랑스 선교사들이 1836년 처음 입국했을 때 Medhurst (1835)를 지참했으리라고 한다[22]. 그러나 이들도 이내 순교했으며 1845년에 입국한 Daveluy도 20여년간 우리 민족어 연구에 종사했지만 결실도 보기 전에 병인교난(丙寅敎難) 때(1866)에 순교를 당하였으므로 초기 가톨릭계 프랑스 선교사들이 이전의 Medhurst나 Siebold, Klaproth의 업적에 어느 정도 의지하였는지는 알 길이 없다. Griffis (1882: 446)에는 병인교난 이전의 프랑스 선교사들을 우리 민족어 연구의 실질적 개척자라 표현하고 있으나 이들의 업적이 남아 있지 않은 이상, 이러한 평가는 재고해야 한다. 우리 민족어 연구의 실질적 개척자는 Siebold라 함이 타당하다. 그에 의해 우리 민족어의 문법이 처음으로 서술되었기 때문이다. 서양인의 우리 민족어 연구는 Siebold에서 비롯되어 Ross를 거쳐 Ridel(뒤에 나옴)에서 완성의 단계로 접어드는 것으로 이해하고자 한다.

F. Ridel은 1861년에 입국한 프랑스 외방 전도회의 신부로서 병인교난 때 우리 나라 사람 최지혁(崔智爀)과 함께 만주로 탈출하여 『한불ᄌ뎐』 (1880)과 *Grammaire Coréenne* (1881)을 편찬·저술했던 것이다. 후자의 첫 원고가 Dallet의 *Histoire de l'église de Corée*(『조선교회사』) (1874)에 「조선어」란 제목으로 삽입되었다[23]. Ridel 등의 우리 민족어 연구에 있어서도 앞의 Siebold나 Ross와 같이 우리 나라 사람의 협찬에

---

22) 1836년에 우리 나라에 들어온 프랑스 선교사는 P. Maubant이었다. 유흥렬 (1962: 10)을 보라.
23) *Grammaire coréenne*와 Dallet의 우리 민족어 연구에 대하여는 고영근 (1976 나, 1983: 244-51, 본서 373-385쪽)

의존했던 것이다. Ridel 등이 이토록 큰 업적을 성취시킨 이면에는 Daveluy 등의 선임자의 유지가 작용된 면도 있겠지만 Ridel 자신이 우리 나라에 6년 간이나 머물렀었고 최지혁과 같은 서울 출신의 능력 있는 신도의 도움을 받았다는 데 기인하는 것으로 생각된다.

Ridel 문법의 특징은 서울 공통어를 기반으로 하여 우리 민족어 문법 전반을 체계화한 것이라고 평가할 수 있다. Siebold나 Ross는 방언 자료에 의존한 국부적 서술에 불과했다.

3 결론

지금까지 필자는 19세기에 있어서 서양인의 우리 민족어 연구를 크게 3갈래로 나누어 고찰하였다. 이러한 서양인의 우리 민족어 연구는 Griffis (1882)에 의해 종합되었다. Griffis는 Dallet (1874), Ross (1877), Ridel (1881), Aston (1879)를 토대로 하여 우리 민족어의 구조적 특성, 방언, 한일어의 친근성, 한자어, 문자(한글), 문체 등에 대한 간략한 서술을 시도하였다. 또 Griffis는 서양인의 우리 민족어 연구사도 개관하고 있다. 그러나 이 서술은 엄격한 의미의 연구사라고 하기 어렵다. 어휘의 수집과 그 대역을 포함시킨 것도 그러하고 서양인의 모든 저술을 엄정한 문헌 비판의 관점에서 조명시키지 못한 것이 가장 큰 이유라할 것이다. Rosny가 Ridel의 원고를 보았다든지, Dallet의「조선어」와 Ridel 문법의 초고를 유기적으로 관련시키지 못했던 것과 Aston이 1876년에 "A paper on the Korean language"를 썼다고 한 점이 그러한 예이다. 필자는 이러한 종전 연구의 미비점을 극복하는 태도를 견지하면서 계보를 추적하고 문법 연구를 중심으로 대체적 동향을 살펴보았다. 논술된 바를 요약한다.

1. 우리 민족어 연구의 실질적 개척자는 Siebold이고 Ross를 거쳐 Ridel에 와서 결산의 단계에 접어든다. Siebold가 가장 앞서고 다음이 Ridel, Ross의 순서로 진행되었으나 3자 간에 유기적 교섭이 있었다는 증거는 구체적으로 포착할 수 없다. 이들 가운데서 후세의 서양인의 우리 민족어 연구에 큰 영향을 미친 것은 Ross와 Ridel의 업적이다.

2. 이들 세 연구자는 우리 나라 사람과의 실제 접촉을 통하여 자료를 수집하고 우리 민족어를 습득하였다. Siebold는 허사첨, 김치윤, Ross는 이응찬, Ridel은 최지혁의 협찬을 얻었다. Siebold는 중국인 곽성장의 도움을 받기도 하였다.

3. 이들의 활동 무대는 모두 반도 밖이었다. Siebold는 일본과 네덜란드, Ross와 Ridel은 만주였다. 그 밖의 연구자도 모두 그러하였으니 Rosny는 프랑스, Edkins는 중국, Aston은 일본이었다.

4. 우리 민족어 연구에 종사한 사람은 대부분 언어학자가 아니었다. Siebold는 의사, Ross는 개신교 목사, Ridel은 신부였고 Aston과 Edkins는 외교관이었다. 동양학자이며 민족학자였던 Rosny만은 예외여서 언어학에 대한 조예가 깊었다.

5. 19세기 당시의 우리 민족어 연구자들의 국가적 배경은 독일(화란), 영국, 프랑스였다. 미국인은 민족 연구를 개관한 Griffis 뿐이다.

6. 19세기 서양인의 업적을 검토함으로써 우리는 업적은 내지 못했지만 우리 민족어 연구에 전심했던 일군의 연구가를 발견할 수 있다.

W.G. Mayers[24], S. Wells,와 The Rev. Mr. Thomas[25]가 그러한 사람들이다. Mayers와 Wells는 외교관이었고 Thomas는 목사로서 모두 영국계이며 중국에서 활동하고 있었다.

필자는 서양인의 우리 민족어 연구를 어학사의 관점에서만 다루어 오던 종전의 방법을 다소 지양할 필요가 있다고 생각한다. 우리 나라가 서세(西勢)와 접촉함으로써 탈쇄국화하는, 다시 말하면 개항의 과정으로 치닫는 사회적 추세와 관련시킬 필요가 있다. 범 근대사 연구의 관점에서 접근되어야 한다는 것이다. 우리는 앞에서 우리 나라나 우리 나라 사람과 절연된 상황에서 우리 민족어를 연구한 결과의 불모성(不毛性)을 보았다. Rosny (1878: 268)의 다음 말은 필자가 제기한 방법론의 정당성을 뒷받침하는 것이다.

> 우리가 한국 민족어의 진수와 특징을 마침내 인식하게 되고 그 언어와 문학의 역사를 이해하게 될 때야 비로소 한국의 신비한 문제를 풀 수 있을 것이다.(/ Quand nous saurons définitivement à quoi nous en tenir sur le génie et les caractère de la langue coréenne, quand nous connaîtrons l'histoire de cette langue et celle de la littérature à laquelle elle a pu servir d'instrument, alors seulement nous pourrons petit-être expliquer lecurieux problème du Tchaosièn.)

이는 서양인의 우리 민족어 연구의 목적이 우리 나라를 바르게 이해하는 데 있음을 전제하는 것이지만 탈쇄국화하는 우리의 근대사의 일면

---

24) Mayers의 우리 민족어 연구에 대하여는 애스틴 (1879)을 보라.
25) Wells와 Thomas의 연구에 대하여는 그리피스 (1882 : 477)을 보라.

을 밝히는데 있어서 서양인의 우리 민족어 연구의 제반 사정을 정확하
게 인식하는 일이 중요함을 시사하기도 한다. 이는 민족 어학자와 민족
역사학자와의 공동 노력에 의해서만 극복될 수 있다. 19세기 말부터
20세기 초에 걸쳐 왕성했던 일본인의 우리 민족어 연구도 이런 관점에
서 다시 검토되어야 할 것이다. 필자의 관점은 언어학사 서술에 있어서
언어학자가 활동한 당시의 지적·사회적 여건과의 관련성을 강조하는
로빈스 (1977)의 입장과 근본에 있어 다를 바 없다.

[서양인의 우리 민족어 논저 목록(1820~1882)]

Rémusat, A.M. (1820), *Recherches sur les langues tartares*, Paris.

Klaproth, H. J. (1832), 「三國通覽圖說」 *SAN KOPF TSOU RAN TO SETS, ou Aperçu général de trois royaumes*, Paris.

Siebold Ph. Fr. von (1832~1851, 1852, 1897, 1930), *Nippon: Archiv zur Beschreibung von Japan und dessen Neben -und Schützlandern*, Leyden.

Gützlaff, Ch. (1832), "Remarks on the Corean Language," Chinese Repository 1.

Medhurst, W.H.(/Philosinensis) (1835), *Translation of a Comparative Vocabulary of the Chinese, Corean and Japanese Language*, Batavia.

Edkins, 1. (1864), "Notes on Corea and the Corean Language," *The Chinese and Japanese Repository* XIV.

Rosny, L. de (1864), "Aperçu de la langue coréenne," *Journal Asiatique* 6-ser. Vol.3.

Rosny, L. de (1865), "A Sketch of the Corean Language an Grammar," (Translated from the French), *The Chinese and Japanese Repository*, Feb-April.

Dallet, Ch. (1874), "La langue coréenne," in *Historie de l' Église de Corée*, Paris.

Ross J. (1877), *Corean Primer,* Shangahi.

Rosny, L. de (1878), "Review: *Corean Primer* by 1. Ross", Revue orientale et americaine N.S.2

Aston, W.G. (1879), "A Comparative Study of the Japanese and Korean Language," *JRASGBI* IX.

MacIntyre, J. (1880-1882), "Notes on the Corean Language," *China Review*VII (1880), IX(1882).

Oppert, E. (1880), *Ein versclossenes Land, Reise nach Corea*, Leipzig.

Missionaires de Coree(/F. Ridel), *Grammaire Coréene*, Yokohama.

Griffis, W.F. (1882), *Corea: Hermit Nation*, New York.

민족어학의
건설과 발전

|5|
서양인의 우리 민족어 문법 연구
─Ramstedt까지의 업적을 중심으로─

1 들어가기

우리의 민족 어학사(民族語學史)가 학설사 중심으로 엮어져야 한다는
관점에 선다면 근대 민족 어학사는 외국인, 특히 서양인의 우리 민족어
에 대한 인식 및 사색을 홀시(忽視)할 수 없다. 민족어 연구의 체계적
사술(史述)을 위하여는 민족 어학의 핵심 분과인 문법 연구의 발자취가
성실하게 추적되어야 한다. 최광옥(崔光玉)의 「大韓文典」 (1908) 이후의
우리 문법가 상호간의 종적(縱的) 계보나 외국어 문법(주로 일본어 문법)과
의 횡적(橫的) 교섭 관계에 대해서는 어느 정도 구명된 바 없지 않으나[1],
서양인의 우리 민족어 문법연구에 대해서는 부분적 소개 내지 비평이
있을 뿐이고[2], 그들의 모든 저술에 대한 종합적 평가와 그들 상호간의

---

1) 이 문제에 대하여는 김민수 (1954), 강복수 (1972)를 보라.
2) 김민수 (1955), 이숭녕 (1965)가 대표적이다.

전수 관계 및 우리 문법과의 횡적 연관에 대해서는 거의 시도조차 하지
않고 있다.

이 글의 목표는 서양 문법가 상호간의 종적 계보와 우리 문법가와의
교섭 관계를 구명함으로써 소루(疏漏)했던 민족 어학사의 한 모서리를
보전(補塡)하는 데 있다. 대부분 현대 문법가들의 관심 밖에 있었던 그
들의 업적을 차분히 검토하는 일은 오늘날의 우리 민족어 문법 연구의
좌표(座標) 설정에 큰 도움이 되기도 할 것이다3).

서양인의 민족어 문법은, 주지하는 바와 같이, 1877년 영국 선교사
로쓰(John Ross)에 의해 본격적으로 시도되었다4). 그 후 최근 독일의 레
빈(B. Lewin) (1970)에 이르기까지 명칭을 띠고 출간된 것은 20여 종류에
이른다5). 그 중 중요하다고 생각되는 것들을 나라 별로 정리해 보면
다음과 같다6).

(1) 프랑스계
Les Missionnaires de Corée (1881), Imbault-Haurt (1888), Dupont et

---

3) 초창기 서양인 문법서에 대한 검토는 그들의 우리 민족어 습득에 대한 제반
사정을 이해하는 데도 좋은 계기가 될 수 있다. 이에 대해서는 회화서류와
함께 따로 언급하려고 한다.
4) [보충주] 서양인의 민족어 문법 연구가 Ross로부터 시작되었다는 것은 이 논문
을 쓸 당시의 정보에 근거한 것이다.
5) 이 방면에 대한 구체적 서지는 오구라 (1964), 로센 (1970), 서울대학교 동아문
화연구소 편『國語國文學事典』(부록 :「國語文法書總覽, 1973) 등을 보라.
6) 필자는 초판(初版)보다는 재판(再版)이나 수정판(修正版)을 보았다. 이곳에
서 보이는 목록의 * 표시는 필자가 참조한 판을 가리킨다.
[보충주] 지금은『歷代韓國文法大系』를 통하여 초판과 재판 모두를 볼 수 있
으나 필자가 이 글을 쓸 당시에는 판을 가리지 않고 손에 잡히는 대로 이용하
였다.

J. Millot (1965)
(2) 영미계
Ross (1877, 1882 ˙), Scott (1887, 1893 ˙), Underwood (1890, 1915 ˙), Lukoff (1954), Martin (1954), Clark (1965), Martin (Forthcoming)[7]
(3) 독일계
Eckardt (1923), Roth (1936), Eckardt (1962, 1973 ˙), Lewin (1970)
(4) 핀랜드계
G. J. Ramstedt (1939)

소련에서도 홀로도비치(Cholodovič), 마주르(Mazur), 구세바(Guseva) 등의 문법이 있다고 하나[8], 이곳에서는 평가 대상으로 삼지 않았다.

거의 1세기를 헤아리는 서양인의 우리 민족어 문법 연구를 Ramstedt (1939)를 중심으로 양분하기로 한다. 작업의 편의를 고려한 데에도 원인이 있지만 전개 과정으로 보더라도 람스테트의 문법까지를 전반기로 일단락할 수 있다고 보았기 때문이다. 이 글은 로쓰로부터 람스테트까지의 서양인의 우리 민족어 문법 연구를 다루되 이들 상호간의 종적 전수 관계에 역점을 두기로 한다. 경우에 따라서는 이들과 우리 문법가 사이의 횡적 교섭관계도 언급하게 될 것이다.

---

7) [보충주] Martin의 *A Korean Reference Grammar*는 오래 동안 원고 상태로 전해 오다가 1992년 동경의 Tuttle 출판사에서 정식으로 출판되었다.
8) 로센 (1970), 레빈 (1970)을 보라.

② 프랑스인의 연구

프랑스인의 연구는 주지하는 바와 같이, Les Missionnaires de Corée (1881)[9]을 우선 꼽을 수 있다. 본서에 대해서는 구체적인 내용의 소개와 함께 학설사적 관점에서 가치평가가 시도된 일이 있다[10].

서문에는 저자 진용(陣容)과 저술 경위가 명시되어 있지 않으나 Félix-Clair Ridel(한국명 李福明) (1830~1884) 신부 등이 요동(遼東) 반도의 차코우 (岔溝)에서 우리 나라 사람의 도움을 받아 저술한 것이 틀림없다고 한 다[11]. 저자들은 본서를 "품사론"(parties du discours)과 "통사론"(syntaxe)으로 나누면서 이들은 두 개의 축(pivot)과 같은 것으로서 전체 문법규칙이 규칙의 다양한 활용, 규칙의 설명과 적용 과정을 보여 주는 많은 예문과 함께 전개된다고 하는 등 그들 나름의 문법관을 피력하고 있다[12].(「서문」 (Avant-propos) 참조). 이 책에는 [부록]으로 우리의 전통적 시간 구분, 도량형, 친족 용어 체계, 단계별 연습문제가 붙어 있으나 이곳에서는 논의하지 않는다.

본서는 프랑스인이 우리의 민족어를 습득하는 데 목표를 두고 있는

---

9) 이 책은 김민수·하동호·고영근(공편) (1977~1986)과 김민수·고영근(공편) (2008)의 ②19)에 실려 있다.
   [보충주] 프랑스인들의 우리 민족어 문법 연구는 19세기 전반까지 거슬러 올라간다. 관련 논의는 고영근 (1976나/ 1983: 261-62, 2001마: 6-8, 본서 373-385쪽)
10) 김민수 (1955), 이숭녕 (1965)을 보라.
   [보충주] 프랑스 선교사들의 문법에 대한 최근의 업적으로는 심재기 (1985), 송민 (1987), 장소원 (2005가, 2005나)를 들 수 있다.
11) 오구라 (1964: 30-1), 이숭녕 (1965/ 1981: 2부)를 보라.
12) [보충주] 리델 문법서의 서문은 고길수 (2003)에서 우리말로 번역된 바 있다. 번역문을 참고하여 내용을 다소 손질하였다.

만큼 문자·음성을 포함하는 모든 문법 현상을 프랑스어의 그것과 대
비하는 관점에서 출발하고 있다. 이미 지적된 바와 같이, 본서는 프랑
스 문법의 체계 위에서 쓰여졌다. 그러나 세부적으로 관찰하면 목차의
제목과 상반되는 유익한 진술을 접할 수 있다. 프랑스어의 부분 관사는
우리 민족어로 옮길 수 없다는 것(p.1), 남·녀·중성의 구별 대신 '남
즈, 녀인, 암, 수'로써 유정물의 성을 표시를 한다는 것(p.17-8), 동사는
인칭 표시의 독특한 어미가 없는, 단인칭적(unipersonnel)이라는 것
(pp.59-60, p.134), "préposition"이라 제목을 붙여 놓고 "postposition"이
라 부름이 합당하다는 설명(p.142) 등은 우리 민족어와 프랑스어의 문법
구조를 대조분석한 결과에서 이끌어 낸 대표적 예라고 할 수 있다.

현대적 안목에서 볼 때 경청의 대상이 되며 동시에 뒤의 문법가들에
게 수용되거나 심화·발전되었다고 믿어지는 지식 체계들을 살펴보기
로 한다.

2.1. 명사와 곡용

(1) 본서의 격 체계는 이미 소개되었으나[13], 후세 문법가와의 대비를
위하여 개략만 보이기로 한다.(p.3)

radical[어간](사룸), nominatif[주격](사룸이), instrumental[도구격](사룸으
로), génitif[속격](사룸의), datif[여격](사룸의게), accusatif[대격](사룸을),

---

13) 김민수 (1955/ 1960: 233-255)를 보라. 이해의 편의를 위하여 [ ] 안에 번역어
를 붙인다.

vocatif[호격](사룸아), locatif[처소격](사룸들에), locatif ablatif[ou sécond locatif][탈격적 처소격 또는 제2 처소격](사룸에서), oppositif[절대격](사룸 들은)

많은 격 어미, 곧 "instrumental, genitif, datif, accusatif"를 "nominatif"에서 유도·변형되는 것으로 설명하고 있는데 이러한 설명 방식은 뒤의 Imbault-Huart, Gale, Underwood에까지 영향을 미치고 있다.

(2) 동명사(substantifs verbaux ou tirés des verbes)[동사적 명사 또는 동사로부터 나온 명사].(p.18-19)

이른바 동명사의 형태로 '1°홈, 2°ᄒ기, 3°홀 줄, 흔 줄, ᄒᄂᆫ 줄'의 셋을 들고 그 용법과 분포를 상설하였다. '홈'은 항상 추상적 의미를, 'ᄒ기'는 구체적 의미를 표시하므로 이론적으로는 양자가 분별없이 사용될 수 없으나 실제로는 그리 엄격하지 않다고 하였다. 이러한 설명은 그 뒤의 문법가들에게 거의 그대로 수용되고 있다. '줄'은 반드시 '알다, 모르다'가 후행하며 대격과 도구격을 지배하기도 하고 또는 그것없이 나타난다는 설명만 베풀었다.

2.2. 동사

(1) 동사를 "actif[능동사], neutre[중동사], passif[피동사]"로 삼분하였다.(p.60). actif에는 'ᄒ다, 당ᄒ다, 자다'를, neutre에는 성질이나 상태(manière)를 표시하는 '크다, 아름답다'를 예로 들고 있다. 후자는 indicatif présent과 infinitif가 구별되지 않는다고 하는데 이점은 오늘날의 우리의 전통 문법에서도 이야기되고 있다.

(2) 설화형식(forme relatante ou historique) '혼다 ᄒᆞ다'는 '혼단다'로 축약
되는데 첫째 동사는 구체적 동작을 말하고 둘째 동사는 "진술"(dire,
rapporter)을 의미한다.(p.61, p.134). 이 형식은 직설법 현재의 제1인칭에
대해서는 'ᄒᆞ노라'로, 직설법 반과거(半過去) 제3인칭에 대해서는 'ᄒᆞ더
라'로 바뀐다고 하였다. 전자는 서양 문법가들 사이에 그대로 전승되고
있다.(뒤에 나옴). 후자는 우리 문법가에게서도 제3인칭 종지 조용사 등
으로 불린 일이 있다.(李完應, 『中等敎科 朝鮮語文典』, 1929 참조)

(3) 프랑스어 문법적 사고의 소산이기는 해도 이른바 공동법 어미
'-자'를 제1인칭 복수명령법이라고 함(p.66)은 뒤에 이것이 독자적 문체
법으로 정립되는 바탕을 이루었다고 하겠다.

(4) 존경 동사(verbe honorifique)에 대한 부분은 현대적 관점에 설 때,
음미할 만한 곳이 많다. 우리 민족어의 가장 어려운 점의 하나가 존경
형의 다양성에서 비롯됨을 강조하고 동사 어미는 "말하는 사람, 말 받
는 사람, 언급되는 사람의 지위"에 따라 달라진다고 보았다(p.99). 존경
형에 의해 표시되는 규칙을 "말 받는 사람"(la personne à qui l'on parle)을
따르는 것과 "언급되는 사람"(la personne de qui l'on parle)을 따르는 것으
로 구분됨을 밝히면서(p.100-103), 전자를 결정하는 요인으로 신분
(condition)과 연령(âge)을 들고 있다.(p.100). 특히 40여항에 이르는 "예사
말"(termes vulgulaires)과 공대말(termes honorifiques)의 제시(p.118-9)는 내외
의 문법가에게 큰 참고가 된 것으로 보인다.

(5) 사동사와 피동사의 설명에는 흥미로운 면이 있다.(p.119-21). 사동
사를 "verbe factitif(causatif 또는 double actif)라 불러 피동사(verbe passif)와
대당시킴으로써 그 형성법에 언급하고 있다. 사동사는 보통 'ㅣ다, 이

다, 히다, 기다, 니다, 오다' 등의 접미에 의해 형성되나 피동사는 이러
한 요소가 붙지 않고도 곧 능동사만으로도 가능하다는 점을 말하고 있
다.(p.60). 그런데 굳이 피동형을 구성하려면 위의 사동형에 '이'만 첨가
하면 된다는 것이다.(죽다→죽이다→죽이이다). 저자들이 제시하고 있는 예
들은 모두 사동형만 존재하는 것들(ㅎ다, 끼다, 죽다, 숨다, 잡다, 울다, 씻다,
노타)이다. 이러한 동사에 대해 '히'를 첨가함으로써 피동사형을 논의한
일이 있었음14)과 관련시킬 때 우리 민족어의 피동사와 사동사와의 관
계를 다시금 생각하게 한다. 사동사가 결여된 동사는 "participe verbal
futur"15) '게'와 'ㅎ다'의 통합에 의해 사동화할 수 있고(오다→오게 ㅎ다),
사동형이 존재해도 그러한 형성법이 가능하다는 언급(살니다, 살게 ㅎ다)
등은 우리의 전통문법에서 매우 잘 알려져 있다16).

(6) 명사의 서술화와 조동사에 대한 언급도 기억해 둘 만하다.(p.132-
134). 전자는 이른바 지정사 '일다'(예: 나물다, 사름일다)와, 'ㅎ다'(예: 일ㅎ다,
심ㅎ다)의 첨가로 형성된다. 'ㅎ다'의 용법이 복잡하고 '이다'와의 관련성
이 문제되고 있는 이때(任洪彬, 「生成文法의 한 問題」, 『駱山語文』, 1970; 徐正
洙, 『동사 'ㅎ-'의 문법』, 형설출판사, 1975), 초창기적 발상이라 하여 그냥 묻어
둘 수만은 없을 것 같다. 두 동사가 합쳐질 때는 첫째 동사는 "participe
verbal passé"(동사의 과거 분사) '어'로 되어 있고17), 둘째 동사만이 활용

---

14) 최현배 (1961: 343-345)을 보라.
15) 저자들이 말하는 "동사의 미래 분사" '-게'는 전통문법의 "장연"(將然) 부사형,
    현행 학교문법의 보조적 연결어미를 가리킨다.
16) 최현배 (1961: 408)를 보라.
17) "동사의 과거 분사"는 전통문법의 "완료" 부사형, 현행 학교문법의 보조적 연결
    어미를 가리킨다.

하는 것으로 보았다. "auxiliaire"(조동사)라는 이름으로 부르고 있지만 엄격히는 "verbe double"(이중 동사) 내지 "verbe combine"(합성 동사)가 더 합당하리라고 하는 저자들은 우리의 전통문법에서 널리 알려져 있는 '보다, 오다, 가다, 지다' 등을 들고 있다. '보다'는 '-는가', '-나' 아래 나타나는 '보다'(하는가 보다, 오겠나 보다)와는 구별되어야 한다는 것이며 '지다'와 '가다'의 의미상의 차이를 각각 행동의 "시작"(commencement)과 "끝"(terme)으로 파악하고 있다. 전자는 전통문법의 보조 용언론에서 항상 주의해 마지 않는 바이며 후자는 조동사의 의미를 동작상(aspect)의 각도에서 처리할 수 있는 것이 많다는 점에서 음미의 대상이 된다. 서양 문법의 "auxiliary verb"에 해당하는 범주의 설정이 우리말에서 처음으로 시도된 것은 최현배로 알려져 있으나 (1937/1961: 245), 이렇게 초창기부터 잘 확립되어 있었음을 확인할 수 있다.

2.3. 부사

부사를 크게 동사에서 전성된 것과 본래 부사의 두 가지로 구분하였다.(p.136-142), 동사에서 부사로 전성시키는 요소로 '게'와 '이, 히'를 들고 양자의 용법 구명에 부심하고 있다. 전자는 능동적 의미를 띠어 동사의 보어의 변화를 표시함에 대하여(예: 됴케 꿈이다, 다르게 하다 …), 후자는 피동적 의미를 띠어 주어의 변화를 표시하는 것(예: 언잔이 넉이다, 달니 알다)으로 설명하고 있다. 더욱이 전술한 causatif(사동)로서의 '-게'와 부사 형성소로서의 '-게'를 혼동하지 말라고 한 것은 '-게'의 의미를 상당히 깊이 파악한 듯하다. 양자의 의미 차이는 이후의 서양 문법가들에게 계속 관심의 대상이 되었으며 오늘날의 우리 민족어 문법 연구에서도 그러하다.

2.4. 통사법

우리 민족어 통사법의 기본 원리, 곧 각 품사의 위치와, 성분의 책정 (주어, 간접 보어, 직접 보어, 동사) 및 이들의 상호 관계 등이 취급되어 있다.(p.161-178). 특기할 것은 "parties du discours"(품사론)에서 형태·음운론의 관점에서 주로 다루었던 곡용형들의 용법을 상당히 상세히 취급하고 있는 점이다. 앞에서 언급한 "radical"에 대해서는 지금까지 별로 주목받지 못했었는데 조사의 생략이 다른 각도에서 해석이 가능하다는 설명(뒤에 나옴)과 결부시킬 때, 재음미의 대상이 된다. 어떤 어미가 붙더라도 바뀌지 않는 "forme absolue"(절대적 형식)으로 정의되는 "radical"(p.11)은 도구격, 대격, 여격, 주격의 기능을 갖는다고 보았다.(p.164). 도구격, 대격, 처소격의 용법 기술은 우리 전통 문법 이상으로 상세를 기한 면이 많다.

마지막으로 우리 민족어에는 구두점 표시를 위한 특별한 기호가 없이 연결어미가 그러한 기능을 표시한다는 점을 말하고 있는데 이는 이후의 대부분의 서양 문법가들에게 그대로 계승되고 있다.(뒤에 나옴)

이미 알려진 바와 같이, 본서는 장처(長處)보다는 단처(短處)가 더 많다. 프랑스 문법의 체계 위에서 우리의 민족어 문법을 기술했다는 전제적 잘못 이외에도 체언과 조사, 어간과 어미에 대한 정확한 분석력의 결여, 표면상의 유사성에 근거하여 구조적 면까지 동질시하려는 경향

등을 지적할 수 있다. 후자의 대표적 예는 '홀디언뎡'의 'ㄹ'이 일반적
미래 관형사형과 같다고 하여 "participe relatif futur"(미래 관계 분사)로
간주하는 것 등이다. 이러한 분석 태도는 시대가 하강할수록 더 철저해
가고 있다.(뒤에 나옴). 연대상으로 보면 Ross의 초판 (1877)을 참조했을
법하나 그런 언급이 없고 또 그런 흔적도 없으므로 본서는 프랑스 외방
전도회 신부들의 독자적 저술로 평가해도 좋으리라 믿는다.

전반기의 프랑스인의 또 하나의 업적으로는 Imbault-Huart(1888)을
들 수 있다[18]. 본서는 전술한 *Grammaire Coréenne*(이하 Gr. Co.라 약칭
함)를 요약·정리한 것이라 할 수 있다. 본서 가운데 후자를 인용한
곳이 보이는 것 이외에도 체제나 내용 등이 너무 흡사하기 때문이다[19].
그러나 세부에 있어서는 차이점이 발견된다. Gr. Co.는 9품사인데 대
해 본서는 "article"(관사)을 제외하여 8품사를 설정하고 있다는 점,
"préposition"을 "postposition"으로 바꾼 점 등이 이색적이고 "syntaxe"
(통사법)에서 8품사의 통사법을 논의하고 있음도 전자와는 다르다. 또
하나 지적하고 싶은 것은 전자는 이른바 "절대격"(oppositif)도 포함시켜
9격을 설정했으나 본서는 그것을 격 체계 내에서 제외하여 따로 용법
을 설명하고 있는 점이다.(p.12)

---

18) 본서는 金明坤 文庫(서울 大學校 人文大學 國文科 도서실 비치)에 소장되어
   있는 것을 이용하였다. 책 갈피를 어루만지며 다시금 고인(故人)의 명복(冥
   福)을 빈다. 한편 이 책은 김민수·하동호·고영근(공편) (1977~1986)과 김
   민수·고영근(공편) (2008: ②22)에 실려 있다.
19) 본서의 체재와 그 대체적 내용에 대해서는 오구라 (1940/ 1964: 81)를 보라.

2 영미인의 연구

전반기의 영미인의 연구[20]는 Ross (1877, 1882), Scott (1887, 1893), Underwood (1890, 1915), Gale (1893, 1916)이다. Ross (1877)는 회화서이며 단 도입부에 명사, 대명사, 동사의 특징적 현상이 베풀어져 있으며 회화부[21]는 평안도와 함경도 등의 북부 방언으로 이루어져 있다[22]. Ross (1882)[23]는 Ross (1877)의 수정판으로서 북부 방언 중심의 구어체 자료가 서울 공통어 중심의 문어체로 바뀐 것이 많다. 문법은 초판에 비하여 상세를 기한 면이 적지 않으나 "noun, adjective, pronoun, verb"에 그치고 있어 불완전하기 짝이 없다. 명사의 격은 "nominative(사람이), possessive(사람의), objective(사람을), vocative(사람아), accusative (사람에), ablative[a. locative(사람에서), b. locomotive & instrumental(사람으로)]"의 6격이다. 수식하는 말이 수식받는 말 앞에 올 때는 "case-sign"(격 표지)을 요구하지 않는다는 것(예: 사람 머리 씰에), 동사는 대부분 사동형과 피동형이 있다는 사실과 'ㅎ다'의 중요성에 대해 말하

---

20) [보충주] 영미인은 독일인이나 프랑스인보다도 늦게 우리 민족어 연구에 손을 대었다. 관련 논의는 고영근 (1983: 259, 2001마: 9-12, 본서 418-421쪽).

21) [보충주] Ross의 책에 나오는 예문은 모두 가로쓰기로 인쇄되어 있다. 이전의 Rosny의 문법에는 한글 자료가 세로쓰기로 제시되어 있다. 그러니까 Ross의 문법에서 처음으로 가로쓰기가 시행되었다. 이 문제는 국립국어원 소식지 (2010. 3)에 홍윤표 교수가 한글 가로쓰기가 프랑스 선교사들의『한불ᄌ뎐』 (1880)에서 시작한다는 보고를 접하고 확인하였음을 밝혀 둔다.

22) [보충주] 이 책은 김민수・하동호・고영근(공편) (1977~1986)과 김민수・고영 근(공편) (2008: ②02)에 실려 있다. 서지 사항과 내용, 그리고 이를 활용한 연구물에 대하여는 위의 자료집과, 이 책에 대한 서평인 로우니 (1878)를 보라.

23) 이 책은 김민수・하동호・고영근(공편) (1977~1986)과 김민수・고영근(공편) (2008: ②06)에 실려 있다.

고 있다. Scott의 문법[24]은 두 번에 걸쳐 출판되었다. 프랑스 선교사들과 Ross의 문법에 큰 영향을 받았다는 저자의 말대로 Gr. Co.와 내용이 거의 일치한다. 이를테면, 격 설정에 있어서 "root form"에서부터 순서까지 일치하고 있다. 이밖에 조동사, verbal noun, 사동・피동사, 부사 형성 요소 등의 설명도 그러하다. 차이점은 품사 체계에 다소의 이동이 보이는 점뿐이다. 관사의 제외와 postposition의 채택은 Imbault-Huart와 같고 감탄사 대신 Gr. Co.가 형용사에 넣었던 수사를 따로 설정하고 있다. 이러한 일은 우리 민족어 문법구조를 존중하는 방법론에의 점진적 접근이라 할 수 있다. 이곳에서도 표면 상으로 유사하면 구조 상으로 동질화하려는 경향이 농후하다. 'ㄹ 수록, ㄹ 지라도'가 "futur particle"(추측 관형사형)과의 통합형이라는 것이 그것이다.

영미인의 업적 가운데서 전기 프랑스 선교사의 업적에 비견할 만한 것으로는 Underwood의 문법이 있다[25]. 그는 Imbault-Huart, Scott가 그러했듯이, Gr. Co.를 바탕으로 저술하였다.(「초판 서문」 참조). 그는 Gr. Co.의 부족한 점을 깊이 천착하기를 게을리하지 않았으며 잘못된 곳을 과감히 비판하면서 자기의 견해 표명에 주저하지 않는다. 단적인 예는, 우리 민족어 명사가 곡용한다고 한 종전 문법가의 견해를 비판하고 명사의 불변론과 함께 후치사의 설정을 시도하고 있는 일이다. 서술 절차는 Gr. Co.와 대동소이하다. 첫 머리에는 우리 민족어 연구의 연천(年

---

24) Scott의 저술에 대해서는 오구라 (1964 : 83)를 보고 김민수・하동호・고영근 (공편) (1977: ②08, 09)과 김민수・고영근(공편) (2008: ②08, 09)에 실려 있다.
25) [보충주] Underwood의 문법은 김민수・하동호・고영근(공편) (1977~1986)과 김민수・고영근(공편) (2008)의 ②11, 12)에 실려 있고 그 내용에 대해서는 오구라 (1940/ 1964 : 81-2), 김민수 (1955/ 1960: 247-254)를 보라.

(淺)함과 우리 민족어 습득의 요령을 포함하는 서설적 소견 및 문자·음
성에 대한 장이 나와 있고 체언(대명사, 수사, 후치사 포함), 동사, 형용사,
부사, 접속사, "honorifics"(공대법)26), "structure of sentence"(문장구조)의 순
서로 되어 있다. 공대법을 동사에서 분리한 서술 방식은 Imbault-Huart의
문법에서도 목격되었는데 이는 공대법이 우리 민족어 문법에서 차지하
는 비중을 참작할 때 당연한 것이다. 이전의 문법서, 주로 Gr. Co.와의
관련성에 유의하면서 문제점들을 살펴보기로 한다27).

3.1. 체언과 후치사

(1) 명사에서 곡용을 인정하지 않은 점은 우리 민족어의 본질을 비교
적 잘 파악한 소치(所致)로 보고 싶다. 그의 후치사(뒤에 나옴)는 명사의
받침 유무에 따라 변하지마는 그러한 사실이 명사 자체와는 관계가 없
으므로 우리 민족어의 명사는 "indeclinable"(곡용하지 않는)하다는 것이
다.(p.24, p.72). 우리 민족어의 명사를 이런 관점에서 파악한 일은 우리
의 전통문법에서는 비교적 후대의 일에 속한다.(최현배의「朝鮮語 品詞分類
論」,『朝鮮語文研究』 1, 1929)28). 그의 후치사는 의미가 모호해지지 않는

---

26) [보충주] 이 책의 초판 (1983)에서는 "honorifique, honorifics, Höflichkeit"에
   대하여 학계에서 많이 사용되는 "경어법"을 대당시켰으나 고영근·구본관
   (2008: 457)에서는 이희승 (1949)에 따라 "공대법"으로 바꾸었음을 밝혀 둔다.
27) [보충주] Underwood의 문법에 대한 서평은 고성환 (2002)을, 저술 경위에 대하
   여는 고영근 (2001마: 17-18)을 보라.
28) 김민수 (1955/ 1960: 247-254)에서는 명사의 불변론(不變論)을 펴는 Underwood
   의 문법을 제2유형에 귀속시키고 있다. 한편 앞에서 나온 Gr. Co.는 제3유형
   에 넣었다.

범위 안에서 생략가능하다고 보았다.(p.25). 이러한 점은 Gr. Co.에서
도 지적되지 않은 바 아니었으나(앞에 나옴), 그는 후치사의 유무가
"definiteness"(정성, 定性)의 표시 여부와 관계된다고 하였다.(p.25, p.270).
후치사가 쓰이면 영어의 정관사의 효과를, 생략되면 부정관사의 효과
를 각각 띤다고 말하고 다음의 예를 들었다.

　　병뒤가 왔소 'The soldier has come' cf. 병뒤 왔소 'A soldier has come'

이러한 해석은 전술한 Gr. Co.의 radical의 설정과 함께 요즘 논의되고
있는 부정격(Casus Indefinitus)의 확립에 유력한 근거를 제시해 준다.(안병
희, 「不定格의 定立을 위하여」, 『東亞文化』6, 1966).
　저자는 이전의 문법가들이 곡용 어미로 처리했던 일군의 조사는
"simple postposition"(단순 후치사), 이전의 Gr. Co. 등에서 후치사로 처
리했던, 명사에 simple postposition이 붙은 '안희, 뒤신에…' 등은
"composite postposition"(복합 후치사), 동사의 활용형이 화석화한 '위ᄒ
야, 넘어' 등은 "verbal postposition"(동사성 후치사)이라 하여 삼분하고
있다.(pp.72-86). 그의 후치사에는 우리의 전통문법에서 특수조사라 일
컫는 일군의 조사는 격조사와 아울러 "simple postposition"에 포함되어
있다.
　동명사 '홈'과 'ᄒ기'의 용법은 Gr. Co.와 크게 다름이 없지만 진전된
면도 있다.(pp.32-33). 많은 조선인들은 양자가 동의적이라고 하지만 저
자는 상호 교체할 수 없음을 명백히 하고 있다. Gr. Co.는 그렇게 엄격
하지 않다고 했었다.(앞에 나옴). 형태나 굴절법으로는 명사로 볼 수 있지

만 "force", 곧 기능에 있어서는 동사인 나전어의 "supine"와 동등하다는 설명은 매우 온당해 보인다.

(3) 우리의 전통문법에서 관형사에 포괄하는, 지시적인 '이, 그, 뎌, 어ㄴ, 무슴'과 수 관형사 '흔, 두 … ' 등은 비록 대명사와 수사에 포괄시키고는 있지만 실제에 있어서는 형용사적인 특징을 반드시 언급하고 있다. 후치사가 붙지 못하는 사실에 입각하여 전자에 대해서는 "pronominal adjective"(p.48, p.51)로, 후자에 대해서는 "adjective form" (p.54)으로 각각 구분하고 있다. 이러한 관찰은 뒤의 우리 문법가들이 관형사를 따로 설정한 것과 연관이 될지 모르겠다.(김두봉, 『조선말본』, 신문관, 1916)

3.2. 동사

(1) Gr. Co.와 같이 우리 민족어 동사의 "absolute impersonality"(철저한 무인칭성)와 수의 결여를 강조하고 있다. 인칭과 수에 따라 어미를 달리 하는 인도-유럽어의 관점으로는 당연한 관찰로 보인다. 인칭과 관련이 있는 경우가 있기는 해도 그것은 형태에서보다도 동사의 의미에서 유래한다는 것이다.(pp.87-90). 직접 명령의 주어는 항상 제2인칭인 것, 그의 이른바 "volitive mood"의 하나인 "propositive"의 주어가 제1인칭 복수인 것(예: 남산 올나 갑시다), 이른바 약속법의 주어가 제1인칭인 것(예: 그러면 가마) 등이 그렇다는 것이다.

(2) 동사를 "active"와 "neutre"로 나누었다든지 "voice"의 설정 및 그 형성법의 논의 등은 Gr. Co.의 그것과 큰 차이가 없다.(pp.90-93). 한

가지 특기할 것은 Gr. Co.에서는 모든 사동형이 다시 피동형으로 될수 있는 것으로 기술하고 있으나(앞에 나옴), 이곳에서는 "neuter verb"(중동사)에서 파생된 사동형에 국한시키고 있다.

므르오(neuter verb)[29], 물니오(causative verb), 물니이오(passive)

그러나 이러한 피동형은 규칙에 어긋나지 않지만 쓰이지 않고 오히려 neuter verb를 택한다고 한다. 이는 Gr. Co.에서도 그랬고(앞에 나옴), 저자도 강조하고 있는 바와 같이, 피동의 의미를 표시하는 데는 피동형보다 능동형이 더 보편적이라는 설명과 결부시킬 수 있다.

(3) 저자는 그의 "tense root", "termination" 등의 용어가 Gr. Co.와 용어 상의 상사성은 있으나 내용 상으로는 다르다는 것을 명백히 하고 있다.(p.94). 이는, 앞에서도 지적한 바와 같이, 이전의 문법서와는 얼마나 독자적으로 연구했나 하는 사실을 알려 주기도 한다. 시제설명에서 주의하고 싶은 것은 '리'와 '겟'의 용법이다.(P.96). '리'는 "termination"(어미)과의 통합에 있어 완전하지 못한 점은 있으나 대체로 의도(purpose, intent)를 표시하고 '겟'은 미래시제(futur tense)를 의미한다는 것이다. 특히 '알겟소, 모르겟소'에서는 미래의 의미는 파악되지 않고 현재로만 해석된다고 보았다. 미래를 생생하게 표현하는 데 현재형이 쓰이는 수는 많지만 현재 표시를 위하여 미래형이 사용되는 일이 매우 드물다는 저자의 말은 앞으로 우리 민족어의 시제 연구에서 깊이 음미할 만하다.

---

29) 저자는 '므르다'('to be dry')를 neuter verb로 간주하고 있다.

(4) 종결어미(termination)과 서법(mood) 동사론에서 가장 주목의 대상
이 되는 것은 종결어미, 곧 그의 termination을 indicative mood와
volitive mood에 따라 분류하고 있는 점이다.

From the indicative … { Declarative
Interrogative

From the volitive … { Propositive
Imperative

기능상의 관점에서 종결어미를 넷으로 낙착시킨 것도 그러하거니와
더욱 서법의 관점에서 둘로 묶은 것은 우리 민족어 종결어미의 특징을
상당히 면밀하게 파악한 소치로 보고 싶다. 특히 "propositive"는 Gr.
Co. 등에서 제1인칭 복수 명령법으로 처리했었는데(앞에 나옴), 이곳에서
하나의 독자적인 문체법으로 정립된 것이다. 저자의 종결어미에 대한
이러한 처리방식은 金熙祥(김희상, 『朝鮮語典』, 1911)에서 처음 확인되고
뒤의 최현배의 문법 (1937)에서도 보인다. 우연의 일치인지는 모르나
생성문법의 관점에 설 때 매우 온당해 보인다.(이홍배, "The category of
mood in Korean transformational grammar," 『語學硏究』7.1, 1971). 서법의 관점
에서 처리한 것도 현대적 관점에 설 때 큰 무리가 있는 것 같지 않다.(拙
稿, 「現代國語의 敍法體系에 대한 硏究」, 『語學硏究』15, 1965). 사실 저자는
"mood"항을 설정하여 "indicative mood"와 "volitive mood"에 대해 상세
한 설명을 베풀고 있다.(p.116). 특히 indicative mood가 independent
sentence(주절) 뿐만 아니라 dependent clause(종속절)에서도 표시된다는

말은 앞으로의 우리 민족어의 서법 연구에 큰 지침이 될 것이다. 하나
더 지적하고 싶은 것은 우리 민족 사이에는 'ᄒᆞᆸ시다, ᄒᆞ시ᄋᆡ셰다'에
보이는 '셰다', 곧 '시다'의 '시'가 'ᄒᆞ시오'의 그것과 같이 순수히 공대적
이라는 것과 'ᄒᆞ셰'의 공대형이라는 것의 두 의견이 있지마는 저자는
후자에 좌단(左袒)함을 밝히고 있는 점이다.(p.115). 약간의 문제는 있지
만 그의 견해는 대체로 온당하다고 할 수 있다.(拙稿,「現代國語의 終結語尾
에 대한 構造的 硏究」,『語學硏究』10.1, 1974). 이런 데에서도 그의 우리 민족
어에 대한 통찰력의 탁월함을 알 수 있다.

(5) "participle"에 대한 견해는 Gr. Co.의 것을 그대로 수용하고 있
다.(pp.116-33, p.139). 우리가 부사형 내지 보조적 연결어미라고 부르는
"verbal participle"(cf. participes verbaux)과 관형사형이라고 부르는 "relative
participle"(cf. "participes relatifs")이 그것이다. 후자에는 present(ᄒᆞᄂᆞᆫ),
past(ᄒᆞᆫ), future(ᄒᆞᆯ), imperfect(ᄒᆞ던) 등이 포괄되어 있다.

(6) Gr. Co.는 우리 민족어의 시제를 프랑스 문법의 시제의 틀에 그
대로 적용한 혐의가 농후했었는데 저자는 그의 동사의 활용 체계(the
basal conjugation) 내에서 고찰하고 있다.(p.139). 그는 시제를 indicative
mood와 participle에서 파악하고 있다. 후자는 전술한 바 있으므로 전
자의 체계만 살피기로 한다.

indicative mood
simple tenses
present(ᄒᆞ오), past(ᄒᆞ엿소), perfect past(ᄒᆞ엿썼소), future(ᄒᆞ겟소), fut.
past(ᄒᆞ엿겟소)
compound tenses

progressive(ㅎ더이다), 1st pluperfect(ㅎ엿더이다), 2nd pluperfect(ㅎ엿섯더이다), continued future(ㅎ겟더이다), probable fut. past(ㅎ엿겟더이다)

'더'를 "progressive"라 한 것만 문제될 뿐 그의 시제를 파악하는 태도는 비교적 올바르다고 할 수 있다. 위의 표는 우리 민족어의 시제가 직설법과 회상법, 곧 서실법을 바탕으로 성립된다는 논의(앞의 졸고, 1965)에 대한 강력한 뒷받침이 된다.

(7) 조동사에는 Gr. Co.에서는 볼 수 없는 파생 접사 '스럽소'가 포함되어 있기는 하나 전자에서는 볼 수 없는 '잇소, 즉ㅎ오, 되어, 두오, 십소' 등을 추가하여 먼저 선행형식과의 통합 관계에 따라 네 묶음으로 분류하고 다음으로 용법을 구명하고 있다.(pp.168-174). 항목의 구비됨과 분포의 성찰로 볼 때 최현배의 『우리말본』(1937)의 처리와 큰 거리가 있는 것같지 않다.

(8) 후행형식, 특히 용언과의 통합에 제약이 많은 형식명사를 들어 그 의미와 함께 통합관계를 명시한 것은 이전의 문법서에서는 접하기 어렵다.(pp.174-175). 우리의 전통문법에서는 조사와의 통합관계에는 주력한 일이 있었지만 (최현배, 『우리말본』, 1937), 용언과의 그것에 대해서는 관심을 기울이지 않았다. 이 가운데서 '줄'에 대한 고찰은 진경(進境)이 뚜렷하다.(p.175, p.249). Gr. Co.에서는 조사와 용언과의 통합관계만 제시했었는데(앞에 나옴), 이곳에서는 '을'이 붙을 때는 "the idea of absolute knowledge"(절대적 지식)를, '로'가 붙을 때는 "the idea of an opinion"(소견 진술)을 각각 가리킨다는 것이다. 이 견해는 Eckardt, Roth, Ramstedt에게 그대로 계승되고 있다.

3.3. 공대법

공대법의 원리를 파악하는 태도는 Gr. Co.와 크게 다름이 없다. "the person spoken to"(청자)에 대한 공대와 언급되는 "the special rank of the person spoken of"(언급되는 인물의 특수 지위), 곧 "the subject of the verb"(동사의 주어)에 대한 공대가 그것이다. 그는 청자에 대한 공대 정도를 "inferiors"(해라), "the polite form to equals"(하오), "superiors"(합쇼)의 셋으로 구분하되 상위 구분도 가능함을 시사(示唆)하고 있다. 사실 Gr. Co.는 형식의 나열에 그친 감이 없지 않았으나 이곳에서는 종결어미표에서 제시한 8 단계(p.108)를 3단계로 묶고 있다. 이러한 태도는 당시의 우리 문법가에게도 보인다.(주시경, 『國語文法』, 1910). 그는 Gr. Co.가 제시했던 예사말과 공대말을 동사, 명사로 구분하고 있다. 그는 또 동사의 목적어(person or persons acted upon, or objects of the verb)를 공대하는 동사를 따로 제시하고 있는데(드리오, 품ᄒ오 …), 이런 사실은 우리의 전통문법에서도 비교적 늦게 지적되었다.(정렬모, 『신편고등국어문법』, 1946)

이밖에 부사에 대한 설명(p.200)은 Gr. Co.의 그것과 대동소이하고 문장구조에 대해서는, 우리 민족어에는 이중 부정이 매우 흔하다는 진술 이외는 Gr. Co.와 큰 차이가 없다.(pp.213-217)

본서는 영문법의 체계 위에서 서술된 곳이 많기 때문에[30], 우리 민족어의 구조에 맞지 않는 문법범주의 설정 등 단처가 많다. 이곳에서도 Gr. Co.와 같이 조사나 어미의 식별이 제대로 되어 있지 않으며 표면상

---

30) 김민수(1955/ 1960: 247-255)를 보라.

450 [민족어학의 건설과 발전]

의 유사성에 입각하여 구조적인 면까지 동일시하려는 경향이 농후하다. 그러나 본서는 이전의 문법서, 특히 Gr. Co.가 범했던 많은 잘못을 보정(補正)하면서 우리의 민족어 문법구조의 해명에 크게 기여했다고 할 수 있다. 본서의 곳곳에는 저자가 고어와 방언에 관한 상당한 지식을 갖고 있었음을 확인할 수 있는데 이것은 이전의 문법서에서는 목격할 수 없는 본서의 특장이다.

영미의 저술 중 마지막으로 언급할 것은 Gale (1894, 1903, 1916)이다31). 초판과 재판은 큰 차이가 없고 1916년판은 수정판이다. 이 책에는 '사과지남'이라는 우리말 이름도 붙어 있다. 서문에도 밝혀져 있지만 본서는 이전 문법서의 한 보충물이다. 본서는 우리 민족어 습득의 열쇠가 되는 어미를 "final"(종결어미), "connective"(연결어미), "form"(전성어미)로 나누어 그 용법을 기술하였으며 끝에 명사의 격 어미를 다루고 있다32). 이른바 존비법의 구분(6단계)만 좀 색다를 뿐이고 모든 격이 주격을 중심으로 형성된다든지, 격의 종류(9격) 및 배열 순서, 경어법의 파악 방법 등은 모두 Gr. Co.와 일치한다33).

---

31) Gale의 문법은 김민수・하동호・고영근(공편) (1977~1986)과 김민수・고영근(공편) (2008: ②14, 15)에 실려 있다.
32) [보충주] 이 부분은 고영근 (1976가, 1983: 220)의 내용을 다시 고쳐 쓴 것이다.
33) Gale 문법의 그 내용에 대해서는 오구라 (1940/ 1964 : 83), 고영근 (1990/ 1998가: 258-275)를 보라.

4 독일인의 연구

전반기의 독일인의 우리 민족어 문법 연구는 Eckardt (1923)과 Roth (1936)이다[34]. Eckardt의 문법은 일찍부터 우리에게 잘 알려진 독일계의 문법서이다[35]. 저자는 우리 나라에 머문 14년 동안 우리 민족어를 연구한 끝에 본서를 출판하였다[36]('서문」참조). 영국, 프랑스, 러시아는 이미 우리 민족어에 대한 문법이나 사전을 가지고 있는데 독일만이 그러한 저술이 없음을 통감한 나머지 본서를 쓰게 되었다고 기록하였다. 이러한 점은 K. Müller 교수의 추천사에서도 명백히 표시되어 있다. 이리하여 그의 문법 체계가 Gr. Co. (1881)와 Underwood의 『韓英文法』(1895, 1914)[37]과는 여러 가지 점에서 다르다는 사실을 강조하고 있다. 특히

---

34) 두 책의 서문 독해에 대해서는 한국 정부 초청 장학생으로 서울대학교 대학원에서 민족 어학을 전공하고 있는 Dirk Fundling군의 협조가 컸음을 밝혀 둔다.

35) Eckardt 문법의 대체적 내용에 대해서는 오구라 (1940/ 1964: 89) 참조.
[보충주] 독일인의 우리 민족어 연구는 19세기 전반기까지 거슬러 올라간다. 관련 논의는 고영근 (1980/ 1983: 254-254, 본서 411-415쪽을 보라.

35) 그의 우리 이름은 "옥락안"(玉樂安)이었다. 본서와 「註解」(Schlüssel)의 인쇄 경위에 대해서는 정희준(1938)의 다음 글을 보라.
위에 든 책을 저 하리델베르크에서 印刷할 그때는 마침 世界大戰의 最中이었으므로 著者와 같이 他國에 앉아 原稿를 먼 本國에까지 輸送하기는 極히 困難하였었다. 저 「註解」의 원고들은 特히 손수 써서 朝鮮서 石版까지 만들어 보내곤 하였었다는데 그것을 단 한 벌씩만 부치기는 배가 戰濤中의 배라, 잃어버릴 念慮가 있다 해서 꼭 두 세벌씩 해서 이번 배로도 보내고 또 다음 배로도 … 이렇게 부치었다는 것이다.(원문대로)

37) Eckardt가 제시한 두 책의 발행 연대는 사실과 거리가 있다. 전자는 1881년이고 후자는 1890년 (초판), 1915년 (재판)이다. 특히 후자는 1889, 1915로 적고 있는 논저가 많은데 이는 서문을 쓴 연대이고 발행연도는 발행지 (Yokohama와 京城)와 함께 각각 '1890, 1915'로 명기되어 있다.

동사가 그러한데 이는 그가 1913년에 서울 숭신학교 교재로 출판했던 *Tjosŏn-ŏ-muntjŏn*에서 처음 시도하였다. 우리는 여기서 저자가 본서 이전에 『조선어문전』이라는 또 한 권의 출판된 문법서를 가지고 있었음을 확인할 수 있다.

본서는 이전의 문법서와는 달리 회화와 문장을 익히기 위한 부분이 문법에 이어 각과에 배당되어 있어 순연한 문법서로서의 성격이 결여된 느낌도 없지 않다. 그러나 품사 중심의 서술 방식을 취하고 있어 체계적 문법서로 간주할 수 있다[38].

9품사를 설정하고 있는 저자는 "명사, 동사〈반동사, 형용동사, 본사, 중동사, 조동사, 합동사, 사동사, 피동사〉, 대명사, 형용사, 부사, 수사, 접속사, 후명사, 감탄사"의 순으로 배열하였다. '〈 〉' 표는 동사를 다시 세분한 것인데 명사를 제외한 위의 모든 우리 민족어 용어를 라틴어나 독일어 용어의 괄호 안에 로마자로 바꾸어 놓고 있다. 이 밖에 "분사, 현재, 과거" 등의 세부적 용어도 접할 수 있다. 이러한 일은 이전의 문법서에서는 볼 수 없었다.

Verhältniswörter - Postpositio(humyŏngsa)

본서의 외적인 또 하나의 특징은 이전의 문법서와는 달리 우리 민족어 예문이나 단어를 전부 로마자로 바꾼 점이다. Gr. Co는 한글 옆에 로마자를 병기(倂記)하는 원칙을 보여 주었고 Underwood의 것은 한글로

---

38) 본서는 앞의 프랑스 선교사나 Underwood의 문법과 함께 일찍부터 알려져 왔으나 부분적 인용 내지 비판 밖에는 내용 전체가 평가받은 일이 없다.

노출되어 있었다.

본서의 문법 기술상의 특징은, 전술한 바와 같이, 동사의 부분을 이전의 문법서와는 달리 보고 있는 점이다. 그 밖에도 이전의 문법서와 다른 점이 상당하다. 전대로부터 수용한 것은 무엇이고 저자 자신의 견해는 어떠한지 살펴보기로 한다, 그의 로마자로 바꾼 예는 당시의 우리 철자법(언문 철자법)으로 재현시켜 제시한다.

4.1. 체언과 후치사

(1) 명사의 격은 다음 8격을 두고 있다.(SS.8-10)

1. Nominativ[주격](이/가), 2. Genitiv[속격](의), 3. Dativ[여격](에게,에), 4. Akkusativ[대격](을/를), 5. Vokativ[호격](아/야), 6. Ablativ[탈격](으로/로), 7. Lokativ[처소격](에게서,에서), 8. Casus absolutus[절대격(은/는)

위의 순서는 Gr. Co와도 다른 바가 있는데 처음 넷을 보면 독일어의 격 체계를 참고하지 않았나 한다. 격 어미의 체언의 받침 유무에 따른 분류, Dativ에서의 유정물(belebtes Wesen)과 무정물(unbelebtes Wesen) 어휘의 구별, Nominativ와 Dativ에서의 존경형(ehrend)의 배려 등은 이미 Gr. Co 이래로 지적되어 왔다. 그러나 저자는 이전 문법가들이 "oppositif"로 불렀던 '은/는'을 "Casus absolutus"로 바꾸고 그 분포 및 용법을 그 나름대로 설명하였다. Eckardt의 위의 용어는 뒤에 우리의 역사 문법에서 "절대격"으로 번역되어 오랫동안 사용되어 왔다.(이숭녕, 「古典文法」, 1954). 두 개념을 대조할 때 쓰인다는 설명 이외, 그는 주격,

속격, 대격, 호격에는 붙지 못한다는 분포 상의 특징을 들었다. 주목하고 싶은 것은 물음에 대한 대답은 '은/는'이 아닌 '이/가'라는 사실이다.

누가 왔소?
내가 왔소(nicht 나는 왔소)

'은/는'이 지닌 이러한 용법은 뒤에 Martin(*Beginning Korean*, 1969)에서 "new information"과 "old information"의 관점으로 언급된 일이 있다. 이 밖에 "instrumental, ablatif"를 각각 "Ablativ, Lokativ"로 바꾸고 Dativ에 locatif '에'를 넣은 것 등 Gr. Co.와 다른 점이 많다. 조사의 생략 현상에 대해서는 Underwood의 견해(앞에 나옴)가 전혀 반영되어 있지 않다. Gr. Co.를 따라 주격, 속격, 대격 어미는 의미에 관계없이 자주 생략된다는 정도의 설명만 보인다. 조사의 용법에 대한 개별적 기술은 Gr. Co.보다 소략(疏略)한 점이 많다.

(2) 후치사, 곧 그의 "후명사"는 Gr. Co.와 Underwood의 것을 절충하고 있다.(SS. 390-98). 그는 후치사를 본래적인 것, 명사에서 유래한 것, 동사에서 유래한 것으로 삼분하였다.(SS. 390-98). 뒤의 두 가지는 Gr. Co.로부터 지적되어 온 것이며 전자의 대부분은 Underwood의 "simple postposition"에 나타나는 것들이다.

4.2. 동사

(1) 저자는 우리 민족어의 동사를 크게 두 묶음으로 분류하고 있다.(S. 22)

a) uneigentliches Zeitwort
b) eigentliches Zeitwort

전자는 "Predikatssubstantiv"(서술어 체언)에 통합되는 이른바 지정사 '이다'를, 후자는 "능동사"와 "피동사", "형용동사"와 "중동사", "사동사", "조동사" 등의 자동사, 타동사를 각각 가리킨다. 곧 자립성의 유무에 근거하여 두 종류로 갈랐다. 이전의 문법가들은 "actif, neutre" 등과 같이 의미에 기준을 두어 분류하였는데 저자는 구조적 양상을 중시한 점이 돋보인다. 이른바 지정사를 "반동사"(S.28)라 부르는 데서도 그러한 점을 확인할 수 있다[39]. Gr. Co.는 '이다'를 '하다'와 함께 합성동사 형성의 한 요소로 보았고(앞에 나옴), Underwood는 그 부정어가 '아니다'라는 점 등 그 기능은 정확히 파악하고 있었으나 조동사의 범위에서 처리하였다.(1915, p.174). 우리에게서 '이다, 아니다'를 "지정사"라 하여 용언의 한 가지로 정립한 것은 나중의 일이다.(박승빈, 『朝鮮語學講義要旨』, 1931」, 최현배 「朝鮮語 品詞分類論」, 『朝鮮語文研究』1, 1930)

Eckardt의 동사 총설에서 특기할 것은 우리 민족어의 존비법을 5단계(합쇼, 하오, 하게, 반말, 해라)로 미리 설정하고 있다는 점이다.(SS.23-24). 말을 주고 받는 사람들의 상호 간의 관계 여하에 따라 동사 어미가 구별되고 심지어는 동사 자체까지도 바뀌는 것으로 보았다. 이곳에서는 그 나름의 우리 민족어 용어를 "상등말, 중등말, 평등말, 하등말"과 같이 병기하고 있다. 그의 존비법 체계는 이전 것과 비교할 때 상당히

---

39) 그러나 실제로 반동사를 논하는 자리에서는 '이다' 전체를 하나의 어미로 간주하고 있다.(S. 28)

정밀을 기하였다. Underwood의 것은 장황하기도 하거니와 정작 체계
화하는 마당에서는 3분 했었는데 저자는 5분 하였다. 특히 각 등급의
용법 설명에 있어서는 완벽을 기한 점이 많다.(졸고, 「現代國語의 尊卑法에
대한 硏究」, 1974)

(2) "형용동사"(Zeitwort der Eigenschaft)는 독일어의 'gut sein, hoch
sein, rot sein' 등의 의미를 띤 '높다, 약하다, 좋다'를 가리킨다. Gr.
Co. 등에서는 neutre라 불렀던 것이다.(앞에 나옴)

(3) 반말, 과거 시제, 명령법, 동사 기원의 후치사에 나타나는 '아/어'
를 "본사"(Verbalform)이라 부르고 이를 기초로 많은 어미가 형성된다고
보았다.(SS. 60-67). Gr. Co.와 Underwood는 participle의 하나로 처리했
었다.(앞에 나옴). 본사에 '서'가 붙을 때는 지속, 완료, 원인 등의 의미가
구별된다고 보았으나 재고의 여지가 많다.(뒤에 나옴)

(4) 저자는 동사 어간의 변이 규칙을 17가지로 두고 있다.(6, 9, 11과
참조)[40]. 그는 어간의 자동적 교체도 비자동적 교체와 동시에 논하고
있다. 그의 규칙 가운데서 뒤의 우리 우리 민족어의 전통문법에서 변칙
활용으로 받아들인 것은 '으, 르, ㅂ, ㅅ, ㄹ, ㄷ' 변칙이다. 그는 '으,
르' 변칙활용에 의해 만들어진 어간을 "gekürzter Stamm"(단축된 어간)으
로, 이른바 매개모음 '으'를 요구하는 어간을 "erweiterter Stamm"(확대된
어간)으로 처리하였다. 후자에 대해서는 그 부당성이 우리의 전통 문법
가에게 지적된 바 있다.(최현배, 「풀이씨의 줄기잡기에 관한 문제」, 한글 24, 193

---

40) 이러한 저자의 견해는 우리 민족어의 성질을 복잡화시킨다는 비난이 이미 있
     었다. (오구라 1940/ 1964: 89). 이러한 평가 때문에 Eckardt 문법이 지금까지
     소외되어 온 것이 아닌가 한다.

5)[41].

(5) "중동사"(Mittelzeitwort)의 설정은 본서의 특장이다.(SS.142-45). "중동사"란 "형용동사"(앞에 나옴)와 자동사 사이에 존재하는 "Gemütszustand"(심상)과 "Gefühl"(감정)을 표시하는 주관성 형용사를 가리킨다.(예: 아프다, 심심하다, … 시렵다, 즐겁다)[42]. 이들은 "형용동사"와 같이 '는/ㄴ'을 취하지 못한다. 그리고 '싶다'와 '싫다'는 각각 '고'와 '기'에 의지하여 어간에 통합된다고 하면서(예: 일하고 싶으다, 가기 싫다), 대부분의 "중동사"는 본사(Verbalform)인 '아/어'를 매개로 하여 '하다'를 취하는 것으로 보았다.(예: 즐겁다→즐거워하다). 물론 이때는 자・타동사와 같이 '-ㄴ다, -느냐'를 취할 수 있다. "중동사"가 사용되면 제1인칭만 올 수 있으나 '하다'가 통합되면 목적어의 요구와 함께 다른 인칭이 올 수 있다고 하였다. 올바른 지적이다.

아달이 죽어서 슬프다.(1인칭)
부모가 돌아가셨다고 너무 슬퍼하면 병나기 쉽소.(3인칭)

그는 "중동사"가 "형용동사"와 자동사와의 중간이 되는 증거로 이중주격(doppelter Nominativ)을 취한다는 사실을 들었다.

---

41) [보충주] Eckardt의 "확대된 어간"은 일본 조선어학계의 "어기"와 비슷한 점이 없지 않다. 관련 논의는 간노(菅野裕臣/ 도마도코로 명수(역), 「간노 히로유미(菅野裕臣)의 「朝鮮語の語基ついて」, 『형태론』 10.2, 455-475)를 보라.

42) 그의 *Koreanisch-chinesische Grammatik für koreanische Schüler*(한중문법)에서는 "발정동사"(Zeitwörter, die "Gefühle ausdrüken")라 했으나 본서에서는 "중동사"를 취했다고 한다.(S.142)

내가 골치가 아프다, 내가 호랑이가 무섭소(호랑이를 무서워 한다), 내가
산에 올라가 기가 슳다, 내가 돈이 없소

이른바 주관성 형용사가 독특한 통사 구조를 띠고 있다는 사실이 요즘
우리 민족어 생성문법에서 자주 논의되고 있음을 고려할 때, 저자의
혜안(慧眼)에 경복하는 바이다. 더욱이 이중 주어도 위와 같은 동사를
중심으로 거론하고 있다는 것은 그가 얼마나 우리 민족어 문법구조를
투철하게 이해하고 있었는가를 보여 준다.

(6) 그는 종전의 문법가들이 조동사에서 취급했던 어례들을 "조동
사"(Hilfszeitwort)와 "합동사"(zusammengestztes Zeitwort)로 구분하고 있다.
(18, 19과). 양자를 구별하기가 쉽지 않지만 전자는 혼자 쓰이지 못하는
반면, 후자는 고유한 의미를 띠고 있다고 보았다. 그의 "조동사"는 명사
또는 다른 동사에 결합되어 단어 형성에 참여하는 '지다, 트리다, 거리
다 … ' 등과 관형사형을 요구하는 '뻔하다, 가 보다' 등을 포괄하고
있다. 재미있는 것은 '지다'와 '트리다'를 각각 자동사와 타동사의 형성
소임을 말하고 이들이 붙는 어간의 실제 사용 여부까지 언급하고 있는
점이다.

넘다, 넘어지다 : (사용 안함), 자빠지다

"합동사"는 순수히 동사와 결합되는 것에 한정하고 있다. 분포에 따라
'고'와 함께 통합되는 것과 "본사"(Verbalform) '아/어'에 통합되는 것의
둘로 나누었다. 전자에는 '있다(먹고), 가다(짐 지고), 오다(놀고)'를, 후자에

는 '보다, 주다, 드리다, 가지고, 가다, 오다, 먹다, 죽다, 죽이다, 놓다,
두다, 바리다'를 각각 들고 있다. 이 가운데서 '드리다, 가지고, 먹다(씹어
먹다), 죽다(얼어 죽다), 놓다, 바리다'는 새로 추가된 것이고 '먹다, 죽다'는
우리의 전통 문법에서도 별로 언급이 없었다.

　(7) 저자는 시제 체계를 "본시"(Hauptzeit)와 "부속시"(Nebenzeit)로 구분
하여 파악하고 있다.(SS.177-81). 후자는 이른바 회상의 '-더라'의 첨가로
형성되는 것이다. 이는 근본적으로 Underwood의 체계와 같다.(앞에 나
옴). 차이점은, Underwood는 "simple tense"를 present, past 등으로,
"compound tense"를 progressive, 1st pluperfect 등으로 각각 처리하
고 있는 데 대해(앞에 나옴), Eckardt는 "본시"와 "부속시"의 시제를 특별
히 구분하지 않는 점 뿐이다.

　　한다(Präsens) … ; 하더라(Nebenpräsens)

위와 같은 Underwood나 Eckardt의 시제 체계는 최현배의 직접 시제와
회상 시제와 비슷하며 특히 최현배의 "회상 시제의 현재"와 같은 시간
의 구분은 앞에서 본 Eckardt의 Nebenpräsens와 거의 일치한다.

　(8) "사동사"(Verbum factitivum, effectivum)와 "피동사"(passives Verbum)의
기술은 이전에 비하여 진경이 뚜렷하다.(SS.219-21, SS.227-29). 사동 표시
법으로 '-게 하다'도 쓰인다든가 "능동사"가 "피동사"의 의미도 띌 수
있다는 설명 등은 이전의 문법서에서부터 지적되어 왔다. 본서는 사동
표시소와 피동 표시소를 하나하나 분석하여 그 분포를 설명하고 양자
의 형성상의 유사성에 대해서까지 언급하고 있다. 특기할 것은 피동

형성의 요소로 '-게 되다, -게 이르다, 받다(돈주다, 돈받다), 당하다' 등을 들고 있는 점이다. 이는 그 앞의 문법서에서는 볼 수 없었던 저자의 독특한 견해이며 우리의 전통문법에서는 최현배의 『우리말본』(1937)에서 처음 보인다.

4.3. 동명사 및 명사 형성법

저자는 Gr. Co.의 "substantifs verbaux"와 Underwood의 "compound noun"을 종합하여 명사 형성법과 합성어(zusammengesetztes Hauptwort)에 대한 장을 마련하고 있다.(SS. 255-91, SS. 266-71). 이 가운데에서 '-기'에 의한 명사형 형성에 대한 고찰은 경청의 대상이 된다. '-기'가 '좋다, 쉽다' 등의 앞에서는 주격을 취한다든지, 특정한 동사(시작하다, 바라다 …)나 동사 기원의 후치사(-위하여, -인하여) 앞에서는 목적격을 취한다든지, '약조하다, 언약하다' 앞에서는 Ablative '로'를 취한다는 등 통사 특징을 세밀하게 고찰하고 있다.

명사 합성에서는 고유어와 한자어, 차용어(중국어 계통)가 서로 엄격히 구분된다고 하였다. 많은 합성명사는 중간에 동사가 끼어드는 것으로 간주할 수 있다는 사실(밥그릇→밥 담는 그릇)과 미래 관형사형(Partizip Futur)으로 형성된 명사가 더러 있다는 사실(열쇠←열다)은 요즘의 생성 문법 연구에서도 자주 논의되고 있다.

4.4. 형용사

저자의 "형용사"(Eigenschaft)는 우리 전통문법의 관형사와 관형사형에
해당한다.(SS.295-303). Underwood는 limiting (attributive) adjective와
qualifying (predicative) adjective로 처리한 데 대해(앞에 나옴), 저자는 "형
용사"와 "형용 동사"로 품사를 달리 처리하였다. 여기서 주의를 끄는
것은 이른바 'ㅎ' 받침 변칙 형용사가 Verbalform '아/어'와 결합될 때는
'애/에'로 변이한다는 것이다.(가맣다→가매, 거멓다→거매). 이러한 사실은
우리의 전통문법에서는 비교적 늦게 언급되었다.(김윤경, 『나라말본』,
1948)[43].

4.5. 부사

부사항에서 특이한 것은 '-이'와 '-게'의 용법 기술에 대해 이전보다
진경을 보이고 있는 점이다. '-게'에 대해 목적어와 서술어에 관련시켜
수행적 특징(konsekutiver Charakter)을 띤 것으로 기술한 것 등은 이전과
다름이 없으나 '달다, 크다, 느리다' 등이 음성적인 원인으로 말미암아
'-게'밖에 취하지 못한다고 하는 점은 앞으로의 연구 과정에서 한 번
참고할 만하다. 이밖에 저자는 부사 형성의 접미사를 많이 제시하고
있다.

---

43) [보충주] 이 문제는 고영근 (1995/ 1998가: 251-252)에서 자세히 언급한 바 있다.

4.6. 공대법

Eckardt의 공대법(Höflichkeitsform)(SS. 113-5) 기술에서 특이한 것은, '-시-'는 '사람' 뿐만 아니라 존경받는 사람의 소유물(Eigentum)이나 상태(Zustand)에 대해서도 쓰임을 지적한 일이다.

부친께서 걱정이 <u>많으시니</u> 몸이 <u>마르십니다</u>.

이런 현상은 우리 전통문법가에게는 비교적 늦게 알려졌다.(이희승, 「초급국어문법」, 1949). 또 비자립적인, 이른바 지정사 '-이다'도 '-시-'를 취함을 말하고 있다.(예: 누구시오)

4.7. 접속사(Konjunktion, Bindewort)

Eckardt의 "접속사"에는 접속의 기능을 띤 조사, 부사, 어미 전부가 포괄되어 있다.(SS. 334-44). 오늘날 우리 민족어 문법 연구에서도 만족스런 해결을 보지 못하고 있는 '하고'와 '하여'의 구별을 저자는 시도하고 있다. 전자는 상황, 시간 내지 공간 관계, 동시성 내지 연속성을 표시하고 후자는 내적 관계, 논리적 예속성을 표시한다고 한다. 그는 7개 항목에 걸쳐 양자를 비교하고 있다. 앞에서 본 "본사" '어'에 '서'가 붙어 형성된 '-어서'와 함께 두 어형에 대한 그의 견해의 적부(適否) 여부는 상세한 검토를 요하지만 우리 전통 문법가의 이러한 시도(최현배, 『우리말본』, 1961, 299쪽)와 비교해 볼 때 우연의 일치만은 아닌 것 같다. 사실 최현배가 저자의 erweiterter Stamm을 비판한 일이 있었음(앞에 나옴)과 관련시킬 때 영향 관계를 추상할 수 있지 않은가 한다.

그 밖에 보문(complementation)에 관련되는 많은 문형 제시(-것을 듣다,
보다 ; -기 바란다, 원하다)(SS. 346-7), 간접 인용에 나타나는 '고'를 간접화법
의 조사(Partikel der indirekten Rede)로 본 점(S. 339), '두려워하다, 걱정하다,
무서워하다' 등의 의구적(疑懼的) 동사는 '-(으)ㄹ까, -나, -(으)ㄴ가'를
선접한다는 점, 이른바 원칙법 '하나니라, 하나니, 합낸다'를 존비법에
따라 배열하고 화자가 의심하지 않는, 일반적으로 알려진 또는 사물의
본성에 입각한 사실을 표시하는 것이라고 정의한 점 등은 음미의 가치
가 크다.(졸고, 「현대 국어의 서법 체계에 대한 연구」, 『國語硏究』 15, 1965 참조)

이상 Eckardt의 문법을 현대적 관점에서 수용 가치가 있는 것을 중심
으로 필자의 견해를 붙여 보았다. 그에게도 이전의 다른 문법가들이
시도했던 표면 상의 유사성에 입각한 분석을 그대로 답습하고 있으며
어간과 어미, 체언과 조사에 대한 식별력 부족 등 잘못된 점이 허다하
다. 그러나 저자도 앞의 Underwood와 같이 그 이전의 업적을 토대로
하여 부족한 점을 보정하면서 자기 나름의 체계 확립에 부심하고 있음
을 확인할 수 있다. 특히 동사의 활용에 관한 부분이 그러하다.

독일인의 두 번째 업적은 Roth (1936)이다. 본서가 국내에 알려진 것
은 최근의 일이다. 그 이전은 서명조차 알려지지 않았다[44]. 본서는
Roth의 원저(原著)가 아니다. 등사판 형식으로 발행되었던 R. P. Anselm
Romer(德源聖芬道修道院神學校學長)의 *Koreanische Grammatik*(「조선어문

---

44) 이숭녕 (1965/ 1981: 404-419)에서 처음으로 그 내용이 소개되었다. 오구라
(1964: 補注)과 로센(S. Rosen) (1970)에 서명이 보인다. 필자가 「國語文法書
總覽」 (동아문화연구소편, 『國語國文學事典』, 「附錄」, 1973에 실림)에서 서
명을 소개한 일이 있다.

법」)이 매진됨에 따라 Roth에 의해 보정된 것이라고 한다.(「서문」참조)45)

본서는 1933년에 제정된 한글맞춤법에 의한 철자를 "neue Orthographie" (신철자법)이라하여 구철자법과 대조하고 있는데 이는 전술한 Romer의 우리 민족어 문법이 구철자법으로 되어 있기 때문이었다. 여기서 한 가지 의심스러운 것은 같은 성분도원 신부로 최초로 우리 민족어문법을 저술한, 앞에서 언급한 Eckardt나 그 문법에 대한 언급이 전혀 없다는 것이다. 저자가 프랑스 선교사들의 우리 민족어 전사 체계를 답습한다는 표현은 하면서도(SS. 5-6), 같은 수도원신부였던 Eckardt에 대한 인용이 없다는 것은 아무래도 수긍되지 않는다. 더욱이 본서의 내용이 Eckardt (1923)과 큰 차이가 없다는 데서도(뒤에 나옴) 그런 사실을 느낀다. 한편 Eckardt에게도 사정은 같다. 최근에 나온 그의 *Koreanische Grammatik* (1973)의 서문에는 우리 민족어 연구사가 개관되어 있는데 Roth 문법이 언급되어 있지 않다46).

본서도 앞의 Eckardt의 것과 같이 우리 민족어 학습을 겸하고 있다. 각 과는 "문법, 단어, 연습"의 순서로 되어 있다. 우리 민족어의 단어와 용례는 전부 한글로 표기되어 있다. 이 점 로마자로 일관하고 있는 Eckardt의 문법과 대조적이다. 문법 사항의 배열에 있어서도 그러하다. Eckardt는 명사로부터 감탄사, 부록에 이르기까지 품사별을 위주하고

---

45) 본서의 서지 사항은 viii+562면, 소화 11년 12월 8일 간행, 저작겸 발행인 독일인 洪泰和, 인쇄인 독일인 盧炳朝, 발행소 성분도 수도원, 인쇄소 신학교인쇄부, 거주 및 소재지 함경남도 덕원 역전, 정가 삼원오십전으로 되어 있다. 이숭녕 (1965)에 이상 사항이 빠져 있다.

46) 이러한 일이 Eckardt 신부의 환속(還俗)과 관련되어 있다고 하는 말이 있으나 속단할 수 없다. 독일인의 우리 민족어 연구가 민족어학사 상에서 차지하는 비중을 고려할 때 이 문제는 반드시 구명되어야 할 것이다.

있는 데 대해 본서는, 서문에도 명시되어 있는 바와 같이, 우리말 학습에 있어 우선적으로 알아 두어야 할 사항, 곧 동사 일반, 격, 어순부터 제시하고 있다. 따라서 품사도 학습과 크게 관련되는 것만 눈에 띈다. 본서는 "명사, 대명사, 동사, 형용사, 후치사, 부사" 등의 품사명은 물론, "현재, 과거, 미래, 변화, 부정법, 관형사형" 등의 세부 용어도 독일어 용어의 괄호 안에 한글로 병기하고 있다. 한편 Eckardt는 로마자에 의거하여 표기하였다.(앞에 나옴). 독일계의 문법에서 보이는 우리말 용어의 병기 현상은 그들이 당시 일본 문법 내지 우리의 민족어 문법으로부터 상당한 영향을 받았다는 한 증좌(證左)가 아닐까 한다. 그것을 뒷받침하는 한 증거로 1933년의 맞춤법을 "신철자법"이라 하여 본서에 반영한 것을 들 수 있다.(앞에서 나옴). 본서의 서술 내용은 Eckardt의 것과 큰 차이가 없지만 세부에 있어서는 달리 생각한, 진보된 면도 없지 않다.

(1) 같은 동사에 대하여 같은 주격이 두 번 나타나는 일이 있다고 한 것(S. 277)은, 그 용례로 볼 때(예: 내가 골이 아프다, 내가 책이 있다), Eckardt의 이중주격과 관련이 있다.(앞에 나옴). 주격이 중출할 때, 첫 주격이 속격으로 나타날 수 있음을 지적한 일(예: 저 사람이 하는 것이 좋다, 저 사람의 하는 것이 좋다)은 최근의 역사문법 연구에서 많이 지적되고 있다.

(2) 저자의 존비법의 체계는 설명, 의문, 명령의 세 문체법에 걸쳐 "하등말, 중등말, 상등말"과, "Zwischenform"(반말)을 두고 있다. Eckardt는 5등급인 데 대해(앞에 나옴), 저자는 평등말을 빼어 4등급이 되었다. 용어는 대체로 Eckardt의 것을 답습하고 있으나 "gekürzte Form"(줄어진 형태)를 Zwischenform이라 한 것만 다르다.(SS. 26-27). Zwischenform에 대한 설명은 이전의 어느 문법서보다 충실하고 우리의 전통 문법보다

도 내용이 훨씬 상세하다.

저자는 Zwischenform이 친구 사이나 구속성 없는 대화에서 쓰인다고 말하고 '아/어'를 "반말"이라 부르면서 무강세의 특징을 지니고 있음을 지적하고 있다. Zwischenform에 '요'가 붙으면 "höhere Umgangsform"을 형성하는데 그 등급은 "상등말"과 "중등말"의 중간일 것이라고 하면서 공적 강연에는 잘 안 쓰인다고 한다. '-나, -지, -가'와, 그리고 여기에 '요'가 통합된 '-나요, -지요, -가요' 등을 문체법적 관점에서 고찰한 내용은 매우 흥미롭다. '-나, -가'가 "Selbstgespräch"(독백)에서 쓰인다는 설명이 그 하나이다. 어린이를 상대로 하더라도 공적인 말이나 식사(式辭)인 경우는 "상등말"이 쓰인다고 보았는데 이는 합쇼체의 격식적(formal) 측면을 가장 잘 지적했다고 할 수 있다.

(3) 부정법(否定法, Verneinung)의 기술에서 주목하고 싶은 것은 '-지'(가지 아니한다)를 명사화의 표지로 보는 점이다.(S.88). 그러므로 '-지'는 격어미(Kasusendung)가 붙는다는 것이다.(예: 가지를, 가지는, 가지도). 또 neutrales Verb(중립동사)에는 '못'이 못 붙고 '아니'가 붙는다고 한다. 그러나 변해서 어떤 변화가 있기를 바랄 때는 쓸 수 있다고 말하고 다음의 예를 들었다.

이 사람이 좋지 못하오 'dieser Mansch ist nicht gut(es wäre aber zu wünschen, dass ergut wäre)'

그러나 '이 아이가 게으르지 아니합니다'에서는 어떤 변화도 요구하고 있지 않으므로 '못'이 쓰일 수 다고 보았다. 보조적 연결어미 '-지'를 명사형 어미로 보는 것은 주시경의 『國語文法』(1910)부터 지적되어 왔으며 현대에 와서는 생성문법가들 사이에서도 이 문제가 심심찮게 논의되고 있다. '못'과 '아니'에 대한 설명은 앞으로 우리말의 부정법 연구에 중요한 암시가 될 것 같다. 필자가 알기로는 이러한 관점에서 양자의 의미를 분석한 일은 없는 것 같다. '아니'에 대해 명사적 속성이 강하다고 지적한 일(S. 90) 또한 특기할 만하다.

(4) '-었었-'은 독일어의 "Plusquamperfekt"(대과거)에 반드시 일치하지는 않는다고 말하고 어떤 행동에 대한 결과가 남아 있지 않을 때에도 쓰인다고 하였다.(S. 130)

올 성탄절에는 성당을 잘 꾸몄었읍니다.

위의 예에서 꾸민 결과는 현재 남아 있지 않다고 한다. '-었었-'의 이러한 기능 구명은 최근 이 어형에 단속(斷續)의 의미를 부여하려는 노력(남기심, 「現代國語의 時制에 대한 硏究」, 「국어국문학」, 55-57, 1972)에 대한 뒷받침이 되기도 한다. 그리고 '죽다'의 미래형(예: 기가 막혀 죽겠다)에 대해 강한 느낌의 표현으로 설명하는 일(S. 518)은 앞으로 한번 참고할 만하다.

확대된 어간과 단축된 어간, 주관성 형용사의 통사 구조, 피동사, 존경법 '-(으)시-', 어미 '-어, -고' 등에 대한 설명은 Eckardt의 것과 조금도 다름이 없다. 어떤 항목에서는 용례마저 일치하고 있다. 끝에 "Buchform" (문어체)에 대한 종합적 기술이 보이는데(SS. 531-538), 이는 Underwood에 의해서도 부분적으로 시도된 바 있다.

이숭녕 (1965)에는 Roth의 문법이 Gr. Co.와 함께 외국 신부의 이대 문법(二大文法)으로 표현되어 있는데 본서만을 대상으로 한다면 그렇게 도 말할 수 있을 것이다. 그러나 Eckardt 문법과 대비하는 관점을 취한 다면 Roth 문법에서 흥미있게 보이는 대부분의 기술은 Eckardt의 것에 서 비롯하는 것임을 확인할 수 있다. 더욱이 본서가 Roth 자신의 원저 가 아니라는 서문의 진술을 참고할 때도 그러하다.(앞에 나옴). 따라서 필자로서는 전반기의 독일인 계통의 대표적 문법서는 Roth의 것보다는 Eckardt의 것을 드는 것이 옳다고 생각한다.

5 Ramstedt의 연구[47)]

본서는 우리 민족어가 알타이 어족의 한 분파라는 사실을 증명하는 데 집필의 목표를 두고 있다[48)]. 저자는 Ross (1882), Underwood (1915), Gale (1916), Eckardt (1923), 『노한사전』 (1904)(*Opyt kratkogo russko-korejskogo slovarja* , Kazan, 1904) 등을 참고해 가며 도쿄 유학생 류진걸을 교사로 삼아 우리말을 연구하게 되었다.(「서문」참조). 저술 목적과도 관련이 있 지만 이전의 Underwood, Eckardt, Roth 등은 우리나라에 오래 살면서

---

47) Ramstedt의 문법은 1957년 한국대학교 교재 공사에서 영인되었다. Moskva에 서 1951년 러시아어로 번역된 일이 있고 1968년 Netherlands 에서 1939년판 의 복사판이 나왔으며 김민수·하동호·고영근(공편) (1977~1986: ②18)과 김민수·고영근(공편) (2008: ②18)에 실려 있다.
48) [보충주] Ramstedt의 문법에 대하여는 그 사이 5편의 서평이 나왔다. 관련 논의 는 고영근 (1983: 20, 2001마: 29)를 보라.

우리 민족과의 접촉을 통해 우리 민족어를 연구한 데 대해 저자는 류진 걸 이외는 한국인과의 접촉이 없었던 것 같다. 우리 민족어에 대한 이해가 깊어졌을 단계에도 Maema(前間恭作), Ogura(小倉進平) 등의 일본인들의 저술을 참고했지만 한국인의 문법서는 새로운 것이 없다는 이유를 들어 참고하지 않았다고 하였다. 본서의 집필 목적은 우리말이 알타이 어족에 속한다는 사실을 증명하는 데 있었지만 그 동기는 우리 민족어 구조에 대한 이해의 방법이 유럽 문법가나 일인학자들과 많은 점에서 달랐기 때문이었다.(「서문」 참조). 알타이 어학자인 저자에게 우리 민족어가 달리 보인다는 것은 당연한 귀결이었다. 사실 그의 문법의 토대는 이미 발표된 몇 개의 논문, 특히 "Remarks on the Korean Language"(1928)에서 굳어 있었다.

본서의 특징은 그때까지의 우리말 문법에 대한 모든 기술을 종합함으로써 실용성을 배제한 본격적인 저술을 했다는 데 있다.(뒤에 나옴). 이러한 점은 다음과 같은 목차만 보아도 확연하다.

    Ⅰ. Phonetics, Ⅱ. Morphology, Ⅲ. Postpositions and adverbs, Ⅳ. Inflected word, V. Word formation, Ⅵ. Structure of the sentence

본서는 종래의 선교사들이 저술한 실용 위주의 체계를 완전히 탈피하고 있다. "Phonetics"를 제외한 각 부문에 대해 기술적 입장에서 이전 문법서와의 영향 관계를 살펴본다. Eckardt의 문법과 같이 본서는 모든 예를 로마자로 전사하고 있다. 이곳에서는 한글로 재현시켜 제시함을 원칙으로 삼는다.

5.1. 형태론

(1) 우리 민족어의 단어를 다음 세 무리로 묶었다.

Ⅰ. the nouns with their declension and other nominal inflexion
Ⅱ. the verbs with their conjugation and all kinds of verbal infexions
Ⅲ. the particles and all uninflected words

Ⅰ에는 "substantive"(명사), "대명사", "수사"와 "명사적 후치사" (nominal postposition)가, Ⅱ에는 동사와 동사적 후치사가, Ⅲ에는 강세 (stress)가 약한 "particle"(조사류), 감탄사, 형성될 당시의 패러다임 (paradigm)으로 느껴지지 않는 명사와 동사의 "고립적 형태"(isolated forms) 들이 각각 포괄된다.(p.32). 지금까지 검토한 바와 같이, 본서 이전의 문법서는 대체로 서양의 전통적 품사 체계에 따라 단어를 분류하고 있 었는데 본서는 우리말의 구조적 특성에 준거하였다는 평가를 받을 수 있다. 이는 물론 알타이 제어의 문법 기술에서 직접 영향을 받은 것으 로 보인다[49].

(2) 명사류의 어간은 그 자체가 "nominative"(주격)인 데 대해 동사 어간은 그 자체로서는 단어 구실을 할 수 없고 항상 "ending"(어미)을 요구한다는 것이다.(p.32). 전자는 명사 자체가 주격으로 기능함을 의미 하며 어떤 면으로는 Gr. Co.의 "radical"이나 Scott의 "root form"과 공 통된다고 할 수 있다. 저자가 명사의 어간을 주격으로 본 것은 알타이

---

49) [보충주] Ramstedt 문법 체계의 특징에 대하여는 고영근 (2009가 및 본서, 22쪽) 를 보라.

제어가 주격을 표시하는 특수한 형태가 없다는 계통적인 고려가 작용
한 것으로 보인다. 그것은 어쨌든 명사 어간과 동사 어간의 구조적 차
이점을 밝힌 것은 이전의 서양인들의 문법에서는 접하기 어렵다.

(3) 활용어(명사, 동사)가 어형 변화할 때 나타나는 "binding vowel"(매
개모음)의 설정(pp.33-4)은 이전의 문법서에서 특별히 주목되지 않았거나
또는 어간의 부분으로 처리되었던 사실과 대비해 볼 때 특기할 만하다.
우리의 전통 문법에서는 이보다 먼저 그런 방식으로의 해결을 모색하
긴 했으나(최현배, 앞의 논문, 1935)50), 저자의 공로는 그런 대로 충분히
인정되어야 한다. 이로써 이전의 서양 문법가들 사이에 누적(累積)되어
왔던 체언과 조사, 어간과 어미에 대한 식별 상의 어지러움이 완전히
해소될 수 있었기 때문이다.

5.2. 명사와 곡용

6격을 설정하고 있다.(pp.36-8)

> Nominative(사람), Genitive(사람의), Dative(사람에게), Locative(사람
> 에), Accusative(사람을), Instrumental(사람으로)

저자는 이전의 문법가들이 주격으로 인정했던 '이/가'를 첨사(particle)의
일종으로 보고 그 대신 Gr. Co. 등에서 "radical"로 보았던 명사 어간을

---

50) [보충주] 우리말 문법 연구에서 매개 모음이 인식된 것은 이규방 (1923)에서
시작되는 것으로 알려져 있다.(고영근 2001마: 85-86)

주격으로 간주하였다. Gr. Co.와 Eckardt가 격으로 간주했던 '는/
은'(oppositif, casus absolutus)도 역시 강세 첨사(emphatic particle)로 처리하
였으며 이전의 문법서에서 "ablatif"(second locatif) 내지 "Lokativ"로 다루
어 왔던 '에서'의 '서'가 처소격 밖에 주격, 여격, 도구격에도 붙을 수
있다고 하여 역시 재격(essive)을 의미하는 첨사로 간주하고 있다. 이
밖에 저자는 다른 문법가들이 설정하고 있는 호격을 두지 않고 있다.
이리하여 종전의 9격 내지 8격이 6격으로 줄었다. '이/가'에 대해서는
주어 명사구를 한정하거나 주어 명사구에 대한 것을 물을 때 쓰인다고
말하고 있다.(p.37). 전자의 용법은 대격 '을/를'이 "특정 대상"(the sense
of special object)의 의미를 띠었다는 설명과 함께 Underwood의 정성(定
性, definiteness)에 관련시킬 수 있다.(앞에 나옴)

5.3. 동사

(1) 동사를 "active verb"(동작동사)와 "qualitative"(형용 동사)로 분류하
는 방식은 Gr. Co.와 Underwood의 것과 같다. 모든 동사 어미는 인칭
과 수에 무관하며 오히려 말씨(speech)의 정도에 따라 선택된다는 등의
설명이나 존비법을 3단계 곧 "polite or honorific form"(합쇼체), "familiar
sociable form" (하게체), "straightfoward form" (해라체)로 보는 것(p.61,
p.69) 등 모두 Underwood나 Eckardt의 문법에서 목격할 수 있었다.
(2) 동사 어미를 그들의 통사 기능에 근거하여 문장을 끝맺는 "verba
finita" (정동사), 후행하는 main verb(본동사)와의 연결에 쓰이는 "converba"
(부동사), 그리고 "verbal noun"(동명사)의 셋으로 구분하고 있다.(pp.68-

69). Gr. Co.는 "indicatif", "subjontif", "participe", "substantif verbal"로, Underwood는 "indicative mood", "volitive mood", "participle", "verbal noun, supine"으로 각각 나타나서 자국어의 동사 활용법과 유사하거나 그 체계가 불완전하기 짝이 없었는데 저자는 종전에 접속사에서 취급되던 연결어미를 부동사에 소속시키는 등 우리 민족어의 어미를 상당히 체계있게 정리하고 있다.

(3) 정동사에 "indicative"(직설법)51)과 "volitive"(의도법)을 둔 것은 Underwood의 영향이다.(p.69). 직설법, 곧 평서법에는 "declarative"(평서법)(보다, 주다), "regressive"(보데, 주데), "indecisive"(보지, 주지)의 셋을 두고 있는데52)(p.70), 이는 "indecisive"를 제외한다면 Underwood의 "simple tense"와 "compound tense"와 거의 일치하는 셈이다. "indecisive"는 예를 보면 반말의 서상법을 가리킨다53). volitive에는 imperative를 비롯하여 11가지를 두고 있다.(pp.81-7). volitive는 imperative와 propositive를 존비법에 따라 질서정연하게 배열한 Underwood의 체계만으로도 완비된 것인데 이렇게 많이 둔 것은 그의 우리말 구조에 대한 정확한 이해의 부족으로 보아야 할 것이다. 이를테면 '일하게'는 하게체의 명령법인데 특별히 "precative"라 하여 해라체의 명령법(그의 imperativ)과 구별하고 있음이 그 단적인 예다. 존비법이 다름에 따라 양태(modality) 상의 차이가 없는 것은 아니지만 imperative라는 큰 범주에서 처리하는 것이 옳지 않았나 한다. 설명과 예문이 일치되지 않는 것도 있다.

---

51) [보충주] Ramstedt의 "indicative"는 현행 학교문법의 평서법에 해당한다.

52) [보충주] Ramstedt의 "declarative"는 고영근의 "직설법"에, "regressive"는 고영근의 회상법에 해당한다. 관련 논의는 고영근 (2004/ 2007: 42-43)을 보라.

53) [보충주] 반말의 서상법 '-지'에 대하여는 고영근 (2004/ 2007: 42-43)을 보라.

"prescriptive"는 상대방을 충고하는 것으로 설명되어 있지만 예문은 '먹을께' 등이 제시되어 있다. 영문 번역도 'you have to eat'와 같이 잘못되어 있다. 하게체의 공동법 '-세'를 "optative"로 간주한 일, 단순한 명령법 '-오, -소'를 "propositive"라 부른 일, 해라체의 공동법 '-자'를 "cohortative"라 하여 하게체의 '-세'와 구별한 일 등은 중요한 잘못이다.

(4) 문장이 끝나지 않고 다음에 "main verb"(본동사)가 오면 인도-유럽어는 "conjunction"으로써 결합되는 데 대해 우리 민족어는 다른 알타이 제어와 같이 "converba"에 의지한다고 말하고(pp.87-8), 이를 "simple form"과 "compound"로 분류하고 있다. 전자는 더 이하의 분석을 허용하지 않는 '-고'(converbum presentis), '-어'(converbum perfecti), '-게'(converbum futuri), '-자'(converbum momentanei), '-지'(converbum negationis)를 가리키고 후자는 두 형태의 복합으로 형성되었다고 하는 '-러, -려', '-니, -니까', '-거늘', '-다가', '-대', '-되', '-도록', '-며', '-면', '-거든'을 가리킨다. 이른바 연결어미, 전성어미가 이전에는 "subjonctif, conjonction, Konjunktion" 등의 이름으로 처리되었었는데 verba finite, nomina verbalia와의 기능상의 차이점에 근거하여 "converba"라는 하나의 범주에 포괄시킨 일은 일단 특기의 대상이 된다. 그러나 복합 형식의 분석 과정에서 쉽사리 납득할 수 없는 것이 많고 기능의 파악에서도 구조적 면을 무시한 곳이 많아 보인다54).

(5) "nomina verbalia"에는 "verbal adjective"와 "verbal substantive"를 두고 있다.(pp.105-28). 전자는 Underwood 등이 relative participle로

---

54) [보충주] Ramstedt의 converb에 대하여는 비판적 견해가 많다.(고영근 미발표)

처리했던 것으로 우리 전통문법의 관형사형에 해당한다. 그는 Underwood가 들었던 "imperfect"를 제외하여 "present"(-는), "perfect" (-은), "future"(-을)의 셋을 두고 있다. 우리의 전통문법의 형식명사에 해당하는 39개의 항목을 "special postparticipial noun"이란 범주 아래 처리하고 있는데(pp.109-122), 대부분은 형식명사의 범주에 들어갈 만하나 그 가운데는 그의 이른바 converbalia에 넣을 것도 상당하다.(졸고, 「現代國語의 準自立形式에 대한 研究", 『語學研究』 6-1, 1970). 이러한 부류의 명사는 Underwood(1915 : pp.174-180)와 Eckardt(1923 : SS. 187-90, SS.197-201)도 participle을 언급하는 자리에서 통합관계와 함께 의미상의 특수성을 언급하고 있다. "verbal substantive"에는 '1) -기, 2) -(으)ㅁ, 3) -이, 4) 오/우'를 들고 있는데 1), 2)는 Gr. Co. 이래의 설명을 그대로 따르고 있으며 나머지는 Underwood, Eckardt 등의 문법에서 언급된 바 있다. 부사 형성의 '-이'와 '-게'의 차이점 설명도 전대의 시도와 큰 차이가 없다.

(6) "secondary verb stem"의 설정은 일면의 타당성을 보여 준다. (pp.128-32). "transitive"(타동사), "passive"(피동사) 또는 "inchoative"(기동사) 를 형성하기 위해 "primary verb"(일차 동사)에 첨가되는 요소를 말한다. 이를테면 '바쁘-'를 일차 동사 '*밧-'으로부터 파생된 제2차 어간이라는 것이다. 그러나 '-na-, -ni-'(크ᄂ다), '-sa-'(-ᄀ르ᄉ대), '-si-'(오시기)도 그렇게 봄은 지나친 것 같다. 존경의 '-시-'의 접요사설을 비판하고 접요사 부재론(不在論) 편 것은 그런 대로 타당성을 지니고 있다고 할 수 있다.

(7) "factitive"론은 전대와 크게 차이가 없다.(pp.133-137). 저자는 동사와 형용사에서 파생된 이차 동사를 "factitive"로 규정하고 사동사와 피

동사를 설정한 Underwood의 견해를 비판하면서 양자는 구별되는 것
이 아니고 실제로는 하나임을 언급하고 있다.(p.137). '-게 하다, -게 되
다'와 같이 "paraphrase", 곧 보조 동사에 의한 사동·피동 형성법은
이전에도 언급된 바 있다.(앞에 나옴)

　(8) 동사에서 파생된 동사(deverbal verb) (pp.137-138), 명사에서 파생된
동사 (denominal verb), 조동사를 비롯한 몇몇 특수 동사에 대한 언급은
전대의 것과 크게 다르지 않다.

　(9) 저자의 동사론에서 전반적으로 간취되는 특징은 표면상의 유사
성에 입각한 분석을 한층 철저화하고 있는 사실이다. 'n, l, m'으로 시작
되는 모든 어미를 "participle"과 명사 내지 "enclitica"의 복합으로 보고
있다. 이는 종적으로는 이전의 문법가들의 산발적 시도(앞에 나옴)에 영
향 받은 바도 있을 것이고 횡적으로는 알타이 문법의 영향을 받은 점도
상당할 것이다. 그러나 이러한 분석은 적어도 공시적 관점에서는 용납
될 수 없지 않은가 한다. 그것은, 여러 번 이야기한 바와 같이, 우리말의
구조적 양상을 별로 고려하지 않은 기계적 분석방법이기 때문이다(앞의
졸고 1974 및 「現代國語의 語末語尾에 대한 構造的 硏究」, 『應用言語學』 7.1, 1975).

5.4. 후치사와 부사

　우리 민족어의 후치사와 부사는 기원적으로 명사나 동사임을 말하고
명사에 매어 있으면 후치사이고 동사에 매어 있으면 부사임을 밝히고
있다. 후치사에 대해서는 명사의 형식을 띤 것을 "nominal postposition"
(명사적 후치사), 동사의 활용형(verbal paradigm)으로 된 것을 "verbal

postposition"(동사적 후치사)으로 구별하고 있다. 전자는 선행 명사와 속격 관계를 이루는데 이는 속격 어미에 의존하는 것이 아니고 강세(stress)에 의존하는 것으로 보았다. 동사적 후치사는 강세가 없이 쓰이는, 동사로부터 형성된 단어임을 말하고 그 동사가 타동사면 선행 명사는 논리적으로 목적어이며 개중에는 원래의 동사(original verb)와의 관련이 약해진 것도 있다고 하였다. 그는 동사적 후치사와 완료 부동사(perfect converb) 사이에는 명백한 경계가 그어지지 않음도 덧붙였다. 후치사를 이렇게 기능적 관점에서 설정한 일은 일찍이 없었다. 그러나 그가 든 대부분의 예는 이전의 문법서에서 "postposition"이라는 명목으로 처리되어 왔었다. 후치사를 양분하는 일도 Underwood와 Eckardt에 이미 그 터전이 마련되어 있었다.

5.5. 불변어(Uninflected word)

여기에는 "enclitica", "interjection", "onomatopoeia"가 포괄되어 있다.(pp. 165-73). "enclitica"는 전접사(前接辭)[55], "interjection"는 간투사, "onomatopoeia"는 의성어, 의태어 등의 상징어를 가리킨다. 전접사에는 외형상으로 관형사형처럼 보이는 '는'과 결합되는 "interrogative particle"(의문첨사) '가', 의문 첨사의 일종인 '지'(예: 갈란지 말란지), 이전의 문법에서 주격으로 기술되어 왔던 그의 이른바 "connecting particle"(연결 첨사) '가', 절대격으로 기술되어 왔던 '은/는' "augmentative particle"

---

55) "전접사"는 영어의 *I' ll*의 *ll, cannot*의 *not*를 가리킨다.

(확대 첨사) '도', 이밖에 활용 어미의 끝에 나타나는 *a, ja, ra, e, sje, ko, na* 등을 가리킨다. 이들 가운데서 조사류 '가, 은/는, 도'를 제외하고는 독립된 단위로 식별되기가 어려운 것인데(전게 졸고 1974, 1975), 어찌하여 이들에 단어의 자격을 주어 불변어에 포괄시켰는지 모르겠다.

5.6. 조어법

조어법에 관한 장을 마련하기는 하였지만 접미사에 의한 명사 형성과 불완전한 명사류나 접미사류(예: 희, 쟈, 쟝이 등)와의 통합에 의한 명사 형성만 취급하고 있다. 정작 본장에 소속시켜야 할 동사 형성은 다른 곳에서 언급하고 있기 때문에(앞에 나옴), 조어법이 부실해지고 말았다. 조어법이란 제목을 걸지는 않았어도 이 정도는 Underwood나 Eckardt 의 문법에서 목격되었다. 접미사에 의한 명사 형성과 명사 형성법을 자세히 검토하면 명사 형성소 대한 식별이 제대로 되어 있지 않은 흠 등이 자주 눈에 띄인다.

5.7. 문장구조

본장은 Gr. Co., Underwood의 것과 큰 차이가 없다. 우리 민족어 문장의 중요 부분이 서술어(predicate)라는 것, 대답하는 말과 감탄사 등을 제외하고는 동사만으로도 한 문장으로 성립한다는 것, 주어의 결여가 대수롭지 않다는 것과 그것이 나타나면 action이나 quality를 한정한다는 것, 언급된 대상(who or what is being spoken of)이 명백하면 그것이 소거된다는 것 등의 설명은 이전의 문법서에서는 접하기 어려웠던 저자 나름의 이해라 할 수 있다.

이상 Ramstedt의 문법을 주로 공시론적 입장에서 검토해 보았다. 그는 이전의 서양 문법가들이 쌓아 올린 우리 민족어 문법구조에 대한 제반 성과를 그 나름의 독특한 문법체계 위에서 정리한 것이라 할 수 있다. 역사적 관점을 떠나 본서를 평가해 볼 때, 서양의 전통문법 체계에서 벗어나 구조적 색채가 다소 가미된 것으로 보이는 관점에서 체계화한 것 이외에는 큰 공로를 인정할 수 없지 않을까 한다.

앞에서 살펴본 바와 같이 그는 어떤 부문에 있어서는 우리 민족어의 문법구조를 잘 파악하지 못한 점이 상당하였으며 본서 가운데는 어휘의 선택, 선택 제약이 잘못된 것도 많고 비문법적 문장도 허다하게 나타난다[56]. 이전의 선교사들의 문법에서는 적어도 이런 점은 배제되어 있었다.

본서의 저술목적이나, 직접 현지 조사(field work)를 하지 않은 사실과도 관련시킬 수 있지만 그의 문법은 우리 민족어의 구조의 해명에는 큰 기여를 하지 못했다고 할 수 있다. 본서는, 이미 알려진 일이지만, 오히려 역사적 관점에서 평가하는 것이 온당할 것이다.

---

56) Ramstedt의 문법이 우리에게 미친 영향은 해방 후의 우리의 역사 문법의 연구와 관련하여 따로 고찰할 필요가 있다.

6 마무리

지금까지 논술한 바를 기초로 하여 Gr. Co. (1881)로부터 Ramstedt의 문법 (1939)에 이르기까지 서양인들의 우리 민족어 문법연구의 대체적인 흐름을 조감(鳥瞰)해 볼까 한다.

1. 프랑스, 영미(英美), 독일, 핀란드 사람들이 남긴 업적은 9종이 되지만 그중 대표적 것은 프랑스인의 Les Missionnaires de Coree (1881), 미국의 Underwood (1890), 독일의 Eckardt (1923), 핀란드의 Ramstedt (1939)이다. 처음에는 프랑스인과 영미인, 다음에는 독일인, 마지막으로 핀랜드인의 순서로 진행되어 왔다.

2. Ramstedt 이전까지는 우리 민족어와 자국어의 문법 구조를 대조 · 분석하는 관점에서 우리말을 기술하고 있으며 우리말을 습득하기 위한 방편으로 저술되었다. 따라서 이들은 우리 민족어 문법현상의 기술을 위한 진지한 노력을 보여준다. 시대가 하강(下降)할수록 자국어 문법 체계 위주에서 우리 민족어 문법구조을 바탕으로 하여 문법 체계 수립을 위한 방향으로 나아가고 있었다. 이러한 전반기의 연구 결과는 Ramstedt에 의해 본격적 문법으로서의 면모를 갖추게 되었다.

3. 서양인들의 문법서는 과거의 업적을 기초로 하여 잘못된 점을 시정하고 부족한 점을 보완하여 가는 흔적이 뚜렷하므로 종적(縱的)인 계보를 유기적으로 형성해 왔다고 할 수 있다.

4. 서양인의 우리 민족어 문법 연구와 국내의 문법 연구가 어느 정도 영향을 주고 받았는가 하는 것은 후자에 대한 착실한 검토가 없이는 속단할 수 없다. 그러나 연대적으로 서양인의 업적이 앞지르는 것이

많은 이상, 우리 민족의 문법가에게 미친 영향이 직접·간접으로 있었을 것이다. 단적인 예가 Eckardt와 최현배 사이에 보이는 유사성이다. 이와 반대로 서양 문법가가 우리 문법가 내지 일본 문법가로부터 받은 영향도 있었을 것이다. Eckardt와 Roth의 문법에서 그런 흔적을 찾을 수 있었다. 서양 문법가 상호간의 계보는 인증(引證)이 명백한 이상, 종적 계보가 확실하지만 우리 문법가와의 횡적 교섭관계는 아직은 어떤 결론을 내릴 단계가 아니다.

해방 이후 곧 후반기의 서양인들의 업적이 그들 선배들의 것과 어떻게 관련되고 우리 문법가와 어떤 교섭 관계에 있었는지는 다른 기회에 검토하고자 한다. 본고는 우리 민족어 문법학사 연구에 공로가 많은 우촌(又村) 강복수(姜馥樹) 교수의 화갑을 맞아 송수의 기념으로 마련한 것이다. 외국어 독해력이 부족한 필자가 원전 이해에 잘못을 저지르지 않았을까 하는 두려움이 앞선다. 대방가의 질정을 바랄 뿐이다.

[서양인의 우리 민족어 문법서]

1. John Ross, *Korean Speech, with Grammar and Vocabulary*, 1882, cf. *Corean Primer*(1877).
2. Les Missionnaires de Corée de la Société des Missions étrangéres de Paris, *Grammaire Coréenne*, Yokohama, 1881.
3. James Scott, *En-munmal ch'aĭk, A Corean Manuel or phrase book with introductory grammar*, Shanghai, 1887, 1893.
4. Camille Imbault-Huart, *Manuel de la Langue Coréenne Parlée, à l'usage des Français*, 1889, Paris.
5. H. G. Underwood, *Introduction to the Korean Spoken Language*, Yokohama, 1890, 1915.
6. J. S. Gale, *Korean Grammatical Forms*, Seoul, 1893, 1916.
7. P. A. Eckardt, *Koreanische Konversation-Grammatik* mit Lesestüken und Gesprächen, Heidelberg, 1923.
8. P. L. Roth, *Grammatik der Koreanischen Sprache*, Tokwon, 1936.
9. G. J. Ramstedt, *A Korean Grammar*, Helsinki, 1939.
10. E. A. Lukoff. *A Grammar of Korean,* Ann Arbor, 1954.
11. S. E. Martin, *Korean Morphophonemics*, Baltimore, 1954.
12. P. A. Eckardt, *Grammatik der Koreanischen Sprache*, Heidelberg, 1962, 1973(3. revidierte Ausgabe).
13. A. D. Clark, *Korean Grammar for the Language Students,* Seoul, 1965.
14. René Dupont et Joseph Millot, *Grammaire Coréenne,* Seoul, 1965.
15. B. Lewin, *Morphologie des Koreanischen Verbs*, Wiesbaden, 1970.
16. S. E. Martin, *A Korean Reference Grammar*, Forthcoming.[1992년 동경 Tuttle 출판사에서 같은 이름으로 발간됨]

[붙임말] (해설)

제1부
민족 어학의 연구 방향과 민족 문학 연구와의 관계

제1부에는 민족어 연구를 관념론과 실증론의 관점에서 회고하고 이를 바탕으로 민족 어학 연구의 나아갈 길을 제시한 것과 민족어 연구를 창의적으로 이끌 수 있는 방법론을 제시한 것, 그리고 민족 어학과 민족 문학 연구를 통합시키는 문제를 논의한 것들을 모았다.

1. 관념론과 실증론
─ 민족어 연구의 두 방향 ─

이 부분은 부산대학교 인문 한국(HK)[고전번역+비교문화학 연구단] 제13차 초청 강연회(부산대학교 인덕관 소회의실, 2009. 5. 21)에서 발표한 「관념론과 실증론— 민족어 연구의 두 방향」의 제목을 바꾸고 내용을 다듬은 것이다. 20세기 초에 독일의 언어 미학자 포슬러(K. Voβler)는 실증론에 기울어져 언어 연구를 지나치게 언어 사용자와 절연시키는 소장문법학파를 매섭게 비판하고 관념론에 기반을 둔 언어 연구를 제창하여 언어 연구에 새로운 바람을 불어넣었다. 그는 언어학이란 바로 문체론이며 예술사가 되어야 한다는 기치를 내세우고 언어사와 문학사를 통합하는 등 관련된 업적을 많이 내 놓았다. 저자는 우리의 민족 어학도 관념론과 실증론의 대결 구도 속에서 발전해 왔음을 밝히고 어느 양극단에 치우치기보다는 한편으로는 민족어의 구조적 측면을 해명하고 다른 한편으로는 민족어의 기능적 측면을 배제하지 않는 연구 태도를 지닐 것을 제안하였다. 구조적 측면에 매달리다보면 기능적 측면을 배제하기 쉽고 기능적 측면을 중시하다보면 민족어의 구조를 경시하기 쉽다. 이 자리에서 특히 저자는 민족 어문학도들은 구조보다는 기능적 측면에 역점을 두는 태도를 취할 필요가 있으며 특히 문체론과 텍스트 과학에 관심을 불러일으키면 어학과 문학을 접면시켜 "언어 문학"이라는 독자적인 분야를 창출할 수 있다고 하였다. 이 글을 쓰는 과정에서 저자는 허성도 교수(서울대 중문과), 김문환 교수(서울대 미학과), 정승철 교수(서울대 국문과), 킹 교수 (British Colombia University), 이카라시 교수(동경 외대), 김한식(중앙대 불문과), 이성헌 교수(서울대 불문과) 등 여러분들로부터 많은 도움을 받았다.

2. 민족 어학 연구의 창의적 연구 방향
─ 어제를 두 번 되돌아보고 내일을 한번 내다보자 ─

이 부분은 한국어문학회 제39회 전국학술발표대회 (경북대학교 시청각 교실, 2006년 11월 11일~12일)의 〈국어국문학의 창의성 문제〉라는 기획 강연에서 발표한 『국어학의 창의성 문제』이다. 문학 부문은 조동일 교수가 맡았고 어학 부문은 저자가 맡았다. 이 글은 『語文學』 97 (2007)에 실렸었는데 본서의 성격에 맞게 위와 같이 제목을 바꾸었다. 창의적 민족 어학 연구란 별 것이 아니다. 부제에 붙인 "어제를 두 번 되돌아보고 내일을 한번 내다보자"와 같이 철저한 역사 인식이 창의적 민족 어학을 이끄는 길임을 주장하였다. 우리 민족 어학계가 초창기부터 비판과 토론을 통하여 문제를 제기하고 이를 해결하는 전통을 쌓아 온

역사를 회고하고 선인들의 유산을 어떻게 수용할 것인가 하는 문제를
제기하였다. 전통적 민족 어학 연구의 유산을 바닥에 깔고 외래 이론을
수용하면 우리 민족어를 중심으로 한 "거대 이론"을 창출할 수 있다
고 하였다.

3. 민족 어학과 민족 문학의 통합과 확산
─ 민족 어문학: 하나인가, 둘인가─

이 부분은 〈국어국문학회 창립 50주년 기념 제45회 全國國語國文學
學術大會〉(2002. 5. 25~26)에서 발표한 주제 발표 논문이다. 원래의 제목
은 「국어국문학의 통합과 확산」인데 본서의 성격에 맞추어 위와 같이
제목을 붙였다. 이 글은 『국어국문학』 131 (2002)에 같은 제목으로 실렸
었다. "국어국문학"이라 불리는 영역을 "민족 어문학"이라 고쳐 부르고
이론적 측면과 실천적 측면으로 나누어 그 통합 문제를 논의하였다.
이론적 측면으로는 운율론, 텍스트 과학, 실용론, 문헌사와 어문 생활사
가 민족 어문학의 공유 영역 및 접면 영역이 될 수 있고 실천적으로는
특히 텍스트 과학에 의하여 작문과 화법을 포용할 수 있다는 점을 부각
시켰다. 민족 어학과 민족 문학을 하나로 묶을 수 있는 가장 유력한
후보는 나날이 발전되어 가고 있는 '텍스트 과학'이라는 점을 강조하고
이 방면에 대한 관심을 강조하였다. 특히 대학국어 교육의 강화를 통하
여 어학과 문학의 공유 영역을 확대함으로써 어학과 문학이 합방 거처
할 수 있는 근거를 제시하였다. 이 글을 기초(起草)함에 있어 민족 문학
방면은 조동일 교수의 조언이 컸으며 설문지 작성에 있어서는 장윤희
박사(현재 인하대 교수)가, 설문지 분석에 있어서는 심우장 조교(현재 광주

과학원 교수)가 협력하였음을 밝혀 둔다.

제2부
민족 어학의 창건

제2부에서는 개화기의 〈국어연구학회〉의 창립을 계기로 하여 민족 어학이 창건되었다는 관점에 서서 개화기에 이룩된 민족어 연구 성과를 점검하고 특히 주시경의 문법 이론을 조명한 글을 실었다.

1. 개화기와 민족 어학

이 부분은 〈2001 어문 연구회 겨울 전국 학술대회〉(2001. 12. 1)에서 발표한 「개화기와 국어학」을 본서의 성격에 맞추어 위와 같이 고쳤다. 위의 글은 어문연구회(대전)의 기관지 『語文硏究』37 (2001. 12)에 실렸었다. 주시경이 1908년에 창립한 〈국어연구학회〉로부터 국어학, 곧 민족 어학이 창건된 것으로 보고(졸저 『한국의 언어 연구』(역락, 2001, 240쪽), 개화기의 민족 어학 연구를 분야별로 정리하였다. 먼저 개화기의 언어철학적 기조는 해석학적 내지 공리적이라 규정하고 〈총론, 문자론과 음성론, 형태론, 통사론, 어휘 수집과 사전 편찬, 언어사와 계통론〉의 분야에 걸쳐 19세기 전반부터 일기 시작한 서양인과 일본인의 연구를 포괄적으로 다루었다. 특히 지금까지 베일 속에 가려 있었던 정치가 김규식의 업적을 부각하여 주시경과 함께 민족 어학의 건설에 기여하였음을 밝혔다. 대한제국의 말년은 훈민정음 창제 이후의 전통적인 민족 어학적인 업적이 날이 되고 80여년 간에 걸쳐 수행되어 외국인들의 우리 민족어 연구 성과와 서양의 전통 언어학적 사고가 씨가 되어 "민족 어학"이 형성되었다고 보았다. 본고를 작성함에 송기중 교수의 조언이 컸다.

2. 주시경의 문법 이론

이 부분은『韓國學報』17 (1979, 126-144)에 실렸던 것을 졸저『國語文法의 研究』(탑출판사. 1983, 268-288)에 그대로 옮겨 실었던 것인데 본서의 출판에 즈음하여 국한문 혼용체로 된 것을 한글 전용체로 바꾸어 입력하였으며 특수한 한자어의 경우는 괄호 안에 넣어 독해에 지장이 없도록 하였다. 그러는 한편 저자는 1979년 이후에 나온 주시경의 문법 자료와 문법 이론에 대한 연구 결과를 [보충주]란 이름으로 보강하였다. 당시 저자는 독일에서 막 귀국하여 박사 학위 논문을 준비하고 있었는데 논문의 집필에 앞서 우리들 자신의 문법 연구의 전통을 찾는 것이 필수적임을 알고 당시 주시경 탄생 100주년을 맞아 간행된『周時經全集』(上,下)(李基文 편)을 정독하였다. 주시경의 언어 철학을 이해한 바탕 위에서 그의 주저인『國語文法』(1910)을 검토하였던 바 그의 문법 이론이 통사론은 물론, 의미론과 화용론에 근거하고 있음을 발견하고 우리 나름의 문법 이론 내지 언어 이론의 창출이 어렵지 않다는 것을 실감하였다. 먼저 주시경의 모든 저술을 대상으로 하여 언어관을 추출하고 그것이 주시경의 문법관과 어떠한 관계를 맺고 있는가를 파악한 다음, 품사론, 단어 형성론, 통사론에 걸쳐 이론적 특수성을 구명하였으며 끝으로는 주시경의 문법 이론이 전승되는 양상을 추적하였다. 저자의 이 글이 계기가 되어 주시경의 문법 이론에 대한 관심이 늘어나 많은 연구가 쌓여 왔다는 것을 밝혀 둔다. 자세한 내용은 졸저 『한국의 언어 연구』(역락, 2001, 163-167)와 한글학회 편, 『주시경 선생에 대한 연구 논문 모음』2 (2004)를 보라. 저자가 앞의 책을 낼 때 미처 보지 못한 주시경 연구 업적이 있다. 1995년에 작고한 강기진 교수가 생전에 주시경의 음성 및 문법 이론에 관련된 업적을 많이 내었는데 저자의 부주의로 이를 보지 못하여 고인에 대한 결례의 말씀을 드리지 않을 수 없다. 강 교수의 업적은 김영배 교수와 저자가 공동 편찬한 『국어학논고』1- 유고집(역락, 2005)에 수합되어 있다. 그리고 한글학회에서는 『주시경 선생에 대한 연구 논문 모음』1 (1987)에 이어 『주시경 선생에 대한 연구 논문 모음』 2 (2004)를 펴냄으로써 주시경에 대한 연구 업적을 한 눈으로 볼 수 있게 하였다.

3. 주시경의 문법 이론에 대한 형태·통사적 접근

이 부분은 원래 "周時經의 國語硏究"란 주제의 국어학회 공동 토론회에서 발표한 것이다. 이기문은 「周時經의 音韻文字硏究」를, 저자는 연구 「周時經의 形態統辭硏究」를 발표하였었다. 이 글은 위의 제목으로 『國語學』 11 (1982)에 처음 실렸었고 졸저 『國語文法의 硏究』(탑출판사. 1983, 268-88)에 옮겨 실었던 것을 이번에 문서 작성기로 다시 입력하였다. 그러는 한편, 저자는 1982년 후에 나온 주시경의 문법 자료와 문법 이론에 대한 연구 결과를 [보충주]란 이름으로 보강하였다. 내용은 앞의 「주시경의 문법 이론」과 크게 다르지 않다. 언어관과 문법관은 빼고 『國語文法』 (1910)을 통하여서는 "통사 이론"을, 『말의 소리』 (1924)를 통하여서는 "형태 이론"을 집중적으로 다루었다. 이곳에서는

특히 주시경의 문법에 나타나는 "말, 일, 마음, 일의 뜻, 맘으로 살핌"을
Morris와 Carnap의 기호 이론과 관련시킴으로써 우리 나름의 기호 이
론 및 문법 이론의 선진성과 우월성을 부각하였다. 끝으로 주시경을
올바르게 이해하려면 연구소나 학회의 설립이 필요하다는 것을 제안하
였다. 저자의 의견이 반영되었는지는 모르지만 한글학회에서는 〈한힌
샘 연구 모임〉이 결성되는가 하면 주식회사 탑출판사 안에는 〈周時經
研究所〉가 창립되어 기관지 『한힌샘 주시경 연구』와 『周時經學報』가
나와 주시경을 종합적·거시적으로 연구할 수 있는 터전이 형성되었음
을 밝혀 둔다.

제3부
민족 어학의 발전

제3부에는 민족어 운동과 민족 어학 연구에 기여한 어문학자들의 생애
와 활동을 조명한 글을 실었다.

1. 어문학자 연구의 현황과 전망

이 글은 개화기의 주시경과 유길준, 일제 강점기의 이윤재와 최현배
에 대한 연구 성과를 개관한 것인데 『韓國人物史研究』 창간호(한국인물
사연구소, 2004)에 실렸었다. 저자는 유길준에 대하여는 주로 김민수와
고영근의 연구 성과 및 장윤희·이용의 서평에 의지하여 그 연구 성과
를 정리하였고 주시경에 대하여는 김민수, 허웅, 이기문과 저자를 비롯
하여 해방 후, 북한과, 이현희, 정승철 등의 연구 성과를 개관하였다.

이윤재에 대하여는 강신항, 하동호, 민두기의 연구 성과에 초점을 맞추어 그 성과를 정리하였다. 최현배는 주로 『나라사랑』의 최현배 특집호와 김석득, 그리고 저자의 연구 성과에 기대어 그 개략을 베풀었다.

2. 이극로의 민족 어학사 상의 위치(A4, 12쪽)

이 글은 611돌 세종날·한글학회 창립 100돌 기념 전국 국어학 학술 대회 발표회(2008. 5. 10, 한글학회)에서 발표한 내용을 기워 『한글』 281 (2008)에 실렸던 것이다. 『이극로의 사회 사상과 어문 운동』(『韓國人物史研究』6, 2006)에서 다루었던 「IV. 우리말 연구의 세계」의 내용을 거두어 들이고 해방 후 나온 『國語學論叢』(1948)에 실린 업적과 북한에서 남긴 음성학 관계의 업적을 대상으로 이극로가 민족 어학 연구에서 차지하는 위치를 가늠하여 보았다. 이 글은 『이극로의 우리말글 연구와 민족 운동』(선인, 2010)에도 실려 있다. 이 논문을 씀에 즈음하여 초고를 읽고 조언을 베풀어 주신 조동일(서울대), 김하수(연세대), 정승철(서울대), 이진호(전남대), 송원용(인천대) 교수와 조남호 박사(국립국어원) 등 여러분께 고마운 인사를 표한다.

3. 최현배의 민족 어문관과 민족어 문법 연구

이 글은(2008. 10. 9)에 울산대학교 인문과학연구소가 주관한 〈2008 인문주간, 시민과 함께 하는 인문학 울산의 인문정신〉에서 발표한 내용이다. 최현배는 민속학자 송석하와 함께 울산이 낳은 민족학자이다. 그는 어문 민족주의를 등에 업고 민족어를 수호·발전시키고 동시에 민족 어문을 연구한 사회 사상가이자 한글학자이다. 송석하에 대하여

는 조동일 교수가 맡았다. 필자는 1995년에『최현배의 학문과 사상』을
상재(上梓)한 바 있는데 위의 글은 그 내용을 간추린 것이다. 책이 나온
지 벌써 15년에 육박하여 내용의 갈피를 종잡을 수 없던 차에 울산대학
교 국문과 성범중 교수의 요청으로 다시 옛 서책을 들추게 되어 감개가
새로웠다. 앞의 저자의 책을 읽는 데 도움이 되지 않을까 하여 싣기로
하였다.

4. 이희승의 사회 사상과 민족 어문학 연구

이 글은 원래 한국어문회 기관지『語文硏究』에 투고할 계획으로 집
필에 착수하였던 것인데 의외로 분량이 많아 바로 본서에 넣기로 하였
다.『李熙昇先生全集』이 나온 지 이미 10년의 세월이 흘렀음에도 불
구하고 이를 활용한 연구물이 나오지 않은 것을 안타까이 여겨 일석
이희승의 사상과 학문을 전면적으로 조명하기로 하였다. 먼저 일석의
언어 철학과 사상 면의 특수성을 구명하고 이를 바탕으로 민족 어학을
비롯하여 민족 문학과 민족 문화의 연구에 기여한 면면을 조명하였다.
저자는 일석이 실증론과 관념론의 두 이데올로기를 왕래하였다고 보았
다. 사상적으로는 관념론에, 민족 어학 연구에서는 실증론에, 민족 어
문 운동에서는 관념론에, 어문 정책론에 있어서는 실증론에, 문학 연구
에서는 관념론에 서 있었다는 것을 저자 나름대로 해석해 보았다. 본고
를 작성함에 있어 내용상의 미비한 점을 지적해 주신 남풍현, 이익섭,
심재기의 세 동학과 우리 나라의 서양 미학(美學) 이론의 수용에 관한
정보를 제공해 주신 김문환 교수(서울대), 음절 음운론에 대한 정보를
제공하여 주신 권경근 교수(부산대) 등 여러분께 고마운 인사를 표한다.

본고는 이지영 교수(한중연)와 최윤지 강사(홍익대)의 협조로 많은 잘못을
고칠 수 있었다.

5. 양주동의 고대 민족 어문학 연구와 그 특수성

이 글은 2003년 2월의 문화 인물 양주동의 기념학술대회에서 발표한
「양주동 선생과 국어학 연구」(『양주동(梁柱東) 선생의 학문과 인간』, 국어국문
학회 · 동국대 국어국문학과, 2003. 2. 12)의 제목을 고치고 내용을 불린 것이
다. 위의 글은 『국어국문학』 33 (2003)에 「양주동의 국어학 연구」라는
제목으로 실렸었다. 이곳에서는 양주동의 두 대표 저술, 『고가연구』와
『여요전주』의 초판과 중판에 관련된 내지 및 판권은 모두 삭제하였다.
저자는 먼저 양주동 저술에 얽혀 있는 서지 · 문헌적 면면을 철저히
조사하고 이를 바탕으로 하여 민족 어학 세계를 조명하였으며 향가 해
독과 여요 해석을 텍스트 과학의 관점에서 해석함으로써 양주동이 "민
족 어문학" 내지 국학, 곧 "민족학" 건설의 선구자임을 밝혔다. 이 연구
를 수행하는 과정에서 연세대학교 임용기 교수와, 같은 대학 중앙 도서
관의 김영원 선생은 자료 열람에 협조를 아끼지 않았다. 이에 고마운
인사를 표하는 바이다.

제4부
서양인의 우리 민족어 연구

제4부에는 모두 1970년대 후반에 활판으로 발표한 글들을 모았다. 국
한문 혼용체로 집필하였던 것을 문서 작성기에 다시 입력하되 한글체

로 바꾸었다. 저자는 1976. 12~1977. 12월 사이에 훔볼트 재단의 초빙
교수로 독일 보훔대학교에 머물면서 이론 문법의 연구와 함께 초기 19
세기에 걸쳐 서양인들이 남긴 자료 수집에도 주의를 놓치지 않았다.
이 곳에 싣는 대부분의 글은 당시에 수집한 자료를 바탕으로 하여 작성
되었다. 더욱이 저자는 당시 김민수, 하동호 두 교수와 함께 『歷代韓國
文法大系』의 편찬에 관여하고 있었던 바, 초기 서양인의 문법서 수집
과 그에 대한 이해는 불가피하였다. 이곳에 얼굴을 내마는 글들은 문법
대계의 편찬 과정에서 수습한 이삭임을 밝혀 둔다.

1. 19세기 전반기의 우리 민족어 연구 자료

이 글은 1820년대부터 1840년대까지 나온 Rémusat (1820), Siebold
(1832~1851), Klaproth (1823), Balbi (1826), Siebold (1832), Gützlaff (1832),
Siebold (1833), Morrison (1834), Hoffmann (1840), Philosinensis (1835)
등을 오구라의 『增訂補注朝鮮語學史』(1940/1964)와 비교하는 관점에
서 내용을 검토하였다. 마침 서울대학교 중앙 도서관 귀중문고에는
Siebold의 『일본의 기술에 관한 기록』의 1852년 판, 1897년 판, 1930년
판이 갖추어져 있어 작업을 어렵지 않게 하였다. Siebold에 대한 자료
탐색은 「Siebold의 한국 기록 연구」(東洋學 19, 1989)(단국대학교)의 집필에
토대가 되었음을 밝혀 둔다. 이 과정에서 서울대학교 중앙도서관의 曺
叔鉉 사서의 도움이 컸음을 밝혀 둔다.

2. 19세기 중엽의 프랑스 선교사들의 우리 민족어 연구

이 글은 제19회 국어국문학 전국발표대회(1976. 6. 12~13, 단국대학교)에

서 「19世紀 中葉의 佛蘭西 宣教師들의 韓國語 研究」란 제목으로 구두 발표하고 『金亨奎教授停年退任紀念論文集』(1976)에 기고하였던 것을 다시 졸저 『國語文法의 研究』(1983)에 옮겨 실은 바 있다. 이번에 이를 다시 문서 작성기에 입력하되 국한문 혼용체를 한글체로 바꾸었다. 달레의 『한국교회사』의 「서론」 부분의 "한국어"와 리델 등의 『우리 민족어 문법』사이에 얽힌 문제를 풀어 본다는 뜻에서 작성되었다. 졸고의 출현으로 달레의 "한국어"는 리델 등이 보낸 『우리 민족어 문법』(1881)의 첫 원고의 요약이라는 사실이 밝혀졌다. 리델의 문법에 나오는 프랑스어 표현 'premier travaille'가 "첫 원고"라는 사실이 당시 문리과 대학 불문과에 재직하던 기유모즈(Guillmoz) 선생에 의하여 독해됨으로써 오래 동안 양자의 관계에 얽힌 문제점이 해결되었다는 것을 밝혀 둔다.

3. 로우니의 민족어 연구

이 글은 처음으로 「우리 민족어 문법」을 저술한 로우니(L. de Rosny)의 우리말의 저술에 대한 문헌적 연구이다. 이 글은 경북대학교 국어교육과에 근무하던 돌아가신 서병국 선생의 『余泉徐炳國博士回甲紀念論文集』에 「로우니(L. de Rosny)의 國語 研究」란 제목으로 기고하였던 것을 이번에 제목도 본서의 성격에 맞추어 위와 같이 바꾸고 국한문 혼용체를 한글로 바꾸었다. Introduction(1856), Vocabulaire (1861), Études (1964), Variété (1872), Idiome (1878), Critique littéraire (1878)에 기록된 우리 나라 및 우리 민족어에 관한 내용을 검토하였으며 이어 엇갈렸던 생애와 경력에 대한 사항을 백과사전류를 통하여 정리하고 마지막으로 영역본과의 대조를 통하여 영역본의 자료적 가치를 평가하였다.

4. 19세기에 있어서 서양인의 우리 민족어 문법 연구

이 글은 저자가 1980년 10월에 일본 덴리(天理)대학의 朝鮮學會의 초정을 받아 발표한 「19 世紀에 있어서 西洋人의 韓國語 文法硏究」를 제목을 바꾼 것인데 이는 『朝鮮學報』 97 (1980)에 「19世紀における 西洋人の 韓國語 文法硏究」란 제목으로 발표되었고 다시 『金亨奎教 授博士古稀紀念論叢』 (1981)에 「初期 西洋人의 國語硏究」란 제목으로 국내에 선을 보였으며 이는 다시 졸저 『國語文法의 硏究』 (1983)에 옮겨 실었다. 이 글 역시 국한문 혼용체로 되어 있었던 관계로 한글체로 바꾸어 입력하였다. 위의 글은 그 사이 수년에 걸쳐 천착해 오던 서양인의 우리 민족어 연구를 Siebold, Ross, Ridel의 세 갈래로 나누어 고찰하되 우리 민족어 문법을 처음으로 연구한 사람은 Siebold라는 점을 밝히고 앞에서 본 Rosny는 Siebold의 자료를 바탕으로 문법을 집필한 관계로 우리말 문법 구조에 올바르게 접근하지 못했으며 후세의 민족어 연구에 영향을 미친 문법가는 Ross와 Ridel이었다는 점을 밝혔다.

5. 서양인의 우리 민족어 문법 연구

이 글은 민족어 문법학사 연구에 공적을 쌓은 강복수 선생의 회갑을 맞아 집필한 것이다. (『又村姜馥樹博士回甲紀念論文集』, 형설출판사, 1976). 이 글은 졸저 『國語文法의 硏究』 (1983)에 옮겨 실은 바 있다. 저자는 강 교수의 『國語文法史研究』 (1972)의 서평(『語文學』 29, 1973)을 쓰기도 하였고 더욱이 논문집 간행위원장이 저자와 학연이 깊은 유창균 교수인다가 주무자가 학부 선배인 박철희 교수였던 관계로 청탁에 응하지 않을 수 없었다. 생각 끝에 서양인의 몇 가지 대표적 문법서를 평가해 보는 것이 좋을 듯하여 당시 서울대학교 중앙도서관에 소장되어 있었던 Ridel, Underwood, Gale, Eckardt, Roth의 문법과 Ramstedt 등의 문법을 읽기 시작하였다. 변형생성문법의 탄생이 계기가 되어 전통문법을 현대적인 관점에서 재평가하여 문법 연구의 거름으로 삼는 풍조가 만연해 있었던 당시의 국제적 흐름에서도 많은 영향을 받았다. Ramstedt의 문법은 저자가 문리과대학 2학년이었던 1957년도에 일석 이희승 선생의 강독을 들으면서 메모해 둔 것이 있어 독해가 어렵지 않았지만 나머지 문법서는 접근이 쉽지 않았다. 원래의 제목은 「西洋人의 韓國語 文法 研究」였는데 이 역시 국한문 혼용체로 되어 있던 관계로 이번에 한글체로 바꾸었으며 제목도 본서의 성격에 맞추어 「서양인의 우리 민족어 문법 연구」로 바꾸었다. 서양인의 문법서를 검토한 결과, 그들은 인증이 명백하여 유기적인 계보를 형성하고 있었다는 점을 밝히는 등 수확이 많았으며 후세의 우리들의 민족어 문법 연구에도 적지 않은 영향을 미쳤다는 사실을 감지하기도 하였다. 서양인의 민족어 문법서, 특히 독일어로 된 문법서를 읽는 데 있어서는 당시 서울대학교에 유학 와 있었던 독일인 D, Fündling 박사(전 독일대사관 통역관)의 협조가 컸다는 것을 밝혀 둔다.

[참고논저]

[주의]
* (1) 다음 참고논저에는 원칙적으로 정식 학술지에 실린 것만 게재 면수를 밝혔다. 같은
　　사람이 같은 해에 두 편 이상을 발표하였을 때에는 '홍길동 (2002) 가,나,다 …'로
　　구분하였다.
　(2) 빗금(/)을 경계로 하여 연대를 이중으로 적은 것은, 앞의 연대는 처음 발표된 연대
　　를, 뒤의 연대는 단행본에 실린 연대를 가리킨다. 전자에는 게재 면수를 밝히지
　　않았고 후자에만 게재 면수를 적었다. 이는 오래된 학술지를 탐색하는 번거로움을
　　덜어 주기 위한 배려에서 비롯된 것임을 밝혀 둔다.
　(3) 성명은 한글로 적되 과거에 한자 성명을 사용한 학자들은 먼저 한글로 적고 괄호
　　안에 한자 성명을 밝혔다. 일본인과 중국인들은 현지음대로 한글로 적되 괄호 안에
　　한자 성명을 적었다. 서양인도 같은 방식을 취하였다.
　(4) 페이지 다음에 친 별표(*)는 내용이 자세히 설명되었음을 표시한다.

가미타니(神谷敏夫) (1929), 『國語學總說』, 東京: 大同館藏版.

간노(菅野裕臣) (1986), 「韓國과 日本의 借字表記에 대하여」, 제4회 국제학술회의 논
　　문집(한국정신문화연구원).

강길운(姜吉云) (1992), 『訓民正音과 音韻體系』, 형설문화사.

강복수(姜馥樹) (1972), 『國語文法史研究』, 형설출판사.

강창석 (1989), 「現代國語 音韻論의 虛와 失」, 『國語學』 19, 3-40.

경도대학(京都大學文學部 國語國文學研究) (1975, 昭和 50), 『小倉進平博士 著作集』
　　(二, 四), 京都大學國文學會.

고바야시(小林英夫) (1934), 『言語美論』, 東京: 岩波書店.

고바야시 (1944), 『文體論の美學的基礎づけ』, 東京: 筑摩書房.

고가 사토시(古賀聰) (2001), 「김두봉의 '소리갈'과 일본의 음성학」, 『형태론』 3.2, 359
　　-367.

고길수 번역 (2003), "Avant-propos de, *Grammaire Coréenne* 1881", 『형태론』 5.1,
　　191-196.

고성환 (1996), 「〈오우가〉의 어학적 분석」, 『문학과 언어의 만남』, 신구문화사: 140-
　　155.

고성환 (2002), 「서평: 언더우드의 *An Introduction to the Korean Spoken Language*
　　(1890)」, 『형태론』 4.2, 393-401.

고영근(高永根) (1974), 「외국어로서의 한국어 교육에 대한 연구」, 『言語敎育』 6.1, 79-117.

고영근 (1976가), 「西洋人의 韓國語 文法 硏究」, 『韓國語文論叢』-又村姜馥樹博士 回甲紀念論文集-(대구 :형설출판사)(본서 429-481쪽에 다시 실림).

고영근 (1976나), 「19세기 중엽의 불란서 선교사들의 한국어 연구에 대하여」, 『김형규 박사정년퇴임기념논문집』, 서울대학교 사범대학(본서 373-385쪽)

고영근 (1978가), 「國語文法硏究 1世紀(上)」, 『한국학보』 14(고영근 2001마: 1장에 내용이 증보되어 실림).

고영근 (1978나), 「國語文法硏究 1世紀(中)」, 『한국학보』 15(고영근 2001마: 1장에 내용이 증보되어 실림).

고영근 (1978다), 「國語文法硏究 1世紀(下)」, 『한국학보』 14(고영근 2001마: 1장에 내용이 증보되어 실림).

고영근 (1979가), 「周時經의 文法理論」, 『韓國學報』 17(본서 113-140쪽).

고영근 (1979나), 「19世紀 前半期의 西洋人의 國語硏究資料」, 『冠岳語文硏究』 3. (본서 355-372쪽에 다시 실림)

고영근 (1979다), 「로우니(L. de Rosny)의 國語 硏究」, 『여천서병국박사회갑기념논문 집』(형설출판사)(본서 387-407쪽에 다시 실림)

고영근 (1980), 「處所理論과 動作相」, 『난정남광우박사화갑기념논총』(일조각), 531-541.

고영근 (1983), 『國語文法의 硏究』, 탑출판사.

고영근 (1985), 「一石 선생과 國語學 硏究」, 『語文硏究』 46·47.(一石 李熙昇 딸깍발 이 선비, 133-137).

고영근(편) (1985), 『國語學硏究史』, 학연사.

고영근 (1987), 「梁柱東의 文法硏究」, 『又海李炳銑博士華甲紀念論叢』(간행위원회), (고영근 2004다: 373-400에 다시 실림).

고영근 (1989), 「지볼트(Fr. von Siebold)의 韓國記錄硏究」, 『東洋學』 19(단국대학교 동양학연구소), 1-64.

고영근 (1993), 『우리말의 총체서술과 문법체계』, 일지사.

고영근 (1994), 『통일시대의 語文問題』, 길벗.

고영근 (1995가), 『최현배의 학문과 사상』, 집문당.

고영근 (1995나), 「주시경의『國語文法』의 형성에 얽힌 문제」, 『大東文化硏究』 30, 233-277.(고영근·이용·최형용 교주 2010, 『주시경 국어문법의 교감과 현대화』, 박이정, 15-69쪽에 다시 실림).

고영근 (1996), 「윤선도 五友歌의 텍스트 분석」, 『李基文敎授 停年退任 紀念論文集』 (신구문화사), 27-44.

고영근 (1998가), 『한국 어문 운동과 근대화』, 탑출판사.

고영근 (1998나), 「國漢文混用推進에 바친 50년」, 『문학사상』 1(『난정의 삶과 학문』, 도서출판 월인, 1998에 다시 실림).

고영근 (1999가), 『텍스트이론』(대우학술총서 448), 아르케.

고영근 (1999나), 『國語形態論硏究(增補版)』, 서울대학교 출판부.

고영근 (2001가), 「개화기와 한국어학」, 본서 제2부 제1장, 275-297.

고영근 (2001나), 「말, 글, 텍스트」, 『시학과 언어학』 1: 17-35.

고영근 (2001다), 『한국의 언어 연구』, 역락.

고영근 (2001라), 「혼불과 텍스트성 판정의 문제」 제2회 혼불문학제 학술발표회 발표집(전북대학교 혼불기념 사업회, 전라문화연구소, 『혼불의 언어 세계』, 전북대학교 출판부, 2004, 99-140에 실림).

고영근 (2001마), 『역대한국문법의 통합적 연구』, 서울대학교 출판부.

고영근 (2002가), 「문법과 텍스트과학」, 고영근 밖에 2002: 3-28에 실림.

고영근 (2002나), 「텍스트과학」-그 정체성을 찾아서, 『텍스트언어학』 12, 1-19.

고영근 (2003가), 「양주동의 국어학 연구」, 『국어국문학』 133(본서 311-351쪽에 실림).

고영근 (2003나), 「북한 어학 논저 목록집 3종 비교 평가」, 『형태론』 5.2, 389-397.

고영근 (2004가), 「학교문법의 방향 탐색」, 『우리말 연구』, 15, 24-51.

고영근 (2004나), 『한국어의 시제 서법 동작상』, 태학사.

고영근 (2004다), 『단어·문장·텍스트』(보정판), 한국문화사.

고영근 (2005), 「형태소의 교체와 형태론의 범위」, 『국어학』 46, 19-51.

고영근 (2006가), 「이극로의 사회사상과 어문운동」, 『한국 인물사 연구』 5, 325-397.

고영근 (2006나), 「동작상에 대한 이해」, 『한국어학』 30, 1-30.

고영근 (2007), 『한국어의 시제 서법 동작상』(보정판), 태학사.

고영근 (2008가), 『민족어의 수호와 발전』, 제이앤씨.

고영근 (2008나), 『북한의 문법 연구와 문법 지식의 응용화』, 한국문화사.

고영근 (2009가), 「관념론과 실증론-민족어 연구의 두 방향」, 부산대학교 인문한국(HK) 제 13차 초청강연회 발표(본서 제1부 제1장)

고영근 (2009나), 『漢字敎育의 强化方案 語文生活』(별책), 한국어문회 편, 『國漢文混用의 國語生活』, 韓國語文會, 129-134.

고영근 밖에 (2001), 『한국텍스트과학의 제과제』, 도서출판 亦樂.

고영근 밖에 (2002), 『문법과 텍스트』, 서울대학교 출판부.

고영근 밖에 (2009), 『한국문학작품과 텍스트 분석』(텍스트언어학총서 1), 집문당.

고영근 (미발표), 언어 유형론과 개별 언어의 문법 연구.

고영근・이현희(校語) (1986), 『周時經國語文法』, 탑출판사.

고영근・구본관 (2008), 『우리말 문법론』, 집문당.

고영근・구본관・시정곤・연재훈(2004), 『북한의 문법연구와 문법교육』, 박이정.

고영근・이용・최형용 (2010), 『주시경 국어문법의 교감과 현대화』, 박이정.

고쿠고 가쿠가이(國語學會) (1975), 『國語學事典』, 東京: 東京堂.

구자균・손낙범・김형규 (1955), 『國文學槪論』, 일성당.

권경근 (2006), 「국어의 음운론적 유형에 관한 연구」, 『우리말글』 37, 83-108.

권영달 (1941), 『朝鮮語文正體』, 德興書林. [김민수・고영근 공편(2008), Ⅰ 58]

귈리히(E. Gülich)・라이블레(W. Raible) (1977), Linguistische Textmodelle, Fink.

그리피스(W. R. Griffis) (1902), Korea : the hermit nation. New York: Charles Scribner's Sons.(2nd ed. of 1882)

그린버그 (1978), "Diachrony, Synchrony and Language Universal", Greenberg et. al. (eds), Vol. 1, 61-91.

그린버그 (1995), "The Diachronic Typological Approaches to language", 시바타니・바이넌(eds)・, Approaches to Language and Typology, Oxford University Press.

금산회(편) (2002), 『고영근의 국어학 세계』, 삼경문화사.

긴다이치(金田一京助) (1942), 『增補 國語研究』, 東京: 八雲書林.

김경용 (2001), 『기호학의 즐거움』, 민음사.

김광명 (2006), 『칸트 판단력 비판 연구』, 철학과 현실사.

김도련 (1998), 『한국고문의 원류와 성격』, 태학사.

김문환(金文煥) (1994), 「韓國近代美學의 前史」, 權寧弼 밖에, 『韓國美學試論』(고려대학교 한국학연구소), 297-242.

김문환 (2003), 『예술과 윤리의식』, 소학사.

김문환 (2007), 「학술발표자료, 우에노 나오테루(上野直昭) 저 『美學槪論』」, 『美學』 49(한국미학회), 215-267.

김문환 (2008), 「한국 미학 연구의 어제와 오늘」, 『美學』 56, 1-7.

김민수(金敏洙) (1954), 「國語文法의 類型」, 『국어국문학』 10.

김민수 (1955), 「국어문법학사논고」, 『중앙대학교삼십주년기념논문집』, 229-264.

김민수 (1977가), 「油印「高等國語文典」에 대하여」, 『月巖朴晟義博士還曆紀念論叢』, 高大國文學會.

김민수 (1977나), 「金奎植, 『大韓文法』의 研究」, 『人文論叢』 22(高麗大學校文科大

學), 1-31.

김민수 (1977다), 「주시경 저 「대한국어문법」 解題」, 『亞細亞研究』 57, 245-275.

김민수 (1978), 「周時經의 草稿 「말」에 대하여」, 『亞細亞研究』 61, 215-228.

김민수 (1979), 「周時經著 油印 『소리갈』에 대하여」, 『冠嶽語文研究』 3(白史全光鏞 博士華甲紀念論叢)(김민수 1986: 296-309에 다시 실림).

김민수 (1980가), 「李奎榮의 文法研究」, 『韓國學報』 19, 57-86.

김민수 (1980나), 『新國語學史』(改訂版), 一潮閣.

김민수 (1981), 「李奎榮 : 筆寫本 『말듬』(解題)」, 『韓國學報』 23, 209.

김민수 (1983), 「『말모이』의 編纂에 대하여」, 『東洋學』 13(檀國大). (김민수 1986에 다시 실림)

김민수 (1986), 『周時經研究』(증보판), 탑출판사.

김민수 (1987), 『국어학사의 기본이해』, 집문당.

김민수(편) (1992), 『周時經會書』(1-6권), 탑출판사.

김민수·하동호·고영근 (1977~1986), 『歷代韓國文法大系』, 탑출판사.

김민수·고영근(공편) (2008), 『歷代韓國文法大系』(제2판). 박이정.

김민수·고영근·최호철·최형용(공편) (2009), 『歷代韓國文法大系』(II), 박이정.

김민수·고영근·이익섭·심재기(공편) (1984), 『國語와 民族文化』, 집문당.

김민수(편) (1997), 『우리말 語源辭典』, 태학사.

김방한(金芳漢) (1957), 「國語主格接尾辭考」, 『서울대학교 論文集 4』(인문사회과학편), 65-106.

김방한 (1970), 『言語學論考』, 서울대학교 출판부.

김방한 (1983), 『韓國語의 系統』, 민음사.

김석득 (1975), 『韓國語研究史(下)』, 延世大出版部.

김석득 (1979), 『주시경문법론』, 형설출판사.

김석득 (2000), 『최현배 학문과 사상』, 연세대학교 출판부.

김성도 (2002), 『구조에서 감성으로』(인문사회과학총서 49), 고려대학교 출판부.

김세한(金世漢) (1974), 『周時經傳』, 正音社.

김영기(Young-Key Kim)(ed) (1997), *The Korean Alphabet: Its History and Structure*, University of Hawaii Press.

김영배(金英培) (1984), 「國語學史上의 梁柱東」, 『동국대학교 논문집』 23. (고영근편 국어학연구사, 1985, 426-442에 다시 실림).

김영송 (1974), 「최현배 『소리갈』 연구」, 『국어국문학』 11(부산대), 31-66.

김영송 (1992), 「'우리말 음성-음운연구' 분야에 대하여」, 『한글』 216, 31-66.

김영욱 (2001), 「서평: 김규식(1908), 『大韓文法』」, 『형태론』 3.1, 165-179

김영황 (1978), 『조선민족어발전력사연구』, 과학, 백과사전출판사.

김완진(金完鎭) (1957), 「原始國語의 子音體系에 대한 硏究」, 『國語硏究』 3.

김완진 (1979), 『文學과 言語』, 탑출판사.

김완진 (1980), 『鄕歌解讀法硏究』, 서울대학교 출판부.

김완진 (1984), 「韓佛字典 및 韓語文典의 成立에 貢獻한 人物들에 대한 調査硏究」 『牧泉 兪昌均博士還甲紀念論文集』(啓明大學出版部), 139-150.

김완진 (1991), 「양주동과 국어학」, 동국대학교 한국문학연구소(엮음)(1991: 368-394) 에 다시 실림).

김완진 (2000), 『향가와 고려가요』, 서울대학교 출판부.

김완진·이병근 (1979), 「音聲學 音韻論의 硏究」, 『관악어문연구』 4, 307-329.

김완진·안병희·이병근 (1985), 『국어연구의 발자취』, 서울대학교 출판부.

김용직(金容稷) (1996), 『韓國現代詩史』, 한국문연.

김우종 (1978), 「韓國語가 形成하는 文化遺産」, 『隨筆文學 3(一石 李熙昇 딸깍발이 선비, 188-198).

김윤경 (1959), 「말의 발달의 방향과 씨가름」, 『한글』 125, 17-15, 23.

김윤식(金允植) (2009), 『내가 살아온 한국현대문학사』, 문학과 지성사.

김인선 (1999), 『개화기의 이승만의 한글운동 연구』, 연세대학교 박사논문.

김진형 (1999), 「서평: 정렬모, 신편 고등국어문법」, 『형태론』 1.1, 167-74.

김차균 (1999), 『우리말 방언 성조의 비교』, 역락.

김차균 (2003), 『영남방언 성조 비교』, 태학사.

김차균 밖에 (2005), 『허웅 선생의 우리말 연구』, 태학사.

김하수 (1992), 「식민지 문화운동과정에서 찾아 이극로의 의미」, 『주시경학보』 10.

김한곤 (1969), 「의미론의 대상과 방법」, 『어학연구』 5-2, 1-18.

김한곤 (1980), "An Acoustic Study of the Cheju Dialect in Korean", 『언어』 5.1, 25-61.

김효중 (1980), 「生과 Leben--조윤제와 빌헤름 딜타이의 문학연구방법비교연구」, 영 남대학교 석사 논문.

김흥규 (1986). 『한국문학의 이해』, 민음사.

나카무라(中村哲也) (1988), 「明治期における國民國家形成と國語國字論の相」-國語 學者, 上田萬年の歷史的位相-, 『東京大學敎育學部紀要』27(東,京大學敎育學部), 207-216.

남광우 (1990), 「一石 李熙昇 先生의 平生을 照明한다」, 『語文硏究』 65·66(一石 李

熙昇 딸깍발이 선비, 32-43)

남광우 (1994), 「國語正統性 回復」『語文硏究』83, 402-406.

남기심 (1996), 『국어문법의 탐구』(I), 태학사.

남기심 (2001), 『현대국어통사론』, 태학사.

남풍현(南豊鉉) (1981), 「借字表記法硏究」, 단국대학교 출판부.

남풍현 (1990), 「一石 李熙昇 선생님의 學問과 人間」, 『東洋學』20.(一石 李熙昇 딸깍발이 선비, 126-137).

남풍현 (2009), 『古代韓國語硏究』, 시간의 물레.

논총간행위원회 (1998), 『한국고문의 이론과 전개』, 태학사.

달레(Ch. Dallet) (1874가), *Historie de l'église de Corée*(Tome premier). Paris: Libraire Victor Palme, Editeur.

달레 (1874나), *Historie de l'église de Corée*(Tome second), Paris: Libraire Victor Palme, Editeur.

달레/ 정기수(역) (1966), 「달레 :조선교회사서론(1874)」, 탐구당.

대한민국 학술원(제작) (1993), 『한국 언어 지도집』, 성지문화사.

데스최(Deszö)와 하이두(Haidú)(eds) (1970), *The Theoretical Problems of Typology and the Northern Eurasian Language,* Budapest: Academiai Kiado.

도수희(都守熙) (2009), 「古代地名의 改定과 그 功過」, 『語文硏究』141, 7-27.

동국대학교 한국문학연구소(엮음) (1991), 『양주동 연구』, 민음사.

동아문화연구소 (1973), 『國語國文學事典』, 서울大學校, 新丘文化社.

드 로우니(L. de Rosny) (1864), "Aperçu de la langue coréenne", *Journal Asiatique* VI, 287-325.

드 소쉬르(F. Saussure) (1915), *Cours de linguistique générale*, 吳元敎(譯)「一般言語學講義」, 형설출판사.

라루스(Larousse) (1928), *Larousse du XXe Siécle*, Paris: Librairie Larousse.

라이헨바흐(H. Reichenbach) (1947), *Element of symbolic logic*, New York: Macmillan.

람스테트(G. J. Ramstedt) (1928), Remarks on the Korean language, Mémoire de la *Société Finno-ougrienne* LVIII, 441-64.(『역대한국문법대계』(제2판, 2008, ②16)

레빈(B. Lewin) (1970), *Morphologie des Koreanischen Verbs*, Wiesbaden.

렌더스(W. Lenders) (1976), "Kommunikation und Grammatik bei Leibniz," In, 파레트 (1976).

로나·타스(A. Róna-Tas) (1970), "Historical linguistics, linguistic typology, linguistic relationship," in, Deszö and Hajdú(eds), 146-149.

로빈스(R. H. Robins) (1977), "The History of Linguistics Aims and Methods," *Kurzfassungen* (XⅡ.Internationaler Linguisten-Kongre β), Wien.

로센(S. Rosén) (1970), *A Bibliography of Korea Studies*, Stockholm.

리델(F. C. Ridel) (1901)/ 유소연 역 (2009),『나의 서울 감옥 생활 1878』(Ma captivité dans les prisons de Séoul), 살림.

리쾨르(P. Ricoeur) (1983)/ 김한식 · 이경래(공역) (1999),「시간과 이야기』1(Temps et récit 1)--줄거리와 역사 이야기, 문학과 지성사.

모리슨(J. K. Morrison, (1835), "사평: Philosinensis (1835)", *Chinese Repository* Vol. Ⅳ.

무애양주동선생 고희기념논총 간행위원회(無厓梁柱東先生古稀紀念論叢刊行委員會) (1973),『梁柱東博士 프로필』, 탐구당.

박금자 (2002),「간텍스트성, 변형, 다시쓰기」, 고영근 밖에(2002: 509-536)에 실림.

박병채(朴炳采) (1991),「无涯 梁柱東과 麗謠箋注」, 동국대학교 한국문학연구소(엮음)(1991: 345-367)에 실림.

박병채 (1992),「국어학사의 재조명: 小倉進平」,『주시경학보』 10: 127-144.

박여성 (2002),「서평: 텍스트이론」, 금산회(편)(2002)에 실림.

박용규 (2005),『북으로 간 한글운동가』, 도서출판 차송.

박용익 (1998),『대화분석론』, 한국문화사.

박용익 (2001),『대화 분석론』(개정증보판)(대화분석연구총서 ①), 도서출판 亦樂.

박재수 (1999),『조선민주주의 인민공화국의 언어학에 대한 연구』, 평양: 사회과학원.

박지홍 (1992),「'훈민정음' 분야에 대하여」,『한글』 216, 115-142.

박지홍 · 허 웅 (1980),「주시경선생의 생애와 학문」, 과학사.

박창원 (1999),「심악 이숭녕 선생의 음운연구」,『국어학』 34, 283-320.

반 데이크(van Dejk) (1980)/ 정시호 (1995),『텍스트학』, 개역판(2000), 민음사.

배주채 (1993),「현대국어 매개모음연구사」,『주시경학보』 11, 73-106.

백낙준(Paik, L. G.) (1929), *The History protestant missions in Korea*, 1832-1910. Pyung-Yang: Union Christian College Press.

보스(F. Vos) (1975), "Master Eibokken on Korea and the Korean Language: Supplementary Remarks to Lanmel's Narrative", *Transactions Royal Asiatic Society*, Vol. L.

브링커(K. Brinker) · 안토스(G. Antos) · 하이네만(W. Heinemann) · 자거(S. F. Sager) (2000), *Text und Gesprächlinguistik/ Linguistics of Text and Conversatio*n, HSK 16.1, de Gruyter.

브링커(K. Brinker) · 안토스(G. Antos) · 하이네만(W. Heinemann) · 자거(S. F. Sager)

(2000), *Text und Gesprächlinguistik/ Linguistics of Text and Conversation*, HSK 16.2, de Gruyter.

샤라데니츠(T. Sharadzenidze) (1976), "On the Two Trends in Modern Linguistics and Two Sources of these Trends." In, 파레트(1976), 289-310.

서민정·정진영·김인택 (2009), 「개화기 우리말 기술에 반영된 서구 언어적 시각」, 『한글』 283, 155-185.

서재극 (1990), 「국어학사의 재조명: 小倉進平, 鄕歌及び吏讀の硏究(1929)」, 『주시경 학보』 8, 140-156.

서정목 (1999), 「심악 이숭녕 선생의 문법연구」, 『국어학』 34, 335-368.

손세일 (1976), 『韓國論爭史』II(文學 語學), 청남문화사.

송기중 (1999), 「20세기 국어학의 연구 방법」, 『국어학』 34, 251-282.

송기중 (2001), 『개화기에 이루어진 서양인의 한국어 연구』, 한국근대사회와 문화의 형성과정 연구 보고서.

송기중 밖에 편 (2003), 『한국의 문자와 문자연구』, 집문당.

송민 (1987), 「프랑스 선교사의 한국어 연구 과정」, 『교회사 연구』 5, 133-148.

송철의 (1990), 「子音同化」, 『國語硏究 어디까지 왔나』(동아출판사), 20-32.

슈미트(S.J.Schmidt) (1987)/ 박여성(역) (1995), 『구성주의』(*Der Diskurs des Radikalen Konstruktivismus*), 까치글방.

스코트(J. Scott) (1887), *En-moun mal ch'aik:* A Corean Manual or Phrase Book with Introductory Grammar, Shanghai: Statistcal Department of the Inspectorate General of Custows[김민수·고영근 공편(2008) ②08].

신선경 (2002), 『'있다'의 어휘의미와 통사』(국어학총서 42), 태학사.

신명균(申明均)(편) (1933), 『周時經先生遺稿』, 中央印書館.

신용하 (1976), 「周時經의 愛國啓蒙思想」, 『韓國社會學』 1, 13-58.

신지연 (1996/2001), 「續美人曲의 텍스트언어학적 분석」, 고영근 밖에 (2001:113-131)에 실림.

신지연 (2002), 「월인석보 안락국전의 텍스트 구조」, 고영근 밖에(2002: 653-673)에 실림.

신창순(申昌淳) (2003), 『國語近代表記法의 展開』, 태학사.

심재기 (1982), 『國語語彙論』, 집문당.

심재기 (1985), 「*Grammaire Coréenne*의 연구」, 『한국천주교회 창설 이백주년 기념 한국교회사 논문집』 II, 4(한국교회사 연구소), 81-111.

심재기·이기용·이정민 (1984), 『意味論 序說』, 집문당.

아리사카(有阪秀世) (1940), 『音韻論』, 三省堂.

아메리카나(Americana) (1963), *The Encyclopedia Americana*, NewYork; Americana Corporation.

안병희(安秉禧) (1968), 「中世國語의 屬格語尾 '-ㅅ'에 대하여」, 『李崇寧博士頌壽紀念論叢』(을유문화사), 335-345.

안병희 (1978), 「漢字問題에 대한 政策과 諸說」, 『韓國語文의 諸問題』, 일지사, 『國語研究와 國語政策』〈語文叢書 2-2, 월인, 2009, 191-207에 실림.

안병희 (1992), 『國語史資料研究』, 문학과 지성사.

안병희 (2009), 『國語史文献研究』, 신구문화사.

안정오 (2005), 『훔볼트의 유산』, 푸른사상.

안확(安廓) (1922), 『朝鮮文學史』, 한일서점.

암스테르담스카(O. Amsterdamska) (1987) / 임혜 순(역) (1999), 『언어학파의 형성과 발전』(Schools of Thought)(대우학술총서, 번역 435), 아르케.

양정호 (2003), 『동명사 구성의 '-오-' 연구』(국어학총서 44), 태학사.

애스턴(W.G. Aston) (1879), "A Comparative Study of the Japanese and Korean Language", *JRSGBI* IX, 317-364.[김민수·고영근(공편)(2008)②04 실림]

애스턴 (1881), "Review of the *Dictionnaire Coréen-française* and of the *Grammaire Coréenne*". *The Chrisantemum*, May-Sept, Yokohama.

언더우드(H. G. Underwood) (1890), An introduction to the Korean spoken langugage, Yokohama.

언더우드(H. H .Underwood) (1931), "A Partial Bibliography of Occidental Literature on Korea," *Transactions of the Korea Branch of the Royal Asiatic Society* Vol. XX.

오구라(小倉進平) (1927), 「歐美人の朝鮮語の研究の資料となつた和漢書」, 『民族』 3-1(昭和 2, 11)(小倉進平博士 著作集(四)에 再收錄).

오구라 (1929가), 『鄕歌 및 吏讀의 研究』, 京城帝國大學(아세아문화사 영인본, 1974)

오구라 (1929나), 「西洋人によいて蒐集せられた早い時代の朝鮮語彙」, 『朝鮮支那文化の研究』(京城帝國大學法文學會 第二部論纂一)(昭和 4.9)(小倉進平博士 著作集(二)에 再收錄)

오구라 (1964), 『增訂補註朝鮮語學史』, 刀江書院.

오스터캄프(S. Osterkamp) (2009), "Selected materials on Korean from the Siebold Archive in Bochum," *BJOAF* 33, 187-216.

우에다(上田萬年) (1894), 「國語と國家」, 『國語のため』(東京, 1903, 訂正三版, 1-28 쪽에 실림).

원용문 (1992), 「五友歌」의 윤리적 의미, 백영정병욱 선생 10주기 추모 논문집 간행 위원회 편, 『한국고전시가 작품론』(집문당), 541-550.

유동석 (2002), 「문법을 통해 본 "동동"의 화자 문제」, 고영근 밖에(2002: 585-605)에 실림.

유상희(柳尙熙) (1980), 『日本における朝鮮語の研究』, 成甲書房.

유준필 (1994), 「안자산의 국문학 연구」, 『自山安廓論著集』 6, 여강, 1994에 실림.

유준필 (1998), 『형성기에 있어서 국문학 연구』, 서울대학교 박사논문.

유상희(柳尙熙) (1980), 『日本における朝鮮語の研究』, 成甲書房.

유창균(劉昌均) (1994), 『鄕歌批解』, 형설출판사.

유창돈(劉昌惇) (1962), 「中世國語文法에 대한 異見」, 『思想界』 10.1, 262-68.

유탁일 (1989), 『韓國文獻學 研究』, 아세아문화사.

유필재 (1995), 「周時經의 文章符號와 文法單位」, 『韓日語學論叢』(南鶴李鍾徹先生 回甲紀念論叢)(국학자료원), 469-496.

유하라 (2005), 『현대국어 조사의 배열 양상』, 성균관대학교 박사논문.

유현경 (2003), 「'주다' 구문에 나타나는 조사 "에게"와 "에"」, 『한국어학』 20, 155-174.

유홍렬(柳洪烈) (1962), 「高宗治下西學受難의 研究」, 을유문화사.

윤희원 (1991), 「趙潤濟」-國語學史의 재조명, 『주시경학보』 8, 131-139.

이광호 (1994), 「일석 이희승의 품사론」, 『주시경학보』 14, 56-67.

이규방(李奎昉) (1923), 『新撰朝鮮語法』[김민수·고영근 공편(2008)①29].

이극로(李克魯) (1937), 「·의 음가에 대하여」, 『한글』 5.8.

이극로 (1941), 「·의 음가를 밝힘」, 『한글』 9.1.

이극로 (1947), 『苦鬪 40年』, 을유문화사.

이극로박사기념사업회 편 (2010), 『이극로의 우리말글 연구와 민족운동』. 선인.

이기문(李基文) (1970), 「開化期의 國文研究」, 一潮閣.

이기문 (1976), 「周時經의 學問에 대한 새로운 理解」, 『韓國學報』 2.4, 39-58.

이기문(編) (1976가), 「周時經全集上」, 亞細亞文化社.

이기문(編) (1976나), 「周時經全集下」, 亞細亞文化社.

이기문 (1977), 「十九紀末의 國文論에 대하여」, 『月巖朴晟儀博士還曆紀念論叢』, 169-178.

이기문 (1981), 「한힌샘의 언어 및 문자이론」, 『어학연구』 17-2, 155-166.

이기문 (1999), 「21世紀와 國語學」, 『국어국문학』 125, 2-23, 1-23.

이기문 (2000), 「19세기 서구학자들의 한글 연구」, 『학술원논문집』 39, 107-153.

이기문 (2008), 「訓民正音 創製에 대한 再照明」, 『韓國語研究』 5(한국어연구회), 5-45.

이기문·이병근 (1979),「周時經의 學問을 다시 생각한다(학술대담)」,『韓國學報』16, 65-84.

이남덕 (1963),「國語文法의 單位問題」,『국어국문학』 26, 141-51.

이병근(李秉根) (1977),「最初의 國語辭典『말모이』」,「언어」 2.1, 67-84.

이병근 (1978),「愛國啓蒙主義時代의 國語觀」,『韓國學報』 12, 4.3, 76-92.

이병근 (1979),「周時經의 言語理論과 늣씨」,『국어학』 8, 29-49.

이병근 (1980),「『말의 소리』에서「『조선말본』으로」,『延岩玄平孝博士回甲紀念論叢』(간행위원회), 513-527.

이병근 (1995),「一石 國語學의 性格과 時代的 意義」,『周時經學報』9(一石 李熙昇 딸깍발이 선비 101-123쪽에 다시 실림)

이병근 (1999),『한국어 사전의 역사와 방향』, 태학사.

이병근 (2004),「心岳 李崇寧 선생의 삶과 學問」-10週忌에 다시 떠올리는-,「어문연구』 121, 477-493.

이병근 (2008),「李崇寧 선생의 삶과 사상 그리고 學問」,『李崇寧 現代國語學의 開拓者』, 태학사.

이병기 (1971),『國文學槪論』, 일지사.

이상억 (1989),「이극로,『實驗圖解朝鮮語音聲學』(1947)」,『周時經學報』 3.

이상춘(李常春) (1925),『朝鮮語文法』開城: 松南書館.

이숙희·고도흥 (2000),「우리말 소리갈(국어음성학)에 대한 연구」,『음성과학』 7.4 149-167.

이숭녕(李崇寧) (1935),「Umlaut 現象을 通하여 본 母音 'ᄋ'의 音價攷」,『新興 4(朝鮮問題 特輯號)(『歷代韓國文法大系』3-23, 629-647에 다시 실림).

이숭녕 (1940),「ᄋ 音攷」,『진단학보 11 1-116』(『李崇寧 國語學選集』 1, 민음사, 1988, 43-123에 다시 실림).

이숭녕 (1954),『國語學槪說』, 進文社.

이숭녕 (1981),『世宗大王의 學問과 思想』, 아세아문화사.

이숭녕 (1988),『國語學 選集』(1), 민음사.

이안구 (2002),「"있다"와 "없다"의 활용양상에 대하여」,『관악어문연구』 26, 341-361.

이와나미(岩波書店) (1959),『岩波西洋人名事典』, 東京: 岩波書店.

이용주 (1972),『意味論序說』, 서울대학교 출판부.

이응백 (1990),「一石과 語文敎育」,『語文硏究』 65·66(一石 李熙昇 딸깍발이 선비, 142-149)

이응호 (1977),「Hall의 Words Obtained from the Inhabitants of the West Coast of Corea에 대하여」, 『明知語文學』 9.

이응호 (1978), 「Gützlaff가 쓴 'Remarks on the Corean Language'의 연구」, 『明知語文學』 10.

이응호 (1979), 「Ross 牧師의 Corean Primer에 대하여」, 『明知語文學』 11.

이익섭 (1987), 「서평: 이희승, 國語學槪說」(一石 李熙昇 딸깍발이 선비, 150-151)

이종룡 (1993), 『李克魯硏究』, 부산대학교 교육대학원 석사논문(역사교육전공).

이종룡, 『한글운동의큰별』-고루이극로박사·이종룡과 함께 하는 우리 역사 (http://dugok.x-y.net)

이준식 (2002), 「일제 강점기의 대학 제도와 학문 세계」-경성제대의 조선어문학과를 중심으로, 『사회와 역사』 62(한국사회사학회), 191-218.

이충우(李忠雨) (1980), 『京城帝國大學』, 多樂院

이진호 (2000), 「다시 찾는 두 어학자」, 『형태론』 2.2, 345-355.

이진호 (2004), 「心岳 李崇寧 선생의 學問 世界」-音韻論 分野를 중심으로-, 『어문연구』 121, 495-519.

이진호 (2006), 「국어 음운론 연구의 성과와 전망」, 〈배달말〉 39.

이진호 (2008), 「일제시대의 국어음운론 연구」, 『한국어학』40, 143-165.

이진호 (2009), 『小昌進平과 國語音韻論』, 제이앤씨.

이카라시 (1999), 「서평: 호세코(寶迫繁勝), 『韓語入門』(1880)」, 『형태론』 1.2, 377- 385.

이현희 (1988), 「周時經硏究論著目錄」, 『周時經學報』 1, 280-292.

이항녕(李恒寧) (1994), 「一石과 國祖思想」, 『어문연구』 83, 317-321.

이희승 (1931), 「"때"의 助動詞에 대한 管見」, 『新興』 4, 5(一石李熙昇全集 1, 서울대학교 출판부, 2000, 456-466).

이희승 (1949), 『초급국어문법』, 박문출판사[김민수·고영근 공편(2008)①85].

임동훈 (2000), 『한국어 어미 '시'의 문법』(국어학총서 37), 태학사.

임석규 (2001), 「〈청산별곡〉의 텍스트언어학적 연구」, 고영근 밖에(2001: 171-191)에 실림.

장경희 (2002), 「국어의 지시 화행에 대한 응대수행의 방법」, 고영근 밖에(2002: 537-571)에 실림.

장덕순·조동일·서대석·조희웅 (1971), 『口碑文學槪說』, 일조각.

장소원 (2005가), 「국어문법연구와 Grammaire Coréenne」, 『우리말연구 설흔아홉마당』 (태학사).

장소원 (2005나), 「Grammaire Coréenne의 재조명」, 『형태론』 7.2, 489-505.

장윤희·이용 (2000), 서평: 유길준, 『大韓文典』(1909), 『형태론』 2.1, 173-187.

전몽수 (1947), 『朝鮮語源志』, 평양: 적성사.

정광 (1990), 「비교연구: 국어와 일본어」, 『국어연구 어디까지 왔나』, 동아출판사.

정광 (2002), 「훈민정음 중성자의 음운대립」, 고영근 밖에 2002, 31-46.

정민 (2000), 「고전문장이론상의 篇章 字句 法으로 본 〈온달전〉의 텍스트 분석」, 15-38.

정선이 (2002), 『경성제국대학 연구』, 도서출판 문음사.

정승철(鄭承喆) (2003가), 「周時經의 音學」, 『語文研究』 31.2, 29-49.

정승철 (2003나), 「『국어문법』(주시경)과 English Lesons」, 『국어국문학』 134, 73-96.

정승철 (2005), 「근대국어학과 주시경」, 『한국 근대 초기의 언어와 문화』(서울대 출판부), 77-138.

정승철 (2008), 「경성제국대학과 국어학」, 『이숭녕 현대국어학의 개척자』(태학사), 357-386.

정우택 (1992), 「金壽卿(1947, 1949)의 '挿入字母'說 再考」, 『국어학논집』 1, 13-23.

정인승 (1938), 「母音相對法則과 子音加勢法則」, 『한글』 6.9[건재 정인승 전집 ③ 1997, 박이정]

정인승 (1959), 「우리말의 씨가름에 대하여」, 『한글』 125, 32-43.

정태진 (1947), 「周時經先生」, 『한글』 12.1, 6-7.

정희준(鄭熙俊) (1938), 「에카르트와 한글」, 『한글』 6.8, 12-13.

조규설 (1963), 「所謂 助詞類의 連結考」, 『語文學』 10, 62-77.

조남호 (1991), 「이극로의 학문세계」, 『周時經學報』 7, 116-136.

조윤제(趙潤濟) (1984), 『國文學概說』, 탐구당.

조윤제 (1958), 「멋이라는 말」, 『자유문학』 11(『陶南雜識』, 을유문화사, 1965, 34-45쪽)

조윤제 (1962), 『한국인의 멋』(위의 책 45-52쪽)

첸류(陳榴)(chén liú) (2001), 『≪馬氏文通≫과 ≪大韓文典≫ 比較研究』(영남대 중국문학연구소 총서 12).

차이리엔강(蔡連康) (1979), 「周時經의 文法書에 대한 比較研究」, 『成大文學』 20.

촘스키(N. Chomsky) (1966), Cartersian Linguistics, New York: Harper & Row.

최경봉 (2009가), 「일제 강점기의 조선어 연구의 지향」, 『한국어학』 40, 127-148.

최경봉 (2009나), 「김수경의 국어학 연구와 그 의의」, 『한국어학』 45, 363-385.

최명옥 (1998), 「국어의 방언 구획」, 『새국어생활』 8.4, 11-12.

최세화(崔世和) (1991), 「无涯 梁柱東 先生의 國語學 研究」, 동국대학교 한국문학연구소(엮음) (1991: 299-324)에 실림.

최학근(崔鶴根) (1976), 「푸찔로의 『노한사전』에 대하여」, 『관악어문연구』 1, 115-154.

최학근 (1984), 「一石 선생님과 나」, 『어문연구』 46・47(一石 李熙昇 딸깍발이 선비, 70-74).

최현배(崔鉉培) (1929), 『우리말본』 첫재매, 연희전문학교출판부.

최현배 (1933), 「풀이씨(用言)의 줄기 잡기(語幹決定)에 관한 문제」, 『한글』 3.5, 17-21.

최현배 (1937), 『우리말본』, 延禧專門學校 出版部[김민수・고영근 공편(2008)① 47]

최현배 (1955), 『우리말본』, 정음사.

최현배 (1961), 『한글갈(고친)』, 정음사.

최형용 (1999), 「서평: W. U. Wurzel, *Flexionsmorphologie und Natürlichkeit* (1984)」, 『형태론』 1.1, 175-184.

최호철 (1989), 「周時經과 19세기의 영어문법」, 『周時經學報』 4, 22-45.

추모문집간행위원회(追慕文集刊行委員會) (1994), 『一石 李熙昇 딸깍발이 선비』, 신구문화사.

코세리유(E. Coseriu) (1969), *Die Geschichte der Sprachphilosophie von Antike bis zur Gegenwart* (Ⅰ), Tübingen: Tübinger Beiträge zur Linguistik.

코세리유 (1972), *Die Geschichte der Sprachphilosophie von Antike bis zur Gegenwart* (Ⅱ), Tübingen: Tübinger Beiträge zur Linguistik.

코세리우 (1968, 1972/ 신익성(역) (1997), 『서양 언어 철학사 개관』(Die Geschichte der Sprachphilosophie von antike bis zur Gegenwart), 한국문화사.

크로체(B. Croce) (1909)/ 이해완 역 (1994), 『크로체의 미학』, 예전사.

킹(R. King) (1996), "Western Missionary and the Origins of Korean Language Modernization," 제9회 한국학 구제학술회의 (1996. 6. 26~27), 한국정신문화연구원.

트루베츠코이(N. S. Trubezkoy) (1939)/ 이덕호(역) (1977), 『音韻論』(Grundzüge der Phonologie), 범한서적주식회사.

트루베츠코이 (1939)/ 한문희(역) (1991), 『음운학원론』(Principe de phonologie, 1957), 민음사.

파레트(H. Parret) (1976), *History of Linguistic Thought and Contemporary Linguistics*, Berlin: de Gruyter.

파울(H. Paul) (1975), *Prinzipien der Sprachgeschichte*, Tübingen: Niemeyer.

포슬러(K. Vossler) (1904, 1905)/ 고바야시(역) (1986), 『言語美學』, 東京: みすず房.

포슬러(K. Vossler) (1904), *Positivismus und Idealismus in der Sprachwissenschaft– Eine sprach-philosophische Untersuchungn*, Heidelberg: Carl Winter Universitätbuchhandlung.

포슬러(K. Vossler) (1905), *Sprache als Schöpfung und Entwicklung--Eine Theoretische Untersuchung mit praktische Beispielen*, Heidelberg: Carl Winter Universitätbuchhandlung.

포슬러(K. Vossler (1905)/ 小林英夫 譯 (1986),『カ-ル・フォスラ-, 言語美學』, 東京: みすず.

프랑스 한국 선교단(Missionnaires de Corée) (1881), *Grammaire Coréen*. Yokohama: Echo du Japan.

프랑스 한국 선교단(Frantsuskie missionery) (1881)/ 포즈타빈(G. V. Podstavin)(역) (1908), *Korejskaaja grammatika*(Grammaire Coréenne), Vladivostok.

하동호 (1976), 「고등국어문전(高等國語文典)에 대하여」,『한글』 158.

하시모도(橋本進吉) (1934/ 1946), 「國語法要說」,『橋本進吉博士著作集』第2冊: 1-25, 岩波書店.

하이네캄프(A. Heinekamp) (1976), "Sprache und Wirklchkeit nach Leibniz", In: 파레트 (1976).

한국정신문화연구원 자료조사실 (1984),『國譯 韓國誌』(國譯叢書 84-1).

한영균 (1997), 「모음의 변화」, 국어사 연구회 편,『國語史硏究』, 태학사.

한영목 (1992),『국어 구문도해 문법론』, 한국문화사.

허웅(許雄) (1963),『言語學槪論』, 正音社.

허웅 (1971), 「주시경 선생의 학문」,『東方學志』 12.

허웅 (1983),『국어학』, 샘문화사.

헐벗(H. B. Hulbert) (1901), "Rémusat on the Korean Alphabet"(Recherches sur les langues tartares 1820), *Korea Review* Vol. Ⅱ.

헐벗(H. B. Hulbert) (1905)/ 김정우 역 (1998),『한국어와 드라비다어의 비교연구』(A Comparative Grammar of the Korean Language and the Dravidian Languages of India), 경남대학교 출판부.

헬비히(G. Helbig) (1970)/ 임환재 역 (1984),『言語學史』(Geschichte der neueren Sprachwissenschaft), 경문사, 1984)

홍윤표 (1985), 「최초의 국어사전『國漢會話』에 대하여」,『국어학논총』(백민 전재호 박사화갑기념) 형설출판사.

홍윤표 (1999), 「국어학 연구의 앞날」,『한국어학』 9, 5-47.

황패강 (1991), 「무애 양주동과『朝鮮古歌硏究』」, 동국대학교 한국문학연구소(엮음)(1991: 299-324)에 실림.

저자 고영근 高永根

1936년 경남 진양군(현재 진주시)에서 태어나 서울대학교 국어국문학과와 대학원을 거쳐 같은 대학교 국어국문학과 교수를 역임하였다.(문학박사). 훔볼트 초빙교수로 독일 라이프치히 소재 막스플랑크 진화 인류학 연구소, 보훔, 콘스탄츠, 함부르크, 뷔르츠부르크 대학에서 언어유형론, 이론문법, 텍스트과학을 연구하였다. 현재 서울대학교 명예교수로 있으며 어학전문 국제학술지「형태론」의 편집 고문을 맡고 있다.

✉ 전자우편(e-mail): komorph@hanmail.net
▲ 홈페이지(homepage): http://www.komorph.com

✍ 짓고 엮은 책

『한국어의 시제 서법 동작상』(2004/2007 보정판), 『중세국어의 시상과 서법』(1981/1998 보정판), 『국어형태론연구』(1989/1999 증보판), 『텍스트이론』(1999), 『우리말의 총체서술과 문법체계』(1993), 『단어 문장 텍스트』(1995/2004 보정판), 『역대한국문법의 통합적 연구』(2001), 『한국의 언어연구』(2001), 『국어문법의 연구』(1983), 『한국어문운동과 근대화』(1998), 『북한의 언어문화』(1999), 『최현배의 학문과 사상』(1995), 『통일시대의 語文問題』(1994), 『우리말 문법론』(공저)(2008), 『표준국어문법론』(공저)(1985/1993 개정판), 『북한의 문법연구와 문법지식의 응용화』(2008), 『북한의 문법연구와 문법교육』(공저)(2004), 『한국텍스트과학의 제과제』(공저)(2001), 『문법과 텍스트』(공저)(2002), 『월인천강지곡의 텍스트분석』(공저)(2003), 『「주시경 국어문법」의 교감과 현대화』(공저)(2010), 『중세어 자료 강해』(공편)(1997), 『역대한국문법대계』(공편)(1977~1986, 2008 제2판)(모두 102책), 『역대해한국문법대계 II』(공편)(2009), 『주시경, 국어문법』(공동교감)(1986), 고등학교 『문법』(공저)(1985/1991) 등 30여 종

민족어학의 건설과 발전

초판인쇄 2010년 12월 17일
초판발행 2010년 12월 30일

저   자 고영근

발 행 인 윤석현
발 행 처 제이앤씨
책임편집 조성희
등록번호 제7-220호

우편주소 (132-702) 서울시 도봉구 창동 624-1 현대홈시티 102-1206
대표전화 (02) 992 / 3253
전   송 (02) 991 / 1285
홈페이지 http://www.jncbms.co.kr
전자우편 jncbook@hanmail.net

ISBN 978-89-5668-822-0 93710   정 가 33,000원